W0259848

Informatik – Fachberichte

Band 139: M. Marhöfer, Fehlerdiagnose für Schaltnetze aus Modulen mit partiell injektiven Pfadfunktionen. XIII, 172 Seiten. 1987.

Band 140: H.-J. Wunderlich, Probabilistische Verfahren für den Test hochintegrierter Schaltungen. XII, 133 Seiten. 1987.

Band 141: E. G. Schukat-Talamazzini, Generierung von Worthypothesen in kontinuierlicher Sprache. XI, 142 Seiten. 1987.

Band 142: H.-J. Novak, Textgenerierung aus visuellen Daten: Beschreibungen von Straßenszenen. XII, 143 Seiten. 1987.

Band 143: R. R. Wagner, R. Traunmüller, H. C. Mayr (Hrsg.), Informationsbedarfsermittlung und -analyse für den Entwurf von Informationssystemen. Fachtagung EMISA, Linz, Juli 1987. VIII, 257 Seiten. 1987.

Band 144: H. Oberquelle, Sprachkonzepte für benutzergerechte Systeme. XI, 315 Seiten. 1987.

Band 145: K. Rothermel, Kommunikationskonzepte für verteilte transaktionsorientierte Systeme. XI, 224 Seiten. 1987.

Band 146: W. Damm, Entwurf und Verifikation mikroprogrammierter Rechnerarchitekturen. VIII, 327 Seiten. 1987.

Band 147: F. Belli, W. Görke (Hrsg.), Fehlertolerierende Rechensysteme / Fault-Tolerant Computing Systems. 3. Internationale GI/ITG/GMA-Fachtagung, Bremerhaven, September 1987. Proceedings. XI, 389 Seiten. 1987.

Band 148: F. Puppe, Diagnostisches Problemlösen mit Expertensystemen. IX, 257 Seiten. 1987.

Band 149: E. Paulus (Hrsg.), Mustererkennung 1987. 9. DAGM-Symposium, Braunschweig, Sept./Okt. 1987. Proceedings. XVII, 324 Seiten. 1987.

Band 150: J. Halin (Hrsg.), Simulationstechnik. 4. Symposium, Zürich, September 1987. Proceedings. XIV, 690 Seiten. 1987.

Band 151: E. Buchberger, J. Retti (Hrsg.), 3. Österreichische Artificial-Intelligence-Tagung. Wien, September 1987. Proceedings. VIII, 181 Seiten. 1987.

Band 152: K. Morik (Ed.), GWAI-87. 11th German Workshop on Artificial Intelligence. Geseke, Sept./Okt. 1987. Proceedings. XI, 405 Seiten. 1987.

Band 153: D. Meyer-Ebrecht (Hrsg.), ASST'87. 6. Aachener Symposium für Signaltheorie. Aachen, September 1987. Proceedings. XII, 390 Seiten. 1987.

Band 154: U. Herzog, M. Paterok (Hrsg.), Messung, Modellierung und Bewertung von Rechensystemen. 4. GI/ITG-Fachtagung, Erlangen, Sept./Okt. 1987. Proceedings. XI, 388 Seiten. 1987.

Band 155: W. Brauer, W. Wahlster (Hrsg.), Wissensbasierte Systeme. 2. Internationaler GI-Kongreß, München, Oktober 1987. XIV, 432 Seiten. 1987.

Band 156: M. Paul (Hrsg.), GI – 17. Jahrestagung. Computerintegrierter Arbeitsplatz im Büro. München, Oktober 1987. Proceedings. XIII, 934 Seiten. 1987.

Band 157: U. Mahn, Attributierte Grammatiken und Attributierungsalgorithmen. IX, 272 Seiten. 1988.

Band 158: G. Cyranek, A. Kachru, H. Kaiser (Hrsg.), Informatik und „Dritte Welt". X, 302 Seiten. 1988.

Band 159: Th. Christaller, H.-W. Hein, M. M. Richter (Hrsg.), Künstliche Intelligenz. Frühjahrsschulen, Dassel, 1985 und 1986. VII, 342 Seiten. 1988.

Band 160: H. Mächer, Fehlertolerante dezentrale Prozeßautomatisierung. XVI, 243 Seiten. 1987.

Band 161: P. Peinl, Synchronisation in zentralisierten Datenbanksystemen. XII, 227 Seiten. 1987.

Band 162: H. Stoyan (Hrsg.), Begründungsverwaltung. Proceedings, 1986. VII, 153 Seiten. 1988.

Band 163: H. Müller, Realistische Computergraphik. VII, 146 Seiten. 1988.

Band 164: M. Eulenstein, Generierung portabler Compiler. X, 235 Seiten. 1988.

Band 165: H.-U. Heiß, Überlast in Rechensystemen. IX, 176 Seiten. 1988.

Band 166: K. Hörmann, Kollisionsfreie Bahnen für Industrieroboter. XII, 157 Seiten. 1988.

Band 167: R. Lauber (Hrsg.), Prozeßrechensysteme '88. Stuttgart, März 1988. Proceedings. XIV, 799 Seiten. 1988.

Band 168: U. Kastens, F. J. Rammig (Hrsg.), Architektur und Betrieb von Rechensystemen. 10. GI/ITG-Fachtagung, Paderborn, März 1988. Proceedings. IX, 405 Seiten. 1988.

Band 169: G. Heyer, J. Krems, G. Görz (Hrsg.), Wissensarten und ihre Darstellung. VIII, 292 Seiten. 1988.

Band 170: A. Jaeschke, B. Page (Hrsg.), Informatikanwendungen im Umweltbereich. 2. Symposium, Karlsruhe, 1987. Proceedings. X, 201 Seiten. 1988.

Band 171: H. Lutterbach (Hrsg.), Non-Standard Datenbanken für Anwendungen der Graphischen Datenverarbeitung. GI-Fachgespräch, Dortmund, März 1988, Proceedings. VII, 183 Seiten. 1988.

Band 172: G. Rahmstorf (Hrsg.), Wissensrepräsentation in Expertensystemen. Workshop, Herrenberg, März 1987. Proceedings. VII, 189 Seiten. 1988.

Band 173: M. H. Schulz, Testmustergenerierung und Fehlersimulation in digitalen Schaltungen mit hoher Komplexität. IX, 165 Seiten. 1988.

Band 174: A. Endrös, Rechtsprechung und Computer in den neunziger Jahren. XIX, 129 Seiten. 1988.

Band 175: J. Hülsemann, Funktioneller Test der Auflösung von Zugriffskonflikten in Mehrrechnersystemen. X, 179 Seiten. 1988.

Band 176: H. Trost (Hrsg.), 4. Österreichische Artificial-Intelligence-Tagung. Wien, August 1988. Proceedings. VIII, 207 Seiten. 1988.

Band 177: L. Voelkel, J. Pliquett, Signaturanalyse. 223 Seiten. 1989.

Band 178: H. Göttler, Graphgrammatiken in der Softwaretechnik. VIII, 244 Seiten. 1988.

Band 179: W. Ameling (Hrsg.), Simulationstechnik. 5. Symposium. Aachen, September 1988. Proceedings. XIV, 538 Seiten. 1988.

Band 180: H. Bunke, O. Kübler, P. Stucki (Hrsg.), Mustererkennung 1988. 10. DAGM-Symposium, Zürich, September 1988. Proceedings. XV, 361 Seiten. 1988.

Band 181: W. Hoeppner (Hrsg.), Künstliche Intelligenz. GWAI-88, 12. Jahrestagung. Eringerfeld, September 1988. Proceedings. XII, 333 Seiten. 1988.

Band 182: W. Barth (Hrsg.), Visualisierungstechniken und Algorithmen. Fachgespräch, Wien, September 1988. Proceedings. VIII, 247 Seiten. 1988.

Band 183: A. Clauer, W. Purgathofer (Hrsg.), AUSTROGRAPHICS '88. Fachtagung, Wien, September 1988. Proceedings. VIII, 267 Seiten. 1988.

Band 184: B. Gollan, W. Paul, A. Schmitt (Hrsg.), Innovative Informations-Infrastrukturen. I. I. I. – Forum, Saarbrücken, Oktober 1988. Proceedings. VIII, 291 Seiten. 1988.

Band 185: B. Mitschang, Ein Molekül-Atom-Datenmodell für Non-Standard-Anwendungen. XI, 230 Seiten. 1988.

Band 186: E. Rahm, Synchronisation in Mehrrechner-Datenbanksystemen. IX, 272 Seiten. 1988.

Band 187: R. Valk (Hrsg.), GI – 18. Jahrestagung I. Vernetzte und komplexe Informatik-Systeme. Hamburg, Oktober 1988. Proceedings. XVI, 776 Seiten.

Informatik-Fachberichte 237

Herausgeber: W. Brauer
im Auftrag der Gesellschaft für Informatik (GI)

R. Grebe (Hrsg.)

Parallele Datenverarbeitung mit dem Transputer

1. Transputer-Anwender-Treffen, TAT '89
Aachen, 25./26. September 1989

Proceedings

Springer-Verlag
Berlin Heidelberg New York
London Paris Tokyo Hong Kong

Herausgeber

Reinhard Grebe
Institut für Physiologie der Medizinischen Fakultät
Klinikum der RWTH Aachen
Pauwelsstraße, D-5100 Aachen

TAT '89

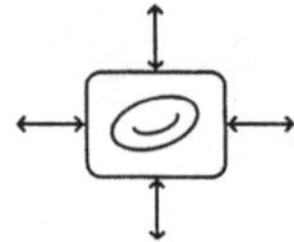

CR Subject Classifications (1987): C.1.2, C.2.1, C.3, D.3.4, I.2.9, I.4.0, I.6.3

ISBN-13:978-3-540-52366-6 e-ISBN-13:978-3-642-84142-2
DOI: 10.1007/978-3-642-84142-2

CIP-Titelaufnahme der Deutschen Bibliothek.
Parallele Datenverarbeitung mit dem Transputer: proceedings / 1. Transputer-Anwender-Treffen, Aachen, 25./26. September 1989. R. Grebe (Hrsg.). - Berlin; Heidelberg; New York; London; Paris; Tokyo: Springer, 1990
(Informatik-Fachberichte; 237)
Auf d. Haupttitels. auch: TAT
ISBN-13:978-3-540-52366-6

NE: Grebe, Reinhard [Hrsg.]; Transputer-Anwender-Treffen (01, 1989, Aachen); GT

2145/3140-543210 – Gedruckt auf säurefreiem Papier

Vorwort

Der erste Transputer wurde Ende 1983 vorgestellt. Nach den ersten Jahren des Forschens und Experimentierens sind inzwischen ausgereifte Hardware-Module, Betriebssysteme und Sprachen allgemein verfügbar geworden. Seit ca. zwei Jahren beginnen nun in ständig steigendem Maße die unterschiedlichsten Anwender in Hochschule und Industrie, Transputer zur parallelen Datenverarbeitung einzusetzen. Der besondere Reiz dieser neuen Technologie liegt darin, daß der Transputer dem allgemeinen Bedürfnis nach immer höherer Rechenleistung ein theoretisch nach oben offenes Angebot an "speedup" gegenüberstellt. Prinzipiell muß zur Erhöhung der Rechenleistung eines Transputernetzwerkes nur die Anzahl der Prozessoren proportional erhöht werden. Nicht zuletzt dank des einfachen Aufbaus dieser Prozessorart lassen sich daher kostengünstig, hochleistungsfähige Systeme aufbauen, die außerdem relativ einfach an Spezialaufgaben angepaßt werden können.

In der augenblicklichen Phase der Orientierung und der ersten Erfahrungen mit professionellen Anwendungen ist natürlich das Bedürfnis nach einem Gedankenaustausch mit anderen Anwendern über Möglichkeiten, Probleme und Grenzen des Einsatzes von Transputern besonders groß. Unser Angebot für ein überregionales Treffen zu diesem Thema ist daher auf sehr große Resonanz (ca. 500 Teilnehmer) gestoßen. Hier zeigt sich einerseits die Faszination, die von dieser neuen Datenverarbeitungstechnik ausgeht, andererseits aber auch der allgemeine Wunsch nach mehr Informationen. Es hat uns dabei besonders gefreut, daß Industrie und Hochschule bei den Teilnehmern ungefähr gleich stark vertreten waren.

Für dieses erste Treffen wurde die Vorstellung von Transputerprojekten nicht thematisch eingeschränkt. Die im vorliegenden Tagungsband vorgenommene Gliederung der Beiträge hat sich aus der Summe der eingesandten Themenvorschläge von selbst ergeben. Damit dürfte sie auch die DV-Bereiche repräsentieren, in denen heute schon Transputer vermehrt eingesetzt werden. Folgende Interessenschwerpunkte haben sich so herauskristallisiert:

- Benutzeroberflächen und Sprachen
- Parallele Algorithmen
- Simulationen
- Prozeß- und Robotersteuerung
- Bildverarbeitung

Aus der großen Anzahl von Präsentationen während des Treffens sind für diesen Band vornehmlich solche Beiträge ausgewählt worden, die exemplarisch die Planung und Umsetzung von Projekten der parallelen Datenverarbeitung mit Transputern beschreiben. Es werden mögliche Lösungswege, aber auch Probleme beim Einsatz von Transputern und der entsprechenden Softwareumgebung dargestellt.

Insgesamt zeichnet sich ab, daß für Simulationen sowie Prozeß- und Steuerungsaufgaben der Transputer mit seiner verteilten Rechenkapazität und dem zugeordneten lokalen Speicher schon heute eine bedeutsame Erweiterung bisheriger Möglichkeiten der Datenverarbeitung darstellt.

Damit der Transputer auch im Bereich der Bildverarbeitung die hochgesteckten Erwartungen erfüllen kann, muß noch weitere theoretische und experimentelle Arbeit geleistet werden. Es zeigt sich nämlich, daß die vier Links pro Prozessor, die konzeptionell dem schnellen Nachrichtenaustausch (message passing) dienen, den extremen Anforderungen bei der Übertragung von Bilddaten nur beschränkt gewachsen sind (s. Beitrag Beccard et al.). Hier sind noch theoretische Überlegungen (vertikale - horizontale Granularität) bzw. spezielle Hardwareentwicklungen erforderlich.

In weiteren wichtigen Bereichen der Datenverarbeitung, wie z.B. bei Datenbank-, Expertensystemen etc., scheint der Transputer im Moment noch nicht in stärkerem Maße eingesetzt zu werden, obwohl er wahrscheinlich auch hier interessante neue Entwicklungen ermöglichen würde.

Ziel der vorliegenden Veröffentlichung ist die Verbreitung der bisher gemachten allgemeinen und speziellen Erfahrungen beim Umgang mit transputerbezogener Hard- und Software. Sie sollen als Anregungen für eigene Entwicklungen potentieller und erfahrener Transputeranwender dienen, die Anwenderbedürfnisse gegenüber den Produzenten offenlegen und der Entwicklung künftiger Standards dienen.

Für die Anregungen bei der Planung und die Unterstützung bei der Organisation und Durchführung des Treffens bedanken wir uns bei Herrn Prof. W. Oberschelp, Aachen, Herrn Prof. H. Schmid-Schönbein, Aachen und bei der Verwaltung des Klinikums der RWTH Aachen. Den Autoren sei für die termingerechte Erstellung der Manuskripte gedankt.

Reinhard Grebe

Inhaltsverzeichnis

1 Grundlagen

2 Benutzeroberflächen und Sprachen

3 Parallele Algorithmen

4 Simulationen

5 Prozeß- und Robotersteuerung

6 Bildverarbeitung

GRUNDLAGEN DER PARALLELEN DATENVERARBEITUNG

Walter Oberschelp

Lehrstuhl für Angewandte Mathematik,
insbesondere Informatik, RWTH Aachen

I. Parallelverarbeitung als zukunftsorientierte Technik und der von-Neumann-Prozessor

Die Entwicklung parallelverarbeitender DV-Systeme zu marktreifen Angeboten hat in den letzten Jahren derartige Fortschritte gemacht, daß ein neuer Duchbruch bevorsteht. Derzeit (1989) wird die in der Welt erbrachte Rechenleistung noch zu weit über 90 % von Rechnern mit der klassischen (oder nur unwesentlich weiter entwickelten) von-Neumann-Architektur erbracht, d.h. von Rechnern, die mit einem Prozessor (CPU) ausgestattet sind, und die nach dem sog. SISD-Prinzip (Single Instruction, Single Data) arbeiten.

Selbst wenn wir mehr und mehr Rechner mit Doppel-Prozessoren oder Mehrfach-Prozessoren vorfinden und selbst wenn durch das sog. Befehls-Pipelining (insbesondere bei RISC-Architekturen) das strenge SISD-Prinzip ein wenig ausgehöhlt wird, ist damit der eigentliche Durchbruch zur parallelen DV noch nicht vollzogen. Prinzipielle Grenzen der bisherigen Systemarchitekturen deuten sich an: Wenn heute Spitzen-Prozessoren eine Taktzeit von etwa 10 Nanosekunden haben (in dieser Zeit legt das Licht 3 m zurück!) und (bei einer angenommenen durchschnittlichen Verarbeitungszeit von 4 Takten pro Instruktion) damit etwa 25 MIPS leisten, so sind prinzipiell neue Größenordnungen nicht so schnell zu erhoffen.
Die Rechenleistung eines heutigen Spitzen-Prozessors reicht aber für viele Zwecke immer noch nicht aus: Für den Einsatz als Bildrechner z.B. mit 512 x 512 Pixeln zu je 1 Byte Information kann ein solcher Prozessor (bei z.B. 8 Byte Wortlänge), der pro Pixel etwa 25 Instruktionen durchzuführen hat, höchstens 30 Bilder pro Sekunde verarbeiten - eine für Echtzeitanwendungen kritische Leistung.

Für die Kostensituation ist ein dramatisches Ansteigen der Preise mit wachsender MIPS-Leistung charakteristisch. Während Prozessoren der Mikro-

Klasse (z.B. Intel, Motorola, Transputer) immerhin die Größenordnung 5 MIPS erreichen, fordert eine Verfünffachung dieser Leistung einen vielhundertfachen Preis. Sicherlich sprechen viele Argumente (Mehrbenutzerfähigkeit, großer Hauptspeicher) nach wie vor für den Mainframe, und die Idee, stattdessen durch paralleles Aufstellen vieler Mikros ein lineares Preis-Leistungsverhältnis zu erzielen, ist in sehr vielen Anwendungssituationen sicher eine Milchmädchenrechnung. Andererseits verlangen nicht alle umfangreichen Probleme den Komfort eines Mainframe. Dann ist eine Parallelisierung erwägenswert.

II. Einige typische Stufen der Parallelität aus der Sicht des Anwenders

Es soll an einigen typischen Problemfeldern der unterschiedliche Grad von Parallelität erläutert werden.

1) Hohe, natürliche Parallelität ist z.B. vielen Problemen der graphischen DV (Rastergraphik) und der Bildverarbeitung inhärent. Die sog. Pixel- oder Voxel- orientierten Verfahren (z.B. Template-Operationen) erfordern an jeder Stelle der Szene i.a. wenige, einfache Rechnungen, welche nur auf charakteristische Größen in der unmittelbaren Nachbarschaft einer früheren Szene rekurrieren. Alle Rechnungen können im Prinzip gleichzeitig ablaufen. Ein einziger von-Neumann-Prozessor muß das Bild natürlich seriell durchlaufen.

2) Klassische Möglichkeiten der Parallelisierung ergeben sich bei den Komponenten-Rechnungen (Addition, Subtraktion) für Vektoren und Matrizen. Auch die nichttrivialen Matrix-Operationen (Multiplikation, Inversion) sind gut parallelisierbar. Sie erfordern allerdings die Herstellung einer angemessenen Verbindungsstruktur zwischen den einzelnen Prozessoren. Betrachten wir etwa die Multiplikation zweier ($n \times n$)-Matrizen, wobei n als Zweierpotenz $n = 2^q$ gegeben sei. Es ist mit Hilfe rekursiver Techniken möglich, das für die Lösung linearer Gleichungssysteme grundlegende Problem der Invertierung einer nichtsingulären Matrix größenordnungsmäßig auf die Multiplikation von Matrizen zurückzuführen. Während nun die Matrix-Multiplikation mit Hilfe eines von Neumann-Prozessors in der üblichen Technik den Zeitaufwand $O(n^3)$ erfordert - Verfahren zur Reduzierung des Exponenten von 3 auf (derzeit) 2,376 sind wegen des erforderlichen Overheads noch kaum implementiert -, kommt man bei Verwendung von n^3 Prozessoren mit einem Zeitaufwand der Größenordnung $O(\log n)$ aus.

Es seien zwei Verfahren aus der Fülle der z.Zt. diskutierten Möglichkeiten hierfür beispielartig herausgehoben: Man verwendet entweder ein sog. Cube-Connected Netz CCN oder ein Perfect-Shuffle-Netz PSN (vgl. Dekel, 1981). Dabei ist die Laufzeit des PSN etwa doppelt so groß wie beim CCN. Zum Ausgleich erfordert aber das PSN nur drei Verbindungen eines Prozessors mit anderen, während das CCN je 3 log n Verbindungen erfordert; bei realistischen Größenordnungen wie z.B. n = 128 sind dies bereits 21 Verbindungen je Prozessor.
Diese Beispiele ermöglichen Hinweise zu aktuellen Bedürfnissen der parallelen Datenverarbeitung: Angesichts der noch immer in vollem Fluß befindlichen Forschung hinsichtlich der Realisierung paralleler Matrixoperationen ist eine hardwaremäßige Fixierung solcher Schaltungen nicht empfehlenswert. Vielmehr wird durch eine softwaremäßige Konfigurierungstechnik weiteren Entwicklungen von Netzlogiken Rechnung getragen. Diese Konfigurierung sollte prinzipiell dynamisch sein, da bei vielen Algorithmen die Auslastung der Prozessoren im zeitlichen Ablauf unterschiedlich ist. So sind z.B. beim CCN-Algorithmus in beinahe 80 % aller Schritte die Prozessoren nur zu 50 % ausgelastet. Im übrigen sind die hier erforderlichen Prozessoren von einer derart einfachen Art (nur drei Speicherplätze, Fähigkeit zum Datentransport und zur Addition und Multiplikation zweier Speicherelemente), daß sie einen realistischen Prozessor hoffnungslos unterfordern würden. Deshalb legt man zwischen den abstrakten Prozessor des Parallelisierungsentwurfs und den realen Prozessor der Hardware das Konzept eines <u>Prozesses</u>, mit der Möglichkeit der Verarbeitung <u>mehrerer</u> Prozesse auf <u>einem</u> realen Prozessor. Dieses Vorgehen ist neben einer flexiblen Vernetzung ein wichtiger Bestandteil einer dynamischen Konfigurationstechnik.
Mit der Beherrschung paralleler Matrix-Techniken wird das Auflösen <u>großer linearer Gleichungssysteme</u> als Standardtechnik der sich durch die gesamte Ingenieur-Technik durchziehenden Finite-Element-Methode <u>(FEM)</u> ein hochinteressantes Anwendungsgebiet parallelen Rechnens, besonders dann, wenn spezielle System-Annahmen (z.B. über die Bandbreite der Matrizen) gelten.

3) Viele inhärent schwierige Probleme der (kombinatorischen) <u>Optimierung</u> sind mit Parallel-Techniken wenigstens approximativ lösbar (Mayr 1988). Die Techniken des Simulated Annealing (Aarts, Korst, 1989) oder die sog. genetischen Algorithmen (Goldberg, 1989) bearbeiten jeweils (große) Nachbarschaften eines Punktes im Suchraum. Bei vielen dieser sog. lokalen Verbesserungsalgorithmen ist eine sequentielle

Verarbeitung eher unnatürlich. Auch in komplexen Steuerungs- und Regelungs-Systemen sind viele Entscheidungen von der lokalen Kontrolle parallel vollziehbar.

4) Prinzipiell nicht parallelisierbar scheinen natürlich solche Berechnungsprobleme, welche von einem definierenden Algorithmus her sequentielle Struktur haben. Beispiel-Aufgabe könnte hier z.B. die Berechnung sehr vieler Dualstellen der Kreiszahl π sein (z.Zt. sind ca. 1,67 Milliarden Stellen bekannt) als Ausgangspunkt "idealer" Zufallsgeneratoren für Simulationszwecke. Aber selbst für dieses Problem sind neuerdings superschnell konvergierende Algorithmen bekannt, welche die Sequentialisierung abschwächen (auf unter 100 riesige Rechenschritte insgesamt), aber in jedem dieser wenigen Einzelschritte der Berechnungssequenz eine gut parallelisierbare (immense) Rechenarbeit erfordern.

5) Als Modell einer besonders anspruchsvollen Parallelisierungsaufgabe kann der Telefonverkehr angesehen werden. Hier besteht die Aufgabe, über ein Verbindungsnetz von den Inputs zu den Output parallel möglichst viele Wege konfliktfrei derart zu routen, daß neu hinzukommende Gespräche ohne Beeinträchtigung der bisher gewählten Wege ihren Weg finden können. Die herkömmliche Technik hat Lösungen mit sog. "nicht blockierenden" oder "selten blockierenden" Netzen gefunden, welche erstaunlich sicher funktionieren. Über die Brauchbarkeit des sog. Ω-Netzes (Lawrie 1975) als selten blockierendes Netz vgl. Oberschelp 1990.

6) Schließlich sei auf die Möglichkeiten der Parallelisierung von Abläufen hingewiesen, die in sog. funktionalen Sprachen (z.B. MIRINDA) programmiert werden (vgl. den Beitrag von H. Kuchen und R. Loogen in diesem Band). Hier werden -im Gegensatz zu den prozeduralen Vorschriften der sog. imperativen Sprachen - Ziele formuliert, die vom Programm im Suchraum selbständig gefunden werden müssen. Es leuchtet ein, daß ein bei solchen Betrachtungen auftretender Indeterminismus ggf. durch paralleles Arbeiten bewältigt werden kann. Die erwähnte Studie erzielte für eine Reihe von klassischen Problemen (z.B. Fibonacci-Folge, 8-Damen-Problem) einen annähernd zur Zahl der parallel verwendeten Prozessoren (Transputer) proportionalen Speedup, bezogen auf die Rechenzeit eines CPU-Rechners.

III. Theoretische Konzepte im Hintergrund

Selbstverständlich haben die Theoretiker versucht, Ordnung in die Vielfältigkeit der Parallelität zu bringen. Ein erster Ansatz hierzu war die sog. Flynn-Klassifikation der Rechner. Neben die erwähnten SISD-Architekturen traten

SIMD-Rechner (Single Instruktion, Multiple Data)

MIMD-Rechner (Multiple Instruktion, Multiple Data)

Beispiel der ersten Art finden wir z.B. bei Systolischen Netzen zur Multiplikation von (Band-)Matrizen oder bei der Anwendung von lokalen Templates auf Bilder. Der uniforme Befehlsempfang aller Prozessoren kann dabei durch die Verwendung von sog. Prozessormasken etwas flexibler gestaltet werden: Es ist i.a. möglich, Prozessoren, deren Position durch eine Maskenbedingung definiert werden kann, vom Befehlsempfang auszunehmen.

Ein sehr allgemeines Modell für den MIMD-Typ geht von Petri-Netzen aus. Hier können einzelne Prozessoren (Transitionen) auf autonome Weise aktiv werden, wenn in ihrer Umgebung Voraussetzungen hierfür erfüllt sind (z.B. das Vorhandensein geeigneter Betriebsmittel (Reisig 1982)). Ein wichtiges praktisches Problem ist hier insbesondere das der Erkennung bzw. Vermeidung/Beseitigung von Verklemmungen.
Das Arbeiten von MIMD-Rechnern braucht prinzipiell nicht synchron zu erfolgen. Für viele Zwecke, insbesondere beim Zusammenbau verschiedener MIMD-Rechner zu einem größeren Rechner, ist dann aber mit der zeitlichen Anpassung von Komponenten eine Art Synchronisation erforderlich.

Die Flynn-Klassifizierung ist nicht vollständig: Sie berücksichtigt insbesondere die Kommunikationsmöglichkeiten zwischen den Prozessoren nicht. Es wird auch die Unterscheidung zwischen zentralem und verteiltem Speicher für die Prozessoren noch nicht beachtet. Hinsichtlich dieser Fragen unterscheidet man deshalb weiter zumindest zwei weitere Extreme im SIMD-Bereich:

a) Computer mit einem gemeinsamen Speicher und einer übergeordneten Kontrolle. Es entstehen dabei sog. Shared-Memory-Konflikte, da das simultane Arbeiten verschiedener Prozessoren im gleichen Speicherbereich zu Inkonsistenzen führen kann. Hier versucht man Abhilfe zu schaffen, einerseits durch eine strikte, möglichst multifunktionale Aufteilung des Speichers in Teilbereiche: Es gibt z.B. Aufteilungspläne, welche die Elemente von Matrix-Zeilen, Matrix-Spalten und -

Diagonalen auf nichttriviale Weise in je unterschiedlichen Teilbereichen des Speichers unterbringen, so daß dann die Prozessoren parallel die Stellen irgendeiner Zeile einer n-reihigen quadratischen Matrix konstant updaten können, da sie je in verschiedenen Speicherbereichen arbeiten (Lawrie 1975).
Andererseits kann man durch Restriktionen für die parallele Ausführbarkeit gewisser Operationen solche Konflikte vermeiden, etwa durch Regelungen (vgl. Barten 1989) wie die der CREW-PRAM (concurrend read, exclusive write, parallel random access Machine). Die Klasse der SIMD-Computer mit gemeinsamem Speicher ist theoretisch recht gut untersucht, aber ziemlich unrealistisch. Insbesondere kommt man in Schwierigkeiten, wenn Prozessor-Vernetzungen etwa mit hohem FAN-OUT vorliegen, da dann z.B. viele der unabhängig zugänglich gedachten Speicherteilbereiche unter die Kontrolle ein und desselben Prozessors geraten können.

b) Computer, bei denen jeder Prozessor einen eigenen Speicher, hat und die Kommunikation über ein festes Verbindungsnetzwerk läuft. Es existiert eine große Zahl gut untersuchter Netzwerke für verschiedene Probleme, einige davon haben wir kennen gelernt. Wissen und Erfahrungen über die Einsatzmöglichkeiten und die Leistungsfähigkeit solche Verbindungnetzwerke gehören zum wertvollsten Know-How eines jeden Informatikers, der am Design von Parallelrechnern mitarbeitet. Besonders Matrix-Algorithmen sind mit solchen Computern erfolgreich behandelt worden (vgl. II, 2). Realisierungen dieses Rechnertyps nahmen ihren Ausgang im legendären ILLIAC IV, aber auch SUPRENUM, Hypercube, DAP und natürlich Transputer-Netzwerke sind hier einzuordnen.

IV. Transputer-Netze

Was ist die spezifische Stellung der Transputernetze in diesem Zusammenhang? Wesentlich sind zunächst die reale Verfügbarkeit der Hardware, und die großen Erfahrungen mit ihr innerhalb eines stark expandierenden Marktes. Hinzu kommt eine Flexibilität der Netzgestaltung, die über das Stadium des Stöpselns im Prinzip hinaus ist. Wesentliche Voraussetzung dazu ist, daß der Transputer als Mikroprozessor mit dem äußerst leistungsfähigen Verbindungskomfort seiner vier bidirektionalen "Links" ausgestattet ist, deren Kapazität (10 MBit/sec) den allermeisten Kommunikationswünschen voll genügt. Sicherlich kann man mit dieser beschränkten Anzahl von Links eine sog. Kreuzschienenschaltung (direkte gegenseitige Verbindung aller Transputer untereinander) nicht unmittelbar realisieren, sondern nur virtuell. Unsere Erörterungen dürften aber gezeigt haben, daß Netze wie das Ω-Netz, das CCN und das PSN bei niedrigem FAN-IN und FAN-OUT die Kreuzschienenschaltung weitestgehend ersetzen können, und diese Netze sind durch Transputernetze leicht realisierbar. Zum Studium der internen Schaltung des Transputers ziehe man die Literatur zu Rate.

Ein weiteres Merkmal ist die Verfügbarkeit der für viele Zwecke adäquaten prozeduralen Programmiersprache Occam für den Transputer. In ihr wird das Hardware-Konzept des Prozessors für einen Parallelrechner durch das neue Konzept des Prozessors, das der Links durch "Kanäle", reflektiert. Die Entsprechungen sind dabei softwaremäßig programmierbar. Die Grundkonzepte der parallelen Verarbeitung und der nicht a priori regelbare Nichtdeterminismus im Ablauf werden durch die par und alt-Konstrukte realisiert. Occam hat keine Möglichkeiten zur Behandlung von Rekursionen oder dynamischen Datenstrukturen. Für solche Zwecke stehen andere Sprachen wie Par.C zur Verfügung (vgl. den Beitrag von U. Glässer in diesem Band.)

Es gibt selbstverständlich eine Reihe grundsätzlicher Probleme, die jenseits aller noch vorhandener Implementierungsdefekte existieren. Sie lassen sich z.B. unter dem Schlagwort Verklemmungs-Problematik andeuten. Die begriffliche Vielfalt der über das sequentielle Arbeiten hinausweisenden Parallelisierungsmöglichkeiten bringt Test- und Verifikationsprobleme, welche auch die Theoretiker noch lange beschäftigen werden. So stehen wir noch am Anfang der Anwendungen. Wir wollen aber dabei sein und beginnen - wie weiland Dr. Faustus:

Im Anfang war die TAT.

Literatur-Auswahl

Neben den Inmos-Publikationen zum Transputer und zu Occam seien genannt:

E. Aarts, J. Korst; Simulated Annealing and Boltzmann Machines, Wiley 1989

A. Barten; Entwurf sehr schneller paralleler Algorithmen in der Kombinatorischen Optimierung. Diplomarbeit Mathematik, RWTH Aachen 1989

D.E. Goldberg; Genetic Algorithms in Search, Optimization and Machine Learning, Addison-Wesley 1989

F. Hoßfeld; Parallele Algorithmen,Springer-Verlag, Berlin, Informatik-Fachberichte Nr. 64, 1983

D.H. Lawrie; Access and Alignment of Data in an Array Prozessor; IEEE Transactions on Computers 24, (1975), 1145-1155

E.W. Mayr; Parallel Approximation Algorithms, Interner Bericht des Fachbereichs Informatik, Frankfurt 1988

W. Oberschelp, G. Vossen; Rechneraufbau und Rechnerstrukturen, Oldenburg-Verlag, München, 1989 (3. Auflage)

W. Oberschelp; Schaltkreistheorie, erscheint 1990 in den Schriften zur Informatik und Angewandten Mathematik, RWTH Aachen

V. Penner, Und-Paralleles Prolog auf Transputersystemen, Schriften zur Informatik und Angewandten Mathematik, RWTH Aachen, Bericht Nr. 134, 1988

W. Reisig; Petrinetze, Springer-Verlag 1982

A. Schütte, Occam 2 - Handbook, Verlag North-Holland

Die wichtigsten Zeitschriften:

Parallel Computing; Verlag North-Holland

Distributed Computing Springer-Verlag

International Journal of Parallel Computing; Verlag Plenum Press

Journal of Parallel and Distributed Computing; Verlag Academic Press

RouMorS

Ein Routing- und Monitoring-System für große Transputernetze

DIRK SCHLIERKAMP-VOOSEN
KLAUS WOLF
Gesellschaft für Mathematik und Datenverarbeitung mbH
Postfach 1240, D-5205 Sankt Augustin

Zusammenfassung

RouMorS besteht aus einem Kommunikations- und einem Monitoring-System. Das Kommunikationssystem bietet die Funktionalität eines Bussystems, ohne die Vorteile der direkten Verbindungen benachbarter Prozessoren aufzugeben. Es sieht eine strikte Trennung zwischen Applikationsberechnungen und Kommunikation vor. Ein sendender Prozeß benötigt somit keine Information über die Topologie des Transputernetzes. Als Kommunikationsmechanismen stehen das gerichtete Senden einer Nachricht an einen bestimmten Prozessor und das Broadcasting zur Verfügung. Das Monitoring-System baut auf dem Kommunikationssystem auf und stellt die Rechen- und Kommunikationslast des Transputernetzes graphisch dar. Mittels einer Kommandosprache kann die graphische Darstellung zur Laufzeit beeinflußt werden.

1 Das Kommunikationssystem

Die Kommunikation von Prozessoren in Punkt-zu-Punkt-Verbindungsnetzen erfordert im Gegensatz zu der in Bussystemen einen relativ hohen Aufwand für das Routen der Nachrichten über mehrere Prozessoren hinweg. Überwiegt jedoch der Anteil der Nachrichten an direkt benachbarte Prozessoren, so macht sich die direkte und exklusive Verbindung zweier Transputer gegenüber einem einzigen allen gemeinsamen Nachrichtenmedium positiv bemerkbar. In diesem Fall liegt der Vorteil eindeutig bei den Punkt-zu-Punkt-Netzen.

Ziel bei der Entwicklung dieses Kommunikationssystems ist es, neben dem Angebot der Funktionalität eines Bussystems die Vorteile der direkten Verbindungen benachbarter Prozessoren nicht aufzugeben.

Die Idee des Kommunikationssystems. Zentraler Gedanke bei der Konzeption des Nachrichtensystems ist die strikte Trennung von Applikationsberechnungen und reinen Kommunikationsvorgängen. Die in der OCCAM-Philosophie vorgegebene Einbeziehung von Nachrichtenaustausch und Synchronisation paralleler Prozesse über Kanäle (OCCAM-Channels) eignet sich dabei nur bedingt für größere Transputernetzwerke. Denn nicht alle logisch benachbarten Prozesse laufen auch auf benachbarten Transputern ab. Es müssen also Nachrichten über mehrere Transputer hinweg bis zu ihrem Ziel geroutet werden können. Für eine spezielle

Applikation mit einer statischen Verbindungsstruktur mag das noch durch explizite OCCAM-Anweisungen im Berechnungsteil der Applikation machbar sein. Für größere Applikationen, die unregelmäßige Topologien verwenden, ist das nicht mehr praktikabel.

Werden jedoch Applikation und Kommunikation getrennt (siehe Abbildung 1) und bestimmt ein sendewilliger Prozeß seinen Kommunikationspartner statt durch Auswahl eines Kanals durch Spezifikation einer logischen Adresse in der Nachricht, so läßt sich die logische Verbindungsstruktur der Applikationsprozesse auch während der Laufzeit allein durch Änderung der Nachbarschaftsadressen modifizieren.

Abbildung 1: Sternkoppler und Applikationsprozesse im Transputernetz

Interner Aufbau des Kommunikationssystems. Die auf jedem Transputer ablaufenden Kommunikationsprozesse werden in einem Konstrukt, dem Sternkoppler, zusammengefaßt. Dieser ist über Kanäle mit den Applikationsprozessen verbunden; Sternkoppler auf benachbarten Transputern werden direkt über die Hardware-Links angesprochen. Jeder Applikationsprozeß hat als Schnittstelle zum Prozeßnetz einen oder mehrere Kanäle zu seinem lokalem Sternkoppler (siehe Abbildung 2).

Aufgabe des Sternkopplers ist es, die gesamte auf einem Transputer anfallende Kommunikation zentral zu verwalten. Im wesentlichen besteht der Sternkoppler aus fünf parallel ablaufenden Subprozessen, vier für die Kontrolle der HardwareLinks (*Hard-Link Control*) und einen für die Kanäle zu den lokalen Applikationsprozessen (*Application Control*). In einem Subprozeß wird die ankommende Nachricht vom Link gelesen und aus ihrem Header der Nachrichtentyp und Zieltransputer bestimmt. Ist der Zieltransputer nicht der eigene, so wird der Ausgabelink durch den Tabelleneintrag des Zieltransputers in der Routingtabelle bestimmt. Nach dem Auslesen der Nachricht über den Link wird kein Acknowledge des entsprechenden Zielsternkopplers erwartet.

Die Zugriffsrechte auf die Transputer-Links bzw. die Kanäle zur Applikation werden bei *gleichzeitigem* Auftreten mehrerer Anforderungen durch Semaphore exklusiv verteilt. Die Atomarität der *Pre-* und *Postprozesse* (s.u.) wird dabei durch Prioritäten in OCCAM gewährleistet. Dadurch entstehende Nachrichtenstaus werden durch Pufferprozesse verwaltet; blockierte Nachrichten *warten passiv* auf eine Reaktivierung durch den jeweils aktiven Kommunikationsprozeß.

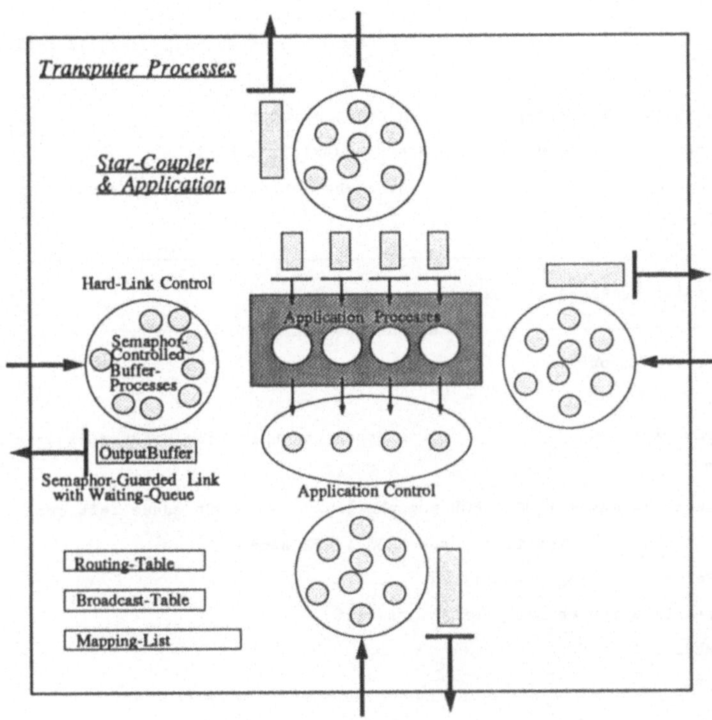

Abbildung 2: Lokale Prozesse auf einem Transputer

Die Applikation selber entscheidet über ihren Kommunikationspartner nicht mehr durch Auswahl eines bestimmten Kanals, sondern durch Angabe einer Zieladresse. Diese ist ein global eindeutiger Index des Partnerprozesses, von der allerdings nur das Kommunikationssystem zu wissen braucht, welchem Ziel*transputer* sie zugeordnet werden muß. Die Applikation agiert nur mit *logischen* Adressen. Weiter ist die Kommunikation nicht mehr synchron wie bei direkten Kanälen zwischen zwei Prozessen, sondern durch die Zwischenspeicherung der Nachricht im Kommunikationssystem kann der Sender nach dem Absetzen seiner Nachricht unabhängig vom Empfänger *sofort* weiterarbeiten.

```
PROC Semaphor.Communication ( CHAN OF ANY Out,
                              INT         semaphor,
                              []BYTE      Message   )
  SEQ
    ----------------------------  semaphor pre_process  -----------------
    semaphor := semaphor + 1
    IF
      semaphor > 1              -- another communication.process is active
        SEQ
          waiting.queue[semaphor] := own.process.index
          reactivation.channel[own.process.index] ? restart
      semaphor = 1              -- no comunication.process is active
        SKIP
    ---------------------------------------------------------------------
    Out ! (SIZE Message) :: Message
    ----------------------------  semaphor post_process  ---------------
    semaphor := semaphor - 1
    IF
      semaphor > 1              -- another communication.process is waiting
        SEQ
          [waiting.queue FROM 0 FOR semaphor] :=   -- shift queue left once
                        [waiting.queue FROM 1 FOR semaphor]
          Next := waiting.queue[1]
          reactivation.channel[Next] ! restart
      semaphor = 1
        SKIP
```

Nachrichtenwege im Prozessornetz. Die meisten Prozessorkonfigurationen erlauben einem Paar kommunizierender Prozessoren mehrere Verbindungen minimaler Länge. Es ist dann sinnvoll, während der Laufzeit der Applikation alle möglichen Wege auszunutzen, um die Kommunikationslast gleichmäßig zu verteilen.

Die dazu notwendigen Tabellen werden vor Beginn der Rechenphase initialisiert. Dies geschieht lokal auf jedem Transputer im Netz; als Vorinformation benötigen sie die vollständige Nachbarschaftsrelationen der Prozessoren. Die Bestimmung der Nachrichtenwege erfolgt mit einem einfachem Durchlaufen eines Suchbaumes in O(n). Dieser Suchalgorithmus findet auch für unregelmäßige Strukturen des Prozessornetzes optimale Wege zwischen zwei Prozessoren.

Laufzeiten für Nachrichten. Neben der Funktionalität des Kommunikationssystems ist dessen Geschwindigkeit von tragender Bedeutung. Da Nachrichten nicht mehr über direkte Kanäle transferiert werden, sondern mehrere Kommunikationssysteme auf den einzelnen Prozessoren durchlaufen, müssen sie mehrfach kopiert und geroutet werden.

Die Laufzeit hängt von der Nachrichtenlänge und der realen Entfernung (Anzahl der dazwischenliegenden Prozessoren) ab. Die folgenden Messungen sind auf einem sonst *nachrichtenfreien* Prozessornetz durchgeführt worden; *Berechnungen* von Applikationen auf Transputern beeinflussen die Zeiten nicht, da die gesamte Kommunikation unter Priorität arbeitet.

Die Gesamtzeiten setzen sich aus mehreren Teilwerten zusammen, die sich aus dem Prozeßaufbau des Kommunikationssystems ergeben:

Aufsetzzeit: Sie beinhaltet die Annahme einer Nachricht durch das System, die Zuordnung des realen Zielprozessors zu dem logischen Empfangsprozeß und schließlich die Übergabe der Nachricht (beim Zielprozessor) an den Empfangsprozeß.

Zwischenrouten: Auf jedem Transputer, der auf dem Weg liegt, muß die Nachricht geroutet werden. Dieser Vorgang besteht aus der Interpretation des Nachrichtenheaders, der Bestimmung des Ausgangslinks und, nach Abfrage der Zugriffsrechte, der Ausgabe auf den Link.

Übertragungsgeschwindigkeit: Sie hängt von der in der Hardware eingestellten Linkgeschwindigkeit ab: 5/10/20 MBit/sec. Diese Werte beinhalten neben der Übertragung der eigentlichen Nachricht auch das Hardware-Handshaking beider Prozessoren, so daß die maximalen Datentransferraten (bei 20 MBit/sec) bei etwa 1.25 MByte/sec liegen.

Bei allen drei Teilzeiten werden Nachrichtenstaus außer acht gelassen. Insgesamt zeigt sich damit folgendes Zeitverhalten der Nachrichtenübertragung:

$$\begin{aligned} t_{total} &= t_{setup} + t_{route} + t_{link} \\ t_{setup} &= (setup.base + (length * const_1)) \\ t_{route} &= (route.base * hops) \\ t_{link} &= (link.base + (length * const_3)) * hops \end{aligned}$$

Die Messungen ergeben dabei folgende Werte:

$$\begin{aligned} setup.base &= 100 \ \mu sec \qquad & const_1 &= 0.18 \ \mu sec/Byte \\ route.base &= 66 \ \mu sec & & \\ link.base &= 5 \ \mu sec & const_3 &= 0.80 \ \mu sec/Byte \end{aligned}$$

Abbildung 3 zeigt Durchsatzraten für verschiedene Längen und Prozessorentfernungen. Bei einer Kommunikation zweier nicht benachbarter Transputer kann er durch Pipelining, dem Aufsplitten und direktem Hintereinandersenden mehrerer Teilnachrichten, verbessert werden. Prinzipiell kann dann auch über mehrere Stationen hinweg die maximale Transferleistung erreicht werden. Die Flußkontrolle obliegt dabei allerdings der Applikation selber.

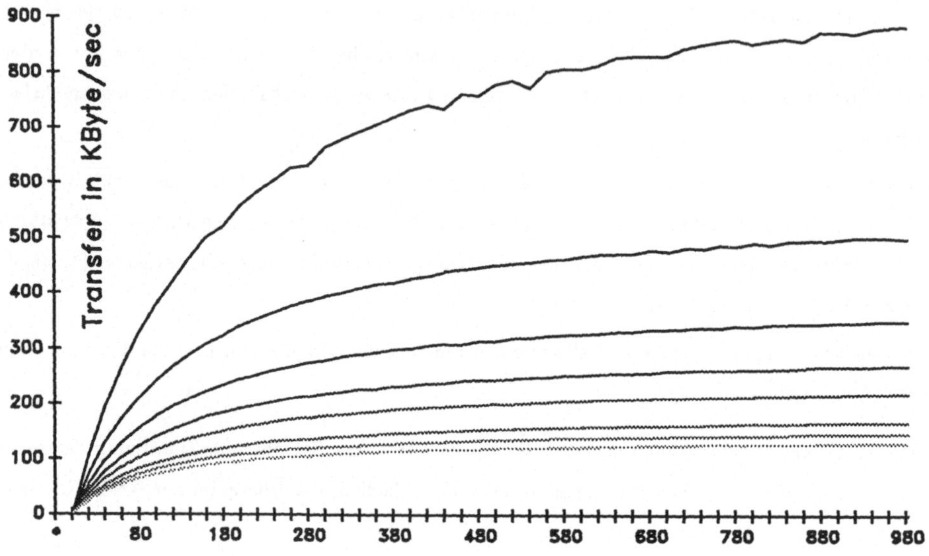

Abbildung 3: Transferraten für 1 - 8 hops (Nachrichtenlänge in BYTE)

Globale Synchronisation über Broadcastmechanismen. Ein großer Nachteil von Punkt-zu-Punkt Netzen gegenüber Mehrprozessorsystemen mit Bustechnik ist der Aufwand für Nachrichten, die an alle Prozessoren versandt werden sollen. Bei Bussen braucht diese Meldung nur einmal auf das Übertragungsmedium gegeben zu werden, damit alle verbundenen Prozessoren sie lesen können. Da es in Transputerarrays kein allen gemeinsames Medium gibt, muß die Nachricht durch explizites Routen über mehrere Stationen allen Partnern bekannt gemacht werden. Im einfachsten Fall geschieht dies durch Verschicken separater Nachrichten an alle betroffen Transputer. Bei dieser Methode fällt jedoch auf, daß Verbindungen im Netzwerk mehrfach inhaltlich dieselbe Meldung transferieren. Dies kann vermieden werden, wenn bei teilweise gleichen Wegen zu verschiedenen Zieltransputern die Nachricht soweit wie möglich nur einfach transportiert und erst am Verzweigungspunkt dupliziert wird. Auf diese Weise wird erreicht, daß nur eine minimale Anzahl von Linktransfers stattfindet. Jeder Transputer erhält damit *genau einmal* die Nachricht des Senders.

Eine weitere Anwendung dieses Mechanismus besteht in der *globalen Synchronisation* aller Prozessoren mit zusätzlicher Aktualisierung gemeinsamer Datensätze: alle Prozessoren geben nach einem Berechnungsschritt eine Broadcastmeldung ab, um jedem anderen die neuesten Daten mitzuteilen. Danach wartet jeder auf das Eintreffen von jeweils genau einer Meldung von allen anderen; erst danach erfolgen weitere Berechnungen.

Die Messung der Zeit für diesen Synchronisationsvorgang, vom Senden der eigenen Nachricht bis zum Erhalt der letzten eingehenden Meldung, entpuppt sich als schwierig. Da die Transputer keine gemeinsame Uhr haben, läßt sich nur sehr ungenau ein global eindeutiger Startzeitpunkt bestimmen. Einzelmessungen

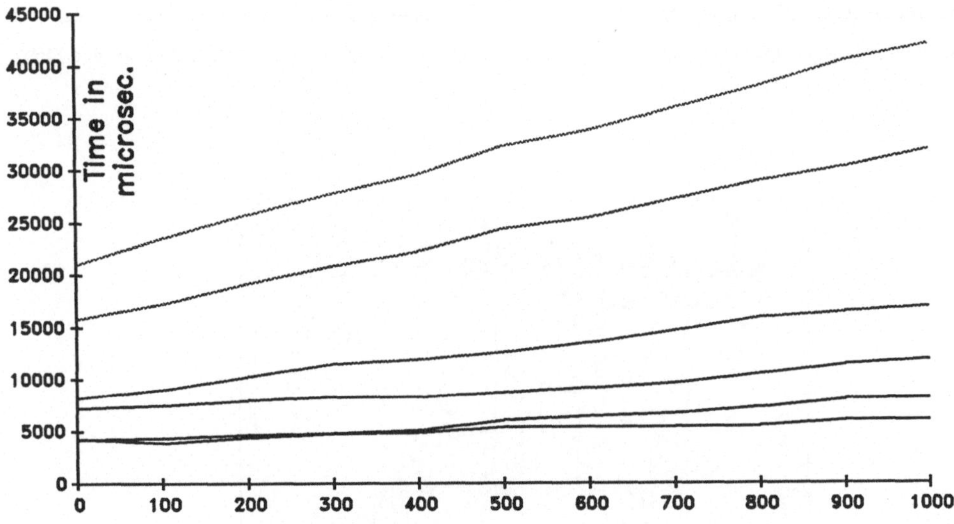

Abbildung 4: Synchronisationszeiten für 4,9,16,25,48,64 Prozessoren (Nachrichtenlänge in BYTE)

auf den Transputern zeigen starke Differenzen in den Synchronisationszeiten. Während dieses Vorgangs ist die CPU nicht voll mit der Durchführung dieser Aufgabe beschäftigt. Durch Blockierungen einzelner Nachrichten im Kommunikationssystem werden nicht immer alle vier Links optimal genutzt; die während eines Linktransfers entstehenden Wartezeiten der CPU können von anderen Applikationsprozessen genutzt werden. In Abbildung 4 sind die Synchronisationszeiten über allen Prozessoren gemittelt dargestellt.

2 Das Monitoring-System

Die effiziente Nutzung eines Parallelrechners setzt eine ausgewogene Verteilung der Rechen- und Kommunikationslast auf die vorhandene Hardware voraus. In großen Transputernetzen ist es äußerst schwierig, die Lasten einzelner Prozessoren und Links zur Laufzeit zu ermitteln.
RouMorS berechnet die Rechen- und Kommunikationslast des Transputernetzes und stellt die Lastdaten auf einem Graphikbildschirm dar. Das Monitoring-System ermöglicht dem Benutzer eine interaktive Steuerung dieser Darstellung.

Der Aufbau des Monitorbildes. Auf dem Bildschirm ist die zuvor spezifizierte Topologie des Transputernetzes abgebildet. Die Prozessoren werden als rechteckige Kästen dargestellt. In ihnen wird die Last der Anwenderprozesse und die Blockierungsrate der Semaphore, die den exklusiven Zugriff auf die Transputer-Links sicherstellen, als Blöcke dargestellt. Die Linklasten werden als Linienzüge zwischen den jeweiligen

Prozessoren dargestellt. Die Farbe der Blöcke und der Linienzüge gibt den jeweiligen Wert an, der sich anhand der dazugehörigen Farbskala ablesen läßt. Abbildung 5 zeigt den schematischen Aufbau des Monitorbildes.

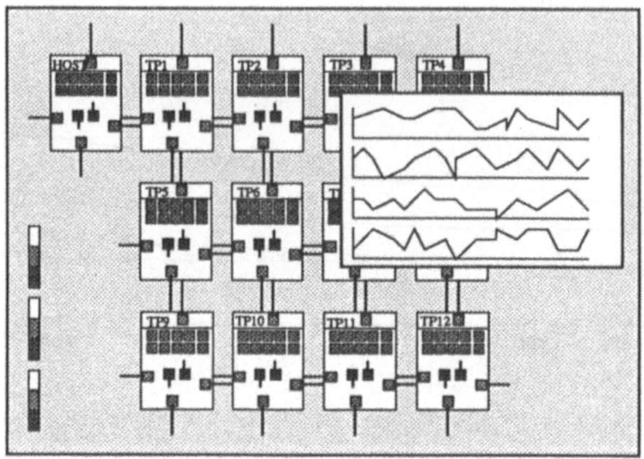

Abbildung 5: **Monitorbild mit geöffnetem Fenster**

Um die Daten eines einzelnen Transputers über einen bestimmten Zeitraum zu betrachten, können Fenster geöffnet werden, in denen die gewünschten Daten graphisch dargestellt werden.

Die Prozeßstruktur. RouMorS arbeitet mit dem Fenster-System VISION, das jedem Prozeß auf dem Host Zugriff auf Bildschirm und Tastatur erlaubt. RouMorS selbst benötigt ein Fenster für die Steuerung des Monitoring-Systems. Die restlichen Fenster stehen der Applikation zur Verfügung.
Abbildung 6 zeigt die Prozeßstruktur des Monitoring-Systems. Auf dem Transputernetz laufen die Applikationsprozesse und die Kommunikationsprozesse (Sternkoppler). Innerhalb der Sternkoppler befinden sich Statistikprozesse, die die Lasten ermitteln und an den *Transceiver*-Prozeß auf dem Host-Transputer schicken. Dort existieren zwei Prozesse, die das Monitoring unterstützen. Der *Transceiver* sammelt die Lastdaten der Statistikprozesse, skaliert sie und schickt diese so aufbereiteten Daten als Graphik-Kommandos an das Graphik-Subsystem **ParaGraph** weiter. Der *Controller* regelt die Interaktion des Benutzers mit dem Monitoring-System. Der Benutzer kommuniziert über ein logisches VISION-Fenster mit dem *Controller*, der die Kommandos an *Transceiver*, Graphik-Subsystem und die Statistikprozesse weiterleitet.

Das Sammeln der Daten. Die Lastdaten der Links und der Semaphore liefern die Sternkoppler des Kommunikationssystems. In jedem Sternkoppler berechnet ein Statistikprozeß aus der Menge der abgeschickten Nachrichten pro Sekunde die Linklast in Byte/s. Die Blockierungsrate eines Semaphores berechnet sich aus dem Verhältnis der Anzahl der blockierten Nachrichten zur Gesamtanzahl der abgeschickten Nachrichten.

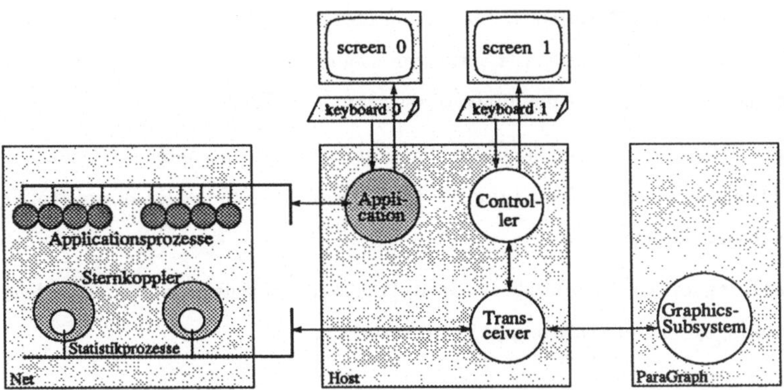

Abbildung 6: **Prozeßstruktur des Monitoring-Systems**

Die Lasten der Applikationsprozesse werden nicht in den Statistikprozessen, sondern in den Applikationsprozessen selber berechnet. Dazu existiert eine Schnittstelle zwischen den Applikationsprozessen und dem Statistikprozeß eines Transputers in Form gemeinsamer Variablen. Diese Variablen können von den Applikationsprozessen beliebig modifiziert werden. Dadurch hat der Benutzer die Möglichkeit, innerhalb seiner Applikation eine geeignete Darstellung für die ausgesuchten Daten zu wählen. Er gibt damit den Blöcken, die den Applikationslasten entsprechen, eine eigene Semantik. So kann beispielsweise eine vom Benutzer spezifierte Rechenlast oder das Eintreten bestimmter Ereignisse angezeigt werden.

Diese so ermittelten Daten werden von den lokalen Statistikprozessen dreimal in der Sekunde an den *Transceiver* gesendet und dort in einem für den sendenden Transputer vorgesehenen Pufferplatz abgelegt. Der *Transceiver* liest den Puffer zyklisch und schickt die Daten nach der Aufarbeitung an das Graphik-Subsystem. Durch diesen Puffer-Mechanismus wird eine lose Kopplung zwischen den Statistikprozessen und dem Graphik-Subsystem erreicht. Das Applikationsnetz wird durch das Monitoring-System also nicht aufgehalten, da nicht auf Abnahme der Lastdaten gewartet wird.

Die Kommandosteuerung des Monitoring-Systems. RouMorS stellt eine Kommandosprache bereit, mit der der Benutzer das Monitoring-System steuert. Die Eingabe der Kommandos erfolgt in dem dazu vorgesehenen VISION-Fenster. Die Kommandosprache ermöglicht dem Benutzer, die graphische Darstellung während der Laufzeit zu beeinflussen. So können die Skalierungsparameter für die Lastdaten optimal eingestellt werden. Um bestimmte Ereignisse besser beobachten zu können, ist der Benutzer in der Lage, einzelne Lastarten auszublenden oder das Bild anzuhalten.

Ferner können auf dem Graphikbildschirm Fenster geöffnet werden, in denen zusätzliche Informationen dargestellt werden. So können die verschieden Lastdaten einzelner Transputer über einen längeren Zeitraum als Diagramm angezeigt werden.

Der Verwaltungsaufwand des Monitors. Bei einem Monitoring-System, das seine Daten nicht durch Hardwaremeßpunkte erhält, sondern sie durch Softwareroutinen aus der laufenden Applikation extrahieren muß, ist die zusätzliche Belastung des Kommunikationssystem von Wichtigkeit.

Bei RouMorS fallen diese Lasten beim Sammeln der Statistikdaten an, beim Versenden an den Host-Transputer und schließlich bei der Aufbereitung für die Graphik. Anhand einer Beispielkonfiguration soll die Last kurz abgeschätzt werden.

Gegeben sei ein 8x8Torus mit einem zusätzlichen Host-Transputer und dem damit verbundenem Graphik-Subnetz. Ein Monitoringzyklus läßt sich in drei Schritte zerlegen:

Datensammeln: Auf jedem Transputer im Netz findet dreimal in der Sekunde ein Sammeln der angefallenen Statistikdaten statt. Anschließend werden die Daten in ein Paket gepackt und versandtfertig gemacht. Die Zeit für diese Routine beträgt etwa 100 μsec, insgesamt also 300 μsec je Transputer.

Versenden der Daten: Die gesammelten Daten müssen dem *Transceiver* auf dem Host zugesandt werden. Die mittlere Entfernung dorthin beträgt 4.5 *hops*(Anzahl der Transputer auf der Route dorthin), die Nachrichtenlänge 104 *Byte*. Damit läßt sich die CPU-Belastung des Kommunikationssystems durch diese Nachricht bestimmen.

$$\begin{aligned} t_{cpu} &= t_{setup} + t_{route} \\ t_{setup} &= setup.base + (length * const_1)) \\ t_{route} &= route.base + (length * const_2)) * hops \\ t_{cpu} &= (100 + length * 0.2) + (66 * 4.5) = 418 \quad \mu sec \end{aligned}$$

Jeder Transputer verschickt dreimal in der Sekunde eine solche Nachricht; damit ergibt sich als durchschnittliche CPU-Belastung eines Transputers:

$$t_{total.cpu} = 3 * t_{cpu} = 1254 \quad \mu sec$$

Aufbereitung zu Graphik-Kommandos: Für die Transputer im Netz ist damit der Vorgang beendet, da die Nachrichten im *Transceiver* sofort in einem bestimmten Pufferplatz abgelegt werden. Prinzipiell könnte der *Transceiver* statt auf dem Host auch im Graphik-Subnetz ablaufen; damit wären alle Prozessoren wieder frei für die Applikation.

Insgesamt ergibt sich eine durchschnittliche Belastung eines Transputers mit ca. 1554 μsec in einer Sekunde Laufzeit, also unter zwei Promille der Prozessorleistung.

Die Kommunikationsbelastung liegt bei

$$comm_{total} = 64 * 3 * 4.5 * 104 \; Byte = 120960 \; Bytes$$

total oder 1404 *Bytes* je Transputer in der Sekunde. Dies liegt ebenfalls im unteren Promillebereich des Kommunikationssystems.

3 Das parallele Graphik-Subsystem 'ParaGraph'

RouMorS benötigt für die graphische Darstellung der Lastdaten ein Echtzeit-Graphiksystem, das über eine Fensterverwaltung verfügt. Die nötigen Anforderungen erfüllt das parallele Graphik-Subsystem **ParaGraph**, das zur Zeit in der GMD entwickelt wird und auf dem Graphics Display Subsystem GDS der Firma PARSYTEC aufbaut. ParaGraph besteht aus einem Graphik-Prozessor (GDS) und aus bis zu drei weiteren Prozessoren, die zusätzliche Rechenleistung und Speicherplatz bereitstellen.

Die Funktionalität. ParaGraph verfügt über eine Fensterverwaltung. Fenster können erzeugt, geöffnet, geschlossen und bewegt werden. Bildschirmbereiche, die durch geöffnete Fenster verdeckt sind, stehen für die Graphik weiterhin zur Verfügung. Objekte, die in solche verdeckte Bereiche gezeichnet werden, erscheinen jedoch auf dem Bildschirm erst dann, wenn das entsprechende Fenster geschlossen oder an eine andere Stelle bewegt wird. Durch Verwendung von Pipeline-Verfahren führen die Berechnungen, die die Sichtbarkeit von Objekten bestimmen, zu keiner zeitlichen Verzögerung.
ParaGraph bietet die Möglichkeit, vorhandene Objekte, wie Blöcke und Linien, zu neuen Objekten zusammenzufassen. Diese Objektdefinitionen erlauben eine komfortablere Handhabung der Graphik und eine schnellere Darstellung, da für mehrere Subobjekte nur ein Graphik-Kommando durch das Graphik-Subsystem geroutet werden muß. In RouMorS werden zum Beispiel alle Blöcke, die die Prozeßlast eines Transputers darstellen, zu einem Objekt zusammengefaßt. Der Host schickt so an das Graphik-Subsystem statt zehn Graphik-Kommandos nur eins.
ParaGraph stellt *PreProzesse* bereit, die eintreffende Daten vor ihrer graphischen Darstellung verarbeiten. So können rechenaufwendige Skalierungen von der Applikation in das Graphik-Subsystem verlagert werden. Angeboten werden häufig benutzte Standardfunktionen wie Logarithmus- oder Exponentialfunktionen.

Die Prozeßstruktur. ParaGraph besteht aus einem *GDS*-Transputer und bis zu drei weiteren Transputern. Der *GDS*-Transputer ist für die eigentliche Graphik zuständig. Er verfügt über einen 1 MByte großen Bildschirmspeicher. Auf dem *GDS* befinden sich die Prozesse *Graphics* und *WindowGraphics*. Ihm vorgelagert ist der *FILTER*-Transputer mit dem *Filter*-Prozeß. Die beiden anderen Transputer, *WINDOWSERVER1* und *WINDOWSERVER2*, dienen der Fensterverwaltung. Sie stellen die Rechenleistung und jeweils 1-4 MByte Speicherplatz zur Verfügung. Auf beiden Transputern befindet sich jeweils ein Prozeß (*MemoryManager*), der den jeweiligen Arbeitsspeicher verwaltet, und eine Anzahl von Fenster-Prozessen (*Window*).

Die Prozeßstruktur und Prozessorkonfiguration von ParaGraph ist in Abbildung 7 dargestellt.

Ein Graphik-Kommando wird zuerst im *Filter* vorverarbeitet und dann je nach Typ auf die anderen Prozesse verteilt. Der *Filter* enthält die für die Fensterverwaltung notwendigen Tabellen. Diese beinhalten Informationen über die einzelnen Fenster, wie Größe und Position. Sie geben an, ob ein Fenster momentan sichtbar ist und von welchem Fensterprozeß das Fenster verwaltet wird. Der *Filter* berechnet außerdem die Sichtbarkeiten von Objekten und führt Skalierungsberechnungen durch.

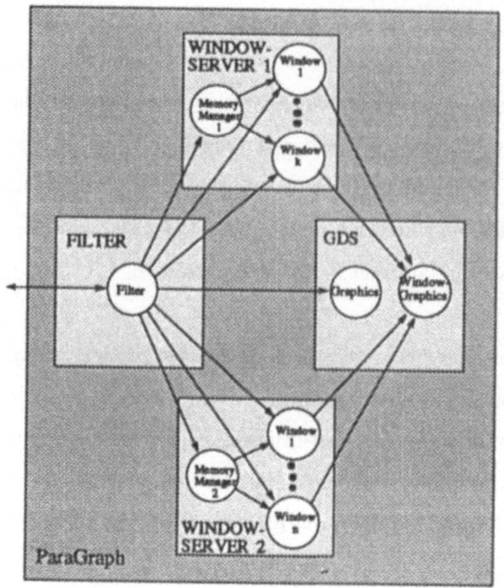

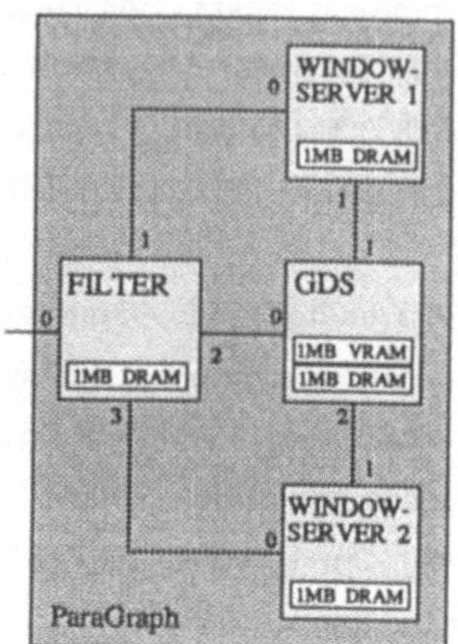

Abbildung 7: **Prozeßstruktur und Prozessorkonfiguration von ParaGraph**

Bekommt der *Filter* den Befehl, ein neues Fenster zu erzeugen, so schaut er in den Tabellen nach und wählt einen freien Fensterprozeß aus, der die Verwaltung des Fensters übernimmt. Der *Filter* benachrichtigt den *MemoryManager* des entsprechenden *WINDOWSERVERS* und aktualisiert seine Tabellen. Der *Memory-Manager* belegt seinerseits den benötigten Speicherplatz und startet den ausgewählten Fensterprozeß, der nun bereit ist, Graphik-Kommandos zu empfangen und zu verarbeiten.

Eintreffende Graphik-Kommandos sendet der *Filter* je nach Typ an den Prozeß *Graphics* oder an die entsprechenden Fensterprozesse weiter. Falls ein Graphik-Kommando nicht für ein Fenster, sondern für den Bildschirm selbst bestimmt ist, berechnet der *Filter* die Sichtbarkeit des entsprechenden Objekt und teilt *Graphics* mit, welcher Teil des Objekt sichtbar ist und welcher nicht. *Graphics* stellt den sichtbaren Teil des Objekts im Bildschirmspeicher dar, während der verdeckte Teil im Arbeitsspeicher abgespeichert wird.

Kommandos, die Fenster betreffen, werden an die entsprechenden *Window*-Prozesse geschickt, die diese dann verarbeiten. Jeder *Window*-Prozeß verwaltet ein logisches Fenster. Objekte, die in ein Fenster gezeichnet werden, werden in den dazugehörigen Speicherplatz geschrieben. Falls das Fenster sichtbar ist, wird das Graphik-Kommando zusätzlich an den Graphik-Prozessor geschickt, so daß das Objekt auch auf dem Bildschirm sichtbar wird. Wird ein Fenster geöffnet, so muß der Inhalt des Fensters für die Darstellung an den *GDS* übermittelt werden. Dazu dient der Prozeß *WindowGraphics*, der sich auf dem *GDS* befindet. Er empfängt den Inhalt des Fensters und schreibt sie in den Bildschirmspeicher.

Parallele Implementierung einer funktionalen Programmiersprache auf einem Transputer-Mehrprozessor-System

Herbert Kuchen, Rita Loogen
Lehrstuhl für Informatik II
RWTH Aachen
Ahornstr. 55, D-5100 Aachen

Zusammenfassung

In dieser Arbeit wird die parallele Implementierung einer funktionalen Programmiersprache auf einem Transputer-Mehrprozessor-System beschrieben. Ein funktionales Programm wird zunächst in ein System von speziellen Funktionsdefinitionen, sogenannten seriellen Kombinatoren, übersetzt. Hierbei wird die auszunutzende implizite Parallelität explizit gemacht. Das System von seriellen Kombinatoren wird in Code für eine parallele abstrakte Maschine transformiert, die auf Graphreduktion basiert. Weiterhin werden einige Datenstrukturen der funktionalen Sprache vorgestellt und verglichen. Für einige Beispielprogramme werden hierzu die gemessenen Laufzeiten und Speedups angegeben.

1 Einführung

Funktionale Programmiersprachen erlauben eine deklarative Programmierung durch Angabe von Funktionen im mathematischen Sinne. Durch Funktionen höheren Typs (d.h. Funktionen mit Funktionen als Argumenten oder Ergebnis) können auf das jeweilige Problem bzw. die verwendete Datenstruktur zugeschnittene Kontrollstrukturen definiert werden. So wird eine elegante und knappe Problemformulierung auf hohem Niveau möglich.

Die zur Auswertung von funktionalen Programmen i.allg. eingesetzte Strategie lazy evaluation sorgt dafür, daß die Argumente von Funktionen erst ausgewertet werden, wenn sie gebraucht werden. Hierdurch wird das Arbeiten mit unendlichen Objekten (wie z.B. unendlichen Listen) möglich, da nur deren jeweils benötigte endliche Teile wirklich ausgerechnet werden. Überzeugende Beispiele für das Programmieren mit Funktionen höheren Typs und unendlichen Objekten findet man z.B. in [Hu85].

Die wichtigste Eigenschaft funktionaler Programme ist ihre Seiteneffektfreiheit: der Wert eines Ausdrucks, z.B. $e_1 + e_2$, hängt nur von seinen Teilen (hier e_1 und e_2) ab und kann durch Seiteneffekte (wie z.B. die Änderung von globalen Variablen) nicht beeinflußt werden. Neben einer leichteren Verständlichkeit bringt dies vor allem Vorteile für die Implementierung. Teilausdrücke können nämlich in beliebiger Reihenfolge und insbesondere auch parallel ausgewertet werden. Funktionale Programme enthalten somit implizite Parallelität, die von einem parallelisierenden Compiler, wo es sich lohnt, zur Erzeugung von parallelen Prozessen umgesetzt werden kann. Die Kommunikation und Synchronisation dieser Prozesse, sowie, bei einer Implementierung auf einem Mehrprozessorsystem, deren dynamische Zuordnung zu den Prozessoren wird vom Laufzeitsystem übernommen und ist für den

Programmierer transparent. Der entscheidende Vorteil hiervon ist, daß Probleme wie Deadlocks nicht auftreten können, und daß die Programme unabhängig von der vorliegenden Rechnerarchitektur und Rechnertopologie sind. Ein Programm, das auf einem Prozessor laufen soll, ist identisch mit dem für Tausende von Prozessoren und damit genauso einfach zu schreiben und zu debuggen. Durch die dynamische Verteilung der Prozesse werden Leerlaufzeiten durch eine ungünstige statische Zuordnung zu den Prozessoren vermieden.

Solch eine parallele Implementierung einer Miranda-ähnlichen [Tu85] funktionalen Sprache auf einem Transputer-Mehrprozessorsystem wird im folgenden beschrieben. Diese Arbeit ist wie folgt aufgebaut: in Abschnitt 2 wird die parallele abstrakte Maschine PAM erläutert, auf der das Laufzeitsystem unseres Compilers basiert. Abschnitt 3 gibt einen Überblick über die Übersetzung funktionaler Quellprogramme in PAM-Code. In Abschnitt 4 wird untersucht, welche Anforderungen an Datenstrukturen für eine funktionale Sprache zu stellen sind und welche Datenstrukturen diese erfüllen. In Abschnitt 5 werden für einige Beispielprobleme ermittelte Laufzeiten und Beschleunigungen (speedups) angegeben. Eine ausführliche Beschreibung der PAM und der Übersetzung findet man in [Lo89], [LK89] und [Ku89]. Eine ausführliche Behandlung applikativer Datenstrukturen findet man in [Ku89].

2 Die parallele abstrakte Maschine PAM

Die parallele abstrakte Maschine PAM besteht aus mehreren, über Nachrichten kommunizierenden Teilmaschinen, von denen bei der Implementierung jedem Transputer des verwendeten Mehrprozessor-Systems je eine zugeordnet wird. Die PAM basiert auf Graphreduktion [Wa71], d.h. die Funktionsdefinitionen werden als Graphersetzungsregeln aufgefaßt. Aus Effizienzgründen verwenden wir Graphreduktion nicht in der ursprünglichen Form, sondern sogenannte programmierte Graphreduktion, d.h. jede Regel wird, ähnlich wie bei der G-Maschine [Jo84], in eine Folge elementarer Graphmanipulationsbefehle zerlegt. Außerdem werden elementare Rechnungen wie Grundfunktionsapplikationen auf einem Stack ausgeführt und nicht durch Graphreduktion behandelt.

Jede abstrakte Teilmaschine TM besteht aus einer Kommunikations- und einer Reduktionseinheit (s. Abb. 1). Die Kommunikationseinheit übernimmt die Übermittlung von Nachrichten zwischen der Reduktionseinheit und den TM der anderen Prozessoren (incl. Routing). Die Reduktionseinheit besteht neben dem Reduktionsprozessor und dem Programmspeicher im wesentlichen aus

- einem **Befehlszähler** *ic*
- dem lokalen Anteil des auf alle TM aufgeteilten, zu reduzierenden **Graphen**
- einem **Zeiger** *atp* **auf die aktuelle Task**, genauer gesagt: auf den Graphknoten, der die in Bearbeitung befindliche Task repräsentiert
- einer **lokalen Task-Queue** *ltq* mit Zeigern auf rechenbereite, lokal auszuwertende Tasks
- einer **Task-Queue** *tq* mit Zeigern auf rechenbereite Tasks, die auch verschickt werden können
- **Kanälen** zur Kommunikation mit der Kommunikationseinheit.

Zur Speicherverwaltung verwenden wir das für lose gekoppelte Mehrprozessorsysteme besonders geeignete **gewichtete Reference-counting** [Be87][WW87], bei dem jeder Pointer ein Gewicht hat und jeder Knoten die Summe der Gewichte aller auf ihn zeigenden Pointer als Referenzzähler enthält.

Ein Knoten des Graphen enthält neben diesem Referenzzähler eine Kennung (tag), die angibt, um welchen Typ von Knoten es sich handelt, sowie für den jeweiligen Knotentyp spezifische Informationen. Die folgenden Knotentypen werden benötigt:

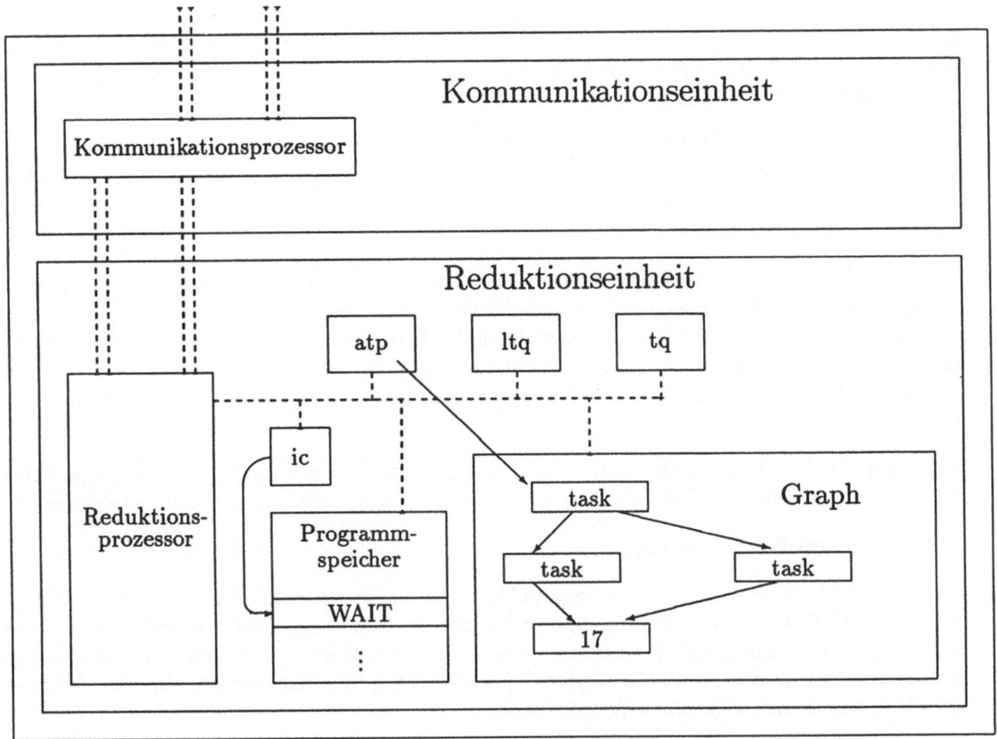

Abbildung 1: Struktur einer Teilmaschine der PAM

- **Datenknoten** zur Speicherung von Basiswerten wie z.B. integer-Zahlen,
- **Konstruktorknoten** zur Repräsentation von Datenkonstruktoren (wie z.B. nil, cons und pair, s.u.); sie enthalten neben einer Konstruktorkennung Zeiger auf die Komponenten des durch den Konstruktor erzeugten Objektes,
- **Taskknoten** zur Repräsentation von Funktionsapplikationen; die jeweils die Programmadresse des zugehörigen Codes, den Status der Task (unvollständig, schlafend oder aktiv), die Anzahl der vorhandenen und benötigten Argumente, die Argumente (incl. lokaler Variablen), einen Stack zur effizienten Ausführung von Nebenrechnungen und eine Liste von Zeigern auf alle Task, die auf das Ergebnis dieser Task warten und die bei dessen Vorliegen zu reaktivieren sind,
- **Local-Task-Knoten**; diese unterscheiden sich nur in der Kennung von Taskknoten; sie werden allerdings nicht an andere Maschinen verschickt, sondern repräsentieren Unterprogramm-Aufrufe,
- **indirekt-Knoten**, welche den Platz für das Ergebnis einer verschickten Task freihalten und später hierdurch überschrieben werden; sie enthalten Zeiger auf alle Tasks, die auf das Ergebnis warten und bei dessen Eintreffen reaktiviert werden müssen.

Die Kommunikation zwischen den TM erfolgt, wie erwähnt, über Nachrichten. Jede Nachricht enthält die Nummer der Ziel-TM, eine Kennung, die ihren Typ repräsentiert, und für den jeweiligen Nachrichtentyp spezifische Informationen. Folgende Nachrichten werden verwendet:

- **Task-Nachrichten** enthalten alle Informationen eines zu verschickenden Taskknotens, sowie die Adresse des indirekt-Knotens, der durch das Ergebnis überschrieben werden soll; nur schlafende Tasks, d.h. Tasks, deren Auswertung noch nicht begonnen wurde und deren Argumente alle vorhanden sind, können verschickt werden,

- **Antwort-Nachrichten** dienen jeweils zur Übermittlung des Ergebnisses einer Task; sie enthalten neben dem Ergebnis die Adresse des indirekt-Knotens, der durch das Ergebnis überschrieben werden soll; Antwort-Nachrichten werden auch verwendet, um das Ergebnis einer Anfrage (s.u.) zu übermitteln,

- **Anfrage-Nachrichten** werden geschickt, wenn von einer Task Objekte benötigt werden, die auf einer anderen TM gespeichert sind; der Platz für das Ergebnis wird auch hier durch einen indirekt-Knoten freigehalten. Das zu übermittelnde Objekt wird auf der externen TM ausgewertet, bevor es übermittelt wird, um Mehrfachauswertung zu vermeiden. Eine Anfrage-Nachricht enthält die Adresse des gewünschten Objekts sowie die Adresse des indirekt-Knotens für die Antwort,

- **Arbeitsanforderungs-Nachrichten** werden von einer TM geabgeschickt, die keine Arbeit mehr hat; sie werden mit Task-Nachrichten oder abschlägig beantwortet, und zwar durch

- **Arbeitsmangel-Nachrichten**,

- **decrement-Nachrichten** werden verschickt, wenn ein Pointer auf ein externes Objekt gelöscht wurde. Das Gewicht des Objektes wird um das Pointergewicht reduziert. Das Objekt wird freigegeben, falls keine Referenzen hierauf mehr existieren. Man beachte, daß beim gewichteten Referenz-counting keine increment-Nachrichten benötigt werden, da beim Kopieren eines Pointers dessen Gewicht aufgeteilt wird.

Die PAM verfügt im wesentlichen über folgende Befehle:

JMP *label* bewirkt einen unbedingten Sprung.

JPF *label* bewirkt einen Sprung, falls das oberste Stackelement FALSE ist.

LOAD i lädt das i-te Argument der aktuellen Task (möglicherweise auch eine lokale Variable) auf deren Stack.

STO i speichert das oberste Stackelement der aktuellen Task in deren i-ter lokaler Variable.

LIT i legt die Konstante i auf den Stack der aktuellen Task.

PLUS ersetzt die beiden obersten Stackelemente der aktuellen Task durch deren Summe (analog: MINUS, AND, EQ usw.).

CONSTRNODE c,n ersetzt die obersten n Stackelemente durch einen Pointer auf einen neuen Konstruktorknoten mit Kennung c, der auf diese n Elemente zeigt.

PROJ erwartet auf dem Stack einen Pointer auf einen Konstruktorknoten und einen Index i und ersetzt diese Information durch einen Zeiger auf die i-te Komponente des durch diesen Knoten repräsentierten Objektes.

NODE adr,i,j nimmt i Argumente vom Stack und legt stattdessen einen Pointer auf einen neuen Taskknoten hierauf. In den neu angelegten Taskknoten werden die vom Stack genommenen Argumente ebenso eingetragen wie die Anfangsadresse adr, die Anzahl i der vorhandenen und die Anzahl j der für eine Reduktion benötigten Argumente ($i < j$ ist bei partiellen Applikationen möglich). Der Status ist schlafend, falls $i = j$, und unvollständig sonst. Der Stack und die Väterliste des neuen Knotens sind zunächst leer.

LTNODE *adr,i,j* arbeitet wie NODE *adr,i,j*, jedoch wird hier eine lokale (nicht verschickbare) Task erzeugt.

ACTIVATE aktiviert die Task, auf die das oberste Stackelement zeigt, durch Aufnahme in die Taskqueue. Sie wird jedoch erst verarbeitet, wenn sie zur aktuellen Task wird.

EVALUATE führt einen Unterprogrammsprung zu der (lokalen) Task durch, auf die das oberste Stackelement zeigt. Tasks werden als Unterprogramme aufgerufen, wenn sich die Verschickung zu einem anderen Prozessor wegen der Kommunikationskosten nicht lohnt.

INITIATE aktiviert das oberste Stackelement, falls nötig.

WAIT unterbricht die aktuelle Task, wenn das Objekt, auf das das oberste Stackelement zeigt, noch nicht ausgewertet ist; die aktuelle Task wird dann als Vater dieses Objektes vermerkt. Eine andere Task kann als neue aktuelle Task bearbeitet werden.

APL wendet eine unvollständige Task auf weitere Argumente an.

RET beendet die aktuelle Task. Alle Väter werden reaktiviert, bei externen Vätern erfolgt dies über eine Antwort-Nachricht, die das Ergebnis enthält. Lokale Väter werden in die lokale Taskqueue aufgenommen.

DEC *i* reduziert den Referenzzähler des Objektes, auf das das *i*-te Argument der aktuellen Task zeigt, um das Gewicht dieses Zeigers. Bei externen Objekten erfolgt dies über eine Nachricht.

3 Übersetzung in Zwischencode

Die Übersetzung funktionaler Programme in Code für die parallele abstrakte Maschine PAM erfolgt in zwei Phasen (s. Abb. 2):

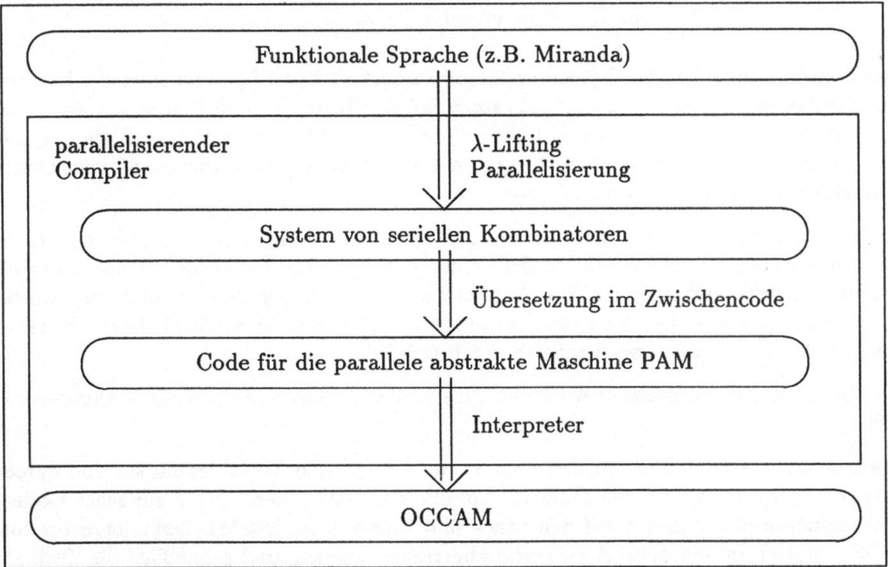

Abbildung 2: Phasen der Übersetzung eines funktionalen Programms

- In der ersten Phase wird das funktionale Programm, welches i.allg. aus ineinandergeschachtelten rekursiven Funktionsdefinitionen besteht, in ein rekursives Gleichungssystem ohne lokale Funktionsdefinitionen überführt (lambda-lifting [Jo85][Hu82]). Hierdurch werden globale Variablen auf Kosten von zusätzlichen Parametern eliminiert, wodurch die später erforderliche Kommunikation reduziert wird. Mit Hilfe von Striktheitsanalyseverfahren [My81][BH86] wird die potentielle Parallelität innerhalb des transformierten Programms entdeckt. (Eine Funktion ist strikt in einem Argument, wenn ein undefinierter Wert dieses Arguments zu einem undefinierten Funktionswert führt. Nur solche Argumente können parallel ausgewertet werden, ohne die Semantik des Programms zu ändern.) Diese Informationen werden zur Einteilung des Programms in parallel auszuführende Teilprozesse verwendet, welche durch spezielle Funktionsdefinitionen (sogenannte serielle Kombinatoren [HG85]) beschrieben werden.
- In der zweiten Phase wird diese Darstellung in PAM-Code übersetzt, der z.Z. in OCCAM interpretiert wird. An einer Übersetzung des PAM-Codes in Transputer-Assembler wird gearbeitet.

Das folgende Programm zur Lösung des Problems der Türme von Hanoi:

```
towers(n) = tow(n,1,2,3)
        where tow(n,source,help,dest) =
                if n = 1 then [(source,dest)]
                else tow(n-1,source,dest,help) ++
                    (source,dest) : tow(n-1,help,source,dest)
```

wird z.B. in Phase 1 in folgende Darstellung überführt:

```
towers(n) = tow(n,1,2,3)
tow(n,source,help,dest) = if n = 1 then [(source,dest)]
                          else letpar v1 = tow(n-1,source,dest,help);
                                      v2 = tow(n-1,help,source,dest)
                               in v1 ++ (source,dest) : v2
```

(x, y) repräsentiert ein Paar mit den Komponenten x und y. $L_1{+}{+}L_2$ bezeichnet die Konkatenation (append) der Listen L_1 und L_2. $[x_1, \ldots, x_n]$ steht für eine Liste mit den Elementen $x_1, \ldots, x_n$. $x : L$ bezeichnet die Konstruktion (cons) einer Liste mit dem ersten Element x und Restliste L. *if_then_else* wird hier anders als in vielen anderen Programmiersprachen auf Ausdruckebene verwandt, d.h. im then- und else-Zweig stehen hier Ausdrücke.

letpar $v_1 = e_1; \ldots; v_n = e_n$ *in* e besagt, daß die Werte der Ausdrücke $e_1, \ldots, e_n$ den Bezeichnern $v_1, \ldots, v_n$ zugeordnet werden, welche in dem Ausdruck e verwendet werden können, der den Wert des Gesamtausdrucks repräsentiert. Die Ausdrücke $e, e_1, \ldots, e_n$ werden parallel ausgewertet. Wird bei der Auswertung von e der Wert eines Ausdrucks e_i $(1 \leq i \leq n)$ benötigt, bevor dieser ermittelt wurde, so werden die zugehörigen Prozesse synchronisiert.

In der zweiten Übersetzungsphase wird das Programm in den in Abbildung 3 angegebenen Code übersetzt.

Der besseren Lesbarkeit halber wurden hier die ursprünglichen Variablennamen und symbolischen Labels verwendet. Zuerst wird die Funktion towers übersetzt. Hierzu wird zunächst Code erzeugt, der die Argumente $n, 1, 2$ und 3 auf den Stack lädt, dann einen lokalen Taskknoten für *tow* anlegt (LTNODE tow,4,4), in den diese Argumente übertragen werden, und schließlich die Task als Unterprogramm aufruft (EVALUATE). Am Ende erfolgt ein Rücksprung zur aufrufenden Task (RET).

Die Übersetzung der Funktion *tow* behandelt zuerst den booleschen Ausdruck $n = 1$. Hierzu wird Code erzeugt, der zunächst n und 1 auf den Stack lädt und dann die beiden obersten Stackelemente

```
towers: LOAD n                         NODE tow,4,4
        LIT 1                          ACTIVATE
        LIT 2                          STO v1
        LIT 3                          LOAD n
        LTNODE tow,4,4                 LIT 1
        EVALUATE                       MINUS
        RET                            LOAD help
tow:    LOAD n                         LOAD source
        LIT 1                          LOAD dest
        EQUAL                          NODE tow,4,4
        JPF else                       ACTIVATE
        LOAD source                    STO v2
        LOAD dest                      LOAD v1
        CONSTRNODE pair,2              LOAD source
        CONSTRNODE nil,0               LOAD dest
        CONSTRNODE cons,2              CONSTRNODE pair,2
        JMP endif                      LOAD v2
else:   LOAD n                         CONSTRNODE cons,2
        LIT 1                          LTNODE append,2,2
        MINUS                          EVALUATE
        LOAD source                    DEC v1
        LOAD dest                      DEC v2
        LOAD help              endif:  RET
```

Abbildung 3: Für das Problem der Türme von Hanoi erzeugter PAM-Code

vergleicht (LOAD 1; LIT 1; EQUAL). In Abhängigkeit vom Ergebnis wird zur Übersetzung der else-Alternative verzweigt (JPF else) oder mit dem Code für den then-Zweig fortgefahren.

Der Code für den then-Zweig (LOAD source; ...; CONSTRNODE cons,2) dient dazu, auf dem Stack (einen Zeiger auf) die Liste mit dem Paar $(source, dest)$ als einzigem Element anzulegen. Nach der Ausführung dieses Codes wird mit JMP endif der else-Zweig übersprungen.

Bei der Übersetzung des else-Zweiges wird zunächst Code erzeugt, der eine Task für den Funktionsaufruf $tow(n-1, source, dest, help)$ anlegt (else: LOAD n; ...; LOAD help; NODE tow,4,4) und aktiviert (ACTIVATE). Der Zeiger auf diese Task wird in der lokalen Variablen $v1$ gespeichert (STO v1). Analog wird hiernach Code zur Aktivierung der Task $tow(n-1, help, source, dest)$ angelegt. Der Zeiger auf diese Task wird in der lokalen Variablen $v2$ abgelegt.

Der Code für den Ausdruck $v1 ++ (source, dest) : v2$ (nämlich: LOAD v1; ...; LTNODE append,2,2; EVALUATE) wird zur Laufzeit parallel zu den beiden aktivierten Tasks bearbeitet. Durch DEC v1; DEC v2 werden die Referenzzähler der Objekte reduziert, auf die v1 und v2 zeigen. Die Übersetzung der Funktion *tow* wird mit einem Rücksprung-Befehl (RET) beendet. Durch WAIT-Befehle im Code der Bibliotheksfunktion *append* wird sichergestellt, daß der Unterprogrammaufruf LTNODE append,2,2; EVALUATE mit den beiden parallel arbeitenden Tasks in geeigneter Weise synchronisiert wird, d.h. daß die Abarbeitung dieses Unterprogramms, wenn eines der Ergebnisse dieser Tasks wirklich benötigt wird, solange unterbrochen wird, bis dieses Ergebnis bereitsteht.

4 Applikative Datenstrukturen

Die in imperativen Programmiersprachen verwendeten Datenstrukturen wie z.B. Arrays können wegen der Seiteneffekte der auf ihnen arbeitenden Operationen in funktionalen Sprachen i.allg. nicht (unverändert) eingesetzt werden. Beispielsweise bewirkt die PASCAL-Anweisung A[5] := 7, daß die Komponente des Feldes A mit Index 5 den Wert 7 erhält. A hat damit vor und nach der Zuweisung i.allg. einen unterschiedlichen Wert, d.h. ein Seiteneffekt liegt vor. In funktionalen Sprachen ist es lediglich möglich, neue Objekte mit Hilfe vorhandener zu definieren (im Beispiel: B = upd(A,5,7)). Beide Objekte, im folgenden Versionen genannt, sind danach zugreifbar; das alte Objekt wird nicht geändert. Hieraus resultieren einige Anforderungen an die Implementierung von Datenstrukturen für funktionale Sprachen, sogenannte applikative Datenstrukturen:

- die Operationen auf Datenstrukturen dürfen **keine Seiteneffekte** verursachen, d.h. eine vorhandene Struktur nicht ändern,
- **Versionen** sollten weitgehend **überlappend** gespeichert werden, da sonst zuviel Speicherplatz verbraucht wird.

Für eine parallele Implementierung auf einem lose gekoppelten Mehrprozessorsystem kommen einige Anforderungen hinzu:

- eine Datenstruktur sollte auf die lokalen Speicher der einzelnen Prozessoren **verteilt gespeichert** werden können, da andernfalls alle Zugriffe auf die Struktur von demgleichen Prozessor bearbeitet werden müßten und hierdurch sequentialisiert würden,
- die Datenstruktur sollte für eine **parallele Verarbeitung** geeignet sein. Hiermit ist gemeint, daß Teile parallel (z.B. divide & conquer) bearbeitet werden können.
- die Grundoperationen auf der Datenstruktur sollten effizient (möglichst parallel) arbeiten. Betrachtet werden hier Operationen, die jeweils ein Element einer Struktur S mit Elementen $x_1, \ldots, x_n$ betreffen, wie
  - $sel(S, i)$ (Zugriff auf das i-te Element),
  - $del(S, i)$ (Löschen des i-ten Elementes),
  - $upd(S, i, x)$ (Ändern des i-ten Elementes zu x) und
  - $insert(S, i, x)$ (Einfügen von x vor dem i-ten Element),

  sowie auf die Datenstruktur zugeschnittene Funktionale wie

  - $map(f, S)$ (Bilden einer neuen Struktur mit den Elementen $f(x_1), \ldots, f(x_n)$ und
  - $fold(\odot, S)$ (sukzessive Verknüpfung der Elemente von S mit der zweistelligen, assoziativen (!) Funktion $\odot$ zu $x_1 \odot x_2 \odot \ldots \odot x_n$).

  Weiterhin interessant ist die Operation $append(S_1, S_2)$ zur Verknüpfung zweier Strukturen zu einer neuen.

Die im folgenden untersuchten Implementierungen von applikativen Datenstrukturen werden anhand dieser Anforderungen verglichen, wobei zu berücksichtigen ist, daß nicht alle aufgeführten Operationen auf allen Datenstrukturen zur Verfügung stehen. Für jede der betrachteten Datenstrukturen werden für die aufgeführten Operationen der Aufwand auf einem Prozessor ($T_1(n)$) und auf unendlich vielen Prozessoren ($T_\infty(n)$) angegeben, wobei n die Anzahl der Elemente der Struktur ist. Von den Kommunikationskosten wird hierbei abstrahiert, da sie von der Topologie abhängen.

4.1 Listen

Die klassische Datenstruktur aller funktionalen Programmiersprachen ist die Liste. Eine Liste wird entweder durch den nullstelligen Konstruktor *nil* (leere Liste) oder durch Anwendung des zweistelligen Konstruktors *cons* auf ein neues Element und eine bestehende Liste erzeugt. Der Zugriff auf die Komponenten x und L einer durch $cons(x, L)$ erzeugten (also nicht leeren) Liste ist durch die Operationen *hd* bzw. *tl* möglich. Außerdem kann getestet werden, ob eine Liste leer ist oder nicht. Alle auf Listen definierten Operationen basieren auf diesen seiteneffektfreien Grundoperationen, z.B.

$$map(f, L) = \textit{if } L = nil \textit{ then } nil \textit{ else } cons(f(hd(L)), map(f, tl(L)))$$

Als Kurzschreibweise für $cons(x_1, cons(x_2, \ldots cons(x_n, nil) \ldots))$ wird oft $[x_1, \ldots, x_n]$ verwendet. Intern werden Listen durch lineare Pointerstrukturen dargestellt (s. Abb. 4). Der Vorteil gegenüber ähnlichen Pointerstrukturen in imperativen Sprachen wie PASCAL ist, daß wegen des Aufbaus durch Konstruktoren *nil* im letzten Element nicht vergessen werden kann und kein Element irrtümlich auf ein vorhergehendes zeigen kann. Hierdurch werden viele Programmierfehler ausgeschlossen. Außerdem wird die Speicherverwaltung vom Laufzeitsystem automatisch erledigt und braucht nicht vom Programmierer z.B. mit *new* und *dispose* übernommen zu werden.

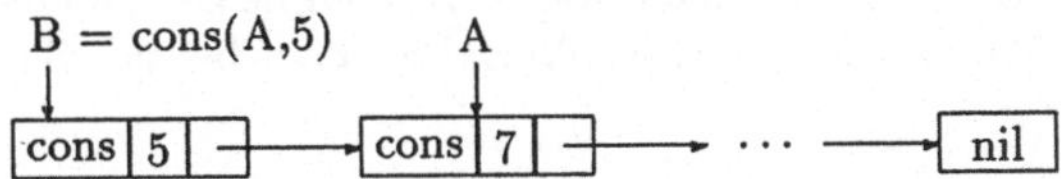

Abbildung 4: interne Darstellung von Listen

Listen sind einfach handhabbar. Auch können durch *cons* auseinander hervorgegangene Versionen überlappend gespeichert werden (s. Abb. 4). Jeder Knoten der internen Pointerstruktur kann prinzipiell in dem lokalen Speicher eines anderen Prozessors abgelegt werden, d.h. Listen sind verteilt speicherbar. Entscheidender Nachteil der Liste ist, daß es nicht effizient möglich ist, auf Elemente im "Inneren" der Liste zuzugreifen (s. Operationen *sel*, *del*, *insert*, *upd* in Tabelle 1), und daß sie für eine divide & conquer-mäßige Verarbeitung etwa gleichgroßer Teile nur sehr schlecht geeignet ist. Es ist lediglich möglich, den Listenkopf parallel zu dem gesamten Rest der Liste zu verarbeiten.

Operation	$T_1(n)$	$T_\infty(n)$
hd,tl,cons	O(1)	O(1)
sel,upd,insert,del	O(n)	O(n)
map,fold	O(n)	O(n)
append	O(n)	O(n)

Tabelle 1: Komplexität der Listenoperationen

4.2 Sequenzen

Sequenzen sind bezüglich der auf ihnen zur Verfügung stehenden Operationen ähnlich zu Listen, jedoch werden sie auf der Basis inhomogener binärer Bäume implementiert (s. Abb. 5). Inhomogen bedeutet hier, daß die Elemente der Struktur nur in den Blättern stehen und die inneren Knoten ausschließlich Zugriffsinformationen, genauer: die Anzahl der Elemente der durch den jeweiligen Knoten repräsentierten Teilsequenz, enthalten. Inhomogene Bäume haben den Vorteil, daß sie bei einer parallelen Verarbeitung des linken und rechten Teilbaums zu einer einfacheren Rekursionsstruktur führen.

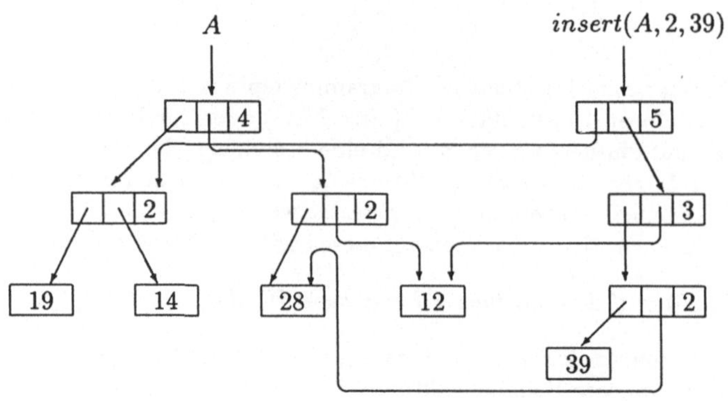

Abbildung 5: Einfügung eines neuen Elementes in eine Sequenz

Wie aus Abb. 5 ersichtlich, ist die überlappende Speicherung von Versionen möglich (analog für *del* und *upd*). Hierzu muß ein zusätzlicher Weg von einer neuen Wurzel zu dem geänderten Blatt angelegt werden. In jedem inneren Knoten dieses Weges wird ein Zeiger auf einen Teilbaum von dem entsprechenden Knoten des Weges von der alten Wurzel zu dem bei der Suche zuletzt erreichten Blatt übernommen.

Jeder Knoten kann prinzipiell in einem anderen Speicher abgelegt werden, d.h. Sequenzen können verteilt gespeichert werden. Der größenordnungsmäßige Aufwand der einzelnen Operationen im Mittel und im schlechtesten Fall (bei einer Entartung des Baumes zu einer listenähnlichen Struktur) für einen und unendliche viele Prozessoren kann aus Tabelle 2 entnommen werden.

	$T_1(n)$		$T_\infty(n)$	
Operation	im Mittel	im schlechtesten Fall	im Mittel	im schlechtesten Fall
sel,upd,insert,del	O(log n)	O(n)	O(log n)	O(n)
map,fold	O(n)	O(n)	O(log n)	O(n)
append	O(1)	O(1)	O(1)	O(1)

Tabelle 2: Komplexität der Operationen auf Sequenzen

Das Verhalten von Sequenzen im schlechtesten Fall läßt sich verbessern, wenn man statt binärer Bäume AVL-Bäume zugrundelegt [My84]. Man erhält dann als größenordungsmäßigen Aufwand sowohl im schlechtesten Fall als als auch im Mittel den Aufwand, der sich bei binären Bäumen im Mittel ergibt. Die append-Operation benötigt dann allerdings logarithmischen Aufwand, da i.allg. Balancierungsoperationen erforderlich sind.

In [Ku89] werden neben Sequenzen noch einige ähnliche, ebenfalls auf binären Bäumen basierende Datenstrukturen, nämlich Tabellen und Mengen, untersucht. Die Ergebnisse unterscheiden sich nicht wesentlich von denen bei Sequenzen.

Bei Tabellen enthält jedes Blatt einen Index und einen Wert. Jeder innere Knoten enthält einen Index, der kleiner ist als alle Indices im rechten und größer oder gleich allen Indices im linken Teilbaum. Der Zugriff auf die Elemente erfolgt über deren Index. Tabellen ähneln somit bezüglich der auf ihnen zur Verfügung stehenden Operationen Arrays. Sie sind aber erweiterbar und verkürzbar. Da nicht zu jedem möglichen Index ein Eintrag existieren muß, eignen sie sich insbesondere zur Speicherung dünnbesetzter Matrizen.

Bei Mengen enthält jedes Blatt ein Element der Menge, jeder innere Knoten einen Wert der kleiner als alle Elemente im rechten Teilbaum und größer oder gleich allen Elementen im linken Teilbaum ist.

5 Experimentelle Ergebnisse

Die Leistungsfähigkeit unserer Implementierung und der verschiedenen applikativen Datenstrukturen wurde anhand einiger Beispielprogramme überprüft.

DS	Proz.	# Bef. (tsd)	# Pak. (tsd)	task ein	task aus	answer ein	answer aus	memory_req. ein	memory_req. aus	decrement ein	decrement aus
L	1	340	13.5	12	18	2290	2290	2278	2272	1777	2250
	2	223	8.3	27	25	2345	2345	2318	2320	2045	2262
	3	79	2.3	18	31	944	944	926	913	875	753
	4	49	1.0	49	23	521	521	472	498	453	437
	5	61	1.5	26	24	586	586	560	562	531	439
	6	83	2.2	16	19	635	635	619	616	564	436
	7	64	2.2	21	22	791	791	770	769	757	612
	8	55	1.2	27	10	343	343	316	333	308	272
	9	76	2.1	16	27	705	705	689	678	615	670
	10	127	4.2	25	33	1282	1282	1257	1249	1134	1205
	11	115	3.6	8	25	1075	1075	1067	1050	1014	1049
	12	73	3.0	33	21	1113	1113	1080	1092	1070	767
S	1	240	2.7	96	195	6371	2469	2306	6176	2422	5844
	2	220	2.8	110	164	2216	2493	2351	2052	2395	2121
	3	213	2.5	126	223	2683	2822	2639	2460	2550	2623
	4	201	2.4	177	192	2724	3220	2960	2532	3138	2616
	5	210	2.4	141	202	2777	3212	2971	2575	3249	2745
	6	221	2.8	110	185	2412	2610	2479	2227	2356	2225
	7	202	2.4	191	155	2584	3283	3008	2429	3168	2371
	8	209	2.5	156	156	2310	2676	2462	2154	2389	2095
	9	218	3.0	63	296	2896	3003	2920	2600	2629	2972
	10	208	2.5	112	203	2646	3006	2780	2443	2969	2573
	11	215	2.5	119	158	2497	2937	2765	2339	2901	2340
	12	217	2.5	119	184	2643	3019	2805	2459	2861	2502

Tabelle 3: Verteilung der PAM-Befehle und Nachrichten sowie Platzverbrauch in Knoten zu 16 Byte für jeden von 12 Prozessoren bei Listen (L) und Sequenzen (S)

Tabelle 3 zeigt am Beispiel von quicksort für eine hierfür optimale Eingabe mit 1000 Elementen, daß sich die Anzahl der ausgeführten PAM-Befehle und der empfangenen und abgeschickten Nachrichten bei Sequenzen (binären Bäumen) gut auf die 12 Prozessoren verteilen. Die Mehrbelastung des Startprozessors 1 (auf dem die "Urtask" liegt) ist durch die Ausgabe des Ergebnisses bedingt.

Bei Listen ergibt sich eine sehr viel schlechtere Verteilung der Arbeit. Die Ausgangsliste muß zunächst von einem Prozessor in zwei Listen aufgeteilt werden. Danach können zwei Prozessoren die beiden Listen in insgesamt 4 Listen aufteilen usw. Beim Zusammenfügen der Teilergebnisse wiederholt sich dieser Effekt. Während eines Großteils der Laufzeit können nur wenige Prozessoren mitarbeiten. Hier zeigt sich deutlich, daß Listen für eine parallele Verarbeitung großer Strukturen wenig geeignet sind.

In Tabelle 4 sind für einige Beispielprobleme die erhaltenen Laufzeiten und Speedups aufgeführt. Die vergleichsweise langsamen absoluten Laufzeiten sind durch die zur Zeit noch interpretative Arbeitsweise unserer Prototyp-Implementierung bedingt.

Problem	Datenstruktur	#Prozessoren	sec	Speedup
fibonacci(24)	-	12	9.65	11.7
fibonacci(30)	-	64	30.06	62.9
quicksort(2000)	Liste	12	53.67	3.5
quicksort(2000)	unbal. Seq.	12	45.18	8.3
towers(12)	Liste	12	19.00	4.1
towers(12)	unbal. Seq.	12	3.37	8.9
towers(12)	bal. Seq.	12	7.43	9.0
towers(14)	unbal. Seq.	64	5.29	32.1
8-Damen	Liste	12	33.50	10.7
8-Damen	unbal. Seq.	12	45.34	9.4
8-Damen	Liste	64	12.04	46.3

Tabelle 4: Laufzeiten und Speedups für einige Beispielprobleme in Abhängigkeit von der Datenstruktur (Liste, durch höhenbalancierte AVL-Bäume implementierte Sequenz bzw. durch einen unbalancierten binären Baum implementierte Sequenz) und der Prozessoranzahl

$fibonacci(n)$ berechnet die n-te Fibonacci-Zahl. $towers(n)$ berechnet die Lösung des Problems der Türme von Hanoi für n Scheiben. Beim 8-Damen-Problem werden alle Möglichkeiten ermittelt, 8 Damen so auf ein Schachbrett zu stellen, daß keine Dame eine andere schlagen kann. $quicksort(n)$ sortiert eine Struktur mit n Elementen mit dem gleichnamigen Verfahren.

Die getesteten Beispielprogramme zeigen [Ku89], daß Programme, die über genügend potentielle Parallelität verfügen, alle Prozessoren (fast) durchgehend beschäftigen, und so gute Beschleunigungen ermöglichen. Simple Lastverteilungsstrategien reichen hierzu aus. Bei Problemen mit Datenstrukturen können bei 12 Prozessoren Beschleunigungen von etwa 10 erreicht werden. Bei Problemen auf Basistypen wie *fibonacci* sind sogar Beschleunigungen möglich, die der Prozessoranzahl nahe kommen.

Auf der Seite der Datenstrukturen sind Listen bei einem Prozessor sowie bei Problemen, die ausschließlich "kleine" Datenstrukturen erfordern (wie 8-Damen), i. allg. günstiger als Baumstrukturen. Sequenzen und Tabellen sind i. allg. günstiger, wenn die Parallelisierung auf einer divide&conquer-mäßigen Zerlegung "großer" Datenstrukturen beruht, und mehrere Prozessoren zur Verfügung stehen.

Für Probleme, in denen eine leichte Verknüpfbarkeit von Teilstrukturen (towers) oder der effiziente Zugriff auf einzelne Elemente gefordert ist, können Baumstrukturen auch auf einem Prozessor geeigneter sein als Listen. Balancierte Baumstrukturen schneiden in allen Beispielprogrammen schlechter ab, als ihre unbalancierten Gegenstücke, da wegen der verwendeten divide&conquer-Algorithmen automatisch balancierte Bäume entstehen und eine explizite Balancierung somit nur Overhead verursacht.

Bei keinem der betrachteten Probleme wurde die Nachrichtenübertragung zu einem Engpaß. Die Links wurden stets nur zu weniger als einem Prozent ausgelastet. Nichtsdestotrotz verhindert der Kommunikationsaufwand, daß eine lineare Beschleunigung erreicht wird. Hierzu trägt weniger die eigentliche Übertragungszeit bei, sondern der entscheidende Overhead steckt im Zusammenbauen, Analysieren und Zerlegen von Nachrichten. Diese Aufgaben können nämlich nicht von den Links übernommen werden, sondern müssen von der CPU selbst bewältigt werden.

Literatur

[Be87] D.I. Bevan: Distributed Garbage Collection and Reference Counting, Conf. on Parallel Architectures and Languages Europe (PARLE), LNCS 258/259, Springer Verlag, 1987

[BH86] G. Burn, C.L. Hankin, S.A. Abramsky: Strictness Analysis for Higher-Order Functions, Science of Programming 7, 1986

[HG85] P. Hudak, B. Goldberg: Serial Combinators: Optimal Grains of Parallelism, Conf. on Functional Programming Languages and Computer Architectures, LNCS 201, Springer Verlag, 1985

[Hu82] J. Hughes: Supercombinators, ACM Symp. on LISP and Functional Programming, 1982

[Hu85] J. Hughes: Why Functional Programming Matters, internal report, Chalmers Institute of Technology, Göteborg, 1985

[Jo84] Th. Johnsson: Efficient Compilation of Lazy Evaluation, SIGPLAN Notices 13(6), 1984

[Jo85] Th. Johnsson: Lambda Lifting, Proc. Functional Programming Languages and Computer Architectures, LNCS 201, Springer Verlag, 1985

[Ku89] H. Kuchen: Parallele Implementierung funktionaler Programmiersprachen auf einem OCCAM-Transputer-System unter besonderer Berücksichtigung applikativer Datenstrukturen, Dissertation, RWTH Aachen, 1989, in Vorbereitung

[LK89] R. Loogen, H. Kuchen, K. Indermark, W. Damm: Distributed Implementation of Programmed Graph Reduction, PARLE Conf., LNCS 365, Springer Verlag, 1989

[Lo89] R. Loogen: Parallele Implementierung funktionaler Programmiersprachen, Informatik-Fachberichte 232, Springer Verlag, 1989

[My81] A. Mycroft: Abstract Interpretation and Optimizing Transformations for Applicative Programs, Ph.D. Thesis, Edinburgh, 1981

[My84] E. Myers: Efficient Applicative Data Types, ACM Symp. on Principles of Programming Languages, 1984

[Tu85] D.A. Turner: Miranda - A Non-Strict Functional Language with Polymorphic Types, LNCS 201, Springer Verlag, 1985

[Wa71] C.P. Wadsworth: Semantics and Pragmatics of the Lambda Calculus, Ph. D. Thesis, Oxford, 1971

[WW87] P. Watson, I.Watson: An Efficient Garbage Collection Scheme for Parallel Computer Architectures, PARLE Conf., LNCS 258/259, Springer Verlag, 1987

Ein verteilter Interpreter für Flat Concurrent Prolog auf Transputern

U. Glässer
Universität Gesamthochschule Paderborn
Fachbereich Mathematik/Informatik
D-4790 Paderborn

Abstract

Flat Concurrent Prolog (FCP) ist eine parallele logische Programmiersprache, ausgelegt auf die Beschreibung von nebenläufigem Verhalten und die Implementierung auf Parallelrechnerarchitekturen. Aufbauend auf einer kurzen Charakterisierung der Sprache und des unterliegenden Ausführungsmodells wird ein Konzept zur verteilten Implementierung eines FCP-Interpreters auf einer Transputerumgebung vorgestellt. Die Einführung einer abstrakten Architektur dient dabei der Erläuterung grundlegender Techniken zur Nutzbarmachung und Kontrolle paralleler Programmabläufe. Eine aus der Abbildung des abstrakten Modells auf ein reales Transputersystem resultierende konkrete Architektur wird im Zusammenhang mit der Implementierung von zwei Prototypen in Occam und Par.C diskutiert.

1 Einleitung

Parallele logische Programmiersprachen gewinnen zunehmend an Bedeutung. Ihre Eignung sowohl zur Beschreibung paralleler Objekte und Algorithmen als auch die konzeptionelle Möglichkeit der parallelen Ausführung machen sie zu einem interessanten Werkzeug für die Programmierung paralleler Rechner [FuFu86].
Demgegenüber steht auf der Hardwareseite mit dem Transputer eine zur Konstruktion paralleler Systeme universell einsetzbare Komponente zur Verfügung [MaSh85]. Relativ geringe Kosten, hohe Rechenleistung und gute Modularisierungseigenschaften begünstigen die schnelle Verbreitung von Transputersystemen in verschiedensten Anwendungsbereichen.
Vor diesem Hintergrund soll die Fragestellung nach der Integrationsfähigkeit beider Ansätze untersucht werden. Hierbei geht es insbesondere darum, inwieweit inhärente Eigenschaften von Transputersystemen mit inhärenten Eigenschaften der Sprachen hinsichtlich der Nutzung maximaler Parallelität verträglich sind. Die Entwicklung des vorliegend beschriebenen verteilten Interpreters für FCP liefert einen experimentellen Rahmen für künftige Forschungsarbeiten. Aufbauend auf den Erfahrungen aus der Implementierung eines ersten Prototypen in Occam 2 wird gegenwärtig ein weiterer Prototyp in Par.C implementiert.

Unter den verschiedenen Ansätzen zur Parallelisierung logischer Programme, basierend auf unterschiedlichen Formen von Parallelität [CoKi81], nehmen die auf dem *stream-parallel computation* Modell beruhenden *committed-choice* Sprachen eine zentrale Rolle ein. Zu den wichtigsten Vertretern dieser Sprachklasse gehören *Flat Concurrent Prolog (FCP)*, entwickelt am Weizmann Institut (Rehovot) [Sha87], *Guarded Horn Clauses (GHC)* [1] , entwickelt am ICOT (Tokyo) [Ued85], und *PARLOG*, entwickelt am Imperial College (London) [ClGr84]. Obwohl die Syntax sehr ähnlich ist, besitzen diese parallelen logischen Programmiersprachen unterschiedliche Ausdrucksmächtigkeit, wobei FCP den beiden anderen übergeordnet ist [TaFu87].
FCP ist ausgelegt für die Implementierung auf *Multiple Processor Systems (MPS)*. "Ein MPS, in der Literatur oft auch als *Multicomputer* bezeichnet, ist definiert als ein Multiprocessing System, in dem alle Prozessoren über einen eigenen lokalen Speicher verfügen, Instruktionen asynchron ausführen und untereinander durch Versenden von Nachrichten kommunizieren. Diese Klasse von Rechnersystemen schließt sowohl nachrichtenversendende Multiprozessorsysteme als auch Rechnernetze ein." [Hwa88]

[1] GHC dient als Basissprache der im Rahmen des japanischen *Fifth Generation Computer Project* entwickelten *Parallel Inference Machine (PIM)* [FuFu87]

2 Flat Concurrent Prolog

Gegenstand des vorliegenden Abschnitts ist die Einführung eines Modells, das die prinzipielle Vorgehensweise bei der sequentiellen Ausführung von FCP-Programmen beschreibt. Syntaktische Details sind hierfür nicht relevant und werden nicht weiter behandelt. Diesbezüglich interessierte Leser finden eine umfangreiche Sprachbeschreibung einschließlich zahlreicher Beispiele aus verschiedensten Anwendungsbereichen, wie Systemprogrammierung, Hardwaresimulation oder KI-Aufgabenstellungen in [Sha87,WeSh87].

FCP Programme besitzen deklarativen Charakter und bestehen aus einer endlichen Menge von *Hornklauseln* der Form [Sha86]:

$$\underbrace{H}_{Head} \leftarrow \underbrace{G_1, G_2, ..., G_m}_{Guards} \mid \underbrace{B_1, B_2, ..., B_n}_{Body}. \quad (m, n \geq 0)$$

Sowohl der Klauselkopf H als auch alle Komponenten G_i und B_j im Klauselrumpf repräsentieren jeweils ein aus einem Bezeichner q und Argumenten $A_1, A_2, ..., A_k$ aufgebautes Prädikat $q(A_1, A_2, ..., A_k)$. Innerhalb eines Programms bilden alle Klauseln mit demselben Prädikat im Klauselkopf, d.h. identischem Bezeichner q und gleicher Arität k, jeweils eine durch q/k eindeutig identifizierte Prozedur.

Hornklauseln lassen sich auf drei verschiedene Arten interpretieren: *logisch*, *prozedural* oder auf der Ebene miteinander *kommunizierender Prozesse*. Letztere Interpretation entspricht der hier zugrunde gelegten Sichtweise. Damit kann eine Klausel als Regel aufgefaßt werden, die das Verhalten eines Prozesses abhängig vom jeweiligen Prozeßzustand steuert. Dabei identifiziert der Klauselkopf den Prozeßtyp, die Guards spezifizieren einschränkende Testprädikate, in welcher Situation diese Klausel anzuwenden ist, und die B_j definieren neu zu generierende parallele Sohnprozesse.

Bei der Ausführung eines Programms bilden die in der *Resolventen* R zusammengefaßten und parallel ausführbaren Prozesse die aktiven Objekte. Jeder einzelne Prozeß läßt sich in der Form $p(A_1, A_2, ..., A_l)$ darstellen. Er besitzt zu jeder Zeit einen durch die aktuelle Belegung seiner Argumente definierten Zustand. Argumente sind entweder ungebundene logische Variablen oder Instanzen davon, falls den Variablen bereits ein Wert zugewiesen wurde. Kommunikation zwischen Prozessen verläuft über Kommunikationskanäle in Form von mehreren Prozessen gemeinsamen Variablen. Man unterscheidet dazu in FCP grundsätzlich zwischen beschreibbaren Variablen und ausschließlich lesbaren *read-only*-Variablen.

Ein sendender Prozeß p, der eine beschreibbare Variable "X" besitzt, und ein empfangender Prozeß q, der die dazu korrespondierende *read-only*-Variable "$X?$" besitzt, teilen einen Kommunikationskanal. Der *read-only*-Operator "?" drückt die Abhängigkeit des Empfängerprozesses q vom Senderprozeß p aus, d.h. q bleibt solange inaktiv, bis p durch Beschreiben der Variablen "X" eine Nachricht sendet.

$$\mathbf{R(t)} = \{\mathbf{p_1}(A_{1,1}, A_{1,2}, ..., A_{1,l_1}),\ \mathbf{p_2}(A_{2,1}, A_{2,2}, ..., A_{2,l_2}),\ ...,\ \mathbf{p_s}(A_{s,1}, A_{s,2}, ..., A_{s,l_s})\}^t$$

Ausgehend von einer als Programmeingabe vorgegebenen initialen Resolventen vollzieht sich eine Berechnung als Folge von Reduktionsschritten. In jedem Reduktionsschritt t wird entsprechend der festgelegten Scheduling-Strategie ein Prozeß $p_i(A_{i,1}, A_{i,2}, ..., A_{i,l_i})$ der Resolventen $R(t)$ selektiert. Die Reduktion dieses Prozesses durch Anwendung einer Klausel der Prozedur p_i/l_i ist möglich, wenn die Argumente des Prozesses mit den im Klauselkopf enthaltenen übereinstimmen oder sich mittels *Unifikation* in Übereinstimmung bringen lassen und zusätzlich die in den Guards spezifizierten Testprädikate erfüllbar sind.

Eine einmal ausgeführte Reduktion ist irreversibel. Sobald eine reduzierende Klausel bis zum Commit-Operator "|" ausgewertet wurde, erfolgt die Reduktion und der sich daraus ergebende Zustandsübergang innerhalb der Berechnung.

Die Verwendung von *read-only*-Variablen im Klauselkopf und den Guard-Prädikaten gestattet es, Reduktionen solange zu verzögern, bis durch Auswertung von auf diesen Variablen schreibberechtigten Prozessen genügend Informationen vorliegen, um die richtige aus u.U. mehreren alternativ anwendbaren Klauseln derselben Prozedur p_i/l_i auszuwählen.

Abhängig vom Typ der gewählten Klausel (ohne Berücksichtigung der Guards), bewirkt eine erfolgreiche Reduktion eine Terminierung (Typ 1), eine Zustandsänderung (Typ 2) oder im allgemeinsten Fall eine Verzweigung des Prozesses auf ein Netzwerk parallel ausführbarer Sohnprozesse *(process fork)*:

(1) $p_i(A_{i,1}, A_{i,2}, ..., A_{i,l_i})$. $(n = 0)$

(2) $p_i(A_{i,1}, A_{i,2}, ..., A_{i,l_i}) \leftarrow p_i(B_{i,1}, B_{i,2}, ..., B_{i,l_i})$. $(n = 1)$

(3) $p_i(A_{i,1}, A_{i,2}, ..., A_{i,l_i}) \leftarrow q_1(B_{1,1}, B_{1,2}, ..., B_{1,k_1}), ..., q_r(B_{r,1}, B_{r,2}, ..., B_{1,k_r})$. $(n = r)$

Vereinfacht ausgedrückt, wird bei jeder Reduktion ein Prozeß aus der Resolventen durch den *Body* der reduzierenden Klausel ersetzt. Aktuelle Belegungen von Prozeßargumenten übertragen sich über gleichnamige Variablen als Eingabe auf die hierbei generierten Sohnprozesse. Eine erfolgreiche Berechnung terminiert nach endlich vielen Schritten mit einer leeren Resolventen, da die Anwendung von Typ-1-Klauseln keine neuen Sohnprozesse erzeugt ($Body = \{\}$), so daß effektiv ein Prozeß ersatzlos aus der Resolventen gestrichen wird.

Tritt eine Situation auf, in der zu einem Prozeß $p_j(A_{j,1}, A_{j,2}, ..., A_{j,l_j})$ keine reduzierende Klausel einer Prozedur p_j/l_j existiert, so liegt ein *Deadlock* vor. Ursache hierfür ist entweder eine unzulässige Eingabe oder ein fehlerhaftes Programm; in jedem Fall bricht die Berechnung an dieser Stelle ab.

Die aus [Sha86] übernommene Definition eines abstrakten Interpreters für FCP illustriert das zugrundeliegende Ausführungsmodell, ohne nähere Bestimmung der Ausführungsreihenfolge (Process Scheduling) und der Auswahlstrategie für Klauseln:

EINGABE: Ein FCP Programm **P** und ein Prozeß **Q**

AUSGABE: **Q'**, falls Q' eine mittels P ableitbare Instanz von Q ist [2],
"**deadlock**", sonst

ALGORITHMUS: Initialisiere die Resolvente **R** mit dem Eingabeprozeß **Q**

WHILE $R \neq \emptyset$ DO
    Wähle einen Prozeß **A'** aus R
    und eine geeignete Klausel
    $A : -G_1, ..., G_m, \mid B_1, ..., B_n$ aus P,
    so daß **A** und **A'** unifizierbar und
    die Guards $G'_1, ..., G'_m$ erfüllt sind
    (EXIT, falls keine solche Klausel existiert).
    Ersetze **A'** in R durch $B'_1, ..., B'_n$ und
    wende die Unifikation (Variablenbelegungen)
    auf R und Q an.

Falls die Resolvente leer ist ($R = \emptyset$),
    gebe **Q** aus,
    sonst, gebe "**deadlock**" aus.

3 Architektur eines verteilten FCP-Interpreters

Beim Übergang von dem im vorhergehenden Abschnitt eingeführten sequentiellen Ausführungsmodell zu einem parallelen Ausführungsmodell für einen verteilten FCP-Interpreter soll zunächst die grundsätzliche Vorgehensweise zur Lastverteilung und Synchronisation nebenläufiger Teilberechnungen anhand einer abstrakten Architektur vermittelt werden. Alternative Möglichkeiten der Abbildung dieses abstrakten Modells auf die eigentliche Zielarchitektur – das Transputersystem – führen zu unterschiedlichen Ausprägungen einer im nachfolgenden Abschnitt vorgestellten konkreten Architektur, die sich insbesondere in ihrem Kommunikationsverhalten zwischen den einzelnen funktionalen Einheiten unterscheiden.

3.1 Parallelisierungskonzepte

Eine angemessene und nach intuitivem Verständnis naheliegende Granularität bei der Aufteilung der Arbeitslast liefert die Ebene der Prozeßreduktionen. Lastverteilungsstrategien befassen sich daher mit der Abbildung von Prozessen aus der Resolventen auf Prozessoren, die sie reduzieren sollen. Zwei prinzipielle Ansätze hierzu lassen sich als *zentral* und *dezentral* verwaltete Resolvente charakterisieren.

Die zentrale Organisationsform basiert auf einer zweistufigen Prozessorhierarchie. Auf der oberen Ebene übernimmt ein Host-Prozessor P_0 die Kontrolle über die Resolvente. Auf der darunterliegenden Ebene arbeiten n untergeordnete Prozessoren $P_1, P_2, ..., P_n$ als prozeßreduzierende Einheiten, die jeweils einen Reduktionsschritt auf einem ihnen übergebenen Prozeß durchführen.
Solange die Resolvente nicht leer ist und kein Deadlock auftritt, wird einem Prozessor P_i $(1 \leq i \leq n)$, sobald dieser keine Arbeit mehr hat, vom Host P_0 ein neuer Prozeß zur Reduktion zugeteilt. Durch Zurücksenden des Reduktionsergebnisses an P_0 zeigt P_i an, daß er fertig ist. Sind die bei der Reduktion vorgenommenen Variablenbelegungen (Instanziierungen) mit den aktuellen Belegungen dazu korrespondierender Variablen der Resolvente verträglich, so wird der entsprechende Prozeß der Resolventen durch die neu generierten Subprozesse ersetzt und die Variablen aktualisiert. Andernfalls bleibt die Reduktion ohne Wirkung, d.h. sie wird von P_0 einfach ignoriert.
Obwohl dieses Modell eine Reihe von Vorteilen, aufgrund der zentralen Kontrolle über die Resolvente aufweist, ist es wegen des eingebauten Kommunikationsengpasses zwischen dem Host und den n Subprozessoren nicht praktikabel. Bereits für relativ kleine Werte von n $(n < 10)$ ergeben sich beträchtliche Wartezeiten für die reduzierenden Einheiten.

Die Intention bei der dezentral verwalteten Resolventen ist es, sowohl Arbeits- als auch Kommunikationslast gleichmäßig über das System zu verteilen. Gleichzeitig verlangt ein auf verteilter Kontrolle basierendes Modell effiziente Synchronisationsmechanismen, um den entstehenden zusätzlichen Kommunikationsaufwand möglichst gering zu halten. Der verbleibende Teil von Abschnitt 3 diskutiert diesen von uns gewählten Ansatz detaillierter.

3.2 Abstrakte Architektur

Losgelöst von der Einbettung in eine real existierende Zielarchitektur läßt sich der prinzipielle Aufbau eines verteilten FCP-Interpreters als ein System, bestehend aus einer Menge autonomer Verarbeitungseinheiten (*Processing Units*), die über ein Kommunikationsnetzwerk aus bidirektionalen Verbindungselementen (*Communication Links*) verschaltet sind, darstellen [Gla90]. Die einzelnen Processing Units arbeiten asynchron nebenläufig auf lokalen Speicherbereichen und kommunizieren untereinander durch *Message Passing.* Bei der Übertragung von Nachrichten zwischen einem Sender und einem Empfänger, die nicht direkt benachbart sind, werden die Nachrichten auf dazwischenliegenden Einheiten über die jeweils kürzeste Verbindung weitergeleitet.

Bis auf einen ausgezeichneten *Host*, der über zusätzliche Arbiter- und I/O-Funktionen verfügt, haben alle Processing Units denselben Aufbau und unterscheiden sich lediglich durch eine eigens zu diesem Zweck vergebene *Identification Number.* Funktionell entsprechen Processing Units sequentiellen FCP-Interpretern, die in der Lage sind, ihre Berechnungen über ein verteiltes Synchronisationsprotokoll koordinieren.

Auf der Menge der Processing Units, $P = \{PU_1, ..., PU_n\}$, und der Menge der Communication Links, $C = \{\{PU_i, PU_j\} \mid PU_i, PU_j \in P,\ i \neq j\}$, definiert das Konfigurationsnetzwerk $N(P, C)$ die statische Verbindungsstruktur des verteilten FCP-Interpreters. Jede Kante $\{PU_i, PU_j\} \in C$ repräsentiert dabei eine physikalische Verbindung zwischen zwei Processing Units PU_i und PU_j.

Für die Konstruktion eines verteilten FCP-Interpreters sind beliebige Verbindungsstrukturen zulässig, solange das Konfigurationsnetzwerk zusammenhängend bleibt. Unter Berücksichtigung einer bestimmten Zielarchitektur können sich jedoch weitere Restriktionen ergeben. Beispielsweise kann die Wahl einer Konfiguration, die die Anzahl der für jeden Prozessor tatsächlich zur Verfügung stehenden Links überschreitet, eine Abbildung erheblich erschweren.

Verteilte Berechnungen auf der beschriebenen abstrakten Architektur basieren auf einer dynamischen Aufteilung der Gesamtresolventen R in n lokale, den einzelnen PUs zugeordnete Teilresolventen $R(PU_1)$, $R(PU_2), ..., R(PU_n)$. Entsprechend den zur Laufzeit generierten Prozessen erfolgt eine kontinuierliche Umverteilung der Arbeitslast, mit dem Ziel, einen möglichst hohen Parallelisierungsgrad zu erreichen. Zu jedem Zeitpunkt t während einer Berechnung identifiziert die Menge der Prozesse aller Teilresolventen den aktuellen Berechnungszustand im Gesamtsystem S: $R^t(S) = R^t(PU_1) \bigcup R^t(PU_2) \bigcup ... R^t(PU_n)$.

Beginnend mit einem initialen Prozeß Q der auf den Host geladen wird, started die Berechnung zum Zeitpunkt t_0. Aus Q abgeleitete Subprozesse verbreiten sich gemäß der angewendeten Lastverteilungsstrategie im System und aktivieren dadurch weitere Processing Units. Die Berechnung ist abgeschlossen, sobald zu einem Zeitpunkt $t_1 > t_0$ keine Processing Unit mehr arbeitet, $R^{t_1}(PU_i) = \emptyset$ für $1 \leq i \leq n$, was durch Anwendung eines verteilten Terminierungsalgorithmus [Dij83] vom Host erkannt wird.

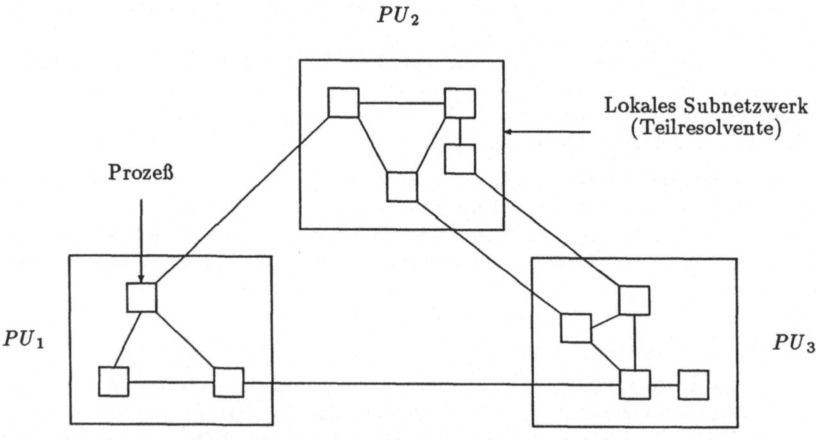

Figure 1: Prozeßnetzwerk im verteilten Interpreter

Bedingt durch das Auftreten derselben Variablen in mehreren Teilresolventen, können die einzelnen Teilresolventen i.a. nicht als unabhängig angesehen werden. Vielmehr entsteht hierbei ein logisches Kommunikationsnetzwerk zwischen auf dem System verteilten Prozessen, dessen Subnetze die Kommunikation auf den lokalen Teilresolventen wiedergeben (vergl. Fig. 1). Eine Synchronisation von auf verschiedenen Processing Units nebenläufig ausgeführten Reduktionen mit konkurrierenden Schreibzugriffen auf gemeinsame Variablen wird i.w. durch drei Techniken erreicht:

1. Grundidee ist die Einführung eines globalen logischen Adreßraumes, der für alle Processing Units transparent ist und in dem alle während einer Berechnung auftretenden Variablen gehalten werden, sowie die Vergabe von Zugriffsrechten derart, daß alle Processing Units mit unterschiedlichen Zugriffsrechten auf einer gemeinsamen Variablenmenge operieren.

   Zu jeder beschreibbaren Variablen und jeder *read-only*-Variablen existiert im gesamten verteilten Interpreter genau eine physikalische Repräsentation, die exklusiv von jeweils einer Processing Unit verwaltet wird. Nur diese Processing Unit hat schreibenden Zugriff darauf. Sämtliche weiteren Vorkommen derselben Variablen auf anderen Processing Units werden mittels Referenzen auf die physikalische Repräsentation modelliert.

   Möchte nun die Processing Unit PU_i eine der Processing Unit PU_j zugeordnete Variable X_l beschreiben, so muß sie zunächst die Zugriffsrechte erlangen. Durch versenden einer Nachricht an PU_j initiiert PU_i eine Variablentransaktion mit dem Ergebnis, daß PU_i anschließend die physikalische Repräsentation von X_l und PU_j die Referenz darauf besitzt.

2. Gelingt es einer Processing Unit sämtliche in eine Reduktion involvierte Variablen zu vereinnahmen, so gewährleistet ein Verschlußmechanismus, der die Variablen für weitere Transaktionen sperrt, daß die Reduktion als atomare, von außen nicht unterbrechbare Aktion ausgeführt werden kann. Evtl. nicht beschriebene Variable werden nach Beendigung der Reduktion umgehend wieder freigegeben.

   Abhängig von der Realisierung des Verschlußmechanismus, besteht die Möglichkeit für das Auftreten von Deadlocks oder Livelocks, falls mehrere Processing Units gleichzeitig versuchen, die selben Variablen zu vereinnahmen. Wie die Erfahrung gezeigt hat, treten diese Situationen in der Praxis zwar nur äußerst selten auf, dennoch bleibt ihre Handhabung schwierig. Techniken zum Erkennen und Auflösen von Deadlocks bzw. Livelocks im Zusammenhang mit konkurrierenden Reduktionsversuchen sind wohl bekannnt, beeinflussen aber die Performance zu stark. Dieses Problem kann z.Z. noch nicht befriedigend gelöst werden.

3. Ein Suspendierungsmechanismus behandelt die Fälle, in denen eine Reduktion aufgrund noch nicht instanziierter *read-only*-Variablen hängt. Mindestens eine Klausel einer für die Reduktion des selektierten Prozesses zuständigen Prozedur kann nicht vollständig ausgewertet werden, weil dabei eine *read-only*-Variable des Prozesses oder in den Guards der Klausel unzulässig beschrieben würde. Gleichzeitig ist auch keine andere Klausel derselben Prozedur anwendbar.

   In dieser Situation erfolgt eine Suspendierung des Prozesses auf die blockierende *read-only*-Variable. Die Processing Unit fährt dann mit der Bearbeitung des nächsten Prozesses aus der Resolventen fort. Wird nun später die zu der *read-only*-Variablen korrespondierende beschreibbare Variable mit einem Wert instanziiert, so erlaubt die Auswertung einer Referenz von dieser Variablen auf die ihr zugehörige *read-only*-Variable eine Aktualisierung selbiger und das Aufwecken aller darauf suspendierten Prozesse.

Unter Laufzeitgesichtspunkten ist das auf einem Netzwerk von asynchron kommunizierenden sequentiellen Interpretern basierende Architekturkonzept für einen verteilten FCP-Interpreter nur auf einem enggekoppelten Multiprozessorsystem mit hinreichend schnellen Kommunikationsverbindungen wirkungsvoll umzusetzen. Transputersysteme stellen daher eine besonders geeignete Zielarchitektur dar.

4 Implementierung auf Transputern

Ausgehend von der beschriebenen abstrakten Architektur wurde zunächst ein Prototyp in Occam 2 [Bur88] auf einem Megaframe Transputersystem implementiert. Das von uns benutzte System ist aus Transputern der Familien T414 und T800 aufgebaut. Aus Gründen der Einfachheit erfolgte zunächst eine direkte Abbildung der abstrakten Architektur auf das Transputernetzwerk, wobei jeder Transputer eine Processing Unit und jeder physikalische Link einen Communication Link repräsentiert.

Prinzipiell erfordert eine Implementierung von FCP in Occam die Adaption von zwei unterschiedlichen Kommunikationsmodellen. Obwohl beide Sprachen auf Prozeßkommunikation beruhen, differieren sie bezüglich der dabei verwendeten Synchronisationsmechanismen. Occam geht zurück auf das Modell der *Communicating Sequential Processes (CSP)* [Hoa78] und benutzt synchrone Prozeßkommunikation. Ein sendender und ein empfangender Prozeß werden synchronisiert, indem der eine Prozeß solange blockiert, bis beide Prozesse zur Übertragung bereit sind.

FCP basiert auf dem Modell der *Stream-parallel Computation* [TaFu87] und benutzt asynchrone Prozeßkommunikation. Die Verwendung eines Puffers erlaubt eine teilweise Entkopplung von Sender- und Empfängerprozeß derart, daß sobald ein Prozeß sendebereit wird, er unverzüglich mit der Übertragung beginnen kann. Ankommende Informationen werden von dem Puffer solange zwischengespeichert, wie der empfangende Prozeß beschäftigt ist. Demgegenüber blockiert der empfangende Prozeß, wenn er versucht aus einem leeren Puffer zu lesen.

Konkrete Architektur

Eine Processing Unit besteht i.w. aus drei funktionalen Untereinheiten: einem *Reducer*, einem *Distributor* und einer *Communication Unit (CU)*. Der Host besitzt entweder zusätzlich oder wie in Fig. 2 dargestellt, statt dem Reducer und dem Distributor eine spezielle *Host Unit* sowie Anschlüsse an I/O-Geräte. In der Host Unit sind Systemroutinen für die Ein-/Ausgabe, den Terminierungsalgorithmus, die Deadlockerkennung und das Laden des Programmcodes auf die übrigen Processing Units untergebracht.

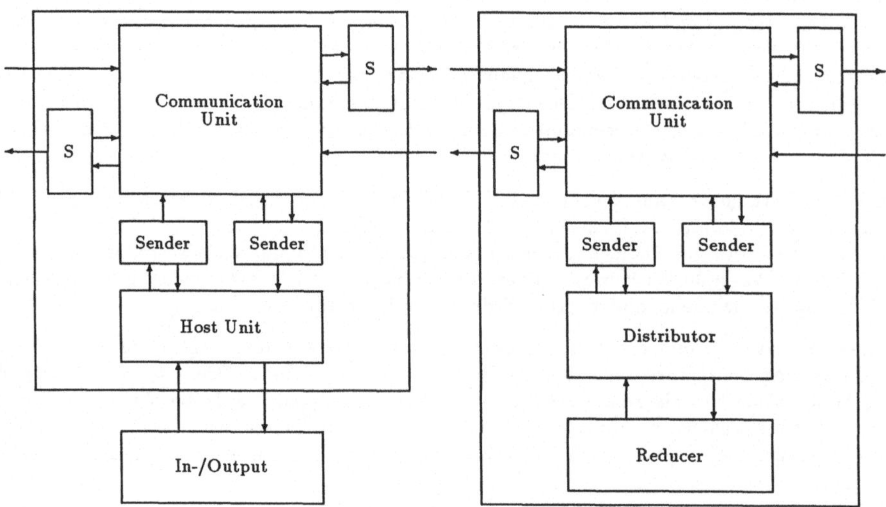

Figure 2: Architektur einer Processing Unit und des Host

Der Reducer entspricht weitgehend einem herkömmlichen sequentiellen FCP-Interpreter. Er führt Reduktionen auf einer lokalen Teilresolventen aus und bewältigt die dazu notwendige Unifizierungsarbeit. Seine Auslegung basiert auf dem von D. Warren eingeführten Konzept der abstrakten Reduktionsmaschine [War83] – bekannt als *Warren Abstract Machine (WAM)*. Durch Übersetzung der Programmklauseln in Folgen von Unifikationsinstruktionen einer virtuellen Reduktionsmaschine für Prolog verlagert sich ein Großteil der sonst zur Laufzeit anfallenden Unifizierungsarbeit in die Übersetzungszeit oder wird gänzlich "wegoptimiert". Realisiert wird die Maschine über einen Emulator, der die Ausführung der Reduktionsinstruktionen übernimmt. Der von uns benutzte Instruktionssatz ist ähnlich dem in [HoSh86] vorgestellten. Weitere Optimierungen beruhen auf der Anwendung von *Tail Recursion Optimisation* in Verbindung mit einem *Bounded Depth-First Search Scheduling.*

Der Distributor bildet eine dem Reducer übergeordnete Einheit, der die globale Verteilung der Arbeitslast, das Scheduling der vom Reducer zu bearbeitenden Prozesse sowie sämtliche Synchronisationsaufgaben obliegen. Arbeitslastverteilung geschieht im Bedarfsfall durch Umverteilung der in einer Teilresolventen auftretenden Prozesse auf andere Processing Units. Qualitative Bewertungsmaßstäbe für die Ausgliederung von Prozessen sind einerseits die hinter einem Prozeß stehende Reduktionsarbeit und andererseits der sich ergebende Kommunikationsoverhead , bedingt durch die Vernetzung des Prozesses mit der eigenen Teilresolventen.

Die Communication Unit übernimmt das Senden, Empfangen, Weiterleiten und Verwalten von Nachrichten zwischen Processing Units. Ihre wesentliche Aufgabe besteht u.a. darin, das asynchrone Kommunikationsmodell von FCP auf das synchrone Kommunikationsmodell der unterliegenden Implementierungssprache abzubilden. Über eine Routing-Matrix, die das Konfigurationsnetzwerk $N(P,C)$ enthält, ermittelt die CU beim Ver- bzw. Weitersenden von Nachrichten den zum kürzesten Weg führenden Communication Link.

Die Gesamtheit der über den Interpreter verteilten Communication und Distributor Units bildet ein verteiltes Laufzeitsystem, das die Operationen der Reducer in geeigneter Weise unterstützt, koordiniert und kontrollier. Rechenzeit und Wartezeiten, die die Kommunikation im Laufzeitsystem verursacht, vermindern die Performance und sind in diesem Sinne als Overhead anzusehen. Unter der Zielsetzung diesen Overhead zu minimieren, kann eine andere Zuordnung der funktionalen Einheiten auf die Prozessoren als die hier gewählte ebenfalls zweckmäßig sein. Eine alternative Aufteilung einer Processing Unit mit einem Prozessor für die Communication Unit und den Distributor sowie einem weiteren Prozessor für den Reducer oder mehrere unter demselben Distributor laufenden Reducern wäre ebenfalls denkbar. Diese Aufteilung kann entweder statisch, mit einer festen Anzahl von Reducern und Prozessoren je Distributor, oder dynamisch, mit einer zur Laufzeit in Abhängigkeit der Arbeitslast variierenden Anzahl von Transputern erfolgen.

5 Resumee und Ausblick

Erfahrungen bei der Implementierung der dargestellten Architektur für einen verteilten FCP-Interpreter in Form eines ersten Prototypen in Occam haben klar gezeigt, daß die Sprache Occam für eine solche Aufgabenstellung ungeeignet ist. Das Fehlen von Rekursionen und dynamischen Datenstrukturen erschwert eine effiziente Implementierung erheblich. Insbesondere die dadurch erzwungene statische Allokation von Speicherbereich für ansich dynamische Datenobjekte wie Puffer und Listen führte zu erheblichen Platzrestriktionen. Die Verarbeitung von Eingabebeispielen vernünftiger Größenordnung, die zur Ermittlung signifikanter Parameter, wie Speedup, Kommunikationsoverhead und dynamisches Lastverteilungsverhalten notwendig sind, war damit praktisch nicht mehr möglich.

Aufgrund der gewonnen Einsicht wird derzeitig ein zweiter Prototyp in Par.C erstellt. Par.C ist eine am ANSI Standard orientierte Version der Sprache C, die mittels ergänzender Sprachkonstrukte, ähnlich den aus Occam bekannten, eine direkte Programmierung von Transputern erlaubt, gleichzeitig aber den Komfort einer Hochsprache bietet. Trotz der noch nicht ganz ausgereiften Entwicklungsumgebung scheint dies ein vernünftiger Ansatz zu sein.

Unabhängig von der gewählten Implementierungssprache sind weitere Optimierungen am Modell des verteilten Interpreters selber möglich. Während sich die entwickelte Architektur als sehr zweckmäßig erwiesen hat, bedürfen die verwendeten Mechanismen zur Synchronisation, Deadlockerkennung und Lastverteilung im Detail weiterer Verbesserung. Gegenwärtige Aktivitäten konzentrieren sich auf die Analyse des dynamischen Lastverteilungsverhaltens und dem davon abhängig verursachten Kontrolloverhead.

Literatur

[Bur88] A. Burns, "Programming in OCCAM2", Addison Wesley, 1988.

[Gla90] U. Glässer, M. Kärcher, G. Lehrenfeld and N. Vieth, "Flat Concurrent Prolog on Transputers", *To appear in the Journal of Microcomputer Applications: Special issue on Transputer Applications*, Jan. 1990

[ClGr84] K. L. Clark and S. Gregory, "PARLOG: Parallel Programming in Logic", Research Report DOC 84/4, Dept. of Computing, Imperial College of Science and Technology, London, 1984.

[CoKi81] J. S. Conery and D. F. Kibler, "Parallel Interpretation of Logic Programs", *ACM Proc. 1981 Conf. on Functional Programming Languages and Computer Architecture*, pp. 163-170.

[Dij83] E. W. Dijkstra, W. H. J. Feigen, and A. J. M. von Gasteren, "Derivation of a Termination Detection Algorithm for Distributed Computations", *Information Processing Letters*, Vol. 16, 1983.

[FuFu87] K. Fuchi and K. Furukawa, "The Role of Logic Programming in the Fifth Generation Computer Project", *New Generation Computing*, No. 5 (1987), pp. 3-28.

[Hoa78] C. A. R. Hoare, "Communicating Sequential Processes", *Communications of ACM*, Vol.21, No.8 (1978), pp. 666-677.

[Hwa88] J.-J. Hwang, Y.-C. Chow, and F. D. Anger, "An Analysis of Multiprocessing Speedup with Emphasis on the Effect of Scheduling Methods", *IEEE Proc. 8th Int'l Conf. on Distributed Computing Systems*, 1988, pp. 242-248.

[MaSh85] D. May and R. Shepherd, "Occam and the Transputer", in G. L. Reijens, E. L. Dagless (editors), *Concurrent Languages in distributed Systems*, North-Holland, 1985, pp. 19-33.

[Par89] *Par.C - User Manual*, Partec Inc., 1989.

[Sha86] E. Shapiro, "Concurrent Prolog : A Progress Report", *IEEE Computer*, No. 8 (1986), pp. 44-58.

[Sha87] E. Shapiro (editor), "Concurrent Prolog : Collected Papers", Vol. 2, MIT Press, 1987.

[TaFu87] A. Takeuchi and K. Furukawa, "Parallel Logic Programming Languages", *Third Int'l Conf. on Logic Programming*, LNCS 225, 1987.

[Ued85] K. Ueda, "Guarded Horn Clauses", *ICOT Tech. Report TR-103*, Tokyo, 1985.

[War83] D. H. D. Warren, "An Abstract Prolog Instruction Set", Technical Note 309, Artificial Intelligence Center, SRI 1983

[WeSh87] D. Weinbaum and E. Shapiro, "Hardware Description and Simulation Using Concurrent Prolog", *Proc. 1987 CHDL*, pp. 9-27

Ein paralleler adaptiver Algorithmus für die numerische Integration

G. Maierhöfer
Konrad-Zuse-Zentrum für Informationstechnik Berlin
Heilbronner Str. 10 D-1000 Berlin 31

Einleitung

Der vorliegende Bericht beschreibt eine (auf dem Master-Slave-Prinzip basierende) Parallelisierung eines sequentiellen Algorithmus zur numerischen Berechnung eines Integral-Wertes (Romberg-Quadratur). Es wird ein modifiziertes Farming-Modell verwendet. Sowohl der sequentielle wie auch der parallele Algorithmus ist adaptiv.
Unter Adaptivität soll in diesem Fall verstanden werden, daß der Algorithmus zur Laufzeit Aufwandsabschätzungen vornimmt und entsprechend einer vorgegebenen Optimierungsstrategie die Anzahl der Berechungsschritte wählt; d.h. im sequentiellen Fall erfolgt eine problemabhängige Schrittweitensteuerung (Schrittweite bedeutet in diesem Zusammenhang die Länge eines Teil-Intervalles des Intervalles, für das eine Näherung berechnet werden soll), zu der im parallelen Fall eine problemabhängige Steuerung der Anzahl der verwendeten Prozesse (CPUs) hinzukommt. Im parallelen Fall ist es weiterhin wesentlich, daß alle eingesetzten CPUs ständig mit Berechnungen zur Problemstellung (hier numrrische Integration) und möglichst wenig mit Interprozeßkommunikation beschäftigt sind. Deshalb muß mindestens eine statische, besser aber dynamische Lastverteilung auf die verschiedenen Rechenprozesse erfolgen. Aus der Problemstellung - man integriert mit numerischen Verfahren, weil eine geschlossene Lösung für das gesuchte Integral (im interessierenden Intervall) nicht bekannt oder nicht möglich ist - ergibt sich, wie hoch der Rechenaufwand pro Teilintervall bei einer beliebigen Intervallunterteilung ist. Ein paralleler adaptiver Algorithmus wird deshalb dynamisch (zur Laufzeit) aus der "lokalen" Aufwands-Ermittlung bzw. -Abschätzung eine Arbeits(Last)-Verteilung vornehmen müssen.

Damit eine dynamische Lastverteilung möglich wird, muß in einer geeigneten Weise eine "Buchführung" darüber erfolgen, welcher Prozeß mit wieviel "Arbeit" beschäftigt ist. In einfachster Form bedeutet dies, eine Buchführung über den Zustand der CPUs, die die Zustände "beschäftigt", "unbeschäftigt" haben können, durchzuführen. Wie die Buchführung erfolgt, hängt nun wesentlich davon ab, welche Architektur (Hardware, Betriebsystem und Implementierungssprache) eingesetzt wird. In [BeEs88] wird ein Algorithmus beschrieben, der auf einer definierten Architektur, einem Hypercube der Dimension 2, läuft und auf einer festen Anzahl von Knoten eine zyklische Lastverteilung anstrebt. Wir betrachten in diesem Artikel Local-Memory-Systeme, bei denen zur Laufzeit sowohl die Zahl der zu verwendenden Knoten geändert und deren Initialisierung veranlaßt werden kann, als auch eine Lastverteilung möglich ist.
Der Algorithmus wurde für busgekoppelte Systeme (SUPRENUM) [MaSk88] wie auch auf Nearest-Neighbour-Architekturen (Transputer) implementiert. Der gefundene Ansatz ist aber auch auf anderen Architekturen realisierbar (entsprechende Arbeiten werden derzeit durchgeführt: objektorientierter Ansatz). Meßergebnisse liegen sowohl für eine feingranulierte (horizontale) wie auch für eine grobgranulierte (vertikale) Parallelisierung vor. Zum Testen wurden die Beispiele des Testset aus [Bau83] verwendet, die eine Teilmenge aus [En80] und [Ka71] bilden.

Numerischer Hintergrund des sequentiellen Trapex

Der im nachfolgenden Text als TRAPEX bezeichnete Algorithmus verwendet zur numerischen Integration die von Romberg [Ro55] beschriebene Methode. Die Theorie ist hier soweit skizziert, wie sie zum Verständnis der Parallelisierungsproblematik notwendig ist.
Der Wert eines Integrales

$$IW := \int_{t_a}^{t_e} f(t)\, dt \quad \text{im Intervall } [\, t_a, t_e \,] \tag{1}$$

und f(t) im Intervall genügend oft differenzierbar, wird durch die Trapez-Summe TS berechnet:

$$TS_1 := \frac{f(t_a)+f(t_e)}{2} * h_1 \tag{2}$$

$$TS_i := \left[\frac{f(t_a)+f(t_e)}{2} + \sum_{j=1}^{n(i)-1} f(t_a+j*h_i) \right] * h_i \qquad \text{für } i > 1$$

mit $h_i = \frac{t_e - t_a}{n(i)}$, wobei $(n_i)_{i\in\mathbb{N}} = (1,2,3,4,6,8,12, \ldots)$ die (Bulirsch-) Folge von ganzen Zahlen ist, die von Bulirsch [Bu64] als geeignet beschrieben wird. Die Frage, welches TS_i zur Berechnung des Integralwertes herangezogen wird und wie ein gegebenes Intervall [a,b] optimal in Teilintervalle [t,t+H] schrittweise aufgeteilt werden kann , wird in [DeBa82] und das verwendete Kovvergenzmodell in [De80] behandelt. Es ensteht eine Aufteilung des Grundintervalles [a,b] mit Teilungspunkten $t_1=a < t_2 < \ldots < t_n=b$ und optimalen $H_k := t_{k+1}-t_k$. Auf jedes Teilintervall $[t_k, t_k+H_k]$ wird nach jeder neuen Berechnung eines TS_i ein polynomiales Extrapolationsverfahren angewandt und über eine Fehlerabschätzung festgestellt, ob Konvergenz vorliegt (die geforderte Genauigkeit erreicht ist).

ü F r die Polynom-Extrapolation (Aitken-Neville Algorithmus) gilt (siehe auch [De80]) die "Dreiecksregel":

$$TE_{i,1} = TS_i \; ; \; 1 \le i \le 7, \; 2 \le k \le i$$

und

$$TE_{i,k} = TE_{i,k-1} + \frac{TE_{i,k-1} - TE_{i-1,k-1}}{\left[\frac{n_i}{n_{i-k+1}} \right]^2 - 1} \tag{3}$$

Das beschriebene Verfahren ist adaptiv. Für jedes TS_i^j, $j\in$ Intervallfolge, wird, in einem "Konvergenzfenster" überprüft, ob "Konvergenz" (die geforderte Genauigkeit) vorliegt, H_k^j reduziert werden muß oder das nächste TS_i^{j+1} berechnet werden kann. Für jedes T_i^j wird eine optimale Ordnung i und ein H_k^j ermittelt. Der Algorithmus adaptiert die H_k^j -Folge entsprechend den lokalen Information (sich ändernder Krümmungsradius des Graphen der Funktion). Insgesamt ist es eine Optimierungsstrategie, die zum Ziel hat, die Anzahl der zu berechnenden Funktionswerte über das Gesamtintervall zu minimieren.

[Bild 1] zeigt, bei welcher Ordnung i schon berechnete Fkt-Werte aus einer schon "früher" berechneten Ordnung i-2 wieder verwendet werden können.

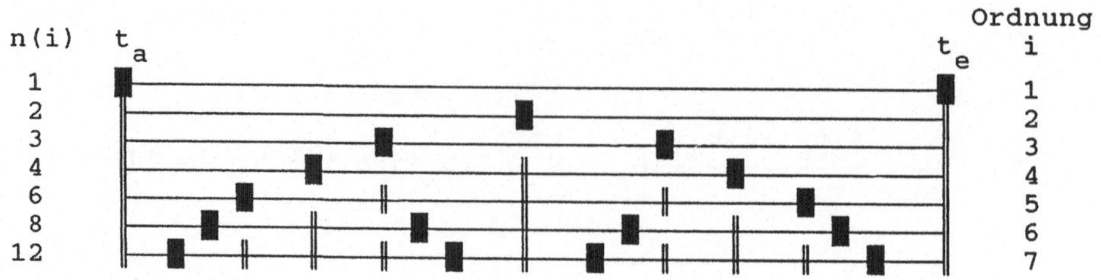

[Bild 1] Folge der Funktionswerte jeder Ordnung i

▮ bezeichnen Fkt-Werte, die neu berechnet werden müssen

╫ schon berechnete Fkt-Werte, die übernommen werden.

Man kann daraus ersehen, daß nur für die Ordnung 6 und 7 die Anzahl von 4 Prozessoren für die parallele Funktionsberechnung benötigt wird. Bei den niedrigeren Ordnungen sind (max.) 2 ausreichend.

Parallelisierung

Die erste Parallelisierungsmöglichkeit liefert die Theorie der Integralrechnung. Formel (1) kann modifiziert werden zu:

$$IW := \int_{t_a}^{t_1} \cdots\cdots + \int_{t_{n-1}}^{t_n} + \int_{t_n}^{t_{n+1}} \cdots\cdots + \int_{t_{m-1}}^{t_e} \tag{4}$$

wobei m die Anzahl zur Verfügung stehender Prozessoren ist
Im Normalfall wird man äquidistante Teilintervalle $t_n - t_{n-1}$ wählen als initiale Aufteilung wählen. Für diese Vorgehensweise ist das Farming-Modell geeignet. Das Problem besteht nun darin, alle m Prozessoren möglichst gleichmäßig auszulasten, denn der Rechenaufwand für die m Teilintervalle ist im allgemeinen nicht gleich hoch. Intervalle mit "glatteren" Kurvenstücken sind aufwandsärmer als solche, bei denen sich der Krümmungsradius stark ändert. Dies ist nicht global entscheidbar. Daher muß ein Prozessor, der einen erhöhten Aufwand feststellt, "Last" abgeben können, vorzugsweise an einen Prozessor, der keinen erhöhten Aufwand feststellt.
Eine Lastabgabe kann in dem Sinne erfolgen, daß ein Teil des Restin-

tervalles oder das ganze Restintervall an einen anderen Prozeß zur Berechnung abgegeben wird und nur der verbleibende Teil von der lastabgebenden CPU berechnet wird.

Sei L_{SI} Subintervall, das ein Prozessr berechnet
L_{TI} Teilintervall(e) das/die ein Proz. berechnet hat;
L_{RI} Restintervall (Last) das abgegeben wird.

Die abzugebende Last ergibt sich dann zu:

$$L_{RI} = \frac{L_{SI} - \Sigma(L_{TI})}{c}$$

c kann man als Zurstückelungsfaktor ansehen. Wir untersuchten den Einluß verschiedener Werte von c auf das Verhalten mehrerer Parallel-TRAPEX-Varianten.

Das Farming-Modell wurde daher so modifiziert, daß jeder Slave gegebenenfalls fortlaufend Teile L_{RI} seines von ihm noch nicht berechneten Subintervalles wieder an den Master abgeben kann. Der Master verteilt diese zurückerhaltenen Intervallstücke auf nicht beschäftigte Slaves, bzw. legt sie auf einen Stack. Erreicht der Stack eine bestimmte Länge, werden weitere Slaves initiiert. Gibt es dagegen zu viele nichtbeschäftigte Prozessoren, können deren Rechenprozesse (durch den Master) termiert werden. Die Zahl der benötigten Prozessoren (die Rechenleistung) kann damit dynamich dem zu lösenden Problem angepaßt werden. Über die Problemdaten wird die Zahl der parallelen Prozesse gesteuert. Diese Form der Parallelisierung sei mit "vertikaler" Parallelisierung bezeichnet.

Weitere Möglichkeiten ("horizontale" Paralelisierung) lassen sich aus Bild 1 bzw. der Formel (3) ableiten. Aus Formel (3) ergibt sich ein Extrapolatiionstableau in Dreiecksform. Zur Berechnug eines $T_{i,k}$ benötigt man ein $T_{i-1,k-1}$ und ein $T_{i,k-1}$. Berechnet man die $T_{i,\emptyset}$ sequentiell, ist auch die Berechnung von $T_{i,k}$ inhärent sequentiell. Da aber bei diesem Verfahren für jede Subintervall-Berechnung (basic step) eine optimale Ordnung i prognostiziert wird und dann in einem Fenster i-1 bis i+1 Konvergenzprüfungen vorgenommen werden, können auch parallel alle Funktionswerte, die für die Ordnung i bzw. i+1 benötigt werden, berechnet werden. Danach ist die parallele Berechnug der $T_{1,\emptyset}$ bis $T_{i,\emptyset}$ bzw. $T_{i+1,\emptyset}$ möglich und damit die parallele Berechnug aller

$T_{j,k}$ $0 \leq j \leq i_{opt}$ einer Spalte k. Für ein $i_{opt}=7$ bedeutet dies, daß 17 Funktionswerte (!) parallel berechnet werden können. Danach werden aber nur noch 7 Prozessoren zur parallelen Berechnug der $T_{1,0}$ bis $T_{7,0}$ benötigt. Außerdem wird für jedes k $1 \leq k \leq 7$ beim Übergang von k auf k+1 ein weiterer Prozessor nicht mehr benötigt. Dieser Aufwand läßt sich nur rechtfertigen, wenn die Inkarnation und die Freigabe von Tasks "billig" ist bzw. in einem Multitasking- Multiuser-System Prozessoren auch anderweitig eingesetzt werden können und bei der Verwaltung der Idle-Tasks nur der Aufwand für die Verwaltung in den Warteschlangen zu Buche schlägt.
Eine ähnliche Problematik tritt auf, wenn nur die Funktionswerte, die für eine Ordnung i benötigt werden, parallel berechnet werden. Aus Bild 1 sieht man, daß dann maximal (für die Ordnungen 6 und 7) 4 Prozessoren parallel arbeiten können. Mit Hilfe von Präzedenzrelationen kann man nachweisen, daß die parallele Berechnung der Extrapolationen der Ordnung i und die Berechnug der Funktionswerte der Ordnung i+1 möglich ist. Der Rechenaufwand zur Berechnung eines $T_{k,k}$ steigt proportional mit der Ordnung k, sodaß für höhere Ordnungen die Wahrscheinlichkeit steigt, daß die Funktionswerte für die Ordnung k+1 vorliegen nachdem $T_{k,k}$ berechnet ist,.

Implementierung

Für die Implementierung des Algorithmus auf gitterartigen Nearest-Neighbour- Architekturen und in OCCAM2, wie sie mit Transputern möglich sind, muß man Kommunikationsprozesse vorsehen, wenn mehr als 5 parallele Rechenprozesse implementiert werden sollen. Diese Kommunikationsprozesse ermöglichen gleichzeitig ein (logisch) asynchrones Message-Passing. Das synchrone Message-Passing der Transputer-Links würde sonst nichtproblembedingte Verzögerungen heraufbeschwören. Da im Transputer zwei Prioritätsstufen hardwaremäßig vorgesehen sind, kann ein (priorisierter) Masterprozeß und ein Rechenprozeß (TRAPEX0) auf demselben Transputer laufen. Über die 4 Links [Bild 2] können 4 weitere TRAPEX-Prozesse direkt mit dem Master kommunizieren. Wird ein weiterer TRAPEX-Prozeß hinzugefügt, wird$$♠diKommunikationslänge grösser 1. Auf allen Zwischenknoten sind (priorisierte) Kommunikationsprozesse implementiert [Bild 3] , die (logisch asynchron) das Message-Passing übernehmen und damit die Rechenprozesse

vom Message-Handling befreien.
Der Kommunikatiosprozeß auf dem MASTER-Prozessor hat folgende Struktur:

```
busy := TRUE
WHILE busy
  ALT
    in0 ? inbuf0
      process.input ()
    in1 ? inbuf1
      process.input ()
    in2 ? inbuf2
      process.input ()
    in3 ? inbuf3
      process.input ()
    in4 ? inbuf4
      process.input ()
    inmaster ? inbufm
      process.master.input ()
```

Dabei sind IN0 bis IN4 die Eingabekanäle, über die die TRAPEX-Tasks Daten senden und INMASTER ein Kanal, über den der TRAPEXMASTER seine Bereitschaft zur Entgegennahme von Daten signalsiert sowie ein Terminationssignal an den Kommunikationsprozeß absetzt. Diese Kanäle sind ebenso wie Variable im OCCAM-Programm zu deklarieren, bevor sie erwendet werden können. Den Kanälen IN0 und INMASTER wird kein Link zugeordnet, da diese zur Kommunikation zwischen Tasks auf demselben Prozessor dienen; solche Kanäle heißen auch "Soft-Channnels". Der eigentliche Empfangsprozeß besteht im Füllen eines Eingabepuffers; die ALT-KontrollStruktur verlangt für jede Komponente außerdem einen weiteren Prozeß, das ist derjenige, der nach Beendigung der Datenübertragung aktiviert wird. Zu bemerken ist hier, daß ein Prozeß im Sinne von OCCAM als ausführbare Programmeinheit zu verstehen ist, in diesem Sinne sind auch einzelne Anweisungen Prozesse.

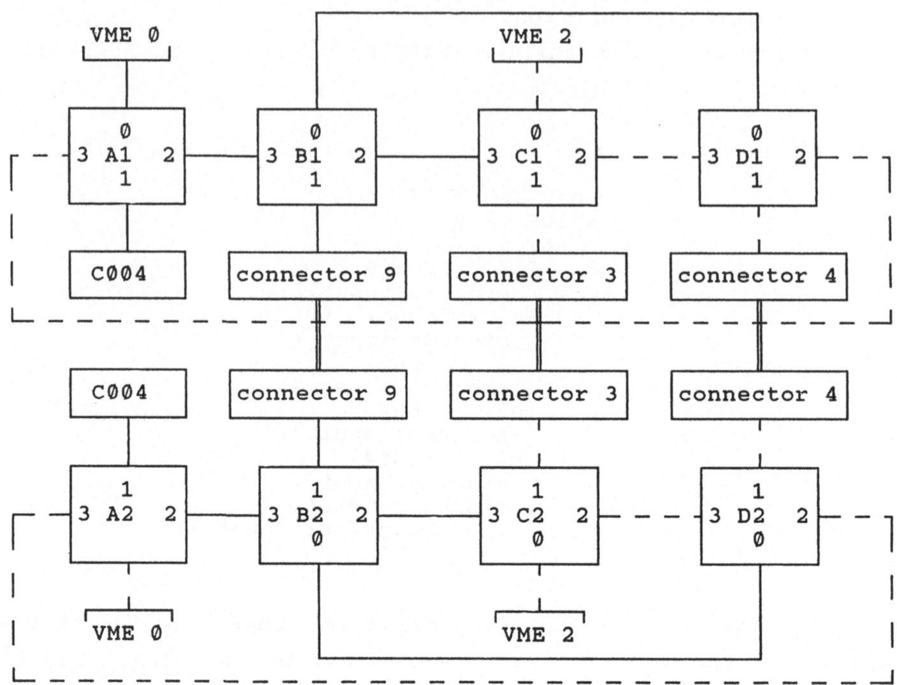

[Bild 2] Die *gestrichelten* Linien kennzeichnen von uns *nicht* verwendete Verbindungen

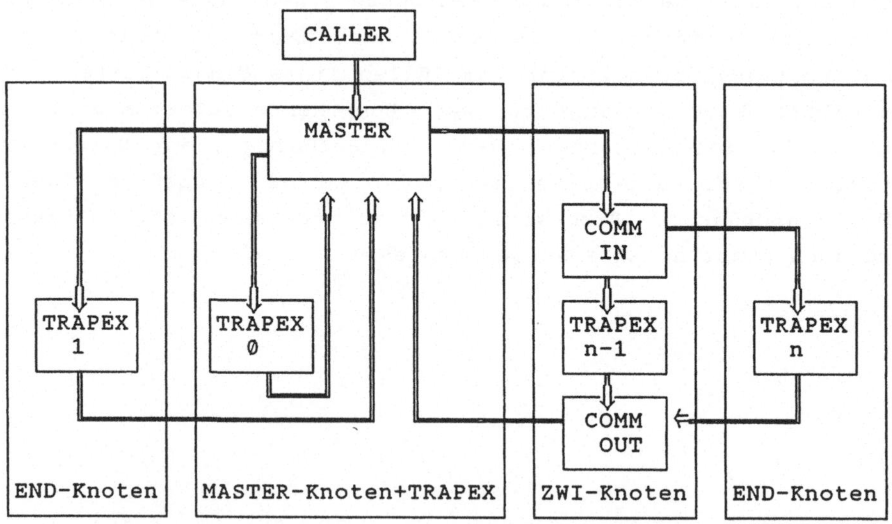

[Bild 3] Datenfluß des parallelem TRAPEX; ab n=6 benötigt man mindestens (n modulo 3)-1 ZWI-Knoten.

Meßergebnisse

Eine ausführliche Darstellung der Meßergebnisse für die vertikale und horizontale Parallelisierung für Beispiele, die schon in [MaSk88] verwendet werden, sind in einem demnächst im ZIB erscheinenden Technical Report (Implementierung des parallelen TRAPEX auf Transputern) enthalten. Es wurden 5 bis 7 Transputer verwendet und damit überwiegend eine Effizienz zwischen 50 - 100% erreicht. Zum Teil sogar darüber hinaus, was in unterschiedlichen H_k^j-Folgen für die parallele bzw. die sequentielle Implementierung begründet liegt. Für die Messungen wurde eine Worst-Case-Situation angenommen, indem immer als maximal zulässiges H die Länge des Startintervalles angesetzt wird. Da bei der parallelen Version die Startintervalle immer kleiner sind als bei der sequentiellen Version, kann dies zu Effizienzsteigerungen über 100% führen.

Vertikale Parallelisierung

Der TRAPEXMMASTER läuft auf Transputer B1 (erstes Board) [Bild 2]; er wird vom CALLER auf dem Host-Transputer mit den Start-Daten versorgt und liefert an diesen zum Schluß die Ergebnisse. Auf den übrigen Transputern und auf dem Host-Transputer läuft jeweils eine TRAPEX-Task, weil der CALLER nach der initialen Datenübertragung an den TRAPEXMASTER bis zur Entgegennahme der Ergebnisse inaktiv ist. Als Vergleich sind auch die Meßwerte für die sequentielle Version (Spalte SEQ) aufgeführt.

TPARC8: mit Kommunikationsprozeß und TRAPEXASTER auf Prozessor Ø, ein Transfer-Knoten auf zweitem Board

Bsp	SEQ t [µs]	2 * TRAPEX t [µs]	 ACC	3 * TRAPEX t [µs]	 ACC	4 * TRAPEX t [µs]	 ACC
1	11939	8853	1.35	8792	1.36	8020	1.49
9	353334	143296	2.47	97762	3.61	87221	4.05
13	511875	243305	2.10	155758	3.29	h = Ø	-

Bsp	SEQ t [µs]	2 * TRAPEX t [µs]	ACC	3 * TRAPEX t [µs]	ACC	4 * TRAPEX t [µs]	ACC
17	472154	264602	1.78	194822	2.55	166770	2.83
20	49766	22274	2.23	19438	2.56	14158	3.52
21	684812	241604	2.83	172252	3.98	147588	4.64
22	238592	90821	2.63	63496	3.76	44912	5.31

Bsp.	5 * TRAPEX t [µs]	ACC	6 * TRAPEX t [µs]	ACC	7 *TRAPEX t [µs]	ACC
1	8115	1.47	8080	1.48	8094	1.48
9	77722	4.55	58248	6.07	53119	6.65
13	172897	2.96	170999	2.99	188392	2.72
17	147115	3.21	106406	4.44	115186	4.10
20	10666	4.66	8984	5.54	8342	5.97
21	144003	4.76	89059	7.67	81535	8.40
22	48840	4.89	36621	6.52	35996	6.63

Literatur

[Bau83] H.-J. Bauer: Entwicklung leistungsfähiger Extrapolationscodes;Diplomarbeit,Universität Heidelberg 1983

[BeEs88] Berntsen/Espelid: A Parallel Global Adaptiv Quadrature Algorithm for Machines with Hypercube Architecture; Depart.of Informatics University of Bergen;Bergen Norway; Rep. Nr. 27 March 27th 1987

[Bu64] R.Bulirsch: Bemerkungen zur Romberg-IntegrationNumer. Math.6, 6-16 (1964)

[De80] P.Deuflhard: Order and Stepsize Control in Extrapolation Methods Preprint Nr.: 93; Universität Heidelberg 1980

[DeBa82] P.Deuflhard, H.J.Bauer: A Note on Romberg Quadrature, Preprint Nr.: 169; Universität Heidelberg, July 1982

[En80] H.Engel: Numerical Quadrature and Cubature; London Academic Press 1980

[Ka71] D. Kahaner: Comparison of Numerical Quadrature Formulas;in 2. Rice (Ed.): Mathematical Software; London,Academic Press 1971

[MaSk88] Maierhöfer/Skorobohatyj: Ein paralleler adaptiver Algorithmus zur numerischen Integration; seine Implementierung für SUPRENUM- artige Architekturen mit SUSI; ZIB TR88-5 Okt. 1988

[Ro55] W. Romberg: Vereinfachte Numerische Integration. Det Koneglige Norske Videnskabs Forthandlinger; Vol. 28

Parallele Lösung eines Verschnittproblems

Berthold Kröger, Oliver Vornberger
Fachbereich Mathematik / Informatik
Universität Osnabrück

Albrechtstraße 28, 4500 Osnabrück

Eine klassische Methode zur Lösung von Optimierungs-Problemen ist das Branch-&-Bound Verfahren. Zur Reduzierung der Laufzeit, die von einem solchen, sequentiellen Algorithmus benötigt wird, kann man ein Prozessor Netzwerk einsetzen und alle anfallenden Berechnungen möglichst gleichmäßig auf diese Prozessoren verteilen.
In diesem Artikel wird ein verteilter, auf einem Transputer-Netzwerk implementierter Algorithmus zur Lösung eines zwei-dimensionalen Verschnittproblems vorgestellt, d.h. ein sequentieller Branch-&-Bound Algorithmus wird so modifiziert, daß er in einem verteilten System mit nachrichten-orientierter Kommunikation implementiert werden kann.

1. Einleitung

Neben den typischen Anwendungsgebieten für Parallelrechner wie optische Mustererkennung, künstliche Intelligenz, Prozeßsteuerung, Grafik, etc. lassen sich Transputer auch sehr effizient zur Lösung von *kombinatorischen Optimierungsaufgaben* einsetzen. Typische Vertreter dieser Problemklasse sind das Traveling Salesman Problem und das Vertex Cover Problem [11,12]. Die Problemstellungen dieser Optimierungsaufgaben entstammen meist dem Gebiet des Operations Research und ihre Lösung besteht darin, einen ganzzahligen Lösungsvektor v zu finden, der eine vorgegebene Zielfunktion $f(v)$ maximiert bzw. minimiert. In der Regel ist die betrachtete Zielfunktion noch von einer Menge $R(v)$ von Randbedingungen abhängig. Auf Grund des beschränkten Wertebereiches von v existiert nur eine endliche Anzahl möglicher Lösungen, die man alle zu untersuchen hat, um die uns interessierende, optimale Lösung zu finden.

Zur Lösung von Optimierungs-Problemen benötigt man demzufolge ein Verfahren, das sukzessive und systematisch den kompletten Lösungsraum (d.h. alle ganzzahligen Vektoren, die die betrachtete Aufgabe lösen und die vorhandenen Nebenbegingungen erfüllen) durchsucht.

Aber gerade die Bedingung der Ganzzahligkeit für die einzelnen Komponenten des Lösungsvektors erschwert die algorithmische Bearbeitung von Optimierungs-Problemen, was bewirkt, daß der Großteil der Algorithmen zur Bearbeitung solcher Aufgaben extrem zeit- und/oder platzintensiv ist [3]. Der diese Algorithmen anwendende Benutzer ist jedoch in der Regel an einer möglichst schnellen und wenig Wartezeit erfordernden Berechnung interessiert, weshalb eine "Beschleunigung" der Algorithmen zur Lösung so komplexer Aufgaben von großer Bedeutung ist.

Ein möglicher Ansatz zur Reduzierung der Laufzeit eines sequentiellen Optimierungsalgorithmus besteht nun darin, die durchzuführenden Berechnungen auf mehrere Prozessoren zu verteilen, d.h. den Algorithmus zu parallelisieren. Um eine solche Parallelisierung so effizient wie möglich zu gestalten, ist man bestrebt, mit diesem Ansatz möglichst p- mal schneller zu sein als ein sequentieller Algorithmus, wenn p die Anzahl der für den parallelen Algorithmus eingesetzten Prozessoren ist.

Das *zwei-dimensionale Verschnittproblem* ist ein spezielles kombinatorisches Optimierungs-Problem. Die Aufgabe besteht darin, ein Muster zu generieren, anhand dessen eine Menge R_s von gegebenen "kleineren", nicht orientierten Rechtecken aus einem "größeren" Rechteck L geschnitten wird, d.h

$R_s := \{ (l_i,w_i) \mid i=1, ..., m ; l_i$ ist die Länge, w_i die Breite von Rechteck i }.

Gesucht wird das Schnittmuster, dessen maximale horizontale Ausdehnung in L minimal ist, wobei die Länge des größeren Rechtecks L bei gegebener Breite w theoretisch unendlich ist. Man kann sich L gut als eine Rolle Stoff oder Papier vorstellen. Da der Schnitt einzelner Elemente aus R_s erst erfolgt, nachdem das

Schnittmuster *alle* Elemente aus R_s beinhaltet, kann dieses Verschnittproblem auch als ein äquivalentes Packproblem betrachtet werden, wo die Aufgabe darin besteht, alle Rechtecke aus R_s in L zu packen. Wir werden im folgenden die "Pack"-Sichtweise des Verschnittproblems vorziehen, da dann viele der nachfolgenden Begriffe und Notationen verständlicher und anschaulicher gewählt werden können.

Die besondere Eigenschaft des Verschnittproblems, die dieses Problem dann auch für uns interessant machte, liegt in der Tatsache, daß es sich (im Unterschied zu den klassischen Optimierungsaufgaben wie z.B. beim Traveling Salesman Problem) nur schwer algebraisch formulieren läßt, was die algorithmische Lösung des Problems komplexer und damit komplizierter als existierende Algorithmen macht [1,4].

Eine adhoc Strategie zur Lösung des von uns betrachteten Verschnittproblems besteht darin, alle zulässigen Schnittmuster zu generieren und somit das Muster zu finden, dessen horizontale Ausdehnung minimal ist. Doch bereits für kleine Problemgrößen m (d.h. für eine kleine Anzahl zu plazierender Rechtecke) führt diese Strategie zu unakzeptabel langen Laufzeiten.

Eine ebenso klassische wie effiziente Strategie zur Lösung von Optimierungs-Problemen ist die Branch-&-Bound Technik [5 - 12], die im folgenden auf das Verschnittproblem angewendet werden soll :

> Bei Verwendung eines Branch-&-Bound Algorithmus werden sog. Teilprobleme sukzessive erzeugt und erweitert. Jedes Teilproblem entspricht einer partiellen Lösung, in der eine Teilmenge der zu plazierenden Rechtecke bereits in L gepackt ist.
> Jedem Teilproblem P wird eine untere Schranke zugeordnet, welche die Qualität der Lösung, die aus P noch erzielt werden kann, nach unten abschätzt. Der Bound prognostiziert, wie groß die maximale horizontale Ausdehnung wenigstens noch wird, wenn die restlichen Rechtecke aus R_s plaziert werden.
> In einer Prioritäten - Schlange werden alle erzeugten und erweiterbaren Teilprobleme gespeichert, so daß das Teilproblem mit der kleinsten unteren Schranke jeweils am Kopf der Schlange steht. In jedem Iterationsschritt wird das "billigste" Teilproblem (d.h das Teilproblem welches die beste Lösung verspricht) vom Kopf der Schlange entfernt und mittels eines Branching Schritts erweitert.
> Natürlich werden Teilprobleme nur dann expandiert, falls sie zu einer Verbesserung der bisher besten gefundenen Lösung führen können, sodaß ein Teilproblem Q, dessen untere Schranke *bound*(Q) den Wert der besten Lösung übersteigt, nicht weiter betrachtet wird.

Diese Nichtbeachtung der unnützen Teilprobleme durch einen Branch-&-Bound Algorithmus kann zu einer drastischen Verkleinerung des analysierten Teils des Lösungsraumes führen, ohne daß jedoch das Finden der optimalen Lösung verhindert wird. Somit kann die exponentielle Laufzeit, die zur Untersuchung des kompletten Lösungsraumes aufgewendet werden muß, reduziert werden. Im worst case bleibt sie jedoch exponentiell in der Problemgröße.

Ziel unserer Arbeit ist es, sequentielle Branch-&-Bound Algorithmen zu parallelisieren. Die entstandenen parallelen / verteilten Algorithmen arbeiten asynchron, d.h. alle Prozessoren führen einen identischen Algorithmus auf individuellen Daten (auf individuellen, lokalen Prioritäten-Schlangen) aus und zu keinem Zeitpunkt der Berechnung muß ein Prozessor auf spezielle Daten eines anderen Prozessors warten.

Der Rest dieses Artikels ist wie folgt strukturiert:
Im folgenden Abschnitt wird ein sequentieller Branch-&-Bound Algorithmus vorgestellt, der das von uns betrachtete Verschnittproblem löst. Die Parallelisierung dieses Algorithmus wird in Teil 3 erläutert (obwohl das dort vorgestellte Parallelisierungskonzept prinzipiell auf jeden existierenden sequentiellen Branch-&-Bound Algorithmus anwendbar ist). Der vierte Abschnitt enthält einige Informationen über die Experimentierumgebung, die wir zur Implementierung des parallelen Algorithmus in OCCAM auf einem Transputer-Netzwerk bestehend aus 32 INMOS T800 Prozessoren verwenden, sowie erste Meßergebnisse.

2. Sequentieller Branch-&-Bound Algorithmus

Da bisher kaum Branch-&-Bound Ansätze für das betrachtete Problem existieren und da der sequentielle Branch-&-Bound Algorithmus ein wesentlicher Bestandteil auch des parallelen Algorithmus ist, enthält dieser Abschnitt eine kurze Einführung in unseren sequentiellen Algorithmus.

Jedes Branch-&-Bound Verfahren arbeitet auf Teilproblemen. In Bezug auf das Verschnittproblem besteht ein solches Teilproblem aus einer Teilmenge $S \subseteq R_s$ von bereits in L plazierten Rechtecken, die eine komplementäre Teilmenge $R_s - S$ von Rechtecken festlegt, die noch gepackt werden müssen. Da es jedoch im allgemeinen mehrere Möglichkeiten gibt, eine Menge S von Rechtecken in L zu plazieren, muß man zusätzlich noch, zur eindeutigen Beschreibung eines Teilproblems (Teil-Packmusters), die Form des Musters z.B. durch Punkte in L, an denen bestimmte Elemente aus S plaziert sind, spezifizieren.

Das Packen der Rechtecke aus R_s in L soll *orthogonal* sein, was bedeutet, daß jedes Rechteck aus S mit jeder seiner Seiten parallel zu einer Seite von L plaziert wird. Zur Reduzierung der Anzahl der möglichen Lösungen wird zusätzlich gefordert, alle Rechtecke in einer *Basisanordnung* zu plazieren, sodaß kein Rechteck in L noch nach links oder nach unten verschoben werden kann (vgl. Bilder 1 und 2). Diese Forderung bedeutet keine Einschränkung an die Lösbarkeit des Verschnittproblems, den man kann leicht nachweisen [4], daß zu jeder Nicht-Basisanordung ein äquivalentes Packmuster mit einem kleineren oder identischen Zielfunktionswert existiert, das diese Bedingung erfüllt.

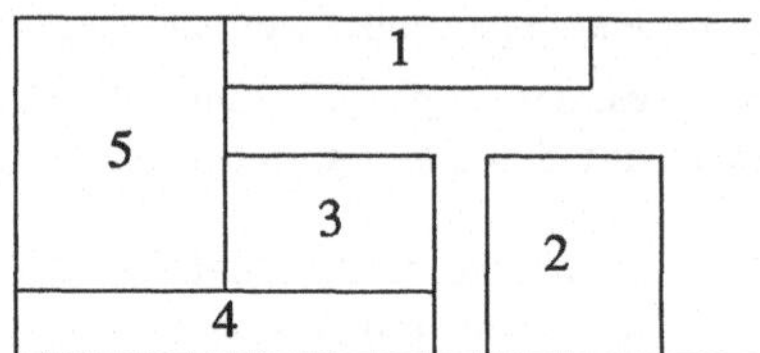

Bild 1 : orthogonale, Nicht-Basisanordnung

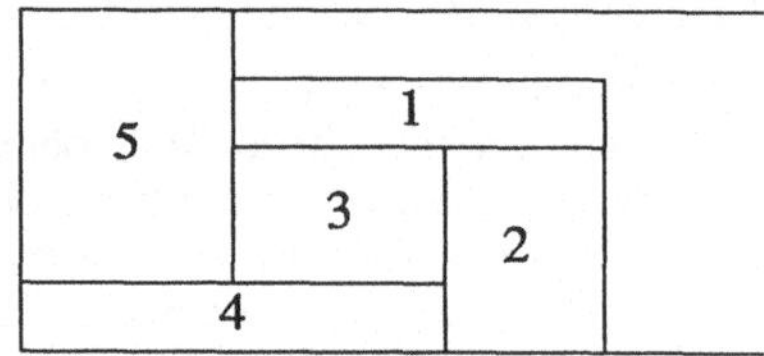

Bild 2 : orthogonale, Basisanordnung

Desweiteren ist jedem Teilproblem ein Punkt $p \in L$, der sog. *Startpunkt*, zugeordnet. Jeder Startpunkt entspricht einem linken-oberen oder einem rechten-unteren Eckpunkt eines bereits plazierten Rechtecks. Dieser Punkt ist ein Vorschlag, wohin das als nächstes zu plazierende Rechteck mit seinem linken unteren Eckpunkt gepackt werden kann; er schreibt jedoch wenigstens eine Koordinate des endgültigen Anordnungspunktes vor. Es ist offensichtlich, daß ein solcher Startpunkt nicht notwendigerweise mit dem Punkt aus L, an dem das nächste Rechteck endgültig plaziert wird, übereinstimmen muß, da die Plazierung am Startpunkt nicht zwangsläufig zu einer Basisanordnung führen muß. Gegeben sei ein Startpunkt p, dann läßt sich hieraus der endgültige Anordnungspunkt $\hat{p}$ (d.h. der Punkt, an den das nächste zu plazierende Rechteck aus $R_s - S$ mit seinem linken unteren Eckpunkt gepackt wird) wie folgt berechnen:

> Plaziere das betrachtete Rechteck zunächst temporär an p; verschiebe es dann –ausgehend von p– soweit wie möglich nach links oder nach unten (je nachdem welche Koordinate p festlegt) an den Punkt $\hat{p} \in L$, falls eine solche Verschiebung möglich ist (sonst wähle $p = \hat{p}$).

Der untenstehende, abstrakte Algorithmus soll verdeutlichen, wie der sequentielle Branch-&-Bound Algorithmus zur Lösung des Verschnittproblems arbeitet.

Sei C ein beliebiges Schnittmuster für einige der Rechtecke aus R_s, welches einen Startpunkt p vorschlägt und sei b die diesem Muster zugeordnete untere Schranke. Dann bildet $P = (C, b)$ ein Teilproblem. Weiter sei $P_0 = (C_0, b_0)$ eine beliebige Lösung des Verschnittproblems, in der also alle Rechtecke aus R_s plaziert sind und dessen horizontale Ausdehnung den (nicht optimalen) Wert b_0 hat. Eine solche initiale Lösung kann z.B. mittels einer Greedy-Strategie gefunden werden, sie dient als initiale obere Schranke, die bestimmt, ob ein generiertes Teilproblem noch zu einer Verbesserung der Lösung führen kann und deshalb weiter expandiert werden sollte. Der sequentielle Branch-&-Bound Algorithmus iteriert dann, solange die Prioritäten-Schlange noch *vernünftige* Teilprobleme enthält, d.h. solange noch Teilprobleme in der Schlange sind, die eine bessere Lösung als P_0versprechen, d.h. deren bound $b < b_0$ ist.

Initialisiert wird die Prioritäten-Schlange, indem der "leere Schnitt", wo keines der Rechtecke bereits plaziert ist, zusammen mit dem linken unteren Eckpunkt von L als Startpunkt und der offensichtlichen unteren Schranke $(\sum_{i=1}^{n} l_i * w_i) \,/\, w$ als erstes Teilproblem in die Schlange eingefügt wird.

Der sequentielle Branch-&-Bound Algorithmus sieht dann wie folgt aus :

```
Berechne eine initiale, temporäre Lösung P0 = (C0, b0)
Füge den leeren Schnitt mit Bound (Σ_{i=1}^{n} li*wi) / w in die Schlange ein
WHILE Schlange enthält vernünftige Teilprobleme
  SEQ
    Entferne das billigste Teilproblem P = (C, b) aus der Schlange
    Erzeuge j neue Teilprobleme C1, ..., Cj (für ein j ≥ 1)
    SEQ i=1 FOR j
      IF
        Ci enthält alle Elemente aus Rs       -- Ci ist Lösung
          IF
            horizon_Ausdehnung(Ci) < horizon_Ausdehnung(C0)
              ersetze P0 durch (Ci, horizon_Ausdehnung(Ci))
            TRUE
              SKIP
        TRUE  -- Ci ist keine Lösung
          SEQ
            berechne die untere Schranke bi für Ci
            IF
              bi < b0
                füge (Ci, bi) in die Schlange ein
              TRUE
                SKIP
```

Nach Terminierung des Algorithmus beinhaltet P_0 die optimale Lösung, d.h. C_0 beschreibt das Schnittmuster, dessen horizontale Ausdehnung mit Wert b_0 minimal ist.

Um den obigen, doch sehr abstrakten Algorithmus besser verstehen zu können, muß auf folgende Einzelheiten noch näher eingegangen werden:

- Wie erzeugt man aus einem gegebenen Teilproblem C erweiterte Teilprobleme $C_1, ..., C_j$? (oder: Wie funktioniert der Branching-Schritt ?)
- Wie berechnet man die untere Schranke für ein Teilproblem C ?

Die wohl wesentlichste Forderung an den *Branching-Schritt* ist, daß er alle zulässigen, orthogonalen Schnittmuster erzeugen können muß, die Basisanordnungen sind. Sei (C, b) das zu erweiternde Teilproblem, wo C für eine Teilmenge $S \subset R_s$ von bereits plazierten Rechtecken ein (noch unvollständiges) Muster beschreibt und wo der Punkt $p = (x, y) \in L$ als Startpunkt gewählt ist.
Ein Punkt $\tilde{p} = (\tilde{x}, \tilde{y})$ aus L heißt *Nachfolger* eines Startpunktes $p = (x, y)$, genau dann wenn gilt:

i) $\tilde{p}$ ist ein rechter-unterer oder ein linker-oberer Eckpunkt eines Rechtecks r_1 aus S

ii) $\tilde{p}$ liegt nicht auf dem linken oder unteren Rand eines Rechtecks $r_2 \neq r_1$, es sei denn als Eckpunkt.

iii) $(\tilde{x} > x)$ oder $(\tilde{x} = x$ und $\tilde{y} > y)$; $\tilde{x}, \tilde{y}$ minimal ($\tilde{p}$ ist der "kleinste" Nachfolger).

Dann geschieht die Erweiterung eines Teilproblems (C, b) in zwei Phasen:

Im ersten Teil des Branching Schritts können mehrere neue Teilprobleme aus C generiert werden. Alle Rechtecke aus $R_s - S$, die in die Höhe über dem Startpunkt p passen, werden sukzessive an ihren endgültigen Anordnungspunkt $\hat{p}$ gepackt, sodaß jede dieser Plazierungen zu einem erweiterten Teilproblem führt (vgl. Bild 4). Man beachte, daß jedes nicht-quadratische Element aus $R_s - S$ vor diesem Test um 90 ° gedreht werden kann, da keine Orientierung der Rechtecke vorgeschrieben ist. Somit werden für jedes nicht-quadratische Element aus $R_s - S$ maximal zwei erweiterte Teilprobleme erzeugt. Um die Erzeugung von identischen Teilproblemen zu verhindern, darf das Verschieben eines Rechtecks an den endgültigen Anordnungspunkt $\hat{p}$ nicht dazu führen, daß $\hat{p}$ mit einem vorher blockiertem (siehe unten) Punkt aus L zusammenfällt. Nachdem ein zulässiger Punkt $\hat{p}$ gefunden ist, wird das betrachtete Rechteck aus $R_s - S$ mit seinem linken-unteren Eckpunkt

orthogonal an $\hat{p}$ gepackt, wodurch das Schnittmuster erweitert ist. Die Berechnung des Nachfolgers von $\hat{p}$ bringt die Erzeugung eines neuen Teilproblems zum Abschluß.
Höchstens noch ein weiteres Teilproblem wird im zweiten Teil des Branching Schritts aus (C, b) erzeugt. Jetzt wird keines der Elemente aus $R_s - S$ mit seinem linken-unteren Eckpunkt an p (oder an einem aus p resultierenden Punkt) plaziert, sondern p wird für die Plazierung von Rechtecken blockiert und es entsteht an p ein bestimmter Verschnitt. Ohne ein Rechteck zu packen, wird also direkt der Nachfolger $\tilde{p}$ von p berechnet, indem alle linken-oberen und rechten-unteren Eckpunkte der in C plazierten Rechtecke kontrolliert werden (vgl Bild 3). Falls man keinen solchen Nachfolger von p findet, wird kein weiteres Teilproblem erzeugt.

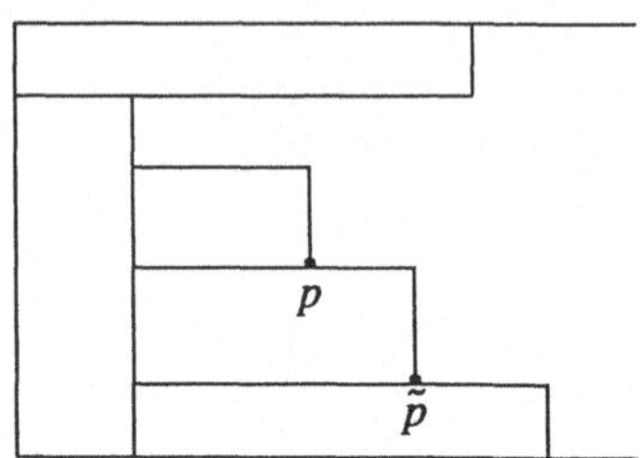

Bild 3 : Startpunkt p ist blockiert

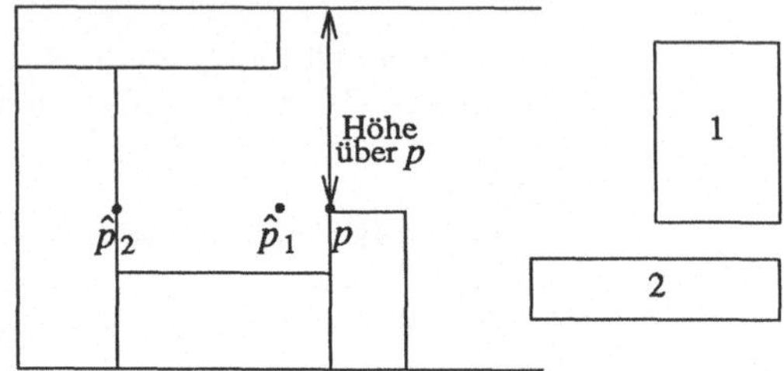

Bild 4 : Verschieben des Startpunktes p nach $\hat{p}_i$ für $i \in R_s - S$

Zur Berechnung der *unteren Schranke* für ein Teilproblem P haben wir eine Sammlung von Heuristiken entwickelt, von denen jede für ein spezielles Schnittmuster von Elementen aus S abgestimmt ist. In den meisten Fällen liefert der Bound, den man durch einfache Addition der Flächeninhalte der Elemente aus $R_s - S$ mit der den Startpunkt $p = (x, y)$ überragenden Fläche und anschließender Division dieser Summe durch die Breite w von L und Addition dieses (aufgerundeten) Wertes zu x erhält, keine brauchbaren Werte.Manchmal sind jedoch keine präzisere Aussagen für das gerade betrachtete Schnittmuster möglich. Die übrigen implementierten Heuristiken versuchen, vereinfacht dargestellt, die zu erwartende horizontale Ausdehnung genauer vorherzusagen. Hierzu werden sowohl spezielle Eigenschaften des betrachteten Teilproblems (wie zu kleine Höhen über dem Startpunkt), aber auch spezielle Charakteristika einzelner Elemente aus $R_s - S$ (wie maximale Länge / Breite eines Rechtecks) analysiert. Alle diese Heuristiken lassen sich sehr effizient berechnen, aber es wird sicherlich noch einige Arbeit notwendig sein, um die Qualität dieser Schranke, also die Fähigkeit den Wert der Zielfunktion so früh wie möglich vorherzusagen, zu verbessern.

Im Unterschied zu dem im ersten Abschnitt vorgestellten allgemeinen Branch-&-Bound Verfahren wird in unserem Algorithmus die Position, an die ein Teilproblem in die Prioritäten-Schlange eingefügt wird (was dann die Abarbeitungsreihenfolge des Algorithmus beeinflußt), nicht nur anhand des Bounds bestimmt. Teilprobleme werden hier gemäß eines Schlüssels eingefügt, der aus der Konkatenation der unteren Schranke und der Kardinalität der zugehörigen Menge $R_s - S$ gebildet wird, sodaß das Teilproblem mit dem kleinsten dieser Schlüssel am Kopf der Schlange eingeordnet wird. Bei gleicher unterer Schranke wird somit das Teilproblem, dessen Kardinalität von $R_s - S$ am kleinsten ist an die höher priorisierte Position in der Schlange gesetzt. Hierdurch unterstützt man eine Tiefensuche im Lösungsraum, da fast "komplette" Teilprobleme bei gleichem Bound favorisiert werden.

3. Paralleler Branch-&-Bound Algorithmus

In diesem Abschnitt wird die Anwendung des von uns entwickelten Parallelisierungskonzepts auf den oben vorgestellten sequentiellen Branch-&-Bound Algorithmus erläutert.

Zur Reduzierung der exponentiellen Laufzeit eines sequentiellen Branch-&-Bound Algorithmus (exponentiell in der Kardinalität von R_s) wurde in unserer Gruppe ein Schema entwickelt, mit dem diese Algorithmen so modifiziert werden können, daß sie auf einem Transputer-Netzwerk implementierbar sind. Der resultierende Algorithmus arbeitet asynchron, d.h jeder Prozessor führt einen identischen Algorithmus auf seinem lokalen Speicher aus und kommuniziert mit anderen Prozessoren lediglich durch den Austausch von Meldungen.

Das Fehlen eines globalen Memory in einem Transputer-Netzwerk erzwingt eine Emulation der einzelnen Prioritäten-Schlange aus dem sequentiellen Algorithmus. In unserem verteilten Algorithmus verwaltet jeder Prozessor seine individuelle, lokale Prioritäten-Schlange, um die von ihm generierten Teilprobleme zu speichern. Dadurch wird der Inhalt der einzelnen "sequentiellen" Schlange im parallelen Algorithmus über mehrere Prozessoren im Netzwerk verteilt.

Erlaubt die Implementierung jetzt aber nur, daß jeder Prozessor ausschließlich auf seiner lokalen Prioritäten-Schlange arbeitet und kein Austausch von Teilproblemen oder gefundenen Lösungen zwischen einzelnen Prozessoren gestattet ist, werden sich im allgemeinen die folgenden Effekte einstellen:

Erstens können die Schlangen einiger Prozessoren zur Neige gehen, d.h. keine vernünftigen Teilprobleme mehr enthalten, während andere Prozessoren noch auf prall gefüllten Prioritäten-Schlangen arbeiten. Die betroffenen Prozessoren werden arbeitslos. Die Begründung für dieses Phänomen liegt in der Tatsache, daß einige Teilprobleme in gewisser Weise "einfacher" zu lösen sind, sie benötigen nur sehr wenige weitere Branching Schritte, um entweder zu einer Lösung zu führen, oder um die untere Schranke auf einen unakzeptierbar hohen Wert ansteigen zu lassen. Gerade wenn sich dieser Effekt in einer frühen Phase des Algorithmus ereignet und die betroffenen Prozessoren für den Großteil der parallelen Laufzeit untätig bleiben, wird die Effizienz des Gesamtalgorithmus drastisch reduziert.

Zweitens ist es nicht ratsam, Prozessoren an Teilproblemen arbeiten zu lassen unabhängig von der Qualität ihrer unteren Schranke. Zu "teure" Teilprobleme werden wahrscheinlich nicht mehr zu einer optimalen Lösung erweitert werden können, sodaß es sinnvoll ist, jeden Prozessor mit solchen Teilproblemen zu versorgen, deren Kosten innerhalb des gesamten Netzwerkes minimal sind.

Drittens kann es passieren, daß einige Prozessoren Teilprobleme generieren und bearbeiten, obwohl sie *nachweislich* für die Lösung des Problems von keinem Nutzen mehr sind. Dieser Effekt tritt ein, wenn diese Prozessoren nicht über die Werte der besten Lösungen informiert werden, die an anderer Stelle im Netzwerk ermittelt wurden. In einem solchen Fall können Prozessoren Teilprobleme noch als vernünftig erachten (wert, expandiert zu werden), obwohl ihre unteren Schranken bereits den Wert der horizontalen Ausdehnung der bisher besten (jedoch anderswo ermittelten) Lösung übersteigen.

Eine der wesentlichen Entwurfsstrategien für unser Parallelisierungskonzept ist demzufolge, die oben beschriebenen Effekte zu vermeiden und möglichst jeden Prozessor bis zum Ende der gesamten Berechnung des verteilten Algorithmus mit vernünftigen Teilproblemen zu versorgen, auf denen er arbeiten kann. Zu diesem Zweck war es notwendig, einige Strategien zu implementieren, die den Austausch von Teilproblemen sowie die Verteilung von gefundenen Lösungen im gesamten Netzwerk vollziehen. Kurz, es mußte eine Lastverteilung unternommen werden.

Für jeden Transputer in unserem Netzwerk sieht der verteilte Branch-&-Bound Algorithmus schematisch dann wie folgt aus :

PAR

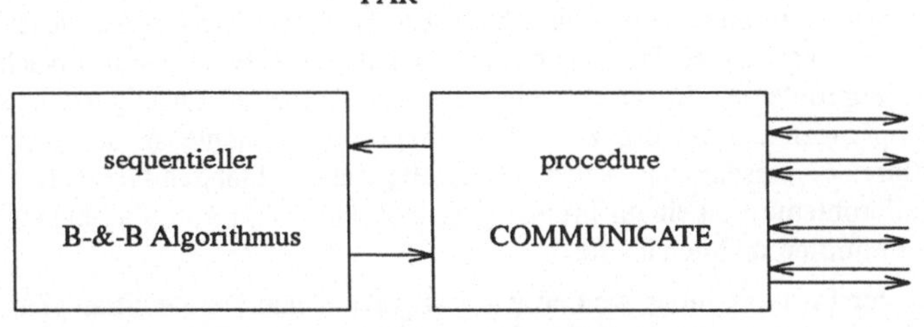

Figure 5 : Schema des verteilten Branch-&-Bound Algorithmus für einen Prozessor

Auf der einen Seite ist ein sequentieller Branch-&-Bound Algorithmus implementiert, der dem oben vorgestellten Algorithmus sehr ähnelt. Unterschiede liegen in der individuellen Initialisierung jeder Schlange und in der Position ihrer Deklaration, für die wir den parallel laufenden Kommunikationsprozeß gewählt haben. Die individuelle Initialisierung jeder Schlange ist obligatorisch, um zu vermeiden, daß zwei Prozessoren auf identischen Teilproblemen arbeiten.

Zur Initialisierung seiner Schlange berechnet sich jeder Prozessor gemäß seiner processor_id i ($i \in \{0, .., 31\}$) das i-te Blatt in einem Fragment des sequentiellen Lösungsbaums, in dem die am weitesten links stehenden Knoten auf Tiefe 1 noch erweitert werden, um wenigstens so viele Teilprobleme (Blätter im Fragment) zu erhalten wie Prozessoren im Netzwerk vorhanden sind. (Für "vernünftige" Größen von R_s müssen in der Regel nur einige Knoten auf Tiefe 1 erweitert werden.) Diese Berechnung der initialen Probleme vollzieht jeder Prozessor auf direktem Wege nur anhand des Wissens über den Aufbau des sequentiellen Lösungsbaums, es wird hierzu **nicht** der Branch-&-Bound Algorithmus eingesetzt.

Parallel zum sequentiellen Branch-&-Bound Algorithmus läuft die Prozedur *communicate*. Ihre Aufgaben bestehen in der Verwaltung der eingehenden und ausgehenden Links, d.h. sie führt die Lastverteilung durch und kontrolliert die lokale Prioritäten-Schlange. Die von uns verwendete Strategie zur Lastverteilung ist ähnlich zu [9]:

> Jeder Prozessor ordnet seiner Schlange zur Abschätzung ihrer Qualität eine Zahl *queue_weight* zu. Sei s die Anzahl der Teilprobleme in der Schlange, die noch eine bessere Lösung als die temporäre Lösung $R_0 = (C_0, b_0)$ erwarten lassen, d.h. die Schlange enthält die Teilprobleme $P_1, ..., P_s$ als vernünftige Teilprobleme. Weiter bezeichne $bound(P_i)$ den Wert der unteren Schranke, die Teilproblem P_i zugeordnet ist, dann ist
>
> $$queue\_weight := \sum_{i=1}^{s} (b_0 - bound(P_i))^2$$
>
> Die Qualität bestimmt somit den Anteil, den dieses Teilproblem dem Schlangen-Gewicht beisteuert, da vielversprechende, billige Teilprobleme den Wert des Gewichtes stärker vergrößern als wenig versprechende. Zur Durchführung der oben beschriebenen Lastverteilung und zur möglichst gleichmäßigen Balancierung der Arbeitslast über alle Prozessoren, ist es nun sinnvoll, die lokalen Schlangen gemäß ihrer Gewichte auszugleichen.
>
> Zu diesem Zweck vollzieht jeder Prozessor einen Ausgleichsschritt (d.h. er stößt gewisse Kommunikationen an), wenn sein Schlangen-Gewicht unterschiedlich zu dem seiner Nachbarn entweder zu stark ansteigt oder abfällt. Hierzu ist es dann allerdings notwendig, daß jeder Prozessor permanent über das gegenwärtige Schlangen-Gewicht seiner Nachbarn informiert ist.
>
> *Steigt* das lokale Schlangen-Gewicht eines Prozessors p wenigstens um einen festgelegten Prozentsatz an, berechnet p das mittlere Schlangen-Gewicht seiner Nachbarn. Falls das Gewicht von p's Schlange das mittlere Gewicht der Nachbarn um einen gewissen Toleranzfaktor übersteigt, sendet p einige seiner besten Teilprobleme zu den Nachbarn, deren Schlangen-Gewichte am geringsten sind. Die Anzahl der von p versendeten Teilprobleme hängt von der Qualität seiner Schlange ab, es wird jedoch maximal ein festgelegter Anteil der besten Teilprobleme verschickt. Im Anschluß an diese Kommunikationen berechnet p sein eigenes Schlangen-Gewicht neu und informiert alle seine Nachbarn.
>
> *Fällt* das lokale Schlangen-Gewicht von p wenigstens um einen festgelegten Prozentsatz, sendet p sein neues Gewicht zu allen seinen Nachbarn. Ein Nachbar q von p, der dieses Gewicht empfängt, berechnet wie im vorherigen Fall das mittlere Schlangen-Gewicht seiner Nachbarn und versendet ggf. einige Teilprobleme. Im Unterschied zu dem Fall eines ansteigenden Schlangen-Gewichts kann der empfangende Prozeß q zusätzlich einige Teilprobleme an den das Gewicht sendenden Nachbarn (hier: p) verschicken. Auch bei abfallendem Schlangen-Gewicht erhält ein Nachbar p nur dann Teilprobleme von einem Prozeß q, falls das Gewicht von p's Schlange unterhalb des von q berechneten mittleren Gewichts liegt.

Mit diesem Ansatz zur Lastverteilung werden zwei allgemein anerkannte Strategien zur Verteilung von "Arbeit" in einem Prozessornetzwerk, das über keinen globalen Speicher verfügt, kombiniert. Die meisten verteilten Algorithmen für solche Netzwerke benutzen entweder einen "Senden-auf-Anforderung"-Ansatz, bei dem ein Prozessor Arbeit (Teilprobleme) explizit anfordert, wenn seine Schlange leer wird, oder eine

"Senden-**ohne**-Anforderung"-Strategie, wo Prozessoren unregelmäßig, aber unaufgefordert Teilprobleme zu ihren Nachbarn versenden. Der von uns verwendete Ansatz beinhaltet den aufgeforderten Austausch von Teilproblemen, wenn bei fallendem Schlangen-Gewicht das Versenden dieses Gewichts Reaktionen von Nachbarn hervorruft; sie enthält aber auch das unaufgeforderte Versenden von Arbeit im Falle eines ansteigendem Schlangen-Gewichts.

Sei *queue_weight.old* der Wert des zuletzt an alle Nachbarn versendeten Schlangen-Gewichts (initial: *queue_weight.old* = 0). Seien WEIGHT.UP, WEIGHT.DOWN und TOLERANCE einige Parameter, deren genaue Werte zur Optimierung unseres Algorithmus experimentell festgelegt werden und sei der "minimale Nachbar" der Nachbarprozessor, dessen zuletzt versendetes Gewicht, verglichen mit den Gewichten der übrigen Nachbarn, das geringste ist. Dann hat die Kommunikationsprozedur etwa folgende Gestalt (die Teile zur Versorgung des Rechenprozesses mit Teilproblemen und das Protokoll zur verteilten Ende-Erkennung sind der Übersichtlichkeit wegen ausgelassen) :

```
PROC communicate ()

  WHILE active
    SEQ

      bei Erhalt eines Teilproblems (C,b) :
        IF
          b ist kleiner als die lokal kleinste obere Schranke
            SEQ
              IF
                Rechenprozeß wartet
                  sende (C,b) zum Rechenprozeß
                TRUE
                  füge (C,b) in die Schlange ein
              queue_weight:= berechne neues Schlangen-Gewicht
          TRUE
            SKIP

      bei Erhalt eines Teilproblems (C,b) vom Rechenprozeß :
        IF
          b ist kleiner als die lokal kleinste obere Schranke
            füge (C,b) in die Schlange ein
          TRUE
            SKIP

      bei Erhalt einer neuen Lösung (C,b) :
        IF
          b ist kleiner als die lokal kleinste obere Schranke
            SEQ
              (C0,b0):= (C,b)
              sende (C,b) zu allen Nachbarn
              queue_weight:= berechne neues Schlangen-Gewicht
              sende queue_weight zu allen Nachbarn
          TRUE
            SKIP
```

```
bei Erhalt eines Schlangen-Gewichts w von einem Nachbarn i :
  SEQ
    Nachbargewicht[i]:=w
    average:= mittleres Schlangen-Gewicht der Nachbarn
    IF
      queue_weight > (1 + TOLERANCE) * average
        SEQ
          max_sp:= maximale Anzahl zu versendender Teilprobleme
          SEQ i=1 FOR max_sp
            SEQ
              min_nachbar:= bestimme "minimalen Nachbar"
              IF
                nachbargewicht[min_nachbar] < average
                  SEQ
                    sende ein Teilproblem (C,b) zu min_nachbar
                    modifiziere nachbargewicht[min_nachbar]
                TRUE
                  beende das Versenden von Teilproblemen
              IF
                nachbargewicht[i] < average
                  SEQ
                    sende ein Teilproblem(C,b) zum Nachbar i
                    modifiziere nachbargewicht[i]
                TRUE
                  SKIP
          queue_weight:= berechne neues Schlangen-Gewicht
        TRUE
          SKIP

bei queue_weight < (1 - WEIGHT.DOWN) * queue_weight.old :
  sende queue_weight zu allen Nachbarn

bei queue_weight > (1 + WEIGHT.UP) * queue_weight.old :
  SEQ
    average:= mittleres Schlangen-Gewicht der Nachbarn
      IF
        queue_weight > (1 + TOLERANCE) * average
          SEQ
            max_sp:= maximale Anzahl zu versendender Teilprobleme
            SEQ i=1 FOR max_sp
              SEQ
                min_nachbar:= bestimme "minimalen Nachbar"
                IF
                  nachbargewicht[min_nachbar] < average
                    SEQ
                      sende ein Teilproblem zu min_nachbar
                      modifiziere nachbargewicht[min_nachbar]
                  TRUE
                    beende das Versenden von Teilproblemen
            queue_weight:= berechne neues Schlangen-Gewicht
            sende queue_weight zu allen Nachbarn
        TRUE
          SKIP
```

Die Operation `"sende ein Teilproblem(`C,b`)"` betreffend, tritt ein gewisser Konflikt auf :

Ziel unserer Lastverteilungs-Strategie ist es, möglichst alle Prozessoren im Netzwerk mit Teilproblemen von minimalen Kosten zu versorgen. Solche Teilprobleme können am Kopf der Prioritäten-Schlange entnommen werden. Jedoch, bedingt durch den von uns gewählten Einfügeschlüssel für Teilprobleme, ist es sehr wahrscheinlich, daß die Teilprobleme am Kopf der Schlange kaum Arbeit für den Prozessor bedeuten, der sie empfängt, da die zugehörige Kardinalität von $R_s - S$ sehr klein ist, also nur noch wenige Rechtecke zu plazieren sind. Aus diesem Grund wird bei der Organisation der Schlange ein zusätzlicher Zeiger auf das Teilproblem in der Schlange verwaltet, dessen Bound identisch zu dem Bound am Kopf der Schlange ist, dessen Priorität aber unter allen billigsten Teilproblemen in der Schlange am geringsten ist (d.h. dessen Kardinalität von $R_s - S$ am größten ist). Beim Versenden eines Teilproblems zu einem Nachbarprozeß wird der entsprechende Eintrag aus der Schlange entfernt und dem Nachbarn übermittelt.

Die Terminierung unseres verteilten Algorithmus wird durch einen "zwei-Wellen"-Algorithmus , ähnlich zu [2], erkannt. Das hierzu implementierte Protokoll benutzt im starken Maße einen Hamiltion-Kreis, der in der Topologie unseres Netzwerkes enthalten ist.

4. Experimentierumgebung

Der in diesem Artikel beschriebene verteilte Branch-&-Bound Algorithmus ist in OCCAM auf einem Transputer-Netzwerk bestehend aus 32 INMOS T800 Prozessoren implementiert. Randbedingungen für die Wahl unserer Netzwerktopologie waren zum einen das Vorhandensein eines Hamiltion-Kreises (zur Vereinfachung der Initialisierung und der Kontrolle des Netzwerkes), sowie ein möglichst kleiner Durchmesser (d.h. ein möglichst kleines Maximum aller kürzesten Wege zwischen je zwei Prozessoren), wodurch die effiziente Verteilung von Information über das gesamte Netzwerk unterstützt wird.

Bild 6 zeigt die Topologie unseres Transputer-Netzwerkes mit n = 32 Transputern. Diese Topologie ist symmetrisch in dem Sinne, daß Prozessor i immer mit Prozessor $(i + 1) \bmod n$ und mit $(i - 1) \bmod n$ verbunden ist, um den Hamiltion-Kreis zu verschalten. Zusätzlich ist für ein ungerades i Prozessor i mit den Prozessoren $(i + 14) \bmod n$ und $(i - 14) \bmod n$, während für ein gerades i (Ausnahme $i \in \{0, 6\}$) Prozessor i mit den Prozessoren $(i + 6) \bmod n$ und $(i - 6) \bmod n$ verbunden ist. Man beachte, daß Prozessor 0 nur drei seiner vier Links für Verbindungen innerhalb des Netzwerkes zur Verfügung stehen, da ein Link zur Anbindung an ein I/O-System benötigt wird. Die hier vorgestellte Topologie hat Durchmesser 4 und eine mittlere Entfernung von 2.41 zwischen jedem Paar von Prozessoren.

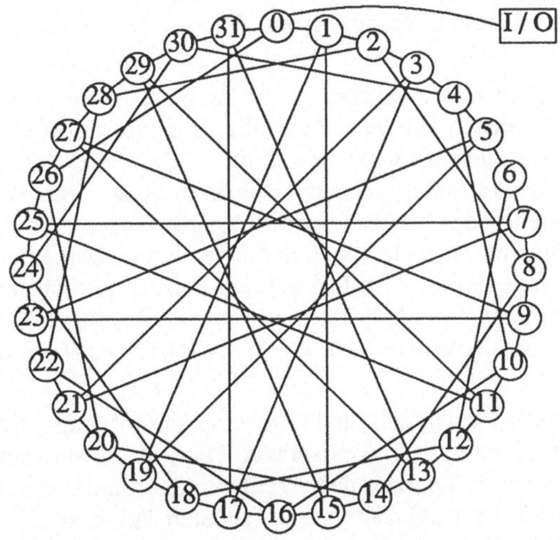

Bild 6: Netzwerk mit n = 32 Transputern, Durchmesser 4, mittlere Entfernung 2.41

Das I/O-System, woran unser Transputer-Netzwerk angebunden ist, besteht aus einem Transputereinschubboard für einen SUN 3/260 Rechner. Diese Hardwarekonfiguration erlaubt uns eine on-line Visualisierung der Arbeitsweise unseres verteilten Branch-&-Bound Algorithmus. Zu diesem Zweck können Daten, die irgendwo im Netzwerk berechnet werden, zu dem I/O-Transputer, der in der SUN 3/260 untergebracht ist, durchgereicht werden. Dieser Transputer wiederum kann diese Daten über den VME-Bus zu dem SUN-Prozessor weiterreichen, der dann bei Einhalten eines bestimmten Protokolls Grafikroutinen anstößt. Auf diese Weise läßt sich das zwei-dimensionale Verschnittproblem ohne allzu große Anstrengungen grafisch darstellen, da nahezu jedes Grafikpaket eine Routine zum Zeichnen von Rechtecken enthält.

Zur Analyse des Laufzeitverhaltens eines verteilten Algorithmus ist man im allgemeinen an dem *Speedup* und der *Effizienz* des Algorithmus interessiert. Sei $T_k(P)$ die Ausführungszeit, die zur Berechnung von Problem P aus einer Klasse C von Instanzen unter Verwendung von k Prozessoren benötigt wird. Dann gelten die folgenden Definitionen :

$$S_k(P) := \frac{T_1(P)}{T_k(P)} \quad \text{Speedup für Problem } P,$$

$$E_k(P) := \frac{S_k(P)}{k} \quad \text{Effizienz für Problem } P,$$

$$AS_k(C) := \frac{\sum_{P \in C} T_1(P)}{\sum_{P \in C} T_k(P)} \quad \text{mittlerer Speedup für Klasse } C$$

$$E_k(C) := \frac{AS_k(C)}{k} \quad \text{Effizienz für Klasse } C$$

Zur Bestimmung des Speeedup für jede Instanz von Rechtecken muß man also das Schnittmuster, dessen horizontale Ausdehnung minimal ist zum einen auf einem Ein-Prozessor-Netzwerk aber auch auf dem Netzwerk bestehend aus 32 Prozessoren berechnen. Momentan versuchen wir noch experimentell die optimalen Werte für die Parameter WEIGHT.UP, WEIGHT.DOWN, TOLERANCE und anderer, hier aus Gründen der Übersichtlichkeit nicht erwähnter, Größen zu finden. Erste Ergebnisse, wie sie in Tabelle 1 aufgezeigt sind, deuten aber bereits an, daß selbst für das schwer formalisierbare Verschnittproblem mit unserem Ansatz ein nahezu linearer Speedup erzielt werden kann, wie er von unserer Gruppe bereits unter Verwendung eines ähnlichen Parallelisierungsschema für das Vertex Cover Problem [5,8 - 12] erzielt wurde.

Für die in Tabelle 1 dargestellten ersten Ergebnisse der Laufzeitanalyse unseres Algorithmus bestand die Klasse C aus 5 Instanzen, von denen jede $m = 8$ zufällig erzeugte, zu packende Rechtecke enthielt. Den endgültigen Wert von m haben wir noch nicht festgelegt, er hängt stark von der Größe des Speichers ab, der zur Implementierung der Prioritäten-Schlange zur Verfügung steht. Denn, bei Verwendung einer Branch-&-Bound Strategie zieht jedes Erhöhen der Problemgöße m ein drastisches Anwachsen der Anzahl der zu speichernden Teilprobleme nach sich, wodurch eine Vergrößerung der Schlangen unausweichlich wird. Die maximale Seitenlänge der für Tabelle 1 zufällig erzeugten Rechtecke ist auf 47 beschränkt; sie ist damit kleiner als die halbe Breite von L, denn es wurde $w = 100$ festgelegt. Als Werte für die Parameter des verteilten Algorithmus wurden WEIGHT.UP = 0.3, WEIGHT.DOWN = 0.2 und TOLERANCE = 0.1 gewählt.

Die kleine Meßreihe aus Tabelle 1 zeigt, daß für 32 Prozessoren im Mittel ein Speedup von fast 27 erreicht werden konnte, was einer Effizienz von 83 % entspricht. Diese Werte sind aus zwei Gründen bereits ganz akzeptabel: Zum einen läßt sich die Laufzeit des verteilten Algorithmus durch eine sorgfältigere Einstellung der Parameterwerte wohl noch reduzieren, zum anderen läßt eine Erhöhung der Problemgröße m einen guten Speedup wahrscheinlicher werden.

Instanz Nr.	1 Prozessor Zeit	Iterat.	32 Prozessoren Zeit	Iterat.	1 versus 32 Speedup	Effizienz
0	813.3	31498	31.6	31584	25.737	0.804
1	1447.4	57627	54.0	57536	26.804	0.838
2	2921.3	105546	107.1	105536	27.276	0.852
3	1082.1	40127	41.5	40032	26.075	0.815
4	500.1	17590	19.4	17664	25.778	0.805
mittel	1352.8	50478	50.7	50470	26.682	0.834

Tabelle 1: Ausführungszeiten (in sec.) und Anzahl der Iterationen für 5 Schnittmuster auf 1 und auf 32 Transputern; individueller und mittlerer Speedup

Bild 7 zeigt das von unserem verteilten Algorithmus gefundene minimale Layout für die Instanz Nr. 1.

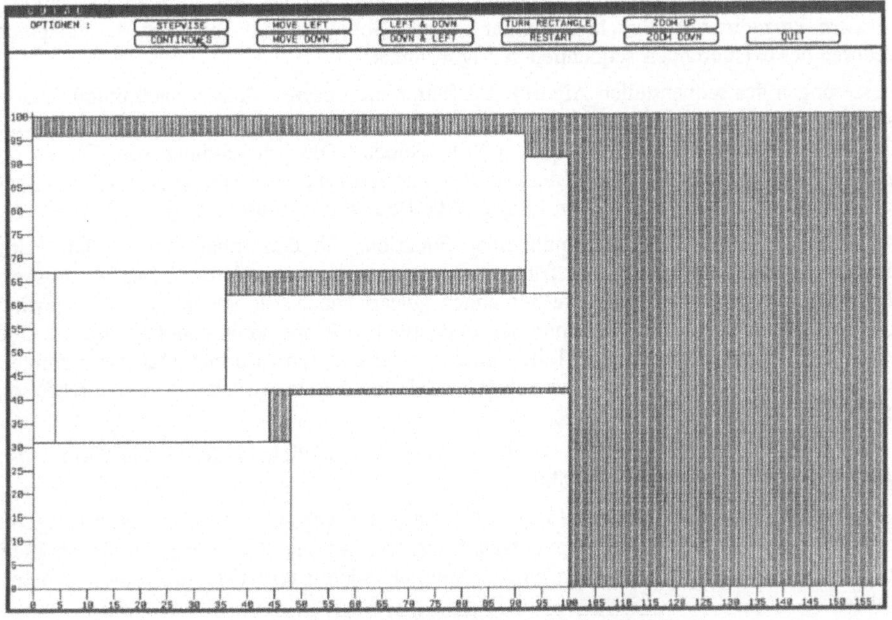

Bild 7: minimales Layout für Instanz Nr. 1

Ein *Such-Overhead* des verteilten Algoritmus, d.h. die Anzahl der, verglichen mit dem sequentiellen Algorithmus, zusätzlich gemachten Iterationen, tritt bei der obigen Meßreihe nicht auf, da im verteilten Algorithmus im Mittel sogar 8 Iterationen weniger als im sequentiellen Fall benötigt wurden. Dies bedeutet, daß die anfallende Arbeit an den vielversprechendsten Teilproblemen im parallelen Fall gut über alle Prozessoren verteilt wurde, also unsere Lastverteilung funktioniert.

Der *Kommunikations-Overhead* liegt bei 18 %, da eine Iteration im verteilten Algorithmus im Mittel (32 * 50.7) / 50470 = 0.032 sec. gegenüber 1352.8 / 50478 = 0.027 sec. im sequentiellen Algorithmus lang dauert. Bedingt wird dieser Overhead durch die im parallelen Algorithmus benötigten Kommunikationen zur Lastverteilung. Dieser relativ hohe Wert des Kommunikations-Overhead wird durch das häufige Versenden und die dazu notwenige Berechnung des Schlangen-Gewichts verursacht, wozu ein vollständiges Durchlaufen der Prioritäten-Schlange erforderlich ist. Da der Such-Overhead bereits optimal ist, werden wir zur Verbesserung des Speedups den Kommunikations-Overhead reduzieren müssen, was jedoch über eine Veränderung der Parameter WEIGHT.UP, WEIGHT.DOWN und TOLERANCE erreicht werden sollte.

Ausführlichere Ergebnisse und Analysen unserer Experimente für das zwei-dimensionale Verschnittproblem werden in einem nachfolgenden Artikel veröffentlicht werden.

5. Abschließende Bemerkungen

In diesem Artikel wird ein Ansatz zur Parallelisierung von Branch-&-Bound Algorithmen vorgestellt, der auch zur verteilten Lösung von anderen kombinatorischen Optimierungsaufgaben angewendet werden kann. Die Vorteile des hier vorgestellten Konzepts sind die folgenden:

i) Die Modifikationen zur Transformation eines sequentiellen Branch-&-Bound Algorithmus in ein verteiltes System sind so geringfügig, daß viele bereits existierende Branch-&-Bound Algorithmen parallelisiert werden können: Die Kommunikationsprozedur kann im wesentlichen übernommen werden, lediglich die Kodierung der Teilprobleme muß angepaßt werden, und bezüglich des Branch-&-Bound Teils in unserem verteilten Algorithmus ersetzt man unseren Branching Schritt und unsere Prozedur zur Berechnung einer unteren Schranke einfach durch die entsprechenden Prozeduren des existierenden sequentiellen Algorithmus.

ii) Verbesserungen des sequentiellen Algorithmus führen mit unserem Ansatz auch unmittelbar zu Verbesserungen im verteilten Algorithmus, da auch im verteilten Fall die wesentlichen Merkmale der sequentiellen Branch-&-Bound Strategie gültig bleiben. Die Verwendung von "Tricks", die auf speziellen Eigenschaften der Entwicklungsumgebung beruhen, beschränken sich auf den Kommunikationsprozeß und haben keine Auswirkung auf die Branch-&-Bound Strategie.

iii) Die Verteilung der Arbeitslast gemäß einer Funktion, die den Inhalt der lokalen Prioritäten-Schlangen bewertet, ermöglicht ein frühzeitiges Erkennen einer unbalancierten Arbeitsverteilung noch bevor einzelne Prozessoren ihre Schlangen geleert haben. Ein solches Ungleichgewicht kann durch das Versenden von Teilproblemen der arbeitsreichen Prozessoren behoben werden. Überhaupt scheint das *häufige* Versenden von Teilproblemen oder anderen Informationen der richtige Ansatz zumindest für ein Netzwerk von Transputern zu sein, da dessen Architektur die Durchführung von Kommunikationen unterstützt.

Das zwei-dimensionale Verschnittproblem wurde von uns hauptsächlich aus folgendem Grund als Kandidat für unser Parallelisierungskonzept gewählt:

Nach Arbeiten am Vertex Cover Problem [5,11] sollte unser Konzept mit diesen Untersuchungen auf ein kombinatorisches Optimierungs-Problem angewandt werden, wo die Kodierung der Teilprobleme, der Branching Schritt und die Berechnung einer unteren Schranke nicht so offensichtlich sind wie beim Vertex Cover Problem.

Für unsere weiteren Forschungsaktivitäten planen wir, die Grafikschnittstelle dahingehend zu erweitern, daß der Benutzer mittels grafischer Unterstützung die Positionierung einiger der zu plazierenden Rechtecke vorgeben und festlegen kann. Das resulierende Handicap für das Schnittmuster dient dann als Eingabe für unseren (noch zu modifizierenden) Algorithmus, der dann die verbleibenden Rechtecke gemäß der Vorgabe zu plazieren hat.

Desweiteren ist vorgesehen, das zwei-dimensionale Verschnittproblem auch unter Verwendung von "Evolutionsstrategien" zu bearbeiten. Diese Heuristik, die nicht notwenigerweise die optimale Lösung findet, simuliert genetische Operatoren wie Mutation, Selektion und Crossing-over auf einer chromosomalen Darstellung des Problems und optimiert so schrittweise die Lösung dieses Problems. Der wesentliche Vorteil dieses Verfahren ist seine natürliche Parallelität, da mehrere Lösungen (Individuen) parallel verbessert werden können, um die nächste Generation zu bilden.

6. Dank

Unsere Studenten Peter Schwenderling und Axel Kosensky leisteten hevorragende Programmierarbeit.

7. Literatur

[1] P. De Cani:
Packing Problems in Theory and Practice, Ph. D. Thesis, University of Birmingham, Department of Engineering Production, März 1979

[2] E.W, Dijkstra, W.H.J. Feijen, A.J.M. van Gasteren
Derivation of a termination detection algorithm for distributed computations, Inf. Proc. Letters 16 (1983), pp. 217 - 219

[3] M.R. Garey, D.S. Johnson:
Computers and Intractability: A Guide to the Theory of NP-Completeness (1979), Freeman, San Francisco, California

[4] J.C. Herz
Recursice Computational Procedure for Two-dimensional Stock Cutting, in: IBM J. Res. Develop. 16 (1972) 5, pp. 462 - 469

[5] B. Kröger, O. Vornberger:
Solving Combinatorial Problems on a Transputer Network, eingeladener Vortrag zum Workshop on Parallel Computing in Practice, gefödert durch das Leibnitz Center for Research in Computer Science, Jerusalem, 20-23 Mai, 1989

[6] T.H. Lai, S. Sahni:
Anomalies in Parallel Branch-and-Bound Algorithms, Communications of the ACM, Vol. 27, No. 6, Juni 1984, pp. 594 - 602

[7] G. Li, B.W. Wah:
Computational Efficiency of Parallel Approximate Branch-and-Bound Algorithms, Proc. of the 1984 International Conference on Parallel Processing, pp. 473 - 480

[8] E.L. Lawler, D.E. Wood;
Branch-and-Bound Methods: A Survey, Operations Research 14 (1966), pp. 699 - 719

[9] R. Lüling, B. Monien
Two Strategies for Solving the Vertex Cover Problem on a Transputer Network, akzeptiert für die 3rd International Conference on Distributed Algorithms, Nizza, Sep. 1989

[10] B. Monien, O. Vornberger:
Parallel Processing of Combinatorial Search Trees, Proc. of the International Workshop on Parallel Algorithms and Architectures, Mai 1987, Akademie-Verlag Berlin

[11] O. Vornberger:
Load Balancing in a Network of Transputers, in: Proceedings of the 2nd International Workshop on Distributed Algorithms, Amsterdam, Juli 1987, pp. 116 - 126

[12] B.W. Wah, G. Li, Ch.F. Yu:
Multiprocessing of Combinatorial Search Problems, Computer, Juni 1985, pp. 93 - 108

Neuronale Netzwerkmodelle und ihre Implementation auf Transputernetzen

Michael Erb und Hubert Preißl
Max-Planck-Institut für biologische Kybernetik
Spemannstrasse 38, D-7400 Tübingen

Unter *neuronalen Netzen* versteht man dynamische Systeme, die auf unterschiedlichen Abstraktionsebenen versuchen, die Funktion von Gehirnen nachzubilden. Ein solches System besteht aus einer bestimmten Anzahl von Einzelelementen (den "Neuronen"), die miteinander verbunden sind. Ein wichtiger Punkt für ihre Attraktivität ist sicherlich, daß sie mit gut parallelisierbaren Programmen simuliert werden können und sich so für die neue Generation paralleler Rechnerarchitekturen eignen. Daher liegt es nahe, auch ihre Implementation auf Transputernetzen zu untersuchen. Hierbei kann man Modelle mit verschiedenen Abstraktionsgraden in Bezug auf die Dynamik der Einzelneurone, der Kopplung und möglicher Lernregeln untersuchen. Dies schließt auch eine genauere Unterscheidung der verschiedenen Modellsysteme bezüglich Rechen- und Kommunikationsaufwand ein, um eine effektive Gestaltung der Rechnerkonfiguration zu erreichen.

Neuronales Netz - Parallelrechner - Transputer

1. Einleitung

Ein Kind erlernt im Normalfall relativ unproblematisch das Sprechen, mit unseren Augen können wir sehr schnell auch komplexe Umgebungen erkundschaften, und wenn wir nur Teile eines Objektes sehen, wie z.B. einen halb verborgenen Baum, ist es uns möglich, den Rest zu ergänzen. Auch die motorische Steuerung komplexer Bewegungen z.B bei Ballspielen können wir erlernen und mit einer sehr großen Präzision ausführen. All diese "intelligenten" Leistungen werden mit der Funktion des Gehirns in Verbindung gebracht. Im Gegensatz dazu ist es fast unmöglich, diese Aufgaben von einem herkömmlichen Programm, insbesondere in Echtzeit, lösen zu lassen.

Daher besteht bei vielen die Hoffnung, daß man aus der Erforschung der Funktionsweise des Gehirns und der Art und Weise, wie es lernt, Erkenntnisse gewinnen kann, die für moderne Computerarchitekturen als Vorbild dienen. Die Grundelemente des Gehirns sind die Nervenzellen, die Neurone, die untereinander sehr stark vernetzt sind, deshalb bezeichnet man das Gehirn auch als *neuronales Netz*. In letzter Zeit gibt es dann auch eine intensive Beschäftigung mit *künstlichen neuronalen Netzen* (KNN) als Modell für Gehirnfunktionen. Inzwischen findet man sogar schon einige Produkte, die sich mit dem Namen "Neurocomputer" schmücken. Dabei reicht das Spektrum vom herkömmlichen Universalcomputer mit spezieller Software bis zu Systemen, deren Schaltkreise die Funktionsweise einzelner Nervenzellen nachbilden.

Die Beschäftigung mit neuronalen Netzen hat eine lange Tradition, zurückgehend auf die Arbeiten von McCulloch und Pitts (1943) (vgl. hierzu die Arbeiten in den Reprintbänden von Shaw, Palm (1988) und Anderson, Rosenfeld (1988)). Bei der Untersuchung von KNN gibt es jedoch eine Vielzahl von Problemen, die bis heute noch nicht gelöst sind. Dazu gehört auch die grundlegende Frage nach der Modellierungsebene, d.h. welche Vereinfachungen in der Beschreibung von Neuronen und der Verbindungen möglich sind, so daß dieses KNN immer noch bestimmte Aufgaben genauso gut lösen kann wie ein Gehirn.

Eine Tatsache, die für das Gehirn als gesichert gilt, ist das Prinzip der parallelen Informationsverarbeitung: viele Neurone arbeiten gleichzeitig an dem gleichen Problem. Dies ist auch der

Grund, warum man KNN auf parallelen Rechnern untersucht. Transputernetze sind dazu durch ihre flexible Verbindungsstruktur und ihre universelle Programmierbarkeit besonders geeignet. So können unterschiedlich modellierte KNN mit unterschiedlichen Verbindungsstrukturen untersucht werden.

Um verschiedene KNN miteinander vergleichen zu können und ihre Beziehung zu den realen neuronalen Netzen zu klären, ist es unerlässlich, die biologischen Grundlagen zu kennen. In unserem Beitrag werden wir diese Grundlagen beschreiben und verschiedene mögliche mathematische Abstraktionen erläutern. In einem weiteren Teil werden wir Überlegungen zur Implementation auf Parallelcomputern, insbesondere auf Transputernetzen darstellen.

2. Neuronale Netze

2.1 Biologische Grundlagen

Die Gehirne von Säugetieren bestehen aus einer Vielzahl von unterschiedlichen Strukturen: dem Kleinhirn, dem Stammhirn u.s.w.. Diese Strukturen findet man teilweise auch bei Nicht-Säugetieren. Ein Teil des Säugetiergehirns nimmt dabei jedoch eine besondere Stellung ein, die Großhirnrinde (Cortex), eine Struktur, die man erst bei dieser Klasse findet. Der Cortex wird als der Teil des Gehirns betrachtet, der für intelligente Leistungen, z.B. Sprechen zuständig ist. Dabei ist es möglich unterschiedliche Leistungen in einzelnen Bereichen des Cortex zu lokalisieren (Gehirn und Nervensystem 1986). Ende des letzten Jahrhunderts stellt Ramon y Cajal die sogenannte Neuronendoktrin auf (siehe Cajal 1935), die besagt, daß das Gehirn aus diskreten Elementen, den Nervenzellen (Neuronen), aufgebaut ist (vgl. Abbildung 1). Diese Neurone haben ein charakteristisches Aussehen. Man kann dabei drei Strukturelemente unterscheiden: den Zellkörper, und zwei verschiedene baumartige Verästelungen: die Dendriten und die Axone. Im Cortex des Menschen findet man ungefähr 10 Milliarden Neurone, die untereinander durch Synapsen verbunden sind. Dabei verbindet eine Synapse das Axon eines Neurons mit dem Dendriten eines nachfolgenden Neurons.

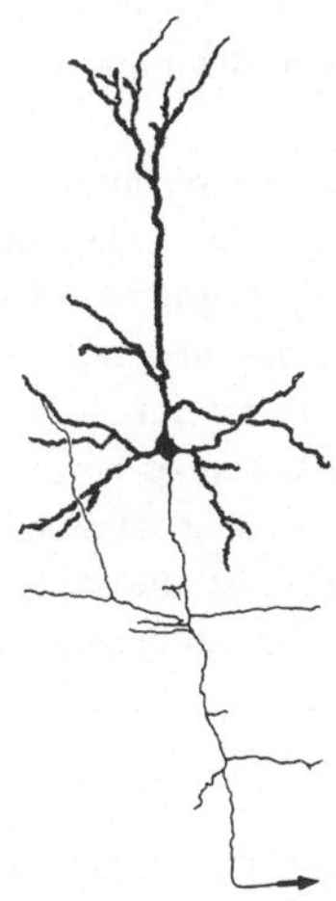

Abb. 1: Zeichnung eines Neurons. Die oberen, dicken Verzweigungen sind die Dendriten, die nach unten aus dem Zellkörper wachsende Faser ist das Axon, das sich in Pfeilrichtung noch fortsetzt. (aus Braitenberg 1978)

Bei mikroskopischen Untersuchungen eines Neurons stellt man fest, daß es von einer Membran umgeben ist. Durchstößt man mit einer Mikroelektrode diese Membran, so mißt man eine Spannungsdifferenz zwischen Innen- und Außenraum von ungefähr 60 mV. Die Innenseite ist dabei negativ gegenüber außen, diese Spannung bezeichnet man als Membranpotential im Ruhezustand. Es kommt dadurch zustande, daß die Ionenzusammensetzung der Flüssigkeiten im Inneren der Zelle anders ist als im Außenraum. Für die Informationsverarbeitung im Gehirn ist nun das elektrische Verhalten der Neurone entscheidend. Der molekulare Aufbau der Dendritenmembran unterscheidet sich sehr stark von dem der Axonmembran. Dies hängt mit den unterschiedlichen Aufgaben dieser "Leitungen" zusammen. Die Dendriten leiten die über Synapsen von Axonen anderer Zellen kommende elektrische Eingangserregung passiv zum Zellkörper. Überschreitet das über den gesamten Dendritenbaum räumlich und zeitlich aufintegrierte Membranpotential im Zellkörper beim Ansatz des eigenen Axons einen Schwellwert (in der Größenordnung von -50 mV gegen außen), so wird ein Aktionspotential (oder Spike) ausgelöst: eine pulsartige Spannungsschwankung von etwa 1 ms Dauer, bei dem das Membranpotential kurzfristig sogar positive Werte annimmt. Die Spikes einer Zelle haben eine charakteristische Form. Diese Impulse werden über das Axon aktiv an die nachgeschalteten Zellen weitergeleitet. Das Ausgangssignal bleibt über die gesamte Länge des Axons gleich, an Verzweigungsstellen laufen zwei identische Impulse weiter. Die Eingangssignale dagegen werden auf ihrem Weg entlang der Dendriten zum Zellkörper immer breiter und flacher (ähnlich wie bei Diffussion). Die Kontaktstellen zwischen den Nervenzellen sind die Synapsen, an denen der elektrische Impuls des Axons in ein chemisches Signal umgewandelt wird und auf der anderen Seite des synaptischen Spaltes im Dendriten wieder in ein elektrisches. Diese Synapsen werden als chemische Synapsen bezeichnet. Bei einer anderen Art, den elektrischen Synapsen, wird die elektrische Erregung ohne Umwandlung weitergeleitet, diese Art von Synapsen scheint aber im Cortex nicht vorhanden zu sein. Bei den chemischen Synapsen kann man zwei Arten unterscheiden: die erregenden, die das post-synaptische Membranpotential (auf dem Dendriten) erhöhen, und die hemmenden, die zu einer Verringerung des Potentials führen. Etwa 70-80% der Neuronen im Cortex von Säugetieren, die Pyramidenzellen, machen auf ihren Axonen nur erregende Synapsen; die restlichen Neuronen (vor allem Sternzellen) werden als hemmend betrachtet (Braitenberg 1978).

Aus der Neurophysiologie und Neuroanatomie lassen sich einige Grundprinzipien erkennen (vgl. hierzu Braitenberg, Schütz 1989), die für die Informationsverarbeitung eine entscheidende Rolle spielen.
(i) In der Großhirnrinde des Menschen, die etwa 10 Milliarden Nervenzellen enthält, ist jedes Neuron mit über 10 000 anderen direkt verbunden, sowohl auf der Eingangs- wie auf der Ausgangsseite. Es handelt sich somit um ein *stark vernetztes* System.
(ii) Der Einfluß eines einzelnen übertragenen Signals ist gering. Ein einzelner Spike reicht im Normalfall nicht aus, ein nachgeschaltetes Neuron zum Spiken zu bringen. Das System ist also *schwach gekoppelt.*
(iii) Insgesamt ist die Aktivität im Cortex relativ gering und die Neurone haben eine *sehr niedrige Spontanaktivität* (so bezeichnet man die Aktivität, wenn kein Reiz anliegt).

2.2 Lernen

Ein wichtiges Forschungsgebiet in der Neurophysiologie ist die Frage, wie im Gehirn Lernvorgänge stattfinden. Man geht dabei heute meist davon aus, daß das Lernen mit der Effektivität der Übertragung an Synapsen in Verbindung steht. Für das Lernen müssen die Synapsen plastisch sein, ihre Übertragungseigenschaft muß durch bestimmte Vorgänge verändert werden können.

Eine Synapse besteht aus einem prä- und postsynaptischen Teil. Am präsynaptischen Teil auf dem Axon findet man kleine kugelförmige Bläschen, die chemische Stoffe, die Neurotransmitter enthalten. Zwischen prä- und postsynaptischen Teil befindet sich ein kleiner Spalt. Erreicht nun ein Spike den präsynaptischen Teil, so bewirkt er eine Freisetzung von Neurotransmitter aus diesen Bläschen in den synaptischen Spalt. Diese Neurotransmitter werden von Rezeptoren auf der postsynaptischen Seite aufgenommen und bewirken dort eine Veränderung der Membraneigenschaften. Dadurch wird ein Austausch bestimmter Ionen zwischen Innen- und Aussenraum ermöglicht und das Membranpotential auf dem Dendriten verändert. Die Größe der Veränderung des Membranpotentials ist ein Maß für die Effektivität der Übertragung einer Synapse. Die Art des Neurotransmitters und des Rezeptors bestimmen dabei, ob es sich um eine erregende oder hemmende Synapse handelt. Hier spielen Vorgänge auf der molekularen Ebene die entscheidende Rolle.

Eine Idee, wie sich die synaptische Übertragung verändern kann, geht auf den kanadischen Psychologen Donald Hebb (1949) zurück. Er nahm an, daß sich die Effektivität erhöht, wenn öfters prä- und postsynaptischer Teil gleichzeitig aktiv sind. Solche Synapsen werden als Hebb-Synapsen bezeichnet. In den letzten Jahren ist es gelungen, solche Synapsen im Hippocampus nachzuweisen (Gustafsson et al. 1987), für den Cortex ist der direkte Nachweis noch nicht erfolgt. Die sogenannte Hebb-Regel ist eine lokale Lernregel. Bei den Versuchen im Hippocampus konnte jedoch gezeigt werden, daß der Lernvorgang auch nicht lokale Veränderungen bewirkt (Bonhoeffer et al. 1989). Kürzlich wurde im Hippocampus die erste Evidenz gefunden, daß es auch eine Abschwächung der Effektivität geben kann, d.h. die synaptische Stärke wird abgebaut (Stanton, Sejnowski 1989).

2.3 Mathemathische Modelle

Aus den hier geschilderten biologischen Daten ergibt sich, daß die mathematische Formulierung für Modelle von neuronalen Netzen sehr unterschiedlich aussehen kann, je nachdem, welche räumliche und zeitliche Auflösung der Beschreibung angestrebt wird.

2.3.1 Modellierung von neuronalen Netzen

Die Modellierung der elektrischen Eigenschaften eines einzelnen Neurons ist weit fortgeschritten. Es gibt dabei zwei unterschiedliche Arbeitsrichtungen, einerseits die Beschreibung des Dendriten, andererseits die des Axons. Die physikalischen Eigenschaften des Dendriten werden mit Hilfe von Kabelgleichungen (partielle Differentialgleichungen) beschrieben (Rall 1962). Aus diesen Überlegungen hat sich inzwischen eine ausgearbeitete Theorie über den Informationsfluß auf verästelten Dendritenbäumen entwickelt. Die elektrischen Eigenschaften des Axons sind gänzlich verschieden von den dentritischen Eigenschaften und erfordern eine prinzipiell andere Beschreibung. Die Modellierung erfolgt mit den sogenannten Hodgkin-Huxley-Gleichungen. Dabei handelt es sich um ein gekoppeltes nicht-lineares Differentialgleichungssystem (Hodgkin, Huxley 1952).

Aus dem bisherigen kann man erkennen, daß allein schon die Modellierung eines einzelnen Neurons auf dieser Beschreibungsbene eine sehr rechenintensive Aufgabe ist, da die Lösungen in beiden Fällen nur mit aufwendig Verfahren zu erhalten sind.

Für die Untersuchung von Netzwerken aus vielen Neuronen ist es daher notwendig, weitere Vereinfachungen bei der Beschreibung der Einzelneurone einzuführen. Ein Weg in dieser Richtung ist die Beschreibung des Neurons als Punktneuron, d.h. man simuliert weder den Dendriten- noch den Axonbaum, sondern betrachtet das Neuron als ein Element, das eine gewisse Anzahl von Eingängen und einen Ausgang hat. Die Kopplungsstärke der einzelnen Neurone wird in einer skalaren Kopplungsmatrix eingetragen. Um die Eigenschaften neuronaler Netze und ihre Verwendungsmöglichkeiten untersuchen zu können, muß zunächst eine allgemeine Beschreibung gegeben werden. In mathematischer Formulierung sieht ein neuronales Netzwerk mit Punktneuronen, wie es in Abbildung 2 dargestellt ist, folgendermaßen aus:

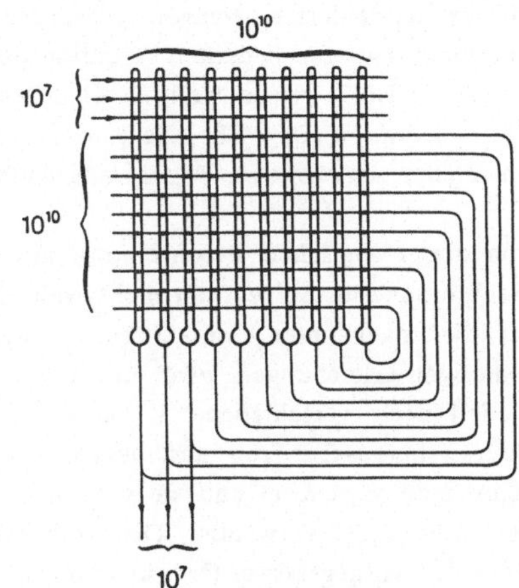

Abb. 2: Allgemeines Schema für neuronale Netze. Die Zahlen sind Schätzungen für die Großhirnrinde des Menschen.

$$d_j(t) = \left(\sum_{k=1}^{m} b_{jk}(t) * s_k(t)\right) + \left(\sum_{i=1}^{n} c_{ji}(t) * a_i(t)\right) - \Theta_j(t) \qquad (j=1,\dots,n) \tag{1}$$

n: Zahl der Neuronen, m: Zahl der Eingangsfasern

Dabei ist s der Eingangsaktivitätsvektor, der über die Eingangsverknüpfungsmatrix B den einzelnen Neuronen zugeführt wird. Zur Berechnung des Membranpotentials d kommen nun die internen Rückkopplungen der momentanen Aktivität a der Neurone über die Kopplungsmatrix C hinzu. Hierbei stellt * im allgemeinen eine Faltung mit der Impulsantwort der Synapse dar, die häufig auf eine einfache skalare Multiplikation reduziert wird. Von dieser Summe wird noch die momentane Höhe der Schwelle Θ abgezogen, so daß die darauf folgende, gewöhnliche nichtlineare Kennlinie unabhängig von Θ gewählt werden kann. Meist hat die Kennlinie eine sigmoide Form und in der Nähe von Null ihre größte Steigung.

$$a_j(t+1) = f(d_j(t)) \qquad (2)$$

Der resultirende Aktivitätsvektor a wird auf die Neuronen über die Axone rückgekoppelt (1) und dient oft auch als Beschreibung des momentanen Zustands bzw. als Ausgang des Netzwerks. Caianiello (1961) bezeichnete diese Art der Gleichungen der neuronalen Aktivität als "neuronic equations".

Die Tatsache, daß die Neuronen zwei deutlich unterscheidbare "Zustände" haben, nämlich Zeitpunkte, zu denen sie einen Spike generieren und Zeiten, zu denen sie das nicht tun, hat schon früh (McCulloch, Pitts 1943) zu einer Beschreibung mit den Begriffen der binären Logik geführt; dabei wird der zeitliche Verlauf in diskrete Schritte zerlegt und die genaue Form der Potentiale und ihrer Ausbreitung vernachlässigt. Die möglichen Werte für Eingang und Aktivität sind somit auf {0,1} beschränkt; die Kennlinie ist die Sprungfunktion:

$$f(d) = \begin{cases} 1 & \text{für } d \geq 0 \\ 0 & \text{für } d < 0 \end{cases} \qquad (3)$$

Die so modellierten Neuronen werden auch Schwellenneuronen genannt. Negative Werte in den Kopplungsmatrizen bedeuten Negation der zugehörigen Bedingung, der Betrag steht für die Gewichtung. Durch die Höhe der Schwelle Θ wird bestimmt, ob das Neuron eine ODER-Operation (Θ = 1) oder eine UND-Operation ($\Theta_j = \Sigma b_{kj} + \Sigma c_{ij}$; k=1,...,m; i=1,...,n) ausführt. McCulloch und Pitts konnten zeigen, daß ein solches Netzwerk im Prinzip alle Aufgaben lösen kann, die mit einem Computer lösbar sind.

Von dieser logischen Beschreibung mit zwei Zuständen ist der Weg zu einer anderen Analogie, der Beschreibung als Spinsystem nicht weit. Der entsprechende mathematische Formalismus ist in der Physik für die sogenannten Spin-Gläser entwickelt worden (Morgenstern, Van Hemmen 1987). Durch die bisherigen Gleichungen wird im wesentlichen die Dynamik des Netzwerks bestimmt, wobei es je nach Modell noch verschiedene Varianten gibt. Beispielsweise kann zu jedem Zeitpunkt jeweils nur ein Neuron herausgegriffen und dessen (Aktivitäts)-Zustand aktualisiert werden. Diese Art der Dynamik nennt man asynchron und sie wird vor allem bei Modellen mit diskreten Aktivitätszuständen $a_j \in \{0,1\}$ oder $a_j \in \{-1,1\}$ verwendet. Die Reihenfolge, in der diese Aktualisierung geschieht, kann zufällig sein, einer fest vorgegebenen Ordnung folgen, oder von einem bestimmten Algorithmus generiert werden (z.B. Neuronen mit großem d kommen zuerst dran) (Horner 1987). Bei Modellen, die näher an der physiologischen Realität der Nervenzellen sind, wird die Dynamik meist durch Differentialgleichungen beschrieben; Beispiele hierfür findet man in MacGregor, Lewis (1977) und MacGregor (1987).

Neben dieser Modellierung als deterministische Schwellenneurone gibt es eine Vielzahl anderer Methoden, wie die Aktivität der Neurone beschrieben wird. Ist die Kennlinie keine Stufenfunktion, sondern besitzt sie eine sigmoide Form, ist es möglich, das Ergebnis als Wahrscheinlichkeit zu interpretieren mit der ein Spike ausgelöst wird. Auf diese Weise kann das Modell eine stochastische Komponente erhalten, wenn mit dieser Wahrscheinlichkeit ein Spike generiert wird. Diese Spikes werden dann über das Axon an die anderen Neurone weitergegeben.

Als Zustandsvariable für die Informationsverarbeitung in der Großhirnrinde wird oftmals nicht der Einzelspike aufgefaßt, sondern die momentane Feuerrate eines Neurons. Dementsprechend gibt es auch Simulationsmodelle mit kontinuierlichen Kennlinien, bei denen die Aktivitätswerte als Feurraten interpretiert werden. Die Interpretation dieser Modelle auf ihre biologische Grundlage ist schwieriger, da die Kopplung jetzt nicht mehr direkt als Synapse interpretiert werden kann, weil ja an dieser Einzelereignisse übertragen werden und keine zeitlichen Mittelwerte, wie sie die Feuerrate darstellt.

2.3.2 *Lernregeln*

Neben den Parametern wie Steilheit der Kennlinie und möglichen Zeitverzögerungen bestimmt vor allem die Kopplungsmatrix C (mit eventuellen Zeitkonstanten), ob und wo es stabile Zustände des Netzwerks gibt. Ist diese Kopplungsmatrix zeitlich veränderlich, insbesondere von der bisher abgelaufenen Aktivität im Netz abhängig, so spricht man von "lernenden" Netzen; die funktionelle Beschreibung dieser Veränderung wird als "Lernregel" bezeichnet. Irreführend wird dieser Begriff manchmal auch dann verwendet, wenn die Berechnung der Kopplungsmatrix vom Konstrukteur außerhalb des eigentlichen Modells erfolgt und dem Netzwerk fest vorgegeben wird. Die Gleichung, die die Veränderung der Verbindungsstärke der Synapsen beschreibt, wird von Caianiello (1961) "mnemomic equation" genannt.

Jenachdem, von welchen Größen die Elemente der Matrix abhängen, und in welcher Weise, kann man die Lernregeln in verschiedene Klassen einteilen. Eine besondere Rolle spielen dabei die lokalen Regeln, bei denen es nur auf die Potentiale der an der jeweiligen Verbindung beteiligten prä- und postsynaptischen Neuronen ankommt.

$$c_{ij}(t+1) = r\,(a_i(t),\, d_j(t),\, c_{ij}(t)) \tag{4}$$

Diese lokalen Lernregeln wiederum kann man durch die Angabe von vier Koeffizienten $r_1,\ldots,r_4$ im folgenden Schema charakterisieren (Palm 1982):

	d (post):	niedrig	hoch
a (prä):	niedrig	r_1	r_2
	hoch	r_3	r_4

Sie können als Kombination von vier unterschiedlichen Grundregeln gebildet werden. Bei der einfachsten sind alle Koeffizienten gleich: $r_1=r_2=r_3=r_4$, d.h. hier ist die Änderung überhaupt nicht vom momentanen Zustand abhängig. Bei den beiden nächsten Regeln bestimmt nur eine Seite die Änderung, entweder die prä- ($r_1=r_2$ und $r_3=r_4$) oder die postsynaptische ($r_1=r_3$ und $r_2=r_4$). Die letzte Regel, bei der es auf die Interaktion beider Seiten ankommt, ist die interessanteste: bei ihr können alle Koeffizienten verschieden sein. Sind $r_1=r_2=r_3=0$ und r_4 positiv, so haben wir eine Regel, die von Hebb (1949) als Grundmechanismus für das Lernen im Gehirn vorgeschlagen wurde und die besagt, daß diejenigen Neurone stärker miteinander verknüpft werden sollten, die häufig gemeinsam feuern. Die meisten Modelle neuronaler Netze verwenden Lernregeln, die zumindest einen solchen Anteil haben. Eine bei den Spinglas Modellen oft benutzte Regel läßt sich als $r_1=r_4=1$ und $r_2=r_3=-1$ schreiben und besagt, daß bei gleichem Zustand der Neurone die Verbindung verstärkt wird und bei entgegengesetztem abgeschwächt (Hopfield 1982).

Bei Modellen ohne Rückkopplung findet man statt dieser in der Lernphase ein "Lehrersignal", das den gewünschten Ausgangszustand angibt (Rosenblatt 1962). In einigen Modellen wird auch die Differenz zwischen diesem und dem tatsächlich vom Netzwerk produzierten Output als Größe zur Berechnung der Veränderung verwendet. Diese Art von Lernregel wird auch als "Delta-Regel" oder Differenzenregel bezeichnet (Rumelhart et al. 1986).

Der Wertebereich der synaptischen Kopplung ist in vielen Fällen eingeschränkt, wobei wiederum verschiedene Varianten zu unterscheiden sind: beim "Clipping" wird erst am Ende des Lernvorgangs der Kopplungswert "abgeschnitten", bei den "absorbierenden Grenzen" bleibt der Wert vom Erreichen der Grenze an konstant, oder solange, bis das Vorzeichen der Änderung wechselt.

2.3.3 Verschiedene Verbindungsstrukturen

Ein weiterer wichtiger Punkt bei der Unterscheidung verschiedener Modelle ist die Topologie und Verbindungsstruktur dieser Netze. Eine bestimmte Topologie, nämlich das sogenannte Perzeptron (Rosenblatt 1962; Minsky und Papert 1988), hat in den 50er und 60er Jahren sehr viel Interesse erregt. Es handelt sich hierbei in seiner einfachsten Form um eine Eingangsschicht bestehend aus Schwellenneuronen, die alle auf ein Neuron in der Ausgangsschicht verschaltet werden, wobei diese Verbindungsstärken variabel sind. Aufgabe dieses Geräts ist es nun, auf eine Teilmenge der möglichen Eingangsmuster mit Aktivität dieses Ausgangsneurons zu antworten und auf andere nicht. Es konnte gezeigt werden, daß es für diesen Fall einen Lernalgorithmus gibt, die sogenannte Delta-Regel, der, falls eine Lösung für dieses Mustererkennungsproblem existiert, auch zu dieser führt: das Konvergenztheorem. Bei dieser Art von Problemen muß der Inputraum in Bereiche eingeteilt werden, denen jeweils ein diskretes Outputmuster zugeordnet wird; es handelt sich um eine Klassifizierung. Oft sind diese Netze aus mehreren Schichten aufgebaut, da die unterscheidbaren Bereiche im Inputraum linear separabel, d.h. durch eine (n-1) dimensionale Hyperebene trennbar sein müssen. Dazu wird in einer Zwischenschicht ein Merkmalraum aufgebaut, der diese Forderung erfüllt. Diese Zwischenschicht besteht oft aus sehr vielen Neuronen (sogenannte "hidden units"). Die Merkmale in der Zwischenschicht sind nicht fest vorgegeben, sondern werden durch Lernen aufgrund der angebotenen Muster gebildet. Der gewünschte Output wird dabei als "Lehrersignal" vorgegeben und die Synapsen abhängig von der Differenz zwischen gewünschtem Output und vom Netzwerk tatsächlich gelieferten Output verändert ("error back-propagation"). Für diese Methode ist es jedoch notwendig, daß man keine Schwellenneurone verwendet, sondern solche mit differenzierbarer Kennlinie (Rumelhart et al. 1986). Ein Konvergenzbeweis wie für das einschichtige Perzeptron existiert allerdings bis heute nicht. Vielmehr handelt es sich bei diesem Lernverfahren um ein Optimierungsverfahren nach der Gradientenmethode, mit all den bekannten Problemen aufgrund möglicher lokaler Minima. Als ein Beispiel für die Leistungsfähigkeit dieser Verwendung der neuronalen Netze zeigt Sejnowski (1986) mit seinen Programm NetTalk das Lernen der Aussprache eines geschriebenen englischen Textes.

In all diesen Fällen handelt es sich um geschichtete neuronale Netze, die nur eine Vorwärtskopplung besitzen. Solche Netze wurden auch verwendet um biologische Effekte in der Großhirnrinde nachzubilden (Zipser, Andersen 1988).

Im Gegensatz zu diesen geschichteten Netzen gibt es auch eine Vielzahl von Arbeiten zum Verhalten stark rückgekoppelter Netze (Beurle 1956, Hopfield 1982). In Tabelle 1 sind einige der wichtigsten Modelle und ihre charakteristischen Merkmale dargestellt. Einige der aufgeführten Modelle sind in diesem Beitrag nicht näher beschrieben. Einen Überblick und ähnliche Einteilungen findet man z.B. bei Arbib (1987), Cowan, Sharp (1988), Lippman (1987) und Treleaven (1989).

Tabelle 1
Merkmale verschiedener Modelle:

* Zustandswerte

{0,1}	Diskret	Perzeptron, Spinglas
[0,1]	Wahrscheinlichkeit	Boltzmann Maschine
[0,1]	Spikerate	Mehrschichtiges Perzeptron
linear	Spikerate	Selbstorg. Karten, Adaline

* Verbindungsstruktur

2 vorwärtsgekoppelte Schichten	Perzeptron, Adaline
Mehrschichtige Modelle	Mehrschichtiges Perzeptron, Boltzmann Maschine
vollständige Vernetztung	Spinglas, Boltzmann Maschine
Nachbarschaft (2D)	Selbstorganisierende Karten

* Lernregel

überwachtes Lernen:

Delta-Regel	Perzeptron, Adaline
Generalisierte Delta-Regel	Mehrschichtiges Perzeptron
"simulated annealing"	Boltzmann Maschine

nicht überwachtes Lernen:

Hebb-Regel	Spinglas
Gewinner-Regel	Selbstorganisierende Karten

3. Problemstellung und Lösungsmöglichkeiten

Es stellt sich nun die Frage, für welche Aufgaben solche Netzwerke geeignet sind, d.h. welche Probleme der Informationsverarbeitung sich mit einer solchen Struktur gut lösen lassen. Im Rahmen dieses Beitrags kann dieses Problemfeld nur angerissen werden.

3.1 Optimierung

Die Untersuchung der Spin-Gläser hat gezeigt, daß sich für symmetrische Verbindungsmatrizen mit dem Wert 0 in der Diagonale eine "Energiefunktion" definieren läßt. Von einem gegebenen Anfangszustand aus wandert das System über einen Relaxationsprozess zu einem Zustand, in dem diese Energie minimal ist. Gelingt es nun, ein Optimierungsproblem so zu formulieren, daß die zu optimierende Funktion als Energiefunktion des Netzwerks geschrieben werden kann, so hat man die Möglichkeit, diese Optimierung vom Netzwerk ausführen zu lassen. Eine solche Formulierung läßt sich im Prinzip immer angeben (Palm 1987b). Ein Beispiel ist die Anwedung eines solchen Netzwerkes auf das "traveling salesman" Problem (Hopfield, Tank 1986).

3.2 Musterzuordnung und Mustervervollständigung

Eine in der Informationsverarbeitung und besonders im Bereich der künstlichen Intelligenz häufig vorkommende Aufgabe ist die Zuordnung und Vervollständigung von Mustern. Auch die Suche nach einem Datensatz aufgrund eines bestimmten Schlüssels gehört zu diesem Bereich. Wird dem Schlüssel (über einen Zeiger) ein Datensatz zugeordnet, so handelt es sich um den ersten Typ, ist der Schlüssel irgendein Teil des Datensatzes, so geht es um Mustervervollständigung. Man sieht, daß beide Aufgaben einander ähnlich sind; sie lassen sich sogar ineinander überführen. Die Mustervervollständigung kann als Musterzuordnung verstanden werden, bei der Input und Output dasselbe Muster sind. Die Musterzuordnung wiederum läßt sich als Vervollständigung realisieren, bei der das gesamte Muster aus Input plus Output besteht. Für die Zuordnung werden häufig Netze mit reiner Vorwärtskopplung verwendet, während die Vervollständigung von rückgekoppelten Netzwerken geleistet wird.

Die Grundaufgabe des Netzes ist, auf einen bestimmten Reiz x (Input) mit einer adäquaten Reaktion y (Output) zu antworten. In einer Lernphase soll zuerst die richtige Zuordnung für eine Menge $S = \{(x^i,y^i)|i = 1,...,z)\}$ von diesen Reiz-Reaktions-Paaren gelernt werden. Nach dem Lernen sollen auf zu x^i ähnliche Reize dann dem zugehörigen y^i ähnliche Reaktionen erfolgen. Nimmt man an, daß sowohl die Reize als auch die Reaktionen als Muster neuronaler Aktivität kodiert sind, so bedeutet diese Aufgabe, daß eine Abbildung der Vektoren $x = (x_1,...,x_m)$ auf $y = (y_1,...,y_n)$ gefunden werden muß.

Sowohl x als auch y können entweder kontinuierliche oder diskrete Werte annehmen. Wir können daher verschiedene Fälle unterscheiden:

- Input und Output kontinuierlich
- Input kontinuierlich, Output diskret
- Input und Output diskret

Im ersten Fall kommt es darauf an, eine Abbildung zu finden, die zwischen den gegebenen Musterpaaren (x,y) interpoliert. Wie diese für den linearen Fall zu finden ist, hat Kohonen (1977) gezeigt; als Maß für die Ähnlichkeit hat er den euklidischen Abstand benutzt. Eine Erweiterung auf polynomiale Abbildungen wurde von Palm (1978) durchgeführt. Neuronale Netze dieser Art werden als Abbildung von sensorischen Feldern auf eine innere Repräsentation (Kohonen 1984) benutzt oder als adaptiver Regler, der lernt, einen Stab zu balancieren (Schulten 1988) oder eine chemische Reaktion zu steuern (Ersü, Mao 1983).

Der zweite Fall teilt den kontinuierlichen Inputraum in Bereiche ein, denen jeweils ein diskretes Outputmuster zugeordnet wird; es handelt sich um eine Klassifizierung. Daher eignet sich diese Variante der neuronalen Netze vor allem zur Mustererkennung wie sie schon in den Arbeiten über das Perzeptron (Rosenblatt 1962; Minsky und Papert 1988) beschrieben wird.

Erst im dritten Fall kann man von eigentlicher Informationsspeicherung sprechen, da für die kontinuierlichen Fälle ein Informationsmaß nicht ohne weiteres definiert ist. Dies ist auch der Fall, für den ein Vergleich mit herkömmlichen Speichermedien möglich ist. Hierbei wird eine Regel vom Hebbtyp verwendet und das neuronale Netz funktioniert dabei als assoziativer Korrelationsspeicher (Steinbuch 1961; Palm 1980; Palm 1988).

4. Hardware und Simulationen

4.1 Hardware für neuronale Netze

Für die Simulation von neuronalen Netzen sind schon einige Vorschläge für spezielle Hardware-Entwicklungen gemacht worden und teilweise bereits in die Tat umgesetzt (Palm, Bonhoeffer 1984; Erb, Palm 1988). Das Spektrum ist dabei sehr breit. Angefangen hat es mit einfachen Netzen aus einzelnen Analogbausteinen (Harmon 1961). Heute gibt es bereits Chips, die ein gesamtes, vollständig verbundenes Netz von 54 Neuronen enthalten (Graf et al. 1988). Für Simulationen größerer Netzwerke wurden auch Experimente mit optischen Computern unternommen (Abu-Mostafa, Psaltis 1987). Eine Zwischenstellung nimmt dabei die Simulation auf einem Transputernetzwerk ein, da hier einerseits flexible Programme den verschiedenen Modellierungsebenen gerecht werden können, andererseits die hardwaremäßige Parallelisierbarkeit zum Erreichen schnellerer Antwortzeiten ausgenutzt wird.

4.2 Paralleler Netzwerksimulator

Da jedes Neuron gleichzeitig mit allen anderen seinen Aktivitätszustand abhängig vom anliegenden Input berechnet, eignen sich Modelle neuronaler Netze hervorragend zur Parallelisierung. Daher liegt der Gedanke nahe, als eine Implementation ein paralleles Prozessornetzwerk zu verwenden. Für die Aufteilung des Netzwerks auf die einzelnen Prozessoren gibt es verschiedene Varianten, die sich in der Ausnutzung der Hardwaremöglichkeiten unterscheiden.

Eine natürliche Aufteilung ist es, jedem Neuron einen Prozessor zuzuordnen. Abgesehen von der Tatsache, daß die Zahl der zur Verfügung stehenden Prozessoren meist viel kleiner ist als die Zahl der zu simulierenden Neuronen, stellt die starke Verknüpfung der Elemente untereinander ein großes Problem dar. Da Transputer nur 4 Links haben und nicht N-1, wie für eine vollständige direkte Verbindung eines Netzwerks mit N Elementen erforderlich wäre, müssen die Informationen über die Aktivitätszustände über mehrere Stationen weitergegeben werden. Eine Parallelisierung lohnt sich nur soweit, bis sich die Zeiten für Rechnung und Kommunikation die Waage halten. Wann dieser Punkt erreicht ist hängt stark von der jeweiligen Modellierung ab. Im folgenden werden wir dazu einige Überlegungen am Beispiel der Implementation eines Hopfield-Netzes anstellen. Ähnliche Überlegungen findet man in der Arbeit von Mühlenbein und Wolf (1990).

Um zu beurteilen, wie gut sich eine bestimmte Aufgabe für die Parallelisierung eignet, kann man die Beschleunigung messen oder auch theoretisch berechnen, indem man die benötigte Zeit für die Durchfürung dieser Aufgabe auf einem Prozessor im Verhältnis zur Auführungszeit auf mehreren Prozessoren angibt. Teilt man diesen Wert noch durch die Anzahl der eingesetzten Prozessoren, erhält man eine Zahl, die maximal den Wert 1 erreichen kann. In der Praxis wird dieser *Effizienzfaktor* E allerdings stets kleiner als 1 sein, da durch Kommunikation, unterschiedliche Auslastung und zusätzlichen Verwaltungsaufwand Zeitverluste auftreten.

$$E = \frac{T(1)}{P \cdot T(P)} \tag{5}$$

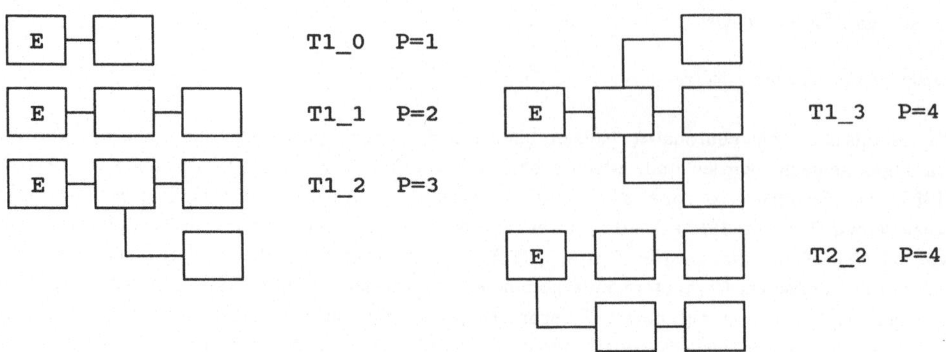

Abb. 3: Implementierte Konfigurationen des Transputernetzes

Zur Bestimmung dieser Werte simulierten wir ein Hopfield-Netz, bei dem in jedem Simulationsschritt sowohl der neue Aktivitätszustand als auch die Verbindungsmatrix gemäß der Lernregel berechnet wurde. Die 5 verschiedenen untersuchten Varianten sind in Abb. 3 zu sehen. Der mit E gekennzeichnete Transputer versendet und empfängt die Aktivitätsvektoren und mißt die Zeit. Die übrigen Transputer simulieren das Netzwerk. Die benötigte Rechenzeit wurde jeweils für unterschiedliche Netzwerkgrößen und unterschiedliche Konfigurationen gemessen (vgl. Abbildung 4).

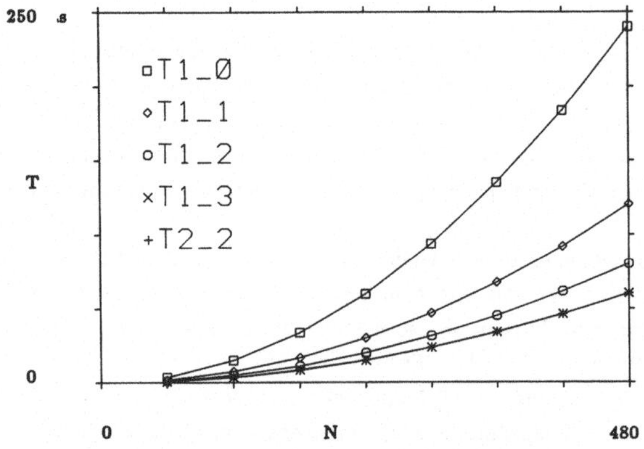

Abb. 4: Rechenzeit für 100 Simulationsschritte in Abhängigkeit der Netzwerksgröße N für verschiedene Konfigurationen

Die Kurven der Abbildung 5 zeigen, daß für die Simulation neuronaler Netze die Effizienz der Paralellisierung den Wert eins fast erreicht, jedenfalls für große Netzwerke. Dies läßt sich auch leicht vorhersagen, wenn man die erforderlichen Zeiten bestimmt. Die gesamte Bearbeitungszeit setzt sich zusammen aus der Rechenzeit und der Zeit für die Kommunikation. Teilweise können diese Aufgaben parallel erledigt werden, wenn keine Abhängigkeiten von entsprechenden Daten bestehen. Z.B. kann der Inputvektor parallel zur Rechnung an benachbarte Prozessoren weitergereicht werden.

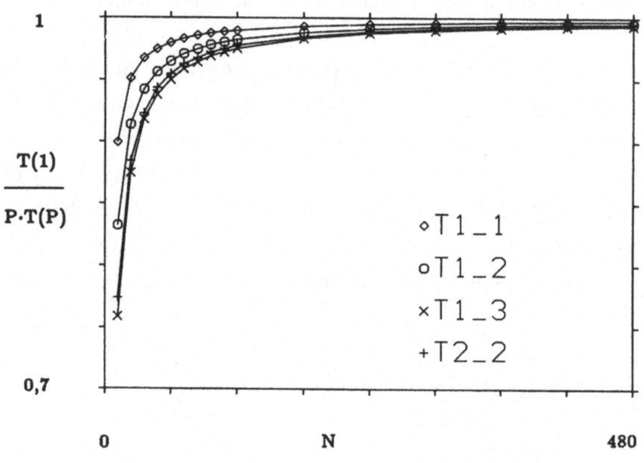

Abb. 5: Effizienz der Parallelisierung in Abhängigkeit der Netzwerksgröße N für verschiedene Konfigurationen

Dagegen kann der Aktivitätsvektor erst verschickt werden, nachdem der neue Zustand berechnet worden ist. In unserem Beispiel fanden Kommunikation und Rechnung immer sequentiell statt. Daher ergibt sich für die Gesamtzeit:

$$T_{ges} = T_{komm} + T_{rech} \tag{6}$$

Die Zeit für die Kommunikation wiederum setzt sich zusammen aus einer konstanten Startzeit, die für die Initialisierung des Prozesses erforderlich ist, und der Zeit für die Übertragung der Daten, die proportional zur Datenmenge ist. Für Senden und Empfangen ergibt sich somit:

$$T_{komm} = 2 \cdot (T_{start} + N \cdot T_{data}) \tag{7}$$

In unserem Beispiel haben wir Werte von 4,4 μs (3,7 μs) für T_{start} und 3,1 μs (2,9 μs) für T_{data} gemessen, wobei die Werte in Klammern bei Kommunikation zwischen Speicherbereichen im Onchip-Memory gelten und Daten mit einer Länge von 4 Byte pro Wert übertragen wurden.

Auch die Rechenzeit ergibt sich aus verschiedenen Anteilen, die sich durch unterschiedliche Abhängigkeiten von der Netzwerkgröße N auszeichnen. Es gibt einen konstanten Anteil, der sich aus Zeiten für die Initialisierung von Schleifen und ähnlichem zusammensetzt. Ein Teil, wie z.B. die Schwellenfunktion, muß für jedes der Elemente berechnet werden und benötigt daher eine Zeit, die proportional mit deren Anzahl ansteigt. Die Berechnung des dendritischen Potentials und das Lernen dagegen erfordern die Berücksichtigung aller Verbindungen und tragen daher zu einer dritten Zeitkomponente bei, die quadratisch mit der Netzwerkgröße wächst.

$$T_{rech} = T_0 + N \cdot T_1 + N^2 \cdot T_2 \tag{8}$$

In unserem Beispiel haben wir durch einen Polynomfit zweiter Ordnung folgende Konstanten bestimmt:

Berechnung von Aktivitätsvektor und Matrix:	$T_0 = 6{,}3\ \mu s$,	$T_1 = -2{,}9\ \mu s$,	$T_2 = 10{,}4\ \mu s$
nur Berechnung des Aktivitätsvektors:	$T_0 = 5{,}2\ \mu s$,	$T_1 = 2{,}6\ \mu s$,	$T_2 = 4{,}4\ \mu s$
nur Berechnung der Matrix:	$T_0 = 2{,}7\ \mu s$,	$T_1 = -4{,}5\ \mu s$,	$T_2 = 6{,}6\ \mu s$

Dabei steigt die Zeit für das Lernen nur mit N(N-1), da die Diagonale im Hopfieldnetz immer 0 ist und daher nicht verändert werden muß. Dadurch wird die Konstante T_1 des linearen Terms bei der Berechnung der Matrix negativ. Für die Gesamtzeit spielt für größere Werte von N praktisch nur noch die Rechenzeit eine Rolle, was sich in Abb. 5 als asymptotische Annäherung der Kurven an den Wert eins zeigt. Folglich spielt in diesem Fall auch die Topologie des Netzwerks keine wichtige Rolle. Bei kleinen Netzen dagegen erreicht die Kommunikationszeit durchaus die Größenordnung der Rechenzeit, so daß sich hier Unterschiede in der Struktur bemerkbar machen.

Neben der Abhängigkeit von der Netzwerkgröße N wächst die Kommunikationszeit auch mit der Anzahl der Prozessoren P. Dieser Zusammenhang wird von der Topologie des Prozessornetzes bestimmt. Bei einem Baum mit jeweils 3 Verzweigungen beispielsweise sind ungefähr $\log_3 P$ Übertragungen nötig, um die Prozessoren an den Blättern zu erreichen. Als Näherung für die Kommunikationszeit kann folgende Formel dienen:

$$T_{komm}(P) = \log_3 P \cdot 2 \cdot (T_{start} + N \cdot T_{data}) \tag{9}$$

Demgegenüber sinkt die Rechenzeit, wenn die Aufgabe in gleich große, unabhängig voneinander ausführbare Teile zerlegt werden kann, mit:

$$T_{rech}(P) = (T_0 + N \cdot T_1 + N^2 \cdot T_2) \;/\; P \tag{10}$$

Daraus kann man die optimale Anzahl von Prozessoren P bei gegebener Netzwerkgröße N näherungsweise berechnen, indem man das Minimum von $T_{ges}(P)$ bestimmt. Zwei Ansätze sind dabei von besonderem Interesse:

Finden Rechnung und Kommunikation sequentiell statt (wie in unserem Beispiel), so ergibt sich als $T_{ges}(P)$:

$$T_{ges}(P) = T_{komm}(P) + T_{rech}(P) = k_1 \cdot \log_3 P + k_2/P \tag{11}$$

mit $k_1 = 2 \cdot (T_{start} + N \cdot T_{data})$ und $k_2 = T_0 + N \cdot T_1 + N^2 \cdot T_2$.

Setzt man die Ableitung gleich 0, so ergibt sich

$$P = \frac{k_2}{k_1} \ln(3) = \frac{T_0 + N \cdot T_1 + N^2 \cdot T_2}{2 \cdot (T_{start} + N \cdot T_{data})} \ln(3) \approx \frac{T_2}{2 \cdot T_{data}} \; N \cdot \ln(3) \tag{12}$$

Die optimale Anzahl der Prozessoren wächst hierbei proportional mit der Netzwerkgröße. Für unser Beispiel ergibt sich als Faktor 0,78 für die Berechnung der Aktivität bzw. 1,17 für die Berechnung der Matrix.

Nutzt man die Möglichkeit, daß Rechnung und Kommunikation beim Transputer parallel ablaufen können, so ist $T_{ges}(P)$ das Maximum von $T_{komm}(P)$ und $T_{rech}(P)$. Die beste Ausnutzung ist dann erreicht, wenn beide gleich lange dauern. Setzt man diese beiden Zeiten gleich, so ergibt sich:

$$P \cdot \log_3 P = \frac{T_0 + N \cdot T_1 + N^2 \cdot T_2}{2 \cdot (T_{start} + N \cdot T_{data})} \approx \frac{T_2}{2 \cdot T_{data}} \, N \tag{13}$$

Die optimale Anzahl der Prozessoren wächst in diesem Fall deutlich langsamer als bei sequentiellem Ablauf von Kommunikation und Rechnung. Die Zahl der Elemente pro Prozessor steigt dabei mit $\log_3 P$. Es lohnt sich also nicht, die Parallelisierung so weit zu treiben, daß jeder Prozessor nur ein Element bearbeitet. Günstiger ist es, wenn jeder Prozessor einen Teil des Netzwerks bearbeitet, der aus einer Anzahl von Schwellenelementen mit dem dazugehörigen Speicherbereich für die Verknüpfungsmatrix besteht.

Umgekehrt kann die optimale Netzwerkgröße N bei gegebener Prozessorzahl P auch berechnet werden, indem der gleiche Formalismus wie oben angewandt wird, man jedoch die Rechen- und Kommunikationszeit als Funktion von N betrachtet.

Für praktische Anwendungen solcher neuronaler Netze spielen Kriterien wie Speicherausnutzung und Hardwarekosten eine wesentlichere Rolle. Daher befindet man sich meist in einem Arbeitsbereich, bei dem viele Neuronen pro Transputer simuliert werden und die Rechenzeit der dominierende Faktor ist. Es lohnt sich also vor allem, die Berechnung optimal an das jeweilige Modell anzupassen. Dabei können die Besonderheiten der Transputer-Hardware zu unerwarteten Ergebnissen führen. Zum Beispiel verursacht

die Verwendung von Integerwerten für Aktivität und Verknüpfungsmatrix eine Verlangsamung, da die parallele Verarbeitung durch FPU und CPU bei Multiplikation und Adressrechnung nicht mehr ausgenutzt wird.
Für sehr große Transputernetze wird dagegen die Kommunikation immer wichtiger. Können die Zustände kontinuierliche Werte annehmen, so muß für jedes Neuron eine REAL-Zahl übertragen werden. Wird dagegen nur zwischen zwei Zuständen unterschieden, genügt für jedes Element ein Bit. Ist dazu noch zu jedem Zeitpunkt die Zahl der aktiven Elemente wesentlich kleiner als die der inaktiven, dann verringert sich die Information, die übertragen werden muß noch zusätzlich, wenn man statt des gesamten Vektors nur die binär kodierten Positionen der aktiven Elemente weitergibt. Bei K Einsen auf N Stellen sind dies statt N Bit nur $K \cdot \log_2 N$ Bit. Auch der Rechenaufwand wird bei einem solchen Modell erheblich reduziert, da die N^2 Multiplikationen zwischen Inputvektor und Matrixelement durch $K \cdot N$ Additionen ersetzt werden können. Diese *spärliche Kodierung* (Palm 1987a) entspricht im übrigen auch den Verhältnissen im Gehirn, wo man bei elektrophysiologischen Ableitungen meist nur wenige aktive Zellen findet und die Intervalle zwischen den Spikes viel größer sind als die Spikedauer.

Diese Überlegungen gelten speziell für den Fall der vollständig verknüpften Netzwerke, können jedoch entsprechend verallgemeinert werden. Bei anderen Topologien spielen weitere Überlegungen eine Rolle. Für das mehrschichtige Perzeptron bietet sich beispielsweise eine Aufteilung der verschiedenen Schichten auf verschiedene Prozessoren an, die dann in Form einer Pipeline hintereinander geschaltet werden. Dieser Informationsfluß entspricht dem in der Ausführungsphase. In der Lernphase dagegen müssen Informationen abwechselnd in beide Richtungen durch die verschiedenen Schichten fließen, so daß also immer nur ein Teil der Prozessoren aktiv wäre. Hier ist es notwendig, die Neuronen der verschiedenen Schichten gleichmäßig auf alle Prozessoren zu verteilen. Unter Umständen ist es also in diesem Fall sogar sinnvoll, die Verteilung des gesamten Netzwerks auf die Prozessoren zwischen Lernphase und Ausführungsphase umzuorganisieren.

5. Perspektiven

Zusammenfassend kann man sagen, daß die Implementationen verschiedener Simulationsprogramme auf Transputernetzen genauso unterschiedlich sein werden wie die zugehörigen neuronalen Netzwerkmodelle, wenn sie die Hardwaremöglichkeiten optimal ausnutzen. Programme, die die Simulation mehrerer Modellvarianten erlauben, werden dabei notwendigerweise Kompromisse eingehen müssen. Die Frage, welches Abstraktionsniveau für die Modellierung neuronaler Netze jeweils für eine bestimmte Aufgabenstellung adäquat ist und welche zusätzlichen Möglichkeiten der Informationsverarbeitung man bei detaillierterer Nachbildung der anatomischen Strukturen und physiologischen Prozessen gewinnt, ist Gegenstand aktueller Forschung.

Künftige technische Systeme, die sich an neuronalen Strukturen orientieren, werden einen modularen Aufbau haben. Dabei werden die verschiedenen Teilaufgaben durch Module realisiert werden, die aus unterschiedlichen Netzwerkmodellen bestehen. Nicht alle dieser Teilaufgaben werden optimal durch neuronale Netze gelöst. Sinnvollerweise wird es also zu einer Kombination von konventionellen Techniken mit "neuronalen" Strukturen kommen. Für bestimmte Funktionen werden Spezialprozessoren entwickelt, z.B. eine "künstliche Retina" für die Bild(vor)verarbeitung, eine "künstliche Cochlea" für Sprach(vor)verarbeitung und assoziative Speicher. Diese verschiedene Module müssen zu einem Gesamtsystem integriert werden, auch dazu eignen sich Transputer mit ihren standardisierten Linkverbindungen. So werden die neuronalen Netze einen wichtigen Platz im Spektrum der Computeranwendungen einnehmen. Dabei soll an dieser Stelle allerdings vor einer übertriebenen Euphorie gewarnt werden, daß die KNN all die Versprechungen erfüllen, die die klassische KI nicht einhalten konnte (siehe hierzu auch den Epilog in Minsky, Papert 1988).

Danksagung

Für die Unterstützung bei den Untersuchungen auf den Transputernetzen danken wir John Sims, für die sorgfältige Durchsicht und Ergänzung des Manuskripts danken wir Ad Aertsen und Stefan Rotter. Für die Hilfe bei der Herstellung der Abbildungen danken wir Fahad Sultan.

Literatur

Abu-Mostafa, Y.S., Psaltis, D.: Scientific American (March 1987)
Anderson, J.A., Rosenfeld, E. (eds): Neurocomputing, MIT-Press, Cambridge (1988)
Arbib, M.A.: Brains, Machines and Mathematics, Springer-Verlag, Berlin (1987)
Beurle, R.L.: Phil. Trans. Roy. Soc. London B240, pp 55-94 (1956)
Bonhoeffer, T., Staiger, V., Aertsen, A.: Proc. Natl.Acad.Sci.USA 86, pp 8113-8117 (1989)
Braitenberg, V.: in: Brazier, M.A.B., Petsche, H., (eds.): Architectonics of the Cerebral Cortex, Raven Press, New York, pp. 443-465 (1978)
Braitenberg, V. Schütz, A.: Spektrum der Wissenschaft, pp. 74-86 (Mai 1989)
Caianiello, E.R.: J. Theor. Biol. 1, 204 (1961)
Cajal, S.R. y: in: Bumke, O., Foerster, O.(Hrsg.): Handbuch der Neurologie Vol. 1, Springer-Verlag, Berlin (1935)
Cowan, J.D., Sharp, D.H.: Quart. Rev. Biophys. 21 (3), pp 365-427 (1988)
Erb, M., Palm, G.: in: Hilberg, W. (Hrsg.): ITG-Fachbericht 102, VDE-Verlag, Berlin (1988)
Ersü, E., Mao, X.: Int. IASTED Conference on "Applied Control and Identification", Kopenhagen (1983)
Gehirn und Nervensystem: Spektum der Wissenschaft, Heidelberg (1986)
Graf, H.P., Jackel, L.D., Hubbard, W.E.,: IEEE Computer, pp 41-49 (March 1988)
Gustafsson, B., Wigström, H., Abraham, W.C., Huang, Y.Y.: J. Neurosci., 7(3) pp. 774-780 (1987)
Harmon, L.D.: Science 129, pp 962-963 (1961)
Hebb, D.O.: The Organization of Behavior, John Wiley, New York (1949)
Hodgkin, A., Huxley, A.: J.Physiol. 117, pp. 500-544 (1952)
Hopfield, J.J.: Proc. Natl. Acad. Sci. USA 79, pp. 2554-2558 (1982)
Hopfield, J.J., Tank, D.W.: Science 233, 625 (1986)
Horner, H.: in: Haken, H. (eds.): Synergetics, Springer-Verlag, Berlin (1987)
Kohonen, T.: Associative Memory, Springer-Verlag, Berlin (1977)
Kohonen, T.: Self-Organization and Associative Memory, Springer-Verlag, Berlin (1984)
Lippmann, R.P.: IEEE ASSP Magazine, pp. 4-22 (1987)
MacGregor, R.J., Lewis, E.R.: Neural Modeling, Plenum, New York (1977)
MacGregor, R.J.: Neural and Brain Modeling, Academic Press, San Diego (1987)
McCulloch, W.S., Pitts W.: Bull. Math. Biophys. 5, 115 (1943)
Minsky, M., Papert, S.: Perceptrons (zweite erweiterte Auflage), MIT-Press (1988)
Morgenstern, I., Van Hemmen (eds): Springer-Verlag, Berlin (1987)
Mühlenbein, H., Wolf, K.: in: Evans (ed.) Parallel Computing, North-Holland, Amsterdam (1990)
Palm, G.: Biol. Cybern. 31, 119 (1978)
Palm, G.: Biol. Cybern. 36, pp 19-31 (1980)
Palm, G.: in: R. Trappl (ed.), North-Holland, Amsterdam (1982)
Palm, G.: in: Caianiello, E.R.: Physics of Cognitive Processes, pp. 380-422, World Scientific Publishing, Singapore (1987a)
Palm, G.: Science 235, pp. 1227-1228 (1987b)
Palm, G.: Spektrum der Wissenschaft , pp. 54-64 (Juni 1988)
Palm, G., Bonhoeffer, T.: Biol. Cybern. 51, 201-204 (1984)
Rosenblatt, F.: Principles of Neurodynamics, Spartan Books, New York (1962)
Rall, W.: Biophysical Journal 2, 145-167 (1962)
Rumelhart, D.E., Hinton, G.E., Williams, R.J.: in: Rumelhart, D.E. , McClelland, J.L. (eds.): Parallel Distributed Processing Vol.1, MIT-Press (1986)
Schulten, K.: in: Eckmiller, R., v.d.Malsburg, Ch. (eds.): Neural Computers, Springer-Verlag, Berlin (1988)
Sejnowski, T.J., C.R. Rosenberg: Tecnical Report JHU/EECS-86/01, The Johns Hopkins Univ. (1986)
Shaw, G.L., Palm, G. (eds): Brain Theory, World Scientific Publishing, Singapore (1988)
Stanton, T.J., Sejnowski, T.J., Nature 339, pp 215-218 (1989)
Steinbuch, K.: Kybernetik 1:36 (1961)
Treleaven, P.C.: Int. J. Neurocomputing 1, pp. 4-31 (1989)
Zipser, D., Andersen, R.A.: Nature 331, pp 679-684 (1988)

QUANTENCHEMIE MIT TRANSPUTERN.
EIN DIREKTES SCF-PROGRAMM.

U. Wedig, A. Burkhardt, H.G. v. Schnering
MPI für Festkörperforschung
D-7000 Stuttgart 80

Quantenchemie und Computer

Nur wenige Bereiche der Naturwissenschaften sind so eng mit der Entwicklung der Computer verknüpft wie die Quantenchemie. Der zugrunde liegende Formalismus (z.B. die Schrödinger-Gleichung) ist schon seit Mitte der zwanziger Jahre bekannt. Lösungen sind jedoch für ein Mehrelektronensystem nur näherungsweise zu erhalten. In all den dazu entwickelten Rechenverfahren kann eine Größe n definiert werden, die ein Maß für die Genauigkeit der Rechnung oder für die Größe des zu behandelnden Problems darstellt. Der Rechenaufwand von Ab-initio-Verfahren, bei welchen keine aus experimentellen Daten gewonnenen Annahmen in die Rechnung einfließen, ist ungefähr proportional zu n^3 (Dichtefunktional), n^4 (Hartree-Fock) oder gar n^5 (Konfigurationswechselwirkung (CI)). Damit wird klar, daß Anwendungen erst mit der Verfügbarkeit leistungsfähiger Rechner ins Auge gefaßt werden konnten.

Warum Parallelrechner? Mit der Einführung der Vektorrechner gewannen einige Verfahren stark an Bedeutung. Ausgedehnte CI-Rechnungen wurden möglich, nachdem Programme zur Verfügung standen, die bis zu 90 % der Vektorleistung ausnützten. Leider konnten zufriedenstellende Vektorisierungsgrade bei anderen Verfahren bis heute nicht erreicht werden. Die Hartree-Fock-Methode, deren Ergebnisse in den meisten Fällen auch als Basis für CI-Rechnungen benötigt werden, ist wohl das bedeutendste Beispiel (s. z.B. [1,2,3]). Um die absehbaren Grenzen von skalaren Einprozessormaschinen überwinden zu können, muß in diesen Fällen über parallele Datenverarbeitung nachgedacht werden.

Warum Transputer? Die heute diskutierten Konzepte für Parallelrechner sind äußerst vielfältig. Sie umfassen Prozessoren in jeder Größenordnung, Prozesse unterschiedlicher Granularität, verschiedene Kommunikationsmodelle, usw.. Die Vielfalt wird in einem Zitat deutlich, welches die Ergebnisse eines Workshops über parallele Algorithmen und Architekturen zusammenfaßt[4].

> *We can call it 'parallel processing', but we don't know how to do it. We do need experiments, however, to suggest possible new directions.*

Erfahrungen mit quantenchemischer Software für Parallelrechner wurden bisher, abgesehen von unseren Arbeiten [5], auf einem Hypercube von Intel [6] und auf den Loosely Coupled Arrays of Processors (LCAP) bei IBM in Kingston (s. z.B. [7] gewonnen. Die Hardware-Kosten für ein Einstiegssystem sind jedoch vor allem bei letzterem sehr hoch. Dies ist bei Transputersystemen aus zweierlei Gründen nicht der Fall. Erstens erlauben die im Handel angebotenen Komponenten einen modularen Aufbau. Auch mit wenigen Knoten kann die gesamte Funktionalität getestet werden. Zweitens sind die Transputer speziell für parallele Datenverarbeitung konzipiert worden, wodurch eine besonders einfache und kostengünstige Konstruktion der einzelnen Knoten ermöglicht wird. Ein weiterer Vorteil der Transputer ist die Tatsache, daß mit OCCAM eine Hochsprache angeboten wird, welche die Steuerung paralleler Prozesse auf dieser Ebene ermöglicht.

Die Hartree-Fock-Methode

Mit den Namen Hartree und Fock ist eine Näherung verbunden, in der die elektronische Wellenfunktion eines Moleküls durch ein antisymmetrisches Produkt von Einteilchenfunktionen bzw. durch eine symmetrieadaptierte Linearkombination derselben dargestellt wird. Es wird die Bewegung eines jeden Elektrons im Feld der festgehaltenen Atomkerne betrachtet, wobei der Einfluß der übrigen Elektronen durch ein gemitteltes Potential dargestellt wird. Nach einem Vorschlag von Roothaan [8] und Hall [9] werden die Einteilchenfunktionen als Linearkombination von Basisfunktionen angesetzt. Dieser **LCAO**-Ansatz (**L**inear **C**ombination of **A**tomic **O**rbitals) führt zu einem verallgemeinerten Eigenwertproblem.

$$\mathbf{FC} = \mathbf{eSC}$$

Die Elemente der Fock-Matrix **F** werden für ein System mit abgeschlossenen Elektronenschalen wie folgt berechnet.

$$F_{pq} = h_{pq} + \sum_r^n \sum_s^n P_{rs}(2g_{qrps} - g_{qrsp})$$

Die Elemente der Dichtematrix P_{rs} werden aufgebaut aus den Entwicklungskoeffizienten der Einteilchenfunktionen (Eigenvektormatrix **C**). Aus diesem Grund sind die Hartree-Fock-Gleichungen iterativ zu lösen (**SCF**: **S**elf **C**onsistent **F**ield). Wenn Gaussfunktionen als Basis eingesetzt werden, so können die Ein- (h) und Zweielektronenintegrale (g) analytisch berechnet werden. Um die Länge der Entwicklungen zu verringern, werden die Gaussfunktionen mit Kugelflächenfunktionen (sphärische Gaussfunktionen) oder mit Potenzen von x, y und z (kartesische Gaussfunktionen) multipliziert.

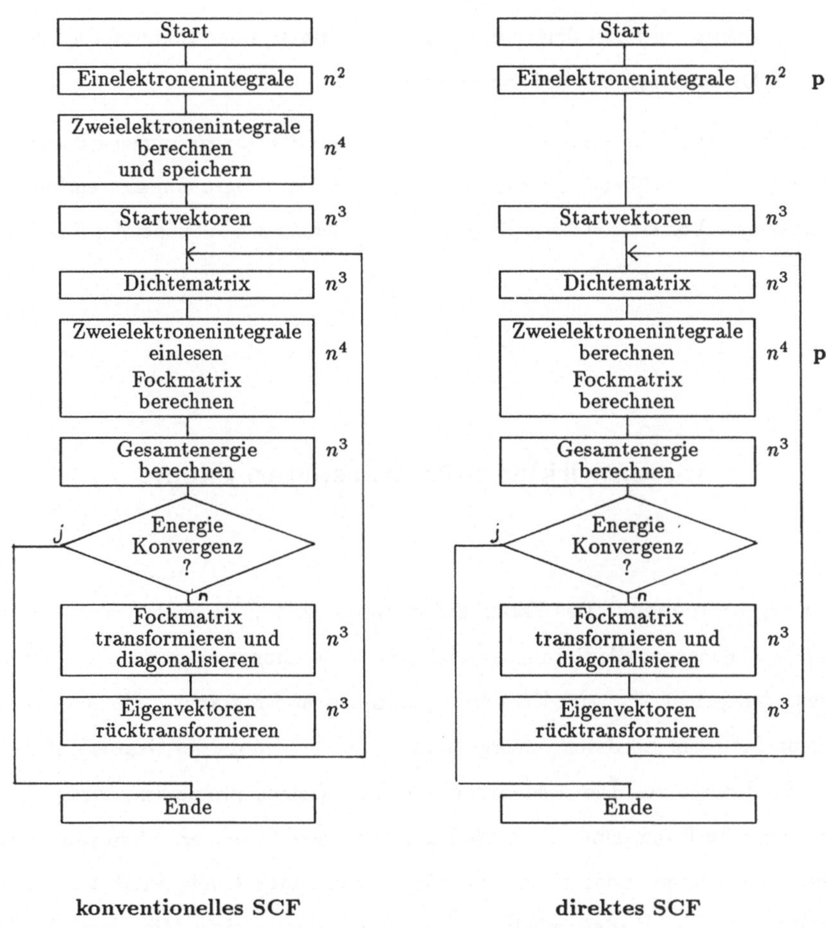

Abbildung 1: Zwei Varianten des SCF-Verfahrens

In der Abbildung 1 sind zwei mögliche Varianten eines SCF-Programms dargestellt. Der ungefähre Rechenaufwand für jeden Schritt ist in Abhängigkeit von der Anzahl der Basisfunktionen n angegeben. Im *konventionellen SCF* erfolgt die Berechnung $\approx n^4/8$ Zweielektronenintegrale, der die meiste

Rechenzeit erfordernde Programmteil, zu Beginn des Programms. Sie werden im Massenspeicher abgelegt und in jeder Iteration zur Berechnung der Fockmatrix eingelesen. Die Größe zu behandelnder Probleme ist begrenzt durch den zur Verfügung stehenden Plattenplatz. Die Geschwindigkeit des Zugriffs auf die Magnetplatten ist ein nicht unwesentlicher Parameter der gesamten Rechenzeit.

In der *direkten* Variante des SCF-Verfahrens [10,11,12,13] sind Probleme mit verfügbarem Massenspeicher unbedeutend. In diesem Fall werden die Zweielektronenintegrale in jeder Iteration neu berechnet. Die sehr große Abhängigkeit von der I/O-Leistung im konventionellen SCF wird durch erheblich mehr Rechenleistung überwunden. Das direkte SCF, welches ursprünglich zu Berechnung großer Moleküle entwickelt wurde, ist damit immer dann vorteilhaft, wenn Computer mit einem sehr hohen Rechen- zu I/O- Leistungsverhältnis eingestzt werden.

Im Verlauf der letzten zwei Jahrzehnte sind eine Vielzahl von SCF-Programmen entstanden. Die Programmiersprache war ausschließlich FORTRAN. Ein typisches Programmpaket enthält mehrere zehntausend Statements. Von einigen dieser Programme existieren auch Versionen für Parallelrechner (LCAP) [14,15,16].

Softwareentwicklung für Transputersysteme

Farming auf Programmebene: Das Farming-Konzept (s. z.B. [17]) ermöglicht es auf einfache Weise, existierende, für sequentielle Rechner geschriebene Anwendungsprogramme auf Parallelrechnern einzusetzen. Auf jedem Netzwerk-Knoten laufen identische Programme, die von einem Host-Knoten nach Bedarf mit Eingabedaten versorgt werden. Der Durchsatz des Gesamtsystems nimmt mit der Anzahl der Knoten zu. Die Ausführungszeit des einzelnen Programms wird jedoch nicht verbessert. Umfangreiche Programme, die große Datensätze verarbeiten, erfordern zudem entweder komplexere und damit teurere Knoten, oder es müssen Prozeduren bereitgestellt werden, die den Zugriff auf die Peripherie des Hosts ermöglichen. Letzteres führt zu einer Minderung der Leistung des Gesamtsystems.

Programmierung in OCCAM: Die eleganteste Methode zur Steuerung parallel ablaufender Prozesse von einer Hochsprache aus ist sicherlich die Programmierung in OCCAM, der Muttersprache der Transputer. Die Neuerstellung so umfangreicher Programme wie diejenigen, welche in der Quantenchemie verwendet werden, ist jedoch nicht empfehlenswert. Der durch die geringen Hardware-Kosten bedingte Preisvorteil würde durch den erhöhten Programmieraufwand und die damit verbundenen Personalkosten zunichte gemacht.

Farming auf Unterprogrammebene: Um von den Vorteilen von OCCAM profitieren zu können und dennoch den Programmieraufwand so gering wie möglich zu halten, verwenden wir das Farming-Konzept auf Unterprogrammebene. Die auf einem einzelnen Prozessor ablaufenden Prozeduren können aus bestehenden, vielfach getesteten Programmen übernommen werden. Da es sich in unserem Fall um FORTRAN-Code handelt, müssen die Prozesse in einen OCCAM-Rahmen eingebunden werden. Diesen OCCAM-Code und FORTRAN-Unterprogramme, die die Kommunikation über OCCAM-Kanäle ermöglichen, haben wir von der Firma PARACOM bezogen. Das gesamte Programm ist über das Netzwerk verteilt, und die Ausführungszeit nimmt mit steigender Anzahl der Prozessoren ab. Im Rahmen des Farming-Konzeptes wird nicht festgelegt, welche und wieviele Datensätze auf einem bestimmten Knoten verarbeitet werden. Damit ist es möglich das Programm durch einfache Umkonfigurierung an verschiedene Netzwerke anzupassen, welche sogar Prozessoren mit unterschiedlicher Leistungsfähigkeit enthalten können.

Ein direktes SCF-Programm

Wir haben ein direktes SCF-Programm entwickelt, in welchem bisher nur die Programmteile parallel ausgeführt werden, die in der Abbildung 1 mit **p** bezeichnet sind. Der Rest des Programmes läuft sequentiell auf dem Host-Knoten ab. Die Integralberechnung erfolgt nach dem Farming-Prinzip. Der Host sendet Sätze von Indizes ins Netzwerk und empfängt quasiparallel dazu die berechneten Integrale um sie sofort mit den entsprechenden Fockmatrixelementen zu verknüpfen.

Die Indizes weisen nicht auf einzelne Basisfunktionen hin, sondern auf Gruppen von kartesischen Gaussfunktionen, deren Exponent, Aufpunkt und "Nebenquantenzahl" l (Summe der Exponenten von x, y und z) gleich ist. Diese Gruppen werden *shells* genannt und umfassen 1 (s-Funktionen, l=0), 3 (p-Funktionen, l=1) bzw. 6 (d-Funktionen, l=2) Basisfunktionen. Alle im Zusammenhang mit vier *shells* auftretenden Zweielektronenintegrale werden als *batch* bezeichnet und in einem Prozess berechnet, um bestimmte Zwischenergebnisse wiederholt verwenden zu können. Der Aufwand zur Berechnung von *batches* kann sich um mehrere Größenordnungen unterscheiden je nach Art der

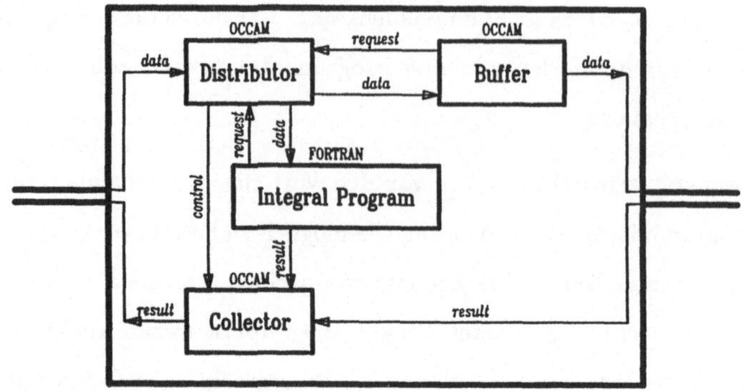

Abbildung 2: Prozesse, die auf jedem Netzwerk-(Integral)-Knoten ablaufen

kartesischen Gaussfunktionen.

Die auf jedem der Netzwerk-Knoten ablaufenden Prozesse sind in der Abbildung 2 zusammengefaßt. Der größte, aus Arithmetik bestehende Teil des Codes ist in FORTRAN geschrieben und wurde aus dem konventionellen Programmpaket MELD[18] übernommen. Wesentliche Modifikationen waren nur im I/O-Bereich nötig. FORTRAN-I/O-Statements wurden durch die Unterprogramme CHANINMESSAGE und CHANOUTMESSAGE (Fa. PARACOM) ersetzt, um mit dem umgebenden OCCAM-Rahmen kommunizieren zu können

Der *Distributor*-Prozess verteilt vom Host kommende Daten, je nach deren Art und je nach Status der übrigen Prozesse, entweder zum *Integral Program* oder zum nächsten Knoten oder in beide Richtungen. Seine wichtigsten Anweisungen (OCCAM) sind nachfolgend zusammengefaßt.

```
PROC distributor ( parameter ... )
  ... declarations
  WHILE TRUE
    SEQ
      ... read data
      IF
        (data.flag = ...) -- data for all nodes
          PAR
            ... send data to the next node
            ... send data to the integral program
        (data.flag = ...) -- data for one batch of integrals
          PRI ALT
            request.buffer ? free
              ... send data to the next node (buffer)
            request.integral.program ? free
              ... send data to the integral program
        TRUE
          SKIP
```

Das ALT-Konstrukt, welches die alternative Durchführung von Prozessen (z.B. Weiterleiten der Daten) ermöglicht, ähnelt der IF-Anweisung. Das Kriterium für die Verzweigung ist hier allerdings nicht der Wert von logischen Variablen und Ausdrücken, sondern dic Bereitschaft von Eingabe-Kanälen, in unserem Fall der *request*-Kanäle. Bereitschaft bedeutet, daß andere Prozesse über den Kanal Daten senden. Das *Integral Program* sendet ein *request*-Signal, wenn die Berechnung eines *batchs* beendet ist, der *Buffer* tut dies, wenn ein Datensatz zum nächsten Knoten weitergereicht wurde.

Daten, die an alle Integral-Knoten versendet werden, sind Kontrollzeichen, Informationen über die Struktur des zu betrachtenden Moleküls und die gesamten Basissatzdaten. Letztere werden auf jedem Knoten gespeichert, um die Kommunikation über die *data*-Kanäle während der Berechnung der Zweielektronenintegrale auf die Versendung von vier Indizes pro *batch* zu beschränken.

Das vorliegende Programm erlaubt eine lineare Anordnung der Netzwerk-Knoten. Bis zu drei solcher Farmen können an den Host-Knoten angeschlossen werden. Durch eine einfache Modifikation des *Distributor*-Prozesses lassen sich auch baumartige Farmen programmieren. Der *Buffer*-Prozess wurde eingefügt, um für die Datenanforderung vom folgenden Knoten keinen weiteren externen Link zur Verfügung stellen zu müssen. Diese Maßnahme ist nötig, um baumartige Topologien zu ermöglichen. Der *Collector* ist ein einfacher Multiplex-Prozess (ALT).

Testrechnungen

Hardware: Das für die Rechnungen eingesetzte System besteht aus 9 Transputern. Ein Knoten mit 4 MB lokalem Speicher ist über einen Link-Adapter mit einem PC verbunden. Als "Betriebssystem" verwendten wir MEGATOOL[19] eine von der Firma PARSYTEC modifizierte Version des Transputer-Entwicklungssystems TDS[20]. Die derzeit lieferbare, umbenannte Version MultiTool 5.0 stand für die Testrechnungen noch nicht zur Verfügung.

Weitere 8 Netzwerk-Knoten enthalten jeweils 1 MB lokalen Speicher. Die Transputer sind untereinander über serielle Linkkabel (20 Mb/sec.) verknüpft. Eine variable, programmierbare Verknüpfung der Knoten haben wir bisher noch nicht ins Auge gefaßt, da alle untersuchten Konfigurationen auf das fest verdrahtete Netzwerk abgebildet werden konnten. Die gesamten Investitionskosten einschließlich

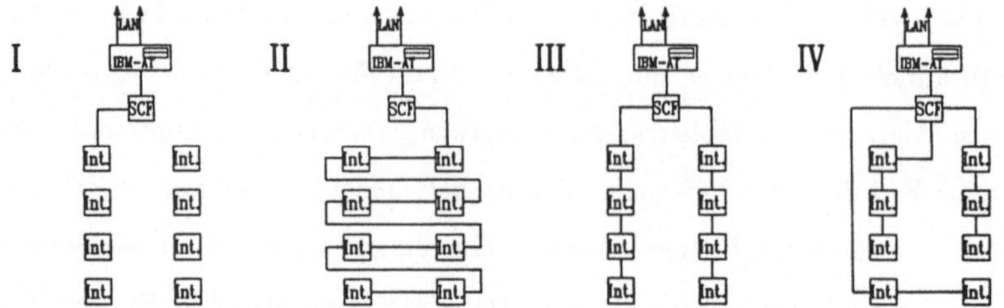

Abbildung 3: In den Testrechnungen verwendete, logische Konfigurationen des Netzwerks:
I 1 Farm, 1 Integral-Knoten.
II 1 Farm, 8 Integral-Knoten.
III 2 Farmen, $4+4$ Integral-Knoten.
IV 3 Farmen, $3+3+2$ Integral-Knoten.

Tabelle 1: Ausführungszeiten (in Sekunden) für die Berechnung der Zweielektronenintegrale und für die erste SCF-Iteration. Die in Klammern angegebenen Leistungsfaktoren beziehen sich auf Konfiguration I.

Konfiguration	I		II		III		IV	
Integral-Knoten	1		8		8		8	
Farmen	1		1		2		3	
	[1]		[8]		[4/4]		[3/3/2]	
	Berechnung der Zweielektronenintegrale							
C_6H_6 DZ-Basis	19 962	(1.0)	2 549	(7.8)	2 518	(7.9)	2 509	(8.0)
$HCOOH$ DZP-Basis	2 583	(1.0)	334	(7.7)	328	(7.9)	327	(7.9)
	Erste SCF-Iteration							
C_6H_6 DZ-Basis	20 110	(1.0)	2 592	(7.8)	2 568	(7.8)	2 563	(7.8)
$HCOOH$ DZP-Basis	2 672	(1.0)	373	(7.2)	373	(7.2)	374	(7.1)

Software betrugen bisher rund 70.000 DM.

Ergebnisse: Die Einzelheiten der Rechnungen sind in [5] beschrieben. In Abbildung 3 sind die Konfigurationen dargestellt, die bei den Testrechnungen verwendet wurden. In erster Linie interessierte uns die Abhänigkeit der Rechenleistung von der Anzahl der eingesetzten Prozessoren. In der Tabelle 1 sind Rechenzeiten und Leistungsfaktoren für die im Hinblick darauf günstigsten (Benzol (C_6H_6) mit einer Basis aus 78 s- und p-Funktionen) und ungünstigsten (Ameisensäure ($HCOOH$) mit einer Basis aus 58 s-, p- und d-Funktionen) Beispiele zusammengefaßt. Betrachten wir nur den parallelisierten Teil des Programms, die Berechnung der Zweielektronenintegrale, so beobachten wir in jedem Fall eine Auslastung der Netzwerk-Prozessoren von nahezu 100 %. Die Leistungsdaten von Konfiguration II sind geringfügig schlechter als diejenigen von III und IV, da in dieser einen Farm die Prozessoren mehr mit Kommunikation belastet werden. Der Leistungsabfall ist jedoch sehr gering, und wir können davon ausgehen, daß Kommunikationsprobleme einem weiteren Ausbau des Systems nicht im Wege stehen.

Die gute und gleichmäßige Auslastung (*load balance*) wird durch das Farming-Prinzip ermöglicht. Eine vorbestimmte Verteilung der Integral-*batches* auf die Netzwerk-Knoten ist auf Grund ihres unterschiedlichen Umfangs (1 Integral bei 4 s-Funktionen und bis zu 1296 Integrale bei 4 d-Funktionen) erheblich schwieriger. Die Lastverteilung ist in diesem Fall häufig unausgewogener [15,16].

Der auf dem Host-Knoten ablaufende, sequentielle Teil des Programms erfordert erheblich weniger Rechenzeit. Deshalb erhalten wir auch dann gute Leistungsfaktoren, wenn wir die gesamte Rechenzeit einer SCF-Iteration betrachten. Im schlechtesten Fall erhalten wir einen Wert von 7.1 und damit eine Prozessorauslastung von 90 %.

In der Tabelle 3 vergleichen wir für ein Beispiel die mit verschiedenen konventionellen Programmen auf verschiedenen Rechnern gemessenen Rechenzeiten mit unseren Werten. Vergleiche mit anderen Beispielen ergeben gleiche Verhältnisse.

Die Zahlen zeigen zweierlei. Mit einem Integralknoten (Konfiguration I) sind wir langsamer als mit dem Programm MELD auf der Micro-VAX II, obwohl wir den gleichen Algorithmus zur Integralberechnung verwenden. Dies ist erstaunlich, da Benchmarks zeigen, daß der Transputer T800 mindestens doppelt so schnell ist wie ein VAX II-Prozessor. Der Grund ist darin zu suchen, daß im Programm MELD viele Zwischenergebnisse, die im Zusammenhang mit einem Produkt von Gaussfunktionen auftreten (*charge distribution*), nur einmal berechnet und auf Platte gespeichert werden. Wir haben keinen globalen Speicher, und der lokale Speicher reicht dafür nicht aus. Viele Werte müssen deshalb mehrfach berechnet werden. Um ein Programm parallelisieren zu können, müssen wir also einen gewissen Preis bezahlen.

Dieser Preis lohnt sich jedoch, da die Rechenleistung nahezu linear mit der Anzahl der Integral-Knoten ansteigt. Mit Konfiguration IV erreichen wir 1/3 bis 1/2 der Rechenleistung eines sehr schnellen skalaren Großrechners wie der Comparex 7/78. Ein CRAY-X/MP-Prozessor ist, je nach verwendeter Basis, nur 3 bis 5 mal schneller. Eine weitere Tatsache wird aus Tabelle 3 ersichtlich. Standard-SCF-Progamme nützen die Möglichkeiten moderner Vektorprozessoren nur unzureichend aus.

Tabelle 3: Berechnung der Zweielektronenintegrale von Trans-Ameisensäure mit einer DZP-Basis

	Computer	Programm	Zeit	
a)	CYBER 175	ATMOL	524	c)
a)	CYBER 855	ATMOL	387	c)
a)	CYBER 205	ATMOL	191 - 200	c)
a)	CRAY-1S	ATMOL	132	c)
a)	CYBER 205	HONDO/COLUMBUS	88 - 93	c)
b)	IBM-4383	GAMESS	338	c)
b)	FPS-164/MAX-3	GAMESS	320	c)
b)	LCAP: 4 Prozesse	GAMESS	137	c)
	MicroVAX II	MELD	1948	c)
	Comparex 7/78	MELD	125	c)
	CRAY-X/MP (1 Prozessor)	MELD	76	c)
	Konfiguration I (1 Integral-Knoten)		2583	d)
	Konfiguration IV (8 Integral-Knoten, 3 Farmen)		327	d)

a) Siehe [3] und darin enthaltene Zitate.

b) Siehe [16]. Die CPU-Zeiten für LCAP sind das Ergebnis einer Simulation.

c) CPU-Zeiten.

d) Ausführungszeiten.

Zusammenfassung

Die Berechnung der Zweielektronenintegrale kann hervorragend parallelisiert werden. Selbst unter Berücksichtigung des sequentiellen Teils des Programms erreichen wir eine Auslastung der Netzwerk-Knoten von mindestens 90 %. Das Hartree-Fock-Verfahren ist besonders für parallele Datenverarbeitung geeignet. Dem steht eine nur mäßige Vektorisierbarkeit des Verfahrens gegenüber.

Die Rechenleistung unseres Transputersystems ist mit derjenigen von Großrechnern vergleichbar. Selbst Vektorsupercomputer sind weniger als eine Größenordnung schneller. Mit Investitionskosten von $\approx$ 70.000 DM erreichen wir damit ein ausgezeichnetes Preis- / Leistungs-Verhältnis.

Preiswerte Hardware ist nutzlos, wenn die Programmentwicklung zu viel Aufwand erfordert. Wir konnten zeigen, daß auch komplexe Programme in relativ kurzer Zeit ($\approx$ 4 Mann-Monate) für ein Transputersystem umgeschrieben werden können, wenn wir existierende, ausgetestete Programmteile übernehmen. Das Farming-Konzept auf Unterprogrammebene bietet dazu eine einfache Plattform. Es ermöglicht eine ausgewogene Auslastung der Prozessoren, selbst wenn diese unterschiedliche Leistungsdaten aufweisen.

Literatur

[1] Saunders, V. R.; Guest, M. F.; Comp. Phys. Comm. 26, 389 - 395 (1982).

[2] Ahlrichs, R.; Böhm, H.-J.; Ehrhardt, C.; Scharf, P.; Schiffer, H.; Lischka, H.; Schindler, M.; Journ. of Comp. Chem. 6, 200 - 208 (1985).

[3] Kutzelnigg, W.; Schindler, M.; Klopper, W.; Koch, S.; Meier, U.; Wallmeier, H.; in Dupuis, M.: Supercomputer simulations in chemistry, 55 - 74 (Springer, Berlin, 1986). Lecture notes in chemistry 44.

[4] Buell, D. A. et al.; The Journal of Supercomputing 1, 301 - 325 (1988).

[5] Wedig, U.; Burkhardt, A.; von Schnering, H.-G.; Z. Phys. D - Atoms, Molecules and Clusters 13, 377 - 384 (1989).

[6] Colvin, M. E.; Ph. D. Thesis LBL–23578, Lawrence Berkeley Laboratory, University of California, Berkeley, California 94720 (1986).

[7] Clementi, E.; Philos. Trans. R. Soc. London A326, 445 - 470 (1988).

[8] Roothaan, C. C. J.; Rev. Mod. Phys. 23, 69 (1951).

[9] Hall, G. G.; Proc. Roy. Soc. London A205, 541 (1951).

[10] Almlöf, J.; Faegri Jr., K.; Korsell, K.; Journ. of Comp. Chem. 3, 385 - 399 (1982).

[11] Almlöf, J.; Taylor, P. R.; in Dykstra, C. E.: Advanced theories and computational approaches to the electronic structure of molecules, 107 - 125 (Reidel, Dordrecht, 1984). NATO ASI series C 133.

[12] Cremer, D.; Gauss, J.; Journ. of Comp. Chem. 7, 274 - 282 (1986).

[13] Häser, M.; Ahlrichs, R.; Journ. of Comp. Chem. 10, 104 - 111 (1989).

[14] Clementi, E.; Corongiu, G.; Detrich, J.; Chin, S.; Domingo, L.; Int. Journ. Quantum Chem.: Quantum Chem. Symp. 18, 601 - 618 (1984).

[15] Dupuis, M.; Watts, J. D.; Theor. Chim. Acta 71, 91 - 103 (1987).

[16] Guest, M. F.; Harrison, R. J.; Van Lenthe, J. H.; Van Corler, L. C. H.; Theor. Chim. Acta 71, 117 - 148 (1987).

[17] Glendinning, I.; Hey, A.; Comp. Phys. Comm. 45, 367 - 371 (1987).

[18] McMurchie, L.; Elbert, S. T.; Langhoff, S. R.; Davidson, E. R. et al.; Program MELD (University of Washington, Seattle). Modifizierte Version: Wedig, U.

[19] MEGATOOL 4.2, Release 880218, PARSYTEC GmbH (Aachen).

[20] Transputer Development System (D700 C), INMOS Ltd. (Bristol).

Parallelisierung der blockdiagramm-orientierten Simulation von Nachrichtenübertragungssystemen

J.Kunkel, S.Ritz, H.J.Schlebusch
Lehrstuhl für Elektrische Regelungstechnik der RWTH Aachen
Templergraben 55, 5100 Aachen

Blockdiagramm-orientierte Simulationssysteme haben sich als unverzichtbare Werkzeuge für die Analyse von Kommunikationssystemen erwiesen. Ziel der Simulation ist die Leistungsbewertung von Nachrichtenübertragungssystemen, z.B. Satelliten- oder Mobilfunksysteme, an Hand typischer Kenngrößen, z.B. Übertragungsfehlerrate, Akquisitionszeit, usw. Die steigende Komplexität der Nachrichtenübertragungssysteme und die niedrigen Übertragungsfehlerraten lassen die Rechenzeiten für Simulationen auf konventionellen von Neumann Rechnern stark ansteigen.
Der Einsatz von Parallelrechnern ist ein Weg, die Ausführung der Simulation zu beschleunigen. Für das am Lehrstuhl für Elektrische Regelungstechnik entwickelte Simulationsystem COSSAP wird in diesem Beitrag ein Parallelsimulatorkonzept vorgestellt, das für Multicomputersysteme wie z.B. Transputernetze entworfen wurde. Grundlage dieses Konzeptes ist eine quasidynamische Verteilung des Simulationsprogramms auf einem Prozessorring durch eine jeweils lokal arbeitende dynamische Ablaufsteuerung.

1. Einleitung

Die Simulation auf Digitalrechnern ist ein unverzichtbares Werkzeug zur Untersuchung und Leistungsbewertung von Nachrichtenübertragungssystemen (NÜS), da eine geschlossene analytische Berechnung des Systemverhaltens i.a. nicht möglich ist. Der Rechenzeitbedarf für Simulationen auf konventionellen von Neumann Rechnern steigt ständig an. Dies ist zum einen auf die wachsende Komplexität der Systeme und der darin eingesetzten Signalverarbeitungsalgorithmen zurückzuführen, zum anderen auf die Notwendigkeit, sehr seltene Ereignisse in Monte-Carlo Simulationen auszuwerten. Ein erfolgversprechender Ansatz zur Beschleunigung derartiger Simulationen ist der Einsatz von Multicomputersystemen, wie z.B. Transputernetzen.
In diesem Beitrag stellen wir das Konzept eines parallelen Simulators für Multicomputersysteme vor, welches auf der Basis des am Lehrstuhl für Elektrische Regelungstechnik entwickelten Simulationssystems COSSAP [1] erarbeitet wurde. Dazu wird zunächst das Prinzip der blockdiagramm-orientierten Simulation von NÜS erläutert (Abschnitt 2). Darauf aufbauend wird das Grundkonzept des parallelen Simulators entwickelt, durch das der inhärente Parallelismus der blockdiagramm-orientierten Simulation ausgenutzt werden kann (Abschnitt 3). Kern des parallelen Simulators ist eine verteilte dynamische Ablaufsteuerung (Scheduler), die im Abschnitt 3.2 vorgestellt wird. Der parallele Simulationsablauf wird abschließend an einem Beispiel verdeutlicht.

2. Blockdiagramm-orientierte Simulation

Blockdiagramm-orientierte Simulationssysteme wie COSSAP ermöglichen die dem Nachrichtentechniker vertraute Modellierung von NÜS in Form von miteinander verbundenen Systemkomponenten (s. z.B. [2]). Jede Systemkomponente repräsentiert ein meist parametrierbares Teilsystem bzw. einen spezifischen Algorithmus der Signalverarbeitung, z.B. Filterung, Kodierung, usw. Die Verbindungen beschreiben den Signalfluß zwischen den Komponenten des Übertragungssystems. In Fig. 1 ist beispielhaft eine Satelliten-Übertragungsstrecke und ein zugehöriges, stark vereinfachtes Blockdiagramm dargestellt. Jeder der Blöcke kann prinzipiell wieder aus vielen Teilkomponenten zusammengesetzt werden, so daß u.U. ein sehr komplexes Blockdiagramm entsteht. Neben den nachrichtentechnischen Teilkomponenten müssen für die Simulation zusätzlich Blöcke zur Signalauswertung in das Blockdiagramm aufgenommen werden.

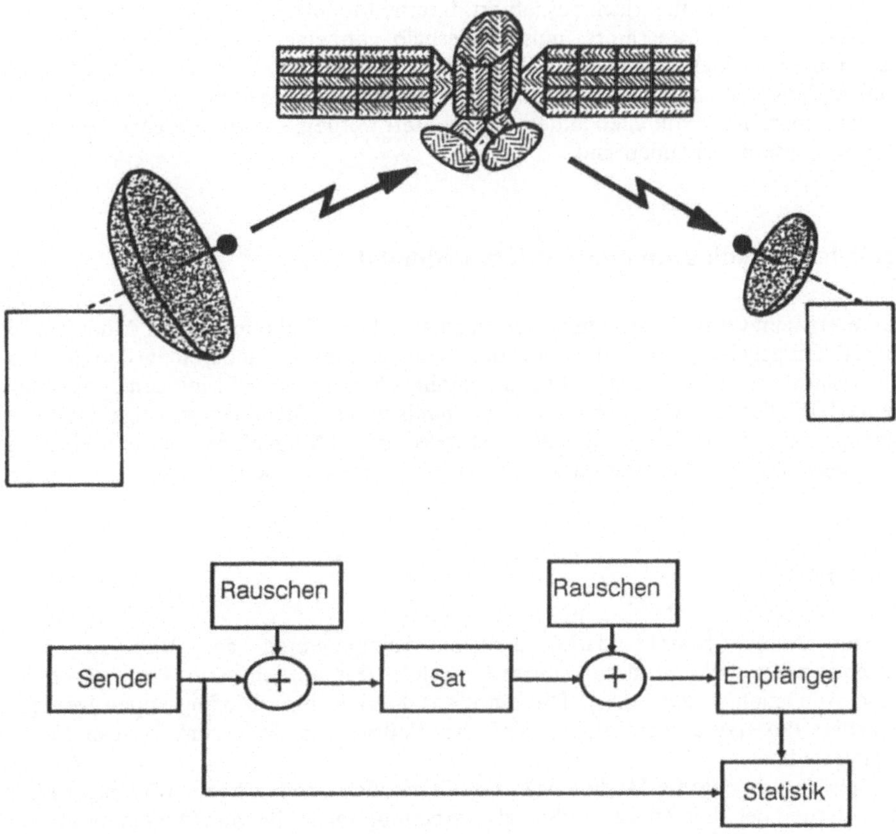

Fig. 1: Satelliten-Übertragungsstrecke mit Blockdiagramm

In blockdiagramm-orientierten Simulationssystemen ist jedem Block ein Software-Modul zugeordnet (in COSSAP: FORTRAN-Subroutinen), welches den entsprechenden Algorithmus der Signalverarbeitung ausführt. Die Konfiguration, d.h. die Eingabe des Blockdiagramms, erfolgt bei COSSAP mit Hilfe eines graphischen Editors. Das vom Benutzer konfigurierte Blockdiagramm wird automatisch in ein ablauffähiges Simulationsprogramm umgesetzt.
Bei der Simulationsausführung werden von den Quellen (Daten-, Störquellen) Signale erzeugt, die von den nachfolgenden Modulen weiterverarbeitet werden, bis sie schließlich zu den Senken (meist Auswertemodule) gelangen. Die Modulverbindungen sind als FIFO-Puffer implementiert, in denen Signalelemente zur Laufzeit zwischengespeichert werden. Während der Simulation lesen die Module Segmente von Signalelementen aus den Eingangspuffern, verarbeiten diese und schreiben die resultierenden Signalelemente in die mit den Ausgängen verknüpften Puffer. Die Verfügbarkeit von Eingangssignalelementen bestimmt im wesentlichen die Abfolge der Modulausführung; die Simulation ist daher *signalflußgesteuert*, im Unterschied zu ereignisorientierten oder zeitgesteuerten Simulationen. Aufgrund der segmentweisen Verarbeitung der Signale wird jedes Modul während des Simulationslaufes i.a. mehrfach ausgeführt. Interne Modulzustandsgrößen, wie z.B. die aktuelle Zwischensumme eines Integrators, müssen deshalb von einem Aufruf zum nächsten gerettet werden, um ein korrektes Arbeiten der Module zu gewährleisten. Da zwischen den Modulen keine Kontrollkopplung besteht und die Signalelemente in den Puffern zwischengespeichert werden, kann jedes Modul unabhängig von allen anderen ausgeführt werden, sofern genügend Signalelemente in den Eingangspuffern vorhanden sind.

3. Paralleler blockdiagramm-orientierter Simulator

Durch die segmentweise Verarbeitung der Signale und die Entkopplung der Modulausführung ist die Möglichkeit gegeben, den in der Blockdiagrammbeschreibung inhärenten Parallelismus für die Simulationsausführung auszunutzen. Für die parallele Simulation auf Multicomputersystemen muß dazu eine bezüglich Lastverteilung und Kommunikationsaufkommen günstige Strategie für die Zuordnung von Modulen auf die Prozessoren (Allokation) sowie eine geeignete Verbindungsstruktur der Prozessoren (Prozessortopologie) gefunden werden.

3.1 Konzept

Ein erster Ansatz besteht darin, einzelne Komponenten des NÜS zu Teilsystemen zusammenzufassen und die dazugehörigen Module fest auf einzelne Prozessoren abzubilden (statische Allokation, s. z.B. [3,4]). Die einzelnen Module bzw. Modulgruppen werden dann als eigenständige Prozesse ausgeführt. Ein einfaches Beispiel für ein System von vier Modulen ist in Fig. 2 dargestellt.
Es ist offensichtlich, daß die Module M2 und M3 parallel arbeiten können. Weniger offensichtlich ist, daß aufgrund der segmentweisen Signalverarbeitung sogar alle vier Module parallel ausgeführt werden können. So kann z.B. Modul M1 schon die Generierung des $(n+1)$-ten Signalsegmentes vornehmen, während gleichzeitig das n-te Signalsegment von den Modulen M2 und M3 verarbeitet wird. Es wird für dieses Beispiel angenommen, daß für jedes Modul ein Prozessor (P1,...,P4) zur Verfügung steht und die Verbindungsstruktur der Prozessoren genau der Blockdiagrammtopologie entspricht. Unter der idealisierenden Annahme, daß die Ausführungszeiten aller Module gleich und

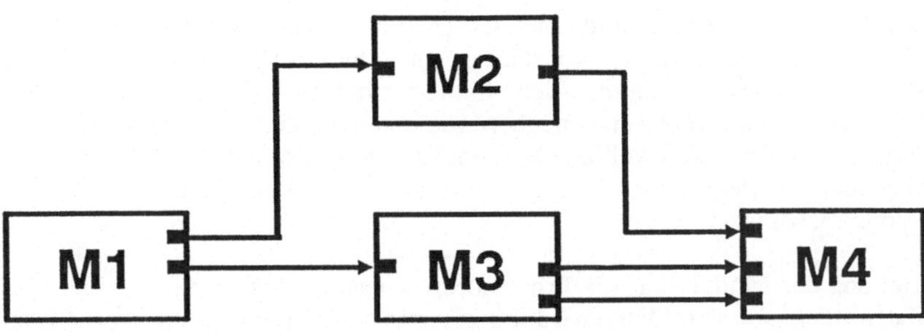

Fig. 2: Beispiel: Blockdiagramm mit vier Modulen

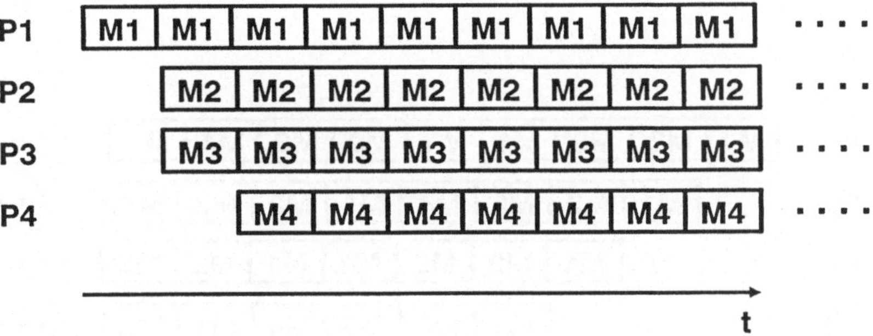

Fig. 3: Zeitdiagramm für parallele Simulation mit statischer Allokation

zeitinvariant sind, hat das Zeitdiagramm (Gantt-Chart) der Simulationsausführung z.B. die in Fig. 3 dargestellte Form. Jeder Block der Gantt-Chart entspricht der Verarbeitungszeit eines Moduls für ein Signalsegment.

Bei einer statischen Allokation der Module müssen die Signalelemente, die von einem Modul generiert werden, mittels Interprozeß- bzw. Interprozessorkommunikation (IPC) zu dem Prozessor weitergegeben werden, auf dem das jeweilige Nachfolgemodul plaziert ist. Im Beispiel würde dies die Weitergabe von Signalelementen von P1 nach P2 und P3 sowie von P2 und P3 nach P4 bedeuten. Da bei den Monte-Carlo Simulationen für sehr seltene Ereignisse i.a. sehr große Stichproben erforderlich sind ($> 10^7$ Signalelemente), müssen sehr große Datenmengen während einer Simulation zwischen den Prozessoren ausgetauscht werden.
Die Topologie der Blockdiagramme soll nicht eingeschränkt sein, dadurch wird eine statische Allokation u.U. sehr erschwert. Weitere wichtige Randbedingungen, die aus Gründen der Flexibilität des Simulationssystems berücksichtigt werden müssen, machen eine optimierte statische Allokation i.a. sogar unmöglich. So können die Modullaufzeiten während der

Simulationsausführung variieren, und die Länge der jeweils verarbeiteten und erzeugten Signalsegmente braucht ebenfalls nicht konstant zu sein. Die Ursache dafür sind Datenabhängigkeit oder pseudostochastisches Verhalten der implementierten Algorithmen. Zudem soll die Möglichkeit bestehen, benutzereigene, neue Module mit in die Simulation einzubinden, deren Verhalten dem Simulationssystem völlig unbekannt ist. Für eine optimierte statische Allokation sind jedoch genaue Informationen zur Ausführungszeit und zum Kommunikationsverhalten der Module unbedingte Voraussetzung.

Für die Verteilung der Module auf die Prozessoren schlagen wir daher statt einer statischen eine *quasidynamische Allokation* vor. Dabei wird das gesamte Simulationsprogramm auf jeden Prozessor geladen, so daß jedes Modul auf jedem Prozessor ausführbar ist. Die quasidynamische Verteilung der Modulausführungen auf die Prozessoren wird durch eine dynamische Ablaufsteuerung (Scheduler) erreicht, die ebenfalls auf jedem Prozessor lokal als Bestandteil des Simulationsprogramms vorhanden sein muß. Für das Beispiel aus Fig. 2 ist eine mögliche resultierende Gantt-Chart in Fig. 4 dargestellt. Es ist deutlich, daß jedes Modul auf allen zur Verfügung stehenden Prozessoren ausgeführt wird.

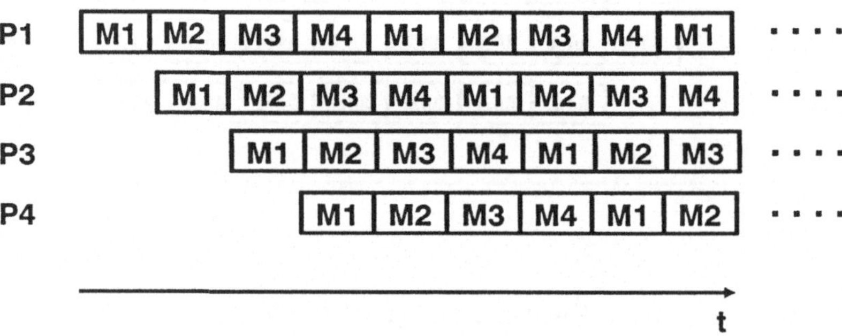

Fig. 4: Zeitdiagramm für parallele Simulation mit quasidynamischer Allokation

Im Unterschied zur statischen Allokation muß allerdings jetzt der interne Modulzustand jedes Moduls von Prozessor zu Prozessor weitergegeben werden, da ein Modul nur mit dem jeweils aktuellen Modulzustand korrekt arbeiten kann. Da es vorkommen kann, daß ein Modul nicht alle in seinen Eingangspuffern befindlichen Signalelemente bei einem Aufruf verarbeitet, müssen die in den Eingangspuffern verbleibenden Signalelemente ebenfalls für den nächsten Modulaufruf auf einem anderen Prozessor verfügbar sein. Folglich muß ein erweiterter Modulzustand, bestehend aus den internen Modulzustandsgrößen und den verbleibenden Eingangssignalelementen, mittels IPC im Prozessornetz ausgetauscht werden. Der eigentliche Signalfluß findet dagegen lokal auf den einzelnen Prozessoren statt und trägt somit nicht zur IPC bei. Durch diesen Ansatz kann der IPC-Bedarf gegenüber der statischen Allokation deutlich verringert werden, da die Datenmenge des erweiterten Modulzustandes je Modulaufruf i.a. um ein bis zwei Größenordnungen kleiner als die verarbeitete Signalsegmentlänge ist.

Bei dem vorgestellten Ansatz zur parallelen Simulationsausführung muß gewährleistet sein, daß im Prozessornetz zu jedem Modul genau ein aktueller Modulzustand existiert. Mehrdeutigkeiten bezüglich der aktuellen Modulzustände können ohne zusätzliche aufwendige Konsistenzprüfungen vermieden werden, wenn jeder Zustand von einem Prozessor auf höchstens einen anderen Prozessor weitergegeben wird. Weiterhin muß aufgrund des lokalen Signalflusses der aktuelle Zustand jedes Moduls jeden Prozessor erreichen können. Eine einfache Hardwaretopologie, mit der beide Forderungen erfüllt werden können, ist ein Prozessorring (Fig. 5). Die IPC beschränkt sich damit auf die Weitergabe von aktuellen Modulzuständen von jedem Prozessor auf den jeweils unmittelbar nachfolgenden (Next Neighbour Communication).

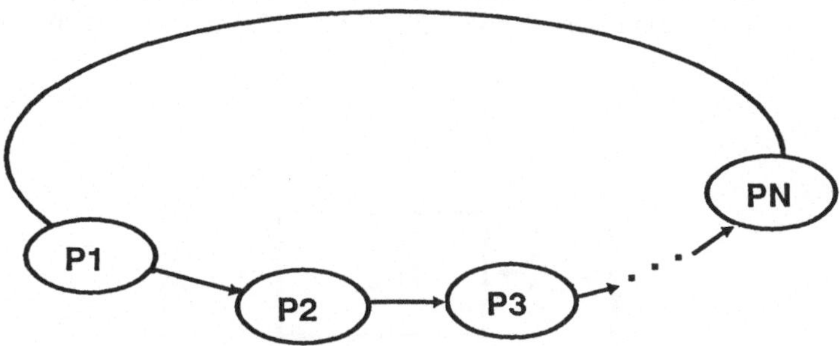

Fig. 5: Hardware-Topologie: Prozessorring

Durch die quasidynamische Allokation und die Wahl der Prozessorringstruktur wird der von uns vorgeschlagene parallele Simulator skalierbar. D.h., man kann entsprechend der Problemgröße die Leistungsfähigkeit des Simulators durch Verwendung einer höheren Anzahl von Prozessoren ohne Änderung des Programmcodes inkrementell steigern.

3.2 Dynamischer Scheduler

Da alle Module auf allen Prozessoren ausführbar sind, muß durch eine Ablaufsteuerung (Scheduler) die Modulausführung lokal auf jedem Prozessor koordiniert werden.
Ein statischer Scheduler, der vor der eigentlichen Simulationsausführung die Aufrufreihenfolge der Module festlegt, braucht a priori Informationen über das Ein-/Ausgabeverhalten der Module. Entsprechend den oben angeführten Randbedingungen kann jedoch das Modulverhalten stochastisch oder sogar völlig unbekannt sein. Aus diesem Grunde muß ein dynamischer Scheduler implementiert werden, der zur Laufzeit allein anhand der Anzahl der in den Puffern befindlichen Signalelemente die Lauffähigkeit von Modulen feststellt.
Alle Module, die möglicherweise lauffähig sind, werden in einer lokalen Kandidatenliste geführt. Beim Start einer Simulation befinden sich in jedem Fall alle Signalquellen in der Kandidatenliste. Ist für ein Modul aus dieser Liste ein aktueller Modulzustand vom Vorgängerprozessor übermittelt worden, so wird nach einer Aktualisierung des Zustands (lokale Eingangssignalelemente) die Lauffähigkeit des Moduls überprüft. Ist kein aktueller Modulzustand vorhanden oder die Kandidatenliste leer, so wird auf das Eintreffen irgendeines aktuellen Modulzustands gewartet.

Die eigentliche Lauffähigkeitsüberprüfung wird durch Testen zweier Kriterien durchgeführt. Das erste Kriterium, die sog. "Input Scheduling Condition" (ISC), ist erfüllt, wenn sich in jedem Eingangspuffer des Moduls die Mindestanzahl von Signalelementen befindet, die ein Modul zur Ausführung benötigt. Das zweite Kriterium, die "Output Scheduling Condition" (OSC), ist erfüllt, wenn die Anzahl der in den ausgangsseitigen Puffern befindlichen Signalelemente kleiner als die Obergrenze ist, bis zu der ein Modul noch Signalelemente einfügen kann. Die ISC/OSC-Grenzen können für jeden Puffer eines Moduls unterschiedlich sein. Der Scheduler untersucht die Lauffähigkeit nur auf Grund dieser Werte, dadurch ist gewährleistet, daß keine weiteren Annahmen bezüglich Modullaufzeiten oder Ein-/Ausgangsverhalten gemacht werden müssen. Dies bedeutet insbesondere, daß Module von Aufruf zu Aufruf unterschiedlich lange Signalsegmente einlesen und schreiben können (z.B. stoch. E/A-Verhalten). Die Lauffähigkeitsüberprüfung für Modul M3 beispielsweise besteht aus dem Test der ISC für Puffer B1 und der OSC für Puffer B2 und B3 (Fig. 6).

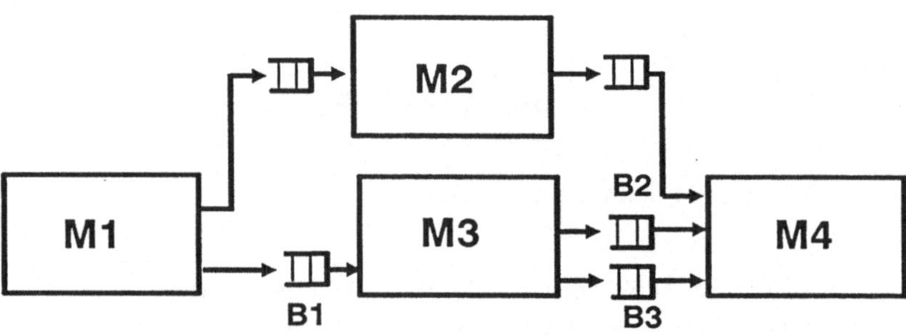

Fig. 6: Dynamischer Scheduler: Lauffähigkeitsüberprüfung

Nach der Ausführung eines Moduls werden neue Module in die Kandidatenliste aufgenommen. Dies sind die Vorgänger (in die Eingangspuffer schreibende Module) des zuletzt ausgeführten Moduls, das zuletzt ausgeführte Modul und schließlich die Nachfolger (aus den Ausgangspuffern lesende Module) des zuletzt ausgeführten Moduls. Im Beispiel nach Fig. 6 werden nach der Ausführung von M3 also die Module M1, M3 und M4 in die Kandidatenliste eingefügt.
In jedem Fall, d.h. unabhängig davon, ob das überprüfte Modul tatsächlich lauffähig war oder nicht, wird abschließend der aktualisierte erweiterte Modulzustand dieses Moduls zum jeweiligen Nachfolgeprozessor weitergegeben.
Das Prinzip des verteilten dynamischen Schedulers ist in Fig. 7 zusammengefaßt. Es handelt es sich dabei im wesentlichen um eine Erweiterung des seit Jahren erfolgreich in COSSAP eingesetzten sequentiellen Schedulingalgorithmus.

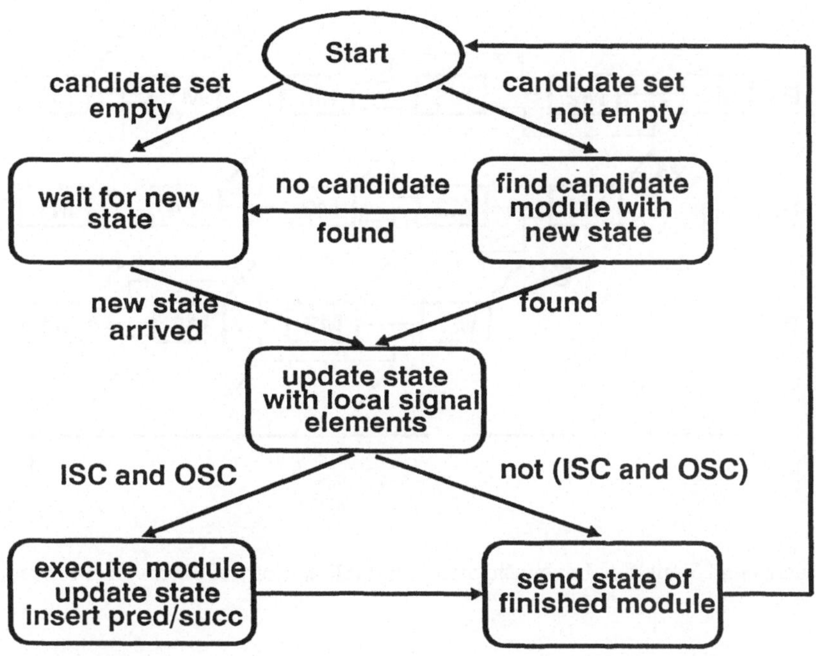

Fig. 7: Verteilter dynamischer Scheduler

3.3 Beispiel

Für das einfache System von vier Modulen aus Fig. 2 ist in Fig. 8 beispielhaft der Ablauf einer parallelen blockdiagramm-orientierten Simulation nach dem oben vorgestellten Prinzip dargestellt. Es wird angenommen, daß dazu drei Prozessoren zur Verfügung stehen, die ringförmig miteinander verbunden sind. Die Module sollen gleiche Ausführungszeiten pro Signalsegment haben. Durch die diagonalen Pfeile ist angedeutet, wie die Modulzustände im Prozessorring weitergegeben werden. Die jeweiligen lokalen Signalflüsse sind durch die dünnen Linien dargestellt.

Die Ausführung der einzelnen Module findet zyklisch auf allen Prozessoren des Rings statt, frühestens jedoch, nachdem der aktuelle Modulzustand vom Vorgängerprozessor übermittelt wurde. Das Modul M1 wird beispielsweise nacheinander auf den Prozessoren P1, P2, P3, P1, ... ausgeführt, nachdem der jeweils aktuelle Zustand Z1, Z1', Z1", ... auf den Prozessoren verfügbar ist und der Scheduler die Lauffähigkeit festgestellt hat.

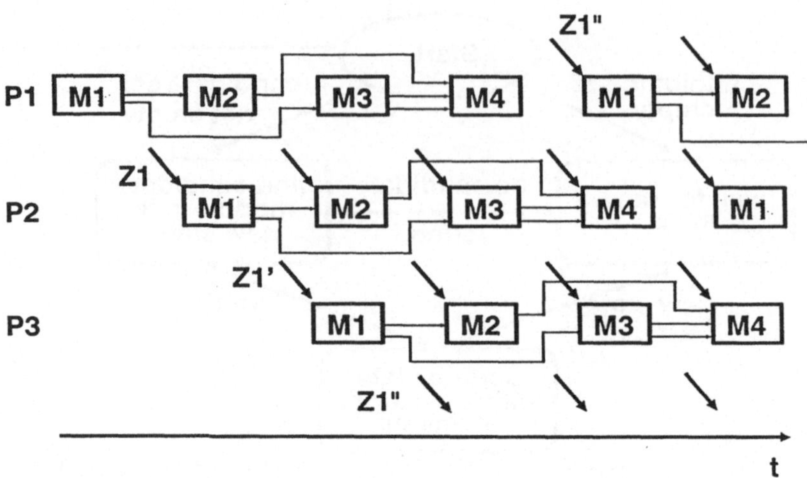

Fig. 8: Zustands- und Signalfluß bei quasidynamischer Allokation auf einem Drei-Prozessorring

4. Zusammenfassung und Ausblick

Die signalflußgesteuerte, blockdiagramm-orientierte Simulation von Nachrichtenübertragungssystemen kann aufgrund ihres inhärenten Parallelismus prinzipiell durch den Einsatz von paralleler Hardware beschleunigt werden. Es wurde ein Konzept entworfen, durch das dieser Parallelismus für die parallele Ausführung von Simulationen auf Multicomputersystemen (Transputernetzen) ausgenutzt werden kann. Durch die Verteilung des gesamten Simulationsprogramms auf alle verfügbaren Prozessoren mit jeweils lokalem, dynamischem Scheduler kann eine quasidynamische Allokation der Module auf den Prozessoren erreicht werden. Eine geeignete, einfache Hardwaretopologie ist ein Prozessorring.
Dieses Konzept hat gegenüber einer statischen Modulallokation den Vorteil, daß es weitgehend unabhängig vom Modulverhalten und der Blockdiagrammtopologie einsetzbar ist. Die Interprozessorkommunikation ist durch den Transfer von Modulzustandsdaten anstelle von Signalelementen relativ gering. Der parallele Simulator ist darüberhinaus skalierbar und kann ohne Aufwand der Problemgröße angepaßt werden.
Die parallele Simulationsausführung ist für den Benutzer des Simulationssystems transparent, d.h. gegenüber der sequentiellen Simulation sind keine zusätzlichen Eingriffe seitens des Benutzers erforderlich.

Eine Implementierung des vorgestellten parallelen blockdiagramm-orientierten Simulators auf einem Transputernetz soll die Effizienz des Konzeptes zeigen. Weitergehende Untersuchungen zur Parallelisierung der Simulation von Übertragungssystemen werden sich anschließen.

Literaturnachweis

[1] COSSAP Handbuch. CADIS GmbH, Aachen, 1989.
[2] K.S. Shanmugan: An Update on Software Packages for Simulation of Communication Systems (Links). IEEE Journal Select. Areas Commun., Vol. SAC-6, No. 1, Jan. 1988.
[3] E.A. Lee, D.G. Messerschmidt: Synchronous Data Flow. Proc. IEEE, Vol. 7, No. 9, Sept. 1987.
[4] S.H. Bokhari: Partitioning Problems in Parallel, Pipelined, and Distributed Computing. IEEE Trans. Comput., Vol. C-37, No. 1, Jan. 1988.

SICHTSIMULATION FÜR EINEN FAHRSIMULATOR AUF DER BASIS EINES TRANSPUTER-NETZWERKES

Peter Zimmermann
VOLKSWAGEN AG, Forschung
Wolfsburg

Seit 1971 wird in der Volkswagen-Forschung ein dynamischer Fahrsimulator eingesetzt, um den Regelkreis Fahrer-Fahrzeug-Fahrbahn zu untersuchen. Nachdem vor sechs Jahren der für die Fahrdynamik-Berechnung und die Ansteuerung notwendige Rechner ersetzt werden mußte, soll nun auch die Sichtsimulation dem Stand der Technik angepaßt werden.
Die visuelle Wahrnehmung ist für den Fahrer der wohl wichtigste Eindruck. Unglücklicherweise ist die Simulation einer Szene wegen der erforderlichen kurzen Bearbeitungszeit ("Echtzeit") von etwa 40 ms sehr aufwendig. Jedes Bild der dem Fahrer dargebotenen Szenerie muß neu berechnet werden, ein gespeichertes Bild würde die für die Simulation erforderliche Flexibilität nicht besitzen.

Sichtsimulatoren, die von einschlägigen Herstellern vorwiegend für militärische Anwendungen und in der Luftfahrt eingesetzt werden, erfüllen die Anforderungen hinsichtlich Realismus der Darstellung und der Realzeit-Anforderungen schon sehr gut. Aufgrund des erforderlichen hohen Hardware-Aufwandes sind diese Geräte aber extrem teuer (Das Evans & Sutherland CT5-System mit 6 Kanälen im Daimler-Benz-Simulator kostete beispielsweise ca. 6 Mio. $).
Die Preise der in der Luftfahrt oder im militärischen Bereich eingesetzten Flugsimulatoren liegen etwa im Bereich der simulierten Objekte. Sie werden überwiegend für das Training der Piloten eingesetzt und sind unter Kosten-Nutzen-Gesichtspunkten wirtschaftlich zu betreiben.

Fahrsimulatoren hingegen liegen in den Kosten im Vergleich zum realen Fahrzeug um mindestens 2 Größenordnungen höher, was ihren Gebrauch als Fahrtrainer wenig sinnvoll erscheinen läßt. Sie werden deshalb auch fast ausschließlich für die Forschung oder Entwicklungsaufgaben eingesetzt.

Anforderungen an ein Sichtsystem für einen Fahrsimulator

Die hier vorgestellten Anforderungen an das Sichtsystem eines Fahrsimulators erheben nicht den Anspruch auf Allgemeingültigkeit, sie sind auch nicht Ausdruck des derzeit Machbaren, jedoch für die geplante Anwendung als ausreichend zu betrachten.

- o Aufgabenabhängige Bildrate von 25 bis 50 Bildern/s
- o Durchlaufzeit des Bildes durch die Pipeline kleiner als 80 ms
- o Bildauflösung mindestens 512 x 512 Pixel (256,000 Bildpunkte) pro Sichtkanal
- o 12 bit Farbtiefe entspr. 4096 Farben
- o Weiche Farbübergänge (Soft shading)
- o Textur, Schatten

- o Unterschiedliche Wetterbedingungen (Nebel, Tag/ Nacht)
- o Landschaft und Straßen mit verschiedenen Objekten wie z.B. Verkehrszeichen, Häusern, Brücken, anderen Fahrzeugen etc.
- o Unabhängige Kontrolle der anderen Fahrzeuge
- o Kollisions-Detektierung mit anderen Objekten

- o Leistungsfähige Geometrie-Datenbank und Editor
- o Reale Landschaftgröße von 20 x 20 km
- o Virtuell unendliche Landschaft

Der Transputer-Ansatz für ein digitales Sichtsystem

Im wesentlichen aus den vorher erwähnten Kostengründen wurde ab Anfang 1988 begonnen, ein Sichtsystem auf der Basis von Transputern aufzubauen (UMLAND /1/). Da es sich hierbei um eine Software-Lösung handelt, war von Anfang an klar, daß gegenüber der sonst üblichen Hardware-Lösung Kompromisse hinsichtlich der erzielbaren Leistung in Kauf genommen werden müssen. Diesem Nachteil gegenüber steht ein erheblicher Vorteil hinsichtlich Entwicklungszeit, Flexibilität und Entwicklungskosten, zumal wenn nur ein kleines Entwicklungs-Team zur Verfügung steht.

Ein Mikroprozessor-System, das den Anforderungen der Sichtsimulation gerecht werden soll, muß aufgrund der erforderlichen hohen Rechenleistung aus vielen Prozessoren bestehen. Bei herkömmlichen Architekturen besteht aber das Problem, daß mit zunehmender Anzahl von Prozessoren die Busbelastung derart zunimmt, daß die relative Prozessorleistung auf ein nicht mehr vertretbares Maß absinkt.

Hier schafft die Transputer-Architektur Abhilfe, indem sie neben der relativ hohen Rechenleistung eines Knotens über die vier zur Verfügung stehenden Kommunikationskanäle (Links) eine hohe Flexibilität hinsichtlich des Aufbaus von Prozessor-Topologien gestattet.

Die Bilddarstellungs-Algorithmen

Für die Bilddarstellung vom Laden der relevanten Szene-Daten für das jeweilige Bild bis zur Ausgabe der schattierten Teilflächen auf dem Monitor werden die aus der einschlägigen Literatur bekannten Algorithmen verwendet. Wegen der zeitlichen Restriktionen der Sichtsimulation können allerdings nur bestimmte Algorithmen zum Einsatz kommen.

Elimination verdeckter Flächen

Für die Generierung realistischer Szenen ist es unerläßlich, Objekte und Flächen verdeckungsrichtig darzustellen. Aus der Literatur sind verschiedene Verfahren bekannt, von denen zum Beispiel von SUTHERLAND et al. in /2/ zehn Algorithmen beschrieben und verglichen werden. Die meisten von ihnen benutzen Sortierverfahren. Für eine Echtzeitsicht ist dies ein Nachteil, da erst alle Polygone gesammelt werden müssen, bevor in der Pipeline ein neues Bild aufgebaut werden kann.
Der Tiefenpuffer-Algorithmus (Z-Buffer) vergleicht auf Pixelebene die Entfernungen von Objekten zum Beobachter und ist, da keinerlei Sortiervorgang notwendig ist, für eine Pipeline-Verarbeitung sehr gut geeignet. Allerdings kann der Vergleich auf Bildpunktebene auch sehr aufwendig sein, wenn zum Beispiel hintereinanderliegende Objekte ein häufiges Austauschen der Tiefen- (Z-)werte erfordern.
Attraktiv sind Verfahren, die implizit durch ihre Datenstruktur schon vorsortieren. Hierbei erfolgt der aufwendige Teil der Prioritätsermittlung in der zeitunkritischen Phase vor der Simulation, zum Beispiel in der Entwurfsphase für ein neues Objekt im Geometrie-Editor. Ein solches Verfahren ist das "Binary Space Partitioning" von FUCHS et al. /3/. Hierbei wird der Raum durch Ebenen separiert, die in den das Objekt bildenden Flächen liegen. Dabei erzeugen diese Ebenen "positive" und "negative" Halbräume in Abhängigkeit vom Standpunkt des Beobachters. Werden diese Vergleichsoperationen auf alle Flächen angewandt, entsteht eine Prioritätsreihenfolge in Form eines Binärbaums.

Gegeben sei eine ebene Fläche mit ihrer Ebenengleichung $Plane_F$ in der Form

$$Ax + By + Cz + D = 0$$

wobei bekannterweise A, B, C die Normalvektor-Komponenten der Ebene darstellen. Die Ebenengleichung teilt die Punkte $(x, y, z)^T$ in zwei Klassen ein :

$$Plane_F\ (x, y, z)^T \geq 0 \quad \text{(positiver Halbraum)}$$

$$Plane_F\ (x, y, z)^T < 0 \quad \text{(negativer Halbraum)}$$

Befindet sich der Augpunkt des Beobachters (View Point) zum Beispiel im positiven Halbraum $Plane_F (x_V, y_V, z_V)^T \geq 0$, so gilt folgende Darstellungsreihenfolge :

a) Alle Flächen des negativen Halbraums von $Plane_F$
b) Fläche $Plane_F$
c) Alle Flächen des positiven Halbraums von $Plane_F$

Die folgende rekursive Prozedur liefert unabhängig vom Betrachterstandpunkt die korrekte Reihenfolge während der zeitkritischen Simulationsphase :

```
IF
  Plane_F (x_V, y_V, z_V) ≥ 0
    THEN
      Display_Subtree (BACK (F))
      Display_Face (F)
      Display_Subtree (FRONT (F))
    ELSE
      Display_Subtree (FRONT (F))
      Display_Face (F)
      Display_Subtree (BACK (F))
FI
```

In gleicher Weise, wie für Flächen innerhalb eines Objektes gezeigt, können auch Objekt-Prioritätsreihenfolgen gebildet werden. Dabei kommen dem Sichtsystem zwei Restriktionen zugute, die in der Fahrsimulation im Gegensatz zur normalen CAD-Anwendung auftreten :

- Während der Simulation werden keine Änderungen an der Szene zugelassen.
- Durchdringungen von Objekten untereinander oder das Eindringen von Objekten in die Landschaft sind nicht zulässig und führen zum Abbruch der Simulation.

Ein Problem bei der Verdeckungsrechnung mit Hilfe der Binärbäume stellen die Bewegungen der "Fremdfahrzeuge" dar. Diese stören die Ordnung der ansonsten statischen Welt dann, wenn sie zum Beispiel ein Flächen- oder Straßenstück verlassen bzw. die Grenze zu einer Nachbarfläche überfahren. An der Lösung dieses Problems eines "teildynamischen BSP-Baumes" wird an verschiedenen Stellen gearbeitet.

Transformation und Clipping

Landschafts- Straßen- und Objektdaten werden in verschiedenen Koordinatensystemen abgelegt. Das Welt-Koordinaten-System (W_{cos}) ist das Basissystem der Sichtsimulation. Hier werden die Landschafts- und Straßendaten beschrieben. Objekte (Häuser, Brücken, Verkehrsschilder, Fremdfahrzeuge usw.) werden in lokalen Objekt-Koordinaten-Systemen (O_{cos}) beschrieben und mit einer Orientierungstransformation an die im Editor festgelegte Position während der Simulation transformiert.
Alle Daten werden sodann in das Beobachter-System (E_{cos}) transformiert. Das E_{cos}-System ist ein linkshändiges System mit z_{Ecos} als Tiefenkoordinate in Blickrichtung (Bild 1). Nach der (homogenen) Transformation liegen die Daten als Werte $(x, y, z, w)_{Ecos}$ vor und werden hier in z_{Ecos}-Richtung gegen die Sichtpyramide (View Volume) geschnitten (Clipping). Das oben abgeschnittene Ende des Pyramidenstumpfes (wegen des rechteckigen Bildschirms entartet der "Sichtkegel" zu einer Pyramide) bildet die Projektionsebene für die Perspektiv-Transformation.
Nach diesen Operationen liegen die Polygondaten als Projektion vor und müssen nun noch an den Rändern in x bzw. y geschnitten werden.

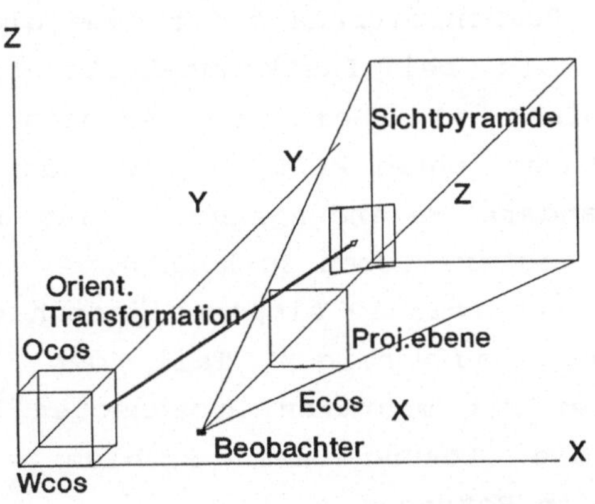

Bild 1 : Koordinatensysteme und Sichtpyramide

Rasterisierung

Die Kanten der verbliebenen Polygone müssen nun rasterisiert werden, da das anschließende Füllen und Darstellen der Flächen zeilenweise erfolgt.
Seien (x_0, y_0) und (x_1, y_1) die Endpunkte einer Polygonkante, dann definiert

$$dx := (x_1-x_0)/(y_1-y_0)$$

die Steigung der Kante in Zeilenrichtung. Folgende Prozedur rasterisiert nun eine Kante als x := f(y) :

```
x:= x0
y:= y0
  WHILE y ≤ y1 DO
    BEGIN
      Store (Round (x), y)
      x:= x+ dx
      y:= y +1
    END
:
```

Die Berechnung der Funktionswerte x(y) mit Gleitkomma-Arithmetik hat zwei Nachteile : Erstens kann wegen der endlichen Genauigkeit keine Garantie dafür gegeben werden, daß mit der inkrementellen Addition x+dx der Endpunkt (x_1, y_1) erreicht wird. Zweitens ist bei den meisten Rechnern der Rechenzeitbedarf für eine Gleitkomma-Operation wesentlich höher als bei Festkomma-Arithmetik (beim Transputer T800 übrigens nicht !). Seit den sechziger Jahren wurden verschiedene Algorithmen entwickelt, um Geraden, Kreise (BRESENHAM /4/) und auch andere Berandungskurven auf möglichst elegante und effektive Weise rasterisieren zu können.
Da die Rasterisierung zwar einen relativ simplen, jedoch wegen der Vielzahl der Kanten dennoch aufwendigen Teil der "Geometry Pipeline" darstellt und daher mit mehreren Prozessoren betrieben werden muß, kommt für die Lösung des Problems nur ein parallelisierbares Verfahren in Betracht.
Die hier realisierte Methode benutzt Festkomma-Arithmetik in einem 32-Bit-Wort, das in zwei 16-Bit-Bereiche aufgeteilt ist. Der

höherwertigere Teil stellt als Festkomma-Anteil die Spaltenadresse dar, während der LSB-Teil als Binärbruch interpretiert wird :

$$x := a * 2^{16} + b$$

Mit $\delta x := x_1 - x_0$ sowie $\delta y := y_1 - y_0$ wird das Spalteninkrement $dx := \delta x * 2^{16} / \delta y$ und der Startwert der Spalte

$$x_{\delta y} := x_0 * 2^{16}$$

Das höchste Bit im Binärbruchanteil b hat den Wert $2^{-1} = {}^1/_2$. Mit den üblichen Zeilenanzahlen ist die Genauigkeit des Binärbruches ausreichend, um nach δy Inkrementen einen korrekten Endwert x_1 zu erreichen.

Durch das parallele Abtasten der Kanten mit n Prozessoren ergeben sich einige Modifikationen am Algorithmus. Die Startwerte ergeben sich aus der Lage des Prozessors (hierauf wird näher im Kapitel Netzwerk-Topologie eingegangen) :

$$y_i := y_0 + i$$

Die Schrittanzahl δy ändert sich zu $\delta y/n$ und das Inkrement wird zu

$$dx := \delta x/\delta y * n$$

Um den anschließenden Färbeprozessoren mitzuteilen, zwischen welchen Spaltenadressen die zuständige Polygonzeile liegt, müssen gegenüberliegende Kanten detektiert werden. Die Kanten aller Polygone haben einen einheitlichen Umlaufsinn. Steigt eine Kante in Abtastrichtung ($\delta y > 0$), handelt es sich um eine links liegende Begrenzung, rechte Kanten fallen mit $\delta y < 0$. Kanten, die waagerecht liegen ($\delta y = 0$), bleiben unberücksichtigt.

Einfärbung der Flächen (Shading)

Das Einfärben der Polygone bzw. der Objekte und Landschaftsbestandteile ist ein wesentliches Mittel zur Realitätssteigerung der dargestellten Szene.

Fotorealistische Darstellungen werden heute mit großem Aufwand mit speziellen, "Ray Tracing" genannten Verfahren hergestellt. Nur mit dieser Methode ist es möglich, beispielsweise Mehrfachspiegelungen von Objekten untereinander zu berechnen. Dabei können auch Lichtbrechungen an durchsichtigen Flächen ebenso wie Schattenwürfe von mehreren, auch unterschiedlichen Lichtquellen (parallel einfallend, Punktlicht) berücksichtigt werden. Dieser

Aufwand ist jedoch so groß, daß er bisher nur bei nichtzeitkritischen Anwendungen in Frage kommt.
Für einen Realzeit-Sichtsimulator müssen einfachere Shading- und Lichtmodelle eingesetzt werden (FOLEY, VAN DAM /5/). Das hier verwendete Intensitätsmodell berücksichtigt neben dem Umgebungslichtanteil und dem Kosinus-Gesetz nach LAMBERT auch die Farbentsättigung in Abhängigkeit von der Entfernung zum Beobachter.

$$I := I_a k_a + I_l k_d \, (L \cdot N)/R^2$$

Das einfallende Licht (Vektor L) ist hierbei parallel und bildet mit dem Normalvektor N der Polygonfläche das Skalarprodukt für die diffuse Reflektion. Für die konstante Einfärbung muß diese Intensitätsberechnung einmal für jedes Polygon durchgeführt werden. Für den weichen Farbübergang müßte strenggenommen für jedes Pixel eine Intensität berechnet werden. Dieser Aufwand ist jedoch aus Zeitgründen nicht akzeptabel. Das GOUROUD-Shading-Modell /6/ schafft hier einen Kompromiß, indem es mit Hilfe der o.a. Beziehung nur die Intensitäten der Polygoneckpunkte berechnet und anschließend durch Linearinterpolation die Farbintensitäten jedes Bildpunktes in gleicher Weise wie bei der Rasterisierung bestimmt.
Die berechneten Intensitäten dienen als Adressen für die jeweilige Farbe. Bei den zur Verfügung stehenden 12 Bit Farbtiefe und 8 Grundfarben ergibt sich eine Farbmatrix M_c [c, I, d] mit den Parametern Farbe c=8, Intensität I=32 und der Entfernungs-Entsättigung d=16 mit insgesamt c*I*d = 4096 Farbstufen.
Die Farbstufen liegen als 16-Bit-Vektoren im Speicher der Färbeprozessoren mit der Länge δ_c vor. Aus Speicherplatzgründen können die Farbstrings jedoch nicht mit der vollen Zeilen-Auflösung von 640 Pixel gehalten werden.
Ob ein Polygon konstante oder "weiche" Einfärbung erhält, hängt von zwei Faktoren ab. Eckige oder flache Objekte wie Häuser oder Straßen werden per se konstant eingefärbt. Gewölbte Objekte wie z.B. Fahrzeuge oder Landschaftsteile, die hügelig ausgeformt sind, erhalten weiche Farbübergänge. Das zweite Kriterium ist eine gewisse Entfernung zum Betrachter, ab der alle Polygone konstant eingefärbt werden, da dann kein sichtbarer Unterschied zwischen den beiden Verfahren mehr besteht.
Für die Farbübertragung in die jeweilige Zeile steht der BLOCK_MOVE-Befehl des Transputers zur Verfügung. Mit Hilfe der von

den Raster-Prozessoren gelieferten Zeilenadressen x_{left} und x_{right} sowie der Farbe c wird im Falle "Constant Shading" mit

[Line FROM x_{left} FOR $(x_{right}-x_{left})+1$] :=
[Colorline (c) FROM 0 FOR $(x_{right}-x_{left})+1$]

die gesamte Polygonzeile gefüllt. Im anderen Fall, dem "Soft Shading", muß im Grenzfall jedes Pixel individuell übertragen werden, wobei gilt :

$\delta x := (x_{right}-x_{left})$; $\delta c := c(x_{right}) - c(x_{left})$

$|\delta c| \geq \delta x$ Grenzfall, Segment der Länge 1

$|\delta c| < \delta x$ Segment der Länge $\delta x/\delta c$

Schatten

Schattenalgorithmen für Lichtquellen sind identisch mit Verdeckungsalgorithmen für das Auge. Sie bestimmen, welche Flächen von der Lichtquelle aus "sichtbar" sind. Da der Aufwand in der Größenordnung des Flächeneinfärbens liegt, muß aus Zeitgründen auf eine vollständige Schattenberechnung verzichtet werden. Es kann jedoch ein idealisierter, aus wenigen Polygonen bestehender Schatten erzeugt werden, der nur auf der Straße oder der Landschaft wirksam ist. Da im vorliegenden Fall keine Punktlichtquelle wirksam ist, verändert der Schatten seine Lage zum Objekt nicht.

Textur

Die Textur stellt neben dem Einfärben der Flächen und den Schatten ein weiteres Mittel dar, um den Realismus der Szenendarstellung zu steigern. Für komplexe Objekte wie beispielsweise die Darstellung eines Verkehrsschildes mit Schrift ist sie überdies sinnvoll, weil sie Polygone sparen hilft.
Man kann die Texturverfahren grob in zwei Kategorien einteilen, die Fototextur und die algorithmische Textur. Bei der Fototextur werden die z.B. mit einer CCD-Kamera aufgenommenen Bilder in einem Halbleiterspeicher abgelegt und in einem Mapping-Prozess auf Flächen projiziert. Um ein kompliziertes Objekt wie einen Baum räumlich erscheinen zu lassen, nimmt man ihn zunächst aus mehreren Richtungen auf und stellt anschließend diese 2-dimensionalen Flächen ineinandergeschränkt dar (Instancing).

Algorithmische Texturen werden entweder mit Funktionen mehrerer Veränderlicher oder mit sogenannten Fractals erzeugt (CARPENTER /7/, MANDELBROT /8/).
Auch für die Textur gilt das im Kapitel "Shading" bereits gesagte, daß für eine Echtzeitsicht nur relativ simple Algorithmen zum Einsatz kommen können (oder es muß massiver Hardware-Aufwand betrieben werden).
Das hier vorgestellte Sichtsystem verzichtet in seiner ersten Ausbaustufe zunächst völlig auf eine Textur.

Die Netzwerk-Topologie der Prozessoren

Für eine möglichst effiziente Abarbeitung der eben beschriebenen Teilaufgaben des Sichtsimulators mußte eine geeignete Prozessor-Topologie gefunden werden. Da die Teilaufgaben unterschiedliche Leistungsanforderungen an die Prozessoren implizieren, muß durch Balancierung die Verweildauer in den Knoten der Pipeline angeglichen werden. Einige Aufgaben wie die Transformation und das Clipping der Polygone erfordern gegenüber sehr rechenintensiven wie der Rasterisierung und dem Einfärben nur einen Knoten.
Das nachfolgende Bild zeigt die Verteilung der Prozessoren für einen Sichtkanal, wie er demnächst in Hardware vorliegen wird.

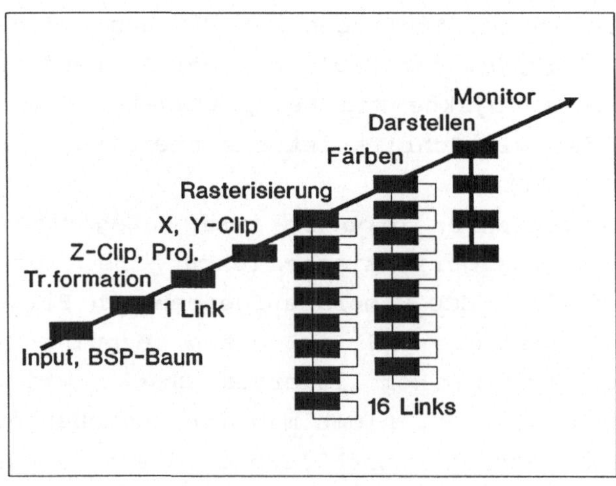

Bild 2 : Prozessor-Topologie für einen Sichtsimulator (1 Kanal)

Für die Verteilung der Aufgaben der Raster- und Färbeprozessoren sind verschiedene Lösungsansätze denkbar. Beispielsweise könnte jeder Prozessor einen bestimmten Bereich der Darstellungsfläche übernehmen (Dies ist der Ansatz für die Sichtkanäle untereinander). Diese Lösung hat jedoch den Nachteil, daß bei der im Regelfall vorliegenden Szenerie manche Prozessoren so gut wie nichts (Himmel), andere hingegen zu viel (Fahrzeugkolonne) zu tun haben.
Ein zweiter Ansatz, bei dem jeder Prozessor ein Objekt zu bearbeiten hat, ist ebenfalls denkbar. Durch den gewählten Verdeckungsalgorithmus soll jedoch keine erneute Sortierung vorgenommen werden. Dies ist aber bei dieser Lösung dann notwendig, wenn beispielsweise ein kleines Objekt, das vom Betrachter aus hinter einem größeren liegt, in kürzerer Zeit bearbeitet ist als das größere.
Als Ausweg bietet sich die dritte Lösungsmöglichkeit an, die jedem Rasterprozessor von vornherein bestimmte Zeilen zuordnet. Die implementierte Methode benutzt dafür eine Modulo-Verteilung :

$$y \bmod n = i$$

Dies wird beispielhaft im Bild 3 gezeigt.

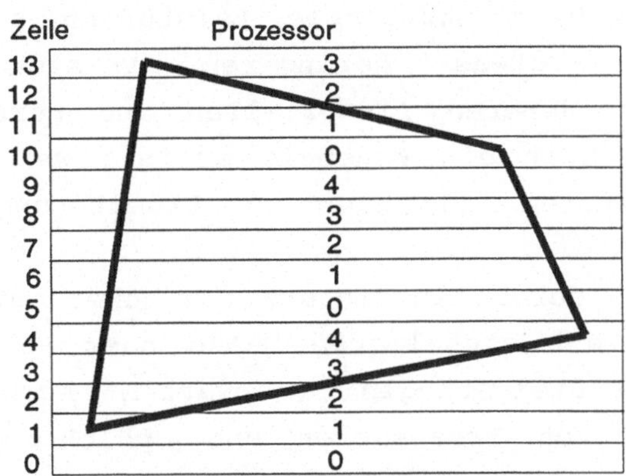

Bild 3 : Modulo-Verteilung eines Polygons auf n= 5 Prozessoren

Wie die Messungen an dem bisherigen, noch nicht vollständig ausgebauten Sichtkanal gezeigt haben, können ca. 600 Polygone (2400 Kanten) einer typischen Szene mit Soft- und Hard-Shading auf einem Sichtkanal mit einer Bildrate von 25 Bildern/s kontinuierlich dargestellt werden. Ein Sichtkanal hat im vorliegenden Fall eine Auflösung von 640 x 480 Pixel (307,000 Bildpunkte) und deckt dabei eine Sichtpyramide von ca. 40^0

horizontal und ca. 30^0 vertikal ab. Die Verweildauer in der Pipeline, die eine wesentliche Größe bei der Simulation darstellt (im Gegensatz zur Animierung bei CAD/CAM), beträgt hierbei weniger als 60 ms.

Einen weiteren wesentlichen Vorteil des Konzeptes stellt die flexible Bildrate dar. Diese oszilliert je nach Anzahl der sich augenblicklich in der Szene befindenden Polygone, was sich für das Auge des Beobachters nicht bemerkbar macht. Eine kurzfristige Überlast der Pipeline wirkt sich nicht störend aus. Ein "Wächter" am Eingang der Pipeline sorgt bei länger andauernder oder dramatischer Überlast dafür, daß das gerade gezeigte Bild länger angezeigt wird.

Resumee und Ausblick

Es hat sich gezeigt, daß die vorliegende Software-Lösung eines komplexen Echtzeitproblems, das im allgemeinen durch spezielle Hardware gelöst wird, durchaus akzeptable Leistungen erbringt. Unter Inkaufnahme einer etwas geringeren Leistungsfähigkeit kann auch mit bescheideneren finanziellen und personellen Mitteln in relativ kurzer Zeit ein Ergebnis erzielt werden. Die Lösung ist gegenüber spätereren Änderungen und Erweiterungen ohne großen Aufwand offen.
Für die nähere Zukunft sind durch den Einsatz von höher getakteten Prozessoren in Verbindung mit schnelleren DRAMs oder SRAMs noch erhebliche Geschwindigkeits-Steigerungen zu erwarten. Auch ist zu erwarten, daß die Preise von Prozessoren und Speichern weiter sinken werden. Vor diesem Hintergrund könnte ein potentielles Sichtsystem auf Transputerbasis denkbar sein, das mit 5 Sichtkanälen von je 40^0 und einem vorderen Sichtkanal, der statisch in 4 Unterkanäle aufgeteilt ist, mit einer Bildrate von 25 Hz ca. 6000 Polygone (24,000 Kanten) darstellen könnte. Die Kosten eines solchen Systems würden bei etwa 1 Mio. DM liegen.

Literatur

/1/ UMLAND; T.; Zur Parallelisierung von Algorithmen für einen Realzeit-Sichtsimulator auf der Basis von Transputern. Diplomarbeit am Institut für Theoretische Informatik, Braunschweig, 1988.

/2/ SUTHERLAND, I.E., SPROULL, R.F., SCHUMACKER, R.A.; A Characterization of Ten Hidden-Surface Algorithms. Computing Survey, 6(1974), pp 1-55.

/3/ FUCHS, H., KEDEM, Z.M., NAYLOR, B.F.; On Visible Surface Generation by A Priori Tree Structures. Computer Graphics, 14(1980), pp 124-133.

/4/ BRESENHAM, J.E.; Algorithm for Computer Control of Digital Plotter. IBM Systems Journal, 4(1), 1965, pp 25-30.

/5/ FOLEY, J.D., VAN DAM, A.; Fundamentals of Interactive Computer Graphics. Addison-Wesley, 1983.

/6/ Gouroud, H.; Continous Shading of Curved Surfaces. IEEE Transactions on Computers, 20(1971), pp 623-629.

/7/ CARPENTER, L., FOURNIER, A., FUSSELL, D.; Computer Rendering of Stochastic Models. Comm. of the ACM, 25(7), 1982, pp 371-384.

/8/ MANDELBROT, B.B.; The Fractal Geometry of Nature. Freeman, San Francisco, 1977.

ECHTZEITSIMULATION EINES KOMPLEXEN MECHANISCHEN SYSTEMS (MODELLROTOR) AUF EINEM TRANSPUTERNETZWERK

C.-H. Oertel, B. Gelhaar, G. Lehmann

Deutsche Forschungsanstalt für Luft- und Raumfahrt e.V. (DLR)
Institut für Flugmechanik, Braunschweig-Flughafen

ÜBERSICHT

Heute stellt die Systemsimulation ein wichtiges Werkzeug dar bei der Entwicklung neuer und verbesserter Hubschrauber. Neben der Off-Line-Simulation am Großrechner, die nicht in Echtzeit abläuft, wird in zunehmendem Maße die Echtzeitsimulation erforderlich, wie z.B. in Flugsimulatoren. Weiterer Bedarf für Echtzeitsimulation besteht im Bereich der "hardware in the loop simulation". Hier können Regler, Bordrechner oder auch mechanische Komponenten unter realistischen Bedingungen getestet werden.

Zur Zeit werden die o.a. Anforderungen durch spezielle und i.a. sehr teure Simulationsrechner erfüllt. Die sich rasch entwickelnde Computertechnologie zeigt in letzter Zeit den Trend in Richtung verteilter Parallelrechnersysteme, mit der die Leistungsfähigkeit auch bei Echtzeitproblemen dramatisch gesteigert werden kann.

Am Institut für Flugmechanik der DLR in Braunschweig wurde ein auf TRANSPUTERN und der Programmiersprache OCCAM basierendes Multirechnersystem entwickelt, um ein Modell des Hauptrotors der BO-105 in Echtzeit simulieren zu können. Die Systemcharakteristik wird bei diesem gelenklosen Rotor durch elastische Biegeformen in Schlagen, Schwenken und Torsion hinreichend genau beschrieben. Für die Abwindmodellierung wird das Wirbelmodell von Mangler verwendet.

Nach einer Einführung in die Philosophie von Transputernetzwerken wird auf die mathematische Beschreibung des Simulationsmodells eingegangen. Es werden die besonderen Probleme bei der Abbildung des Modells auf ein parallel arbeitendes Netzwerk aufgezeigt. Die Prozeßsprache OCCAM ermöglicht die Formulierung von Prozeßnetzwerken, die ein unmittelbares Abbild der realen Prozesse darstellen, im Gegensatz zu den bisher verwendeten Simulationsalgorithmen.

Im letzten Teil des Vortrags wird die Realisierung des Simulators vorgestellt. Ein vollständiger Simulationsschritt wird in 900 us gerechnet, was bei einer vorgesehenen Azimutwinkelschrittweite von 6 Grad etwas schneller als erforderlich ist.

1. SIMULATIONSANFORDERUNGEN

Heute ist Simulation ein notwendiger Schritt bei der Entwicklung neuer Konzepte und Systeme. Die Komplexität der Modelle auf denen die Simulation beruht, reicht von einfachen bis zu sehr komplexen ausgedehnten Strukturen, abhängig von der Aufgabenstellung und dem simulierenden System selbst, [1]. BILD 1 zeigt das Blockdiagramm einer typischen Hubschraubersimulation ohne Sichtsimulation,wie sie für die Grundlagenforschung eingesetzt wird [2]. Hauptaufgabe hierbei ist die Simulation des flugmechanischen Verhaltens bei verschiedenen Flugzuständen. Der interessierende Frequenzbereich ist begrenzt bis zur ersten Schlageigenfrequenz.

Die zunehmenden Anforderungen optimierter Flugsysteme erfordern jedoch auch die Beachtung der höheren Frequenzen im Dynamikbereich des Hubschraubers. BILD 2 zeigt die notwendige Bandbreite, die zu berücksichtigen ist, wenn alle Effekte in der Simulation modelliert werden sollen. Wenn man generell die allgemeinen Simulationsaufgaben ohne Echtzeitanforderungen zur Simulation zählt, können Simulationen in der Hubschrauberforschung und -entwicklung nach folgenden Kriterien geordnet werden:

nach Komplexität des Simulationsmodells:

- einzelnes elastisches Blatt für Eigenfrequenz- und Belastungsuntersuchungen
- Hauptrotor mit beliebigen Blättern und einfachen Abwindmodellen mit freien Wirbeln
- kompletter Hubschrauber mit Hauptrotor, Heckrotor, Triebwerken und Rumpfmodell

- wie oben, jedoch zusätzlich mit Simulation der gesamten Avionic
- Modell der gekoppelten elastischen Rotor-Rumpf Bewegung für dynamische Untersuchungen.

nach Anforderungen an Rechenzeit:

- mehr oder weniger komplexe Modelle von Komponenten eines Hubschraubers zur Entwurfsoptimierung (nicht Echtzeit)
- mehr oder weniger komplexe Modelle des kompletten Hubschraubers für Pilotentraining (Klasse Basic bis Klasse III, Echtzeit)
- "Hardware in the loop" Simulation zur Verifizierung realer Komponenten wie z.B. Flight Control Computer (Echtzeit)

Heutige Simulatoren sind sehr individuell aufgebaut und decken den größten Teil der o.a. Liste ab. Es ist jedoch schwierig einen Simulator so zu spezifizieren, daß alle Anforderungen in einem Entwicklungszyklus erfüllt werden. Gerade die Grundlagenforschung und die Entwicklung neuer Technologien ist ein sehr dynamischer Prozeß, was dazu führt, daß die Anforderungen an die Simulation ständig variieren. Bei der Beschaffung von Simulationsgerät wird man daher Systeme mit einer gewissen Leistungsreserve auswählen. Trotzdem ist die Leistung der herkömmlichen Simulationsrechner nahezu fest begrenzt. Die ständig wachsenden Anforderungen können daher oft schon nach wenigen Jahren nicht mehr erfüllt werden und man steht wieder vor dem Problem, den dann schnellsten Simulationsrechner kaufen zu müssen, mit allen unerwünschten Modifikationen bezüglich Software, Hardware und Systemmanagement.

Die Simulation des z.Z. am Institut für Flugmechanik der DLR in Braunschweig im Einsatz befindlichen Teststands für Modellrotoren erfordert die Berücksichtigung der höchstens in BILD 2 dargestellten Frequenzen, also bis etwa 100 Hertz. Bisher wurde der Modellrotor für Untersuchungen im Bereich Leistung, Akustik und aktiver Steuerung (HHC= higher harmonic control) verwendet. Die potentiellen Möglichkeiten des Versuchstandes werden mit jeder neuen Testphase erweitert.

Jedoch spielt die Einbeziehung automatischer, rechnergestützter Systeme zur Beeinflussung der Rotordynamik wie z.B. schmalbandige Störgrößenkompensation, Erhöhung der Schwenkdämpfung oder die Stabilisierung der tip-path-plane (Blattspitzenebene) bei der Verbesserung der Rotorsysteme eine ausschlaggebende Rolle. Derartige Komponenten müssen natürlich unter realistischen Bedingungen getestet werden, bevor sie z.B. einem Windkanalversuch unterzogen werden. Diese Anforderung führte zur Entwicklung eines vollständig neuen Realzeit-Simulations-Konzepts für "hardware in the loop" Simulation welches in diesem Beitrag vorgestellt wird.

2. MODELLBESCHREIBUNG

Das ROTEST-Modell ist ein Vierblattrotor mit elastischen Blättern (ohne Schlag- und Schwenkgelenke) mit 4 Metern Rotordurchmesser. Es können verschiedene Blattsätze eingerüstet werden. Einer der Blattsätze ist ein 1:2.5-Modell der Rotorblätter der BO-105. Die Blätter sind mit Dehnmeßstreifen ausgerüstet um die elastischen Schwenk-, Schlag- und Torsionsbewegungen zu erfassen. Zusätzliche Sensoren dienen der Messung von Blattwurzelanstellwinkel, den Steuerstangenkräften sowie den Biegemomenten im Rotorschaft. In einer 6-Komponenten-Rotorwaage werden die gesamten vom Rotor erzeugten Kräfte und Momente erfaßt. Die Drehzahl des Modellrotors ist auf 1045 UPM ausgelegt, Dadurch wird die gleiche Machzahl an den Blattspitzen erreicht wie beim Original.

Für die Simulation wurde ein Modell mit 24 Freiheitsgraden gewählt. Jedes Blatt wird hierbei in modaler Form für drei Schlag-, zwei Schwenk- und einen Torsionsmode beschrieben. Dieses führt zur bekannten Bewegungsgleichung für die i-te Eigenform:

(1) $d^2q_i/dt^2 + n_i^2 q_i = m_i^* F_i(q, dq/dt, \mu, \Theta, t)$

wobei

n_i die Eigenfrequenzen,

m_i* die generallisierten Massen und

F_i die generalisierten externen Kräfte

darstellen.

Die q_i's sind die generalisierten Koordinaten der Eigenformen, die auf Einheitsblattspitzenauslenkung normalisiert sind. Die Eigenformen wurden mit einer Finite-Elemente-Methode [3] ermittelt und durch modale Messungen verfeinert. Für die Berechnung erfolgte eine Modellierung des Blattes durch 40 gekoppelte Balkenelemente. Besondere Beachtung wurde der Blattorsion geschenkt, da dieser Freiheitsgrad von der Aerodynamik sowie von den Trägheitsmomenten bei der Blattwurzelverstellung angeregt wird. Gerade bei der Anwendung der hochfrequenten HHC ist dieser Anteil nicht vernachlässigbar. Die Steuereingänge an der Blattwurzel werden direkt durch eine harmonische Reihe beschrieben da ideale Übertragungsfunktionen für die Aktuatoren und der Taumelscheibe angenommen wurden. Die resultierenden Rotorkomponenten werden aus den Inertialkräften und -momenten der Eigenbewegungen sowie den Luftkräften ermittelt.

Der Rechenaufwand wird hauptsächlich von der Komplexität der rechten Seite der Gleichung (1) bestimmt. Im vorliegenden Modell wurde eine Formulierung mit 9 Elementen unterschiedlicher Größe implementiert. Die Größe der Elementfläche ist so gewählt, daß jedes Element während einer Rotorumdrehung die gleiche Kreisfläche überstreicht, BILD 3. Die Berechnung der Luftkräfte an jedem Blattelement basiert auf einem vollständig nichtlinearen Modell mit speziellen c_z, c_x und c_M Tabellen in Abhängigkeit von der lokalen Mach-Zahl in x und z-Richtung. BILD 4 zeigt den Zusammenhang zwischen der konventionellen Berechnung und den Koeffizienten wie sie in der Echtzeitsimulation benutzt werden. Man beachte, daß in BILD 4 die Variable V_s die Schallgeschwindigkeit darstellt, welche nur von Zustandsgrößen wie Luftdruck und Temperatur abhängt. Weitere Informationen über diese neue Formulierung der aerodynamischen Koeffizienten in der Hubschraubersimulation sind in [4] zu finden. Die Tabellen der Koeffizienten sind in einem Bereich von $-0.515 < Ma_x < 0.9$ und $-0.1 < Ma_z < 0.16$ definiert, BILD 5. Eine Tabellenausleseprozedur mit einem linearen Interpolationsalgorithmus erlaubt die Berechnung der Koeffizienten bei beliebigen Mach-Zahlen innerhalb dieses Bereichs.

Der Berechnung der Abwindverteilung in der Rotorebene wurde besondere Aufmerksamkeit gewidmet. Die von vielen Autoren abgeleitete lineare Abwindverteilung in der Rotorebene ist für die Beschreibung der höheren Frequenzkomponenten bei den unterschiedlichen Flugzuständen nicht ausreichend. Deshalb wird in der Simulation das Mangler-Squire Model [5] benutzt. Die ursprüngliche Herleitung der Mangler-Formeln basiert auf einer typischen Druckverteilung, wie sie in BILD 6 dargestellt ist. Baskin et al. [6] haben jedoch gezeigt, daß diese Formeln auch hergeleitet werden können, wenn bei einem unverzerrten Wirbelmodell des Abwindes der Mittelwert über eine Rotorumdrehung und alle Rotorblätter berechnet wird. Daraus folgt, daß lokale Effekte wie z.B. Blatt- Wirbelinteraktionen oder der Einfluß der Blattzahl bei diesem Modell nicht berücksichtigt werden. Trotzdem ermöglicht dieses Modell eine gute erste Näherung der Geschwindigkeitsverteilung bei den wichtigsten Flugzuständen.

Bei einer Echtzeitsimulation muß das zeitdiskrete dynamische Gleichgewicht kontinuierlich ermittelt werden. Dieser Umstand verbietet alle iterativen Prozesse bei denen die Anzahl der Beredhnungschritte von der Konvergenz der Formulierung abhängig ist. Im Fall der Hubschraubersimulation muß eine Abwinditeration, wie sie in den meisten Nicht-Echtzeitprogrammen üblich ist, vermieden werden. Deshalb wird hier für den Mittelwert des Durchflusses ein dynamisches Modell benutzt, welches als ein Filter erster Ordnung formuliert ist. Filtereingang ist der aktuelle mittlere Abwind, welcher im Gleichgewicht zu den Luftkräften aus der Berechnung an den Blattelementen steht. Der Filterausgang ist dann beim nächsten Simulationsschritt gültig. Ein allgemein gültiges Modell zur Bestimmung der Zeitkonstante ist z.Z. immer noch Gegenstand der Forschung, [7-9]. Wir wählten 0.1 s, was ein weiches Einschwingen nach einem Sprungeingang im Blatteinstellwinkel liefert.

Wie bereits erwähnt, muß der neue Simulator die Echtzeitverhältnisse des ROTEST abdecken. Dieser arbeitet bei 17.5 Hertz Drehfrequenz. Die Frequenzen des Modells reichen bis zur 2-ten Schwenkbiegeform und somit etwas höher als zur fünffachen Grundfrequenz. Das ist mehr als 90 Hz. Es ist allgemein bekannt, daß bei einer genauen Integration im Zeitbereich die Schrittweite von der höhsten Systemfrequenz sowie von der Stabilität des Integrationsverfahrens abhängig ist. Es wurden deshalb grundsätzliche Untersuchungen zur Integration der Bewegungsgleichungen auf Parallelrechnern unter Echtzeitbedingungen durchgeführt, [10]. Die Auswahl fiel schließlich auf ein Einschritt-Prediktor-Korrektorverfahren mit 6 Grad Schrittweite bzw. 60 Schritten pro Umdrehung. Somit wird die höchste Frequenzkomponente an 12 Stützstellen ermittelt. Daraus ergibt sich aber eine Schrittfrequenz von 60x17.5 gleich 1050 Hertz. Das komplette, oben beschriebene mathematische Modell muß also in weniger als 952 µs berechnet werden.

3. OCCAM UND TRANSPUTER

Ein System in der realen Welt kann beschrieben werden als ein Satz von Prozessen die parallel ablaufen und miteinander Informationen austauschen. Diese lokalen Prozesse tauschen Informationen dann nur mit ihren unmittelbaren Nachbarprozessen aus. Eine vorteilhafte Vorgehensweise für die Simulation wäre es, wenn man den gleichen Satz von kommunizierenden Prozessen auch im Rechner vorliegen hätte. Eine derartige Abbildung von Prozessen der realen Welt auf Prozesse im Rechner würde eine konsistente Abbildung der Wirklichkeit in die numerische Welt im Rechner ergeben. Leider können die meisten herkömmlichen Rechner diese Anforderung auf dem Gebiet der Echtzeitdatenverarbeitung, nämlich:

- Gleichzeitigkeit bzw. Quasigleichzeitigkeit,
- Kommunikationsfähigkeit,
- Lokalität,

nur unzureichend erfüllen. Auch die herkömmlichen Rechnersprachen sind hierfür zum großen Teil ungeeignet. Obwohl die meisten Rechner durchaus parallele kommunizierende Prozesse auf einer oder sogar mehreren Maschinen zulassen, stellt der dafür erforderliche Software-overhead für Realzeitrelevante Abläufe einen Engpass dar (Betreibssysteme, Semaphore-Techniken, Scheduler etc.). Es wird ein wesentlicher Teil der Rechenzeit für die Organisation der Abläufe verbraucht, da die Maschinen selbst eigentlich nur für die Erledigung einer Aufgabe zur Zeit optimiert sind. Parallelität und Kommunikation wird umständlich über das Betriebssystem abgewickelt, das Grundkonzept herkömmlicher Rechner trägt den Anforderungen der Echtzeitsimulation nur unzureichend Rechnung. Eine VAX 8600 z.B. ist sicherlich ein sehr schneller Rechner, jedoch wäre nur ein sehr magerer Durchsatz zu erreichen, würde man z.B. 100 parallele miteinander kommunizierende Prozesse auf ihr laufen lassen. Das Grundkonzept eines solchen Rechners ist eben nicht für den Ablauf paralleler Prozesse optimiert. Auch spezielle Simulationsrechner besitzen in der Regel lediglich besonders leistungsfähige auf Simulationsanforderungen zugeschnittene Rechenwerke, sind aber für die Abarbeitung paralleler Prozesse nicht ausgelegt.

Was für die Echtzeitsimulation auf der Basis paralleler, kommunizierender Prozesse benötigt wird, sind:

a) eine signifikante Leistungssteigerung durch viele physikalische Recheneinheiten,
b) ein geringer Preis pro Recheneinheit, da entsprechend viele benötigt werden,
c) ein gutes Verhältnis zwischen Rechenleistung, Speichergröße und Kommunikationsbandbreite jeder Recheneinheit,
d) die Möglichkeit, die Recheneinheiten wie einen Baukasten entsprechend der Problemstruktur zu konfigurieren,
e) eine Programmiersprache, die die sprachliche Beschreibung eines solchen Multirechners in konsistenter Weise ermöglicht.

Die Anforderungen a) bis d) werden recht gut vom TRANSPUTER erfüllt, einem neuen Prozessor, der von der Fa. INMOS im Rahmen des ESPRIT-Projekts (Transputer T800) entwickelt wurde. Die dazu gehörige Hochsprache OCCAM; die ebenfalls von INMOS entwickelt wurde, erfüllt die Anforderung e).

4. BESCHREIBUNG DES REALISIERTEN SYSTEMS

4.1 WAHL EINES GEEIGNETEN INTEGRATIONSVERFAHRENS

Die Modellierung von technischen Systemen führt im allgemeinen zu partiellen Differentialgleichungen. Durch die modale Beschreibung der Blattbewegungen entfällt die Integration über den Rotorradius und ein System gewöhnlicher gekoppelter Differentialgleichungen (bzw. Differenzengleichungen) entsteht. Dieses Anfangswertproblem braucht lediglich durch Integration der Bewegungsdifferentialgleichungen über die Zeit gelöst zu werden. Von wesentlicher Bedeutung ist dafür die Auswahl eines geeigneten numerischen Integrationsverfahrens:

- Echtzeit Anwendung

  Diese Anforderung schließt alle Verfahren mit variabler Schrittweite aus, da sämtliche Ausgangssignale in einem periodischen Raster generiert werden müssen. Echtzeitsimulation bedeutet schließlich, daß die Integrationsschrittweite ihrem tatsächlichen Zeitwert entspricht.

- Änderung von Eingangsgrößen während der Laufzeit

  Alle Mehrschrittverfahren höherer Ordnung verwenden Ergebnisse aus früheren Zeitschritten. Dadurch werden Sprünge in den Eingangsgrößen gefiltert. Außerdem kann man zeigen, daß diese Verfahren am ehesten instabil werden, wenn sie in der hochgradig nichtlinearen Rotorsimulation eingesetzt werden.

- Numerische Stabilität, Genauigkeit und Parallelverarbeitung

  Die numerische Integration eines Anfangswertproblems ist ein sequentieller Vorgang, da jeweils abwechselnd der Integrationsalgorithmus und die Auswertung der rechten Seite (1) ausgeführt werden müssen. Der große Nachteil der Runge- Kutta-Verfahren besteht darin, daß jeweils mehrere Auswertungen der rechten Seite pro Integrationsschritt benötigt werden. Ein Prediktor-Korrektor-Verfahren kann hingegen anliegende Eingangssignale erheblich schneller zu Ausgangssignalen umrechnen. Die Funktionsweise geht aus BILD 7 hervor. Die numerische Stabilität eines derartigen Integrationsalgorithmus erster Ordnung ist sehr gut, jedoch der Integrationsfehler ist größer als bei herkömmlichen Runge-Kutta-Verfahren vierter Ordnung. Trotzdem erhält man mit beiden Verfahren vergleichbare Ergebnisse.

4.2 BESCHREIBUNG DER PARALLEL ABLAUFENDEN PROZESSE

Die Aufteilung des mathematischen Modells in parallele und somit zeitgleich ablaufende Prozesse orientiert sich an der lokalen physikalischen Beschreibung des Rotors. Die Aufteilung läßt sich auf zwei Strukturen abbilden:

- Baumstruktur

  Jedes Rotorblatt kann für sich modelliert werden. Somit können vier Prozesse parallel zueinander ablaufen, wobei jeder den Integrationsalgorithmus und die Auswertung der rechten Seite (von (1)) für ein Blatt enthält. Da die Funktionsauswertung erheblich mehr Zeit benötigt als die Ausführung eines Integrationsverfahrens, muß eine weitere Aufteilung dort ansetzen. Wie bereits beschrieben, wird die lokale Auswertung der Aerodynamik an jedem Blattelement für sich durchgeführt, was gleichzeitig geschehen könnte. Da jeder TRANSPUTER mit vier Linkanschlüssen ausgestattet ist, können in einer Baumstruktur drei für die weiterführenden Äste bzw. Blätter verwendet werden, während einer für den Anschluß an die obere Ebene zu reservieren ist.

Kombiniert man diese Überlegungen mit den Erkenntnissen aus einigen Laufzeit-Messungen, so gelangt man zu dem TRANSPUTER-Netzwerk aus BILD 8. Jedes Rotorblatt wird in neun Blattelemente aufgeteilt, von denen jeweils drei auf einem TRANSPUTER behandelt werden. D.h. von den "AERO"-TRANSPUTERn in BILD 8 beschreibt jeweils einer den äußeren, einer den mittleren und einer den inneren Teil des Rotorblattes. Die numerische Integration wird vom "ROOT"-TRANSPUTER durchgeführt. Da zudem sämtliche Teilkräfte und Momente für ein Blatt auf diesem Prozessor summiert werden, beschreibt er den Anschluß des Blattes an den Rotorkopf. Somit gibt die Baumstruktur der TRANSPUTER in BILD 8 die physikalische Struktur des Rotors wieder. Ein weiterer Vorteil dieser Art der Aufteilung besteht darin, daß auf allen zwölf "AERO"-TRANSPUTERn dasselbe Programm ablaufen kann. Das gleiche gilt für die vier "ROOT"-TRANSPUTER.

- Pipeline-Struktur

Die Berechnung der am Rotorkopf angreifenden Kräfte und Momente auf dem "ROOT"-TRANSPUTER kann durchgeführt werden, während die "AERO"-TRANSPUTER die Funktionsauswertung für den folgenden Integrationsschritt bearbeiten. Beides benötigt in etwa dieselbe Zeitspanne. Die Auswertung der rechten Seite zum Zeitpunkt (k) findet somit zeitgleich zur Kräftesummierung zum Zeitpunkt (k-1) statt, wie aus BILD 9 ersichtlich ist. Diese Methode läßt sich auch auf weitere Verarbeitungsschritte anwenden. Es werden somit gleichzeitig Berechnungen durchgeführt, die entweder im voraus zu ermitteln sind, oder aber zu bereits vom Integrationsverfahren behandelten Zeitpunkten gehören. Verfolgt man hingegen den Informationsfluß, der zu einem beliebigen Zeitpunkt (k) gehört (schwarze Linie in BILD 9), so ist die Pipeline-Struktur der Prozesse ersichtlich. Dieses Verfahren birgt folgende Vorteile:

- Die Abfolge 'Prediktor-Auswertung der rechten Seite - Korrektor' kann mit einer hohen Frequenz wiederholt werden. Hieraus resultiert die geringe Schrittweite des Integrationsverfahrens.
- Pro Integrationsschritt ist nur eine Datenübertragung in jede Richtung zwischen den TRANSPUTERn nötig. Diese Randbedingung ist wichtig, wenn man Berechnungen durch Parallelverarbeitung beschleunigen möchte.

Andererseits muß man auch Nachteile in Kauf nehmen. Die geringe Integrationsschrittweite erfüllt die Anforderungen der Systemdynamik, aber durch die Pipeline-Struktur erhält man eine Phasenverschiebung zwischen den Eingangssignalen (z.B. höherharmonische Steuerwinkel) und der Antwort des Rotors darauf. Diese Zeitverzögerung ist gering, etwa 1 1/2 msec bzw. 9 Grad im Rotordrehwinkel. Rechnet man dieses jedoch auf die fünfte Harmonische um, so ergibt sich eine Verzögerung von 45 Grad. Es gibt zwei Möglichkeiten, wie man diesen Nebeneffekt berücksichtigen kann. Entweder man implementiert ein Modell der digitalen Datenerfassung, wobei die Zeitverzögerung als Teil der damit verbundenen Übertragungsfunktion aufgefaßt wird, oder man beschleunigt die Berechnungen. Letzteres wird bald möglich sein, wenn man 30 MHz TRANSPUTER einsetzt. Trotzdem sind zwei weitere Punkte zu beachten:

1. Ein Beobachter möchte Eingangs- und Ausgangssignale betrachten, die zeitlich zusammengehören. Daher muß man Eingangssignale, die ausgegeben werden, wie z.B. der Steuerwinkel, solange zwischenspeichern bis die zugehörigen Ausgangssignale ermittelt sind. Dann können alle Werte zusammen ausgegeben werden.

2. Ergebnisse, die auf der obersten Ebene der Baumstruktur in BILD 8 gewonnen und anschließend in den Blättern weiterverarbeitet werden sollen, müssen auf ihre Zeitverzögerung hin untersucht werden. Bei der vorliegenden Rotorsimulation betrifft dieses nur ein Signal, welches den Abwind beschreibt. Da dieses vor der Rückkopplung von einem Tiefpaß gefiltert wird, braucht man lediglich dort die entsprechende Zeitkonstante zu modifizieren.

Entsprechend BILD 8 und BILD 9 kann die Rotorsimulation in diverse Prozesse aufgeteilt werden, die den ausführenden TRANSPUTERn zugeordnet sind:

'AERO': - lokaler Steuerwinkel und lokaler Rotorabwind
- lokale Auswertung der Aerodynamik für drei Blattelemente

'ROOT': - Integrationsalgorithmus für ein Blatt
- Geschwindigkeiten am Blatt
- Krafte und Momente an der Blattwurzel

'PITCH': - Steuerwinkel und Ableitung des Steuerwinkels für alle vier Blätter
- Datenaustausch mit Regler, falls einer angeschlossen ist
- bei Bedarf harmonische Analyse für den Regler

'THRUST': - Gesamtkräfte und Momente aller Blätter
- globaler Teil der Berechnung des Mangler-Abwindes
- Verarbeitung der Eingangssignale
- Datenaustausch mit I/O-Systemen
- Generierung des Echtzeit-Taktes mit internem Zeitgeber

Aus BILD 10 und BILD 11 gehen einige numerische Ergebnisse des Simulationsmodelles hervor. BILD 10 zeigt eine Sprungantwort im Schwebeflug, wobei der kollektive Steuerwinkel um ein Grad erhöht wird. Neben dem Verlauf des Steuerwinkels ist die Auslenkung der Blattspitze in Schlag- und Schwenkrichtung, der Schubverlauf und der induzierte mittlere Abwind ersichtlich. In BILD 11 ist der Verlauf des Steuerwinkels, der Auslenkung der Blattspitze in Schlagrichtung, sowie der Rotorkomponenten F_Z, M_S und M_Y über drei Rotorumdrehungen aufgetragen. dieses gilt für einen eingeschwungenen Zustand im Vorwärtsflug bei $\mu = 0.3$.

Vergleicht man die numerischen Ergebnisse eines Programms, welches auf einem TRANSPUTER-Netzwerk abläuft mit denen, die z.B. ein FORTRAN-Programm auf einem Großrechner erzeugt, so ergibt sich eine Übereinstimmung von mehr als fünf Stellen. Natürlich setzt das voraus, daß derselbe Algorithmus verglichen wird.

4.3 I/O-SYSTEME

Der als I/O gekennzeichnete TRANSPUTER in BILD 8 dient als Schnittstelle zwischen dem Rotormodell und der Umwelt. Normalerweise wird der

ROTEST von speziell dafür ausgebildetem Personal bedient. Die Steuerwerte werden von Hand eingestellt, während zugehörige Ausgabegeräte beobachtet werden, damit die erwarteten Reaktionen des Rotors überprüft werden können. Die gleiche Vorgehensweise ist bei dem beschriebenen Simulator möglich. Von einem PC aus können die fünf Steuerwerte Kanalgeschwindigkeit, Anstellwinkel, kollektiver und zyklische Steuerwinkel von Hand verändert werden. Die Reaktion des Simulators kann wahlweise auf einem Oszilloskop (bis zu 32 Kanäle) dargestellt werden, oder aber ist in Echtzeit auf einem graphischen Ausgabegerät beobachtbar. Dieses ermöglicht die gleichzeitige Ausgabe von bis zu sechs Signalen, wobei man zwischen Zeitverläufen und der sich zeitlich verändernden Darstellung von Größen eines Blattes über dem Rotorradius wählen kann. Dadurch ist z.B. auch die Verformung der Blätter beobachtbar. In BILD 8 sind diese Möglichkeiten lediglich angedeutet. Eine weitere Methode der Beobachtung besteht in der harmonischen Analyse der Signale. Diese wird wahlweise im "PITCH"-TRANSPUTER und in einem für die Ausgabe zuständigen TRANSPUTER berechnet. Der verwendete rekursive Algorithmus, wie er in [13] beschrieben ist, erlaubt die Berechnung der vielen Harmonischen der Rotorkräft und Momente in weniger als 0.2 msec.

5. HARDWARE

In den bisherigen Abschnitten wurden die Modellierung und die Leistungsfähigkeit des Simulators dargestellt. Jetzt soll die eingesetzte Hardware etwas genauer beschrieben werden. In BILD 12 ist ein Modul mit einem T800 und einem Megabyte Speicher abgebildet. Für den Simulator werden 18 dieser Module entsprechend BILD 8 miteinander verbunden. Ein zusätzlicher TRANSPUTER wird am PC für die Programmerstellung benötigt. Des weiteren muß man ein Modul für die D/A-Wandlung und vier weitere für die graphische Echtzeit-Darstellung vorsehen. Man kann vier Module aus BILD 12 auf einer Platine anordnen, wie aus BILD 13 ersichtlich ist. Auf diese Weise ist es möglich die gesamte Rechenleistung, einschließlich aller I/O-Systeme und der Spannungsversorgung, in einem 19-Zoll-Einschub unterzubringen. Der gesamte Leistungsbedarf beträgt weniger als 80 Watt. Für die Programmentwicklung reicht ein herkömmlicher PC/AT aus.

6. ANWENDUNGEN

Die erste Anwendung des hier beschriebenen Simulators besteht darin, die Funktionsweise eines neuartigen, im Frequenzbereich arbeitenden HHC-Reglers zu überprüfen. Dieser stellt eine Fortentwicklung des in [13] beschriebenen Reglers dar und ist ebenfalls auf einem TRANSPUTER implementiert. Dadurch kann die Verbindung zwischen Regler und Simulator einfach über einen TRANSPUTER-Link hergestellt werden. Zur Zeit wird ein weiterer HHC-Regler entwickelt, der im Zeitbereich arbeiten soll. Mit dem Simulator erhält man somit die Möglichkeit, die Funktionsweise von Echtzeitkomponenten unter realistischen Bedingungen überprüfen zu können, ohne daß man auf die hohen Kosten und das Risiko eines Funktionstests im Windkanal angewiesen ist.

Es eröffnen sich allerdings noch mehr Möglichkeiten, als die "hardware-in-the-loop"-Simulation in Echtzeit. Der Simulator beschreibt den Zustand des ROTEST-Rotors. Damit besteht jetzt die Möglichkeit physikalische Parameter des Modells während der Laufzeit des Programms zu verändern. Die Parameter können mittels eines Optimierungs-Algorithmus variiert werden. Dadurch kann ein beliebiger Optimierungsprozeß als herkömmlicher Regelvorgang aufgefaßt werden.

Für zukünftige Anwendungen besteht die Möglichkeit das Modell derart auszubauen, daß man einen vollständigen Hubschrauber simulieren kann. Man braucht dazu lediglich weitere Module zu addieren, die den Rumpf, den Heckrotor und alle weiteren aus BILD 1 ersichtlichen Teile beschreiben. Da der Rotor eines realen Hubschraubers mit einer erheblich niedrigeren Frequenz dreht als der Modellrotor (Maßstab 1:2.5), besteht die Möglichkeit das mathematische Modell auszubauen, ohne daß man auf die Echtzeit-Bedingung verzichten muß. Somit können heute also sehr komplexe mathematische Modelle in Echtzeit berechnet werden. Da auch die dafür benötigte Rechenkapazität ständig steigt, sind physikalische Grenzen kaum auszumachen.

7. ZUSAMMENFASSUNG

Es konnte gezeigt werden, daß eine neuartige Technologie zu einer neuen Vorgehensweise in der Echtzeit-Simulation führt. Die Abbildung von Prozessen, die sich in der einer übersichtlichen und vor allem leicht zu erweiternden Struktur mit den Möglichkeiten der Echtzeitsimulation. Die Kosten für die hardware sind sehr gering. Die Programmentwicklung geschieht in einer Hochsprache, die sämtliche Möglichkeiten der Parallelverarbeitung unterstützt. Außerdem ist sie unabhängig von der momentan zur Verfügung stehenden Anzahl an TRANSPUTERn. Die Verarbeitungsgeschwindigkeit ist ein weiterer Freiheitsgrad, der durch die Anzahl und strukturelle Anordnung der Prozessoren definiert wird. Die beschriebene Echtzeitsimulation besitzt eine Reihe von Vorteilen, die sich in der Leistungsfähigkeit, dem modularen Aufbau und den damit verbundenen Kosten niederschlagen. Die maximale Anzahl von vier Link-Anschlüssen pro TRANSPUTER stellt zur Zeit den einzigen Nachteil dar, da dieses die Topologie-Vielfalt eines Multiprozessorsystems einengt.

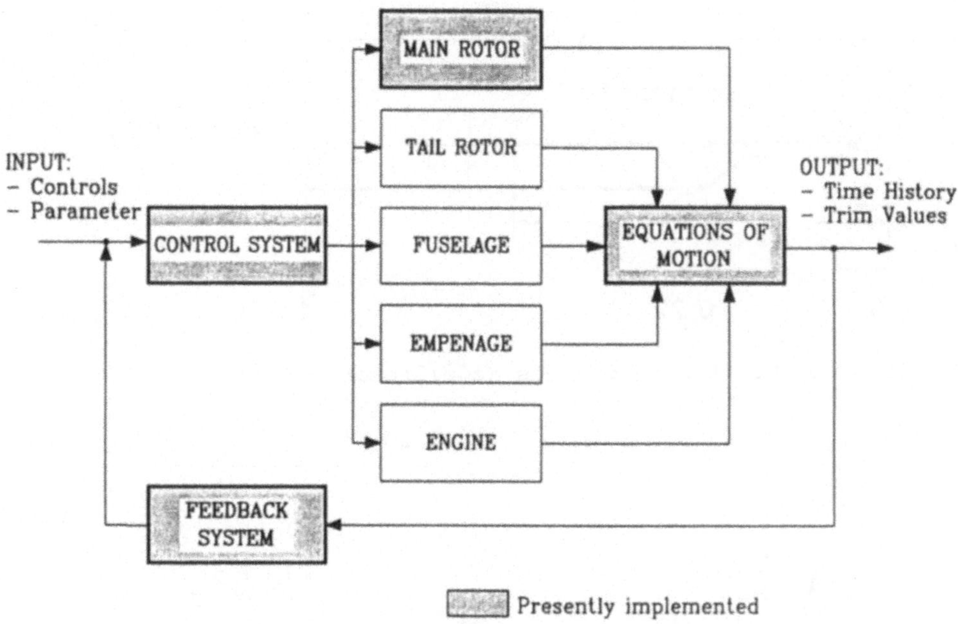

Bild 1 Blockdiagramm einer Hubschraubersimulation

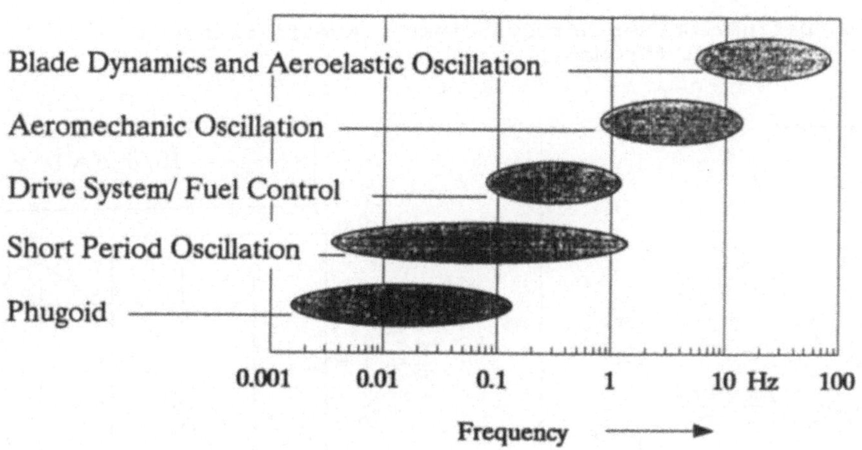

Bild 2 Frequenzcharakteristik der Hubschrauberdynamik

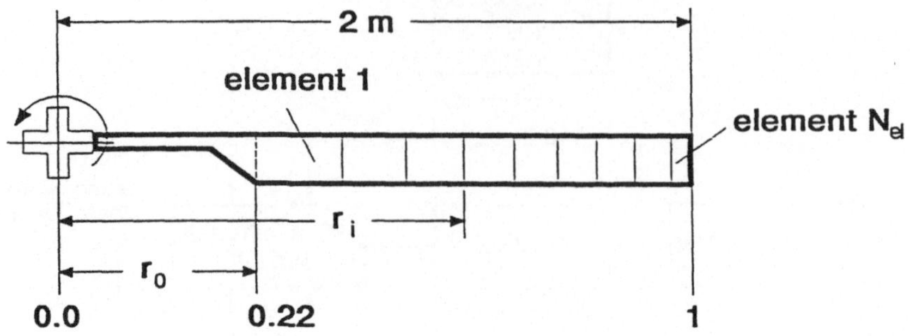

Bild 3 Diskretisierung eines Modellrotorblattes

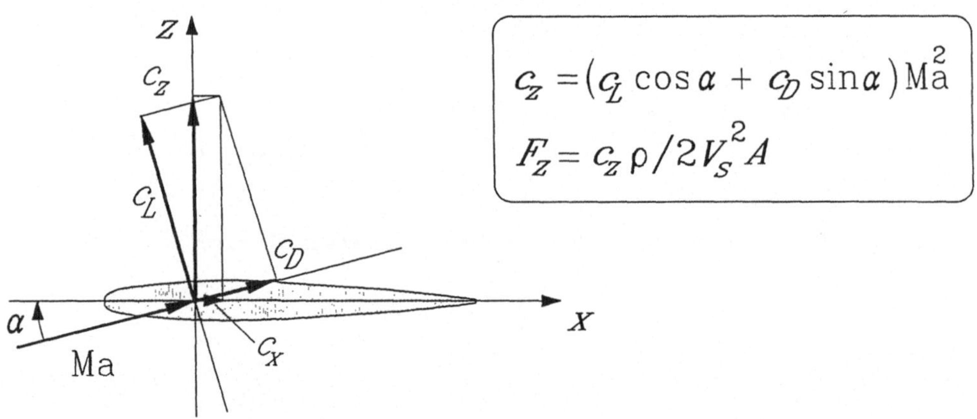

Bild 4 Definition der aerodynamischen Koeffizienten (Beispiel für Ma=1)

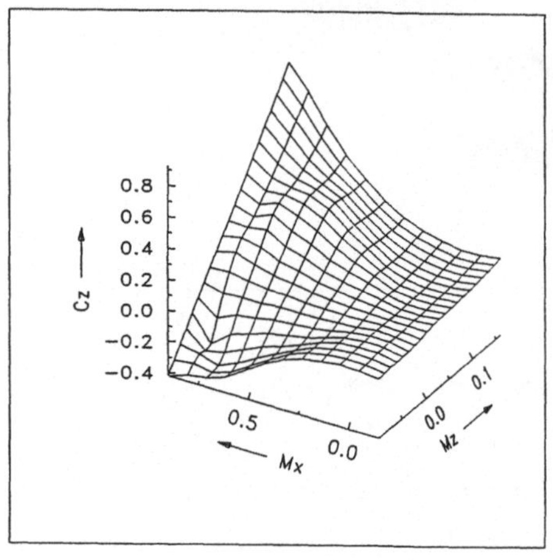

Bild 5 F_z-Kraftkoeffizient über Ma_X und Ma_Z

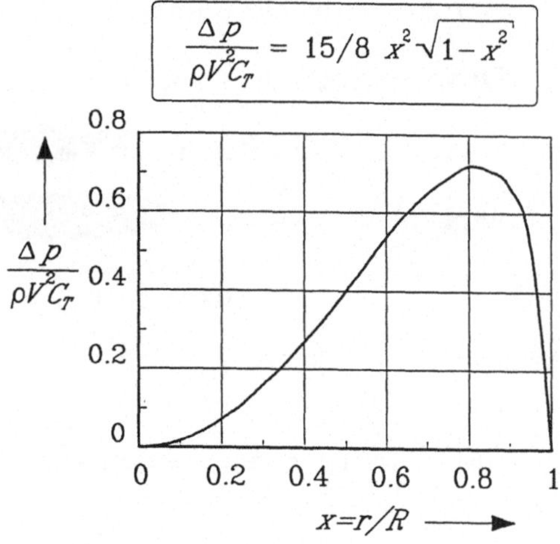

Bild 6 Mittelwert der Druckverteilung nach Mangler

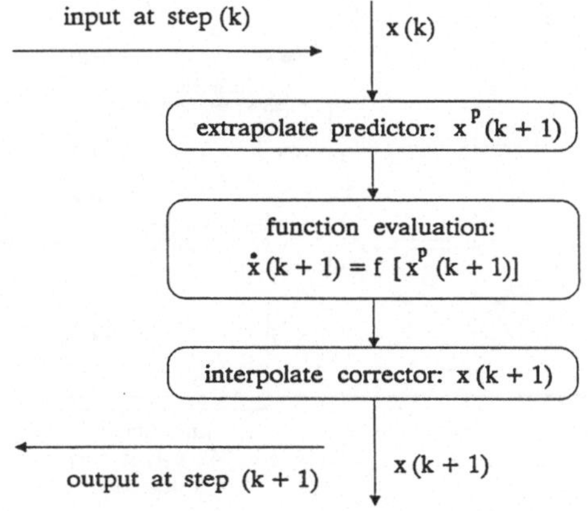

Bild 7 Prinzip des Integrationsverfahrens

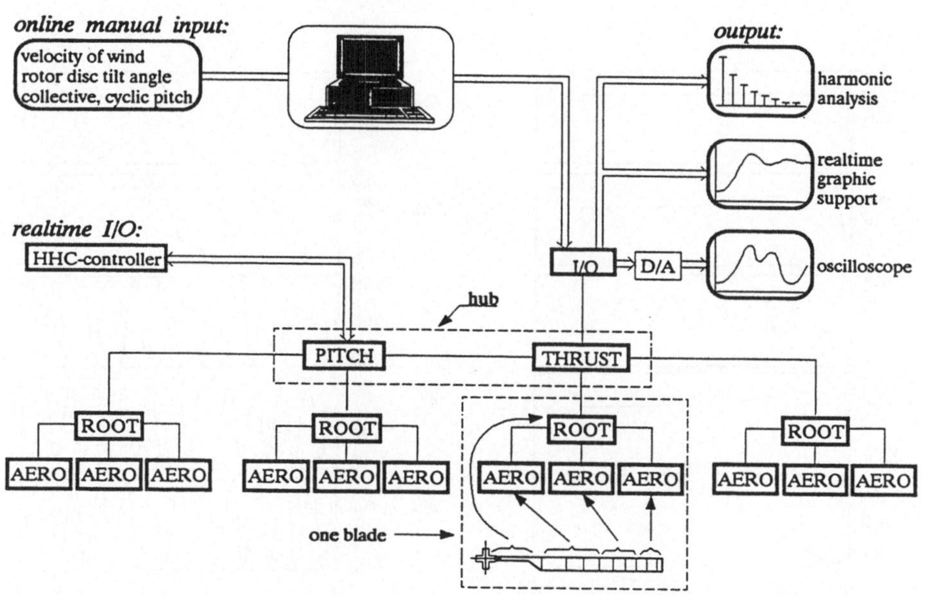

Bild 8 Transputernetzwerk für Echtzeitsimulation

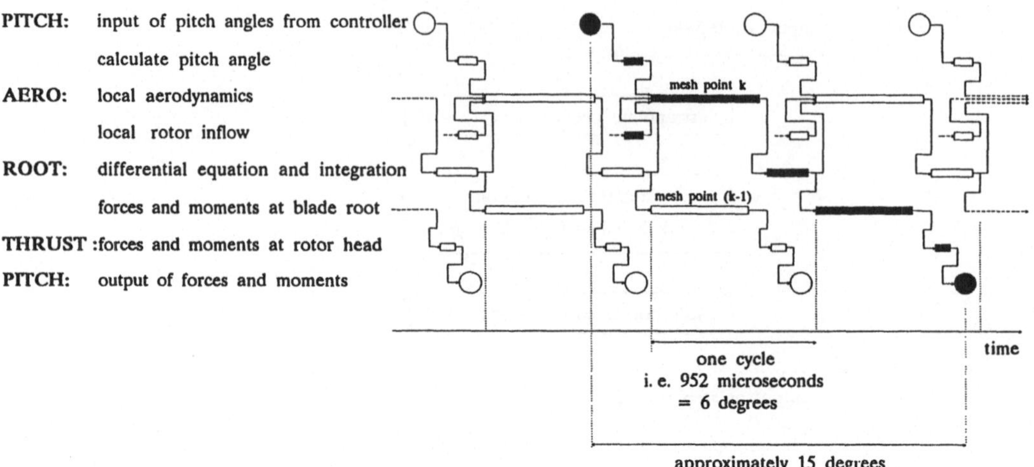

Bild 9 Zeitdiagramm der wichtigsten Prozesse (20 MHZ-Transputer)

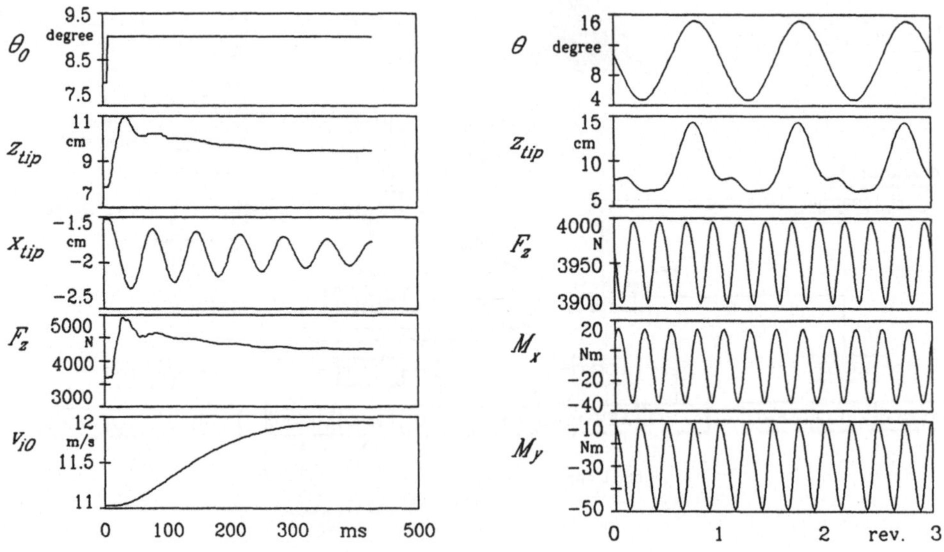

Bild 10 Rotor-Antwort auf einen Sprung im kollektiven Steuerwinkel

Bild 11 Rotorkomponenten bei μ = 0.3

Bild 12 Transputersteckmodul mit T800 und 1 Mbyte lokalem Speicher

Bild 13 Der gesamte Simulationsrechner in einem 19"-Ein- schub-Gehäuse

8. SCHRIFTTUM

[1] H. Huber, P. Krauspe
The Role of Simulation. Helicoper Aeromechanics.
AGARD Lecture Series No. 139.
Braunschweig, 2-3 May 1985.

[2] P. Saager, W. v. Grünhagen
Real Time Helicopter Simulation.
INFAUTOM International Symposium on Simulation.
Toulouse (France) 2-3 March 1989.

[3] W. v. Grünhagen
Bestimmung der gekoppelten Schlagbiege-, Schwenkbiege- und Torsionsschwingungen für beliebige Rotorblätter mit Hilfe der Finite-Element-Methode.
DFVLR-IB 154-80/21.
Braunschweig, 1980.

[4] B. v. d. Wall
Verfahren zur Berechnung der instationären Luftkräfte in der Hubschraubersimulation.
DFVLR-IB 111-87/38.
Braunschweig, 1987.

[5] K.W. Maogler, H.B. Squire
The Induced Velocity Field of a Rotor. R. & M. No. 2642, 1950.

[6] V.E. Baskin, et al.
Theory of the lifting airscrew.
Moscow, 1973.
NASA TT F-823, 1976.

[7] D.M. Pitt, D.A. Peters
Theoretical Prediction of Dynamic-Inflow Derivatives.
Sixth European Rotorcraft Forum, Paper.
No. 47. Bristol 1980.

[8] T.N. Chen, W.S. Hindson
Influence of Dynamic Inflow on the Helicopter Vertical Response.
NASA TM 88327, 1986.

[9] S. Houston
Identification of a 3 DOF Body/Coning/ Inflow Model in Hover.
HTP-6 System Identification Workshop,
March 21-25, 1988, Bedford.

[10] C.-H. Oertel
Untersuchungen zur Echtzeitsimulation eines Hubschrauberrotors auf einem Parallelrechnersystem.
Diplomarbeit am Institut für Regelungstechnik der TU Braunschweig.
Braunschweig, 1988.

[11] IMS T800 TRANSPUTER.
INMOS 72 TRN 11702, April 1987.

TRANSPUTER-Einsatz in der Kunststofftechnik

M. Philipp, W. Michaeli, K. Borgschulte
Institut für Kunststoffverarbeitung (IKV), RWTH Aachen
Pontstraße 49, D-5100 Aachen

Mit wachsender Komplexität der Produktionstechniken werden auch auf dem Gebiet der Kunststoffverarbeitung immer höhere Anforderungen an die steuernden Prozeßrechner, an Prozeßüberwachungs- und -simulationssysteme sowie an Anlagen zur Qualitätssicherung gestellt. In vielen Fällen werden dabei die Leistungsgrenzen der in den entsprechenden Systemen eingesetzten konventionellen Mikroprozessoren erreicht, der Übergang auf leistungsstärkere Minirechner bietet aufgrund der Randbedingungen bei industriellen Produktionsabläufen sowie aus wirtschaftlichen Gründen selten eine angemessene Alternative.
Demgegenüber ist mit der Entwicklung des TRANSPUTERS ein preisgünstiger Mikroprozessor verfügbar /1/, der intern zwar als klassischer "von-Neumann"-Rechner organisiert ist, sich aber durch eine hohe Verarbeitungsleistung auszeichnet und über das 4-Link-Konzept den Aufbau von Parallelprozessor-Systemen variabler Topologien ermöglicht /2/. Die Link-Struktur unterstützt dabei sowohl die Umkonfiguration eines vorhandenen Netzwerkes, als auch die nahezu beliebige Erweiterung des Systems um neue Prozessor-Einheiten.
Die im folgenden vorgestellten Anwendungsbeispiele wurden am Institut für Kunststoffverarbeitung im Rahmen von Forschungsarbeiten und Industrieprojekten entwickelt und können nur einen begrenzten Überblick über die vielfältigen Einsatzmöglichkeiten des TRANSPUTERS in den o.a. Aufgabengebieten geben.

Automatische Qualitätskontrolle von Gewebe aus Hochleistungsfasern

Zur Fertigung sehr leichter, aber hochbeanspruchter Bauteile finden in immer stärkerem Maß glas-, kohle- oder aramidfaserverstärkte Kunststoffe Verwendung. Zur Verstärkung flächiger Konstruktionen (z.B. Seitenleitwerk des AIRBUS) werden Gewebe aus diesen Fasern eingesetzt.

Die Qualität des Gewebes hat dabei entscheidenden Einfluß auf die Eigenschaften des Verbundbauteiles.
Während die Herstellung des Gewebes auf Webmaschinen vollautomatisch erfolgt, mußten bislang die produzierten Bahnen noch manuell auf Webfehler, Löcher, Risse etc. kontrolliert werden, um die Verarbeitung von einwandfreiem Material zu gewährleisten.
Diese manuellen Prüfungen sind nicht nur langsam (und damit auch teuer), sondern führen aufgrund des monotonen Arbeitsablaufes und den individuell unterschiedlichen Beurteilungsmaßstäben zu subjektiven Prüfergebnissen. Zudem werden aufgrund der räumlichen und zeitlichen Trennung von Produktion und Kontrolle Fehler während des Produktionsablaufes u.U. zu spät erkannt und so die erforderlichen Korrekturmaßnahmen erst eingeleitet, wenn bereits wirtschaftlicher Schaden entstanden ist.
Ziel der Entwicklungsarbeiten war es, derartige Sichtprüfungen durch den Einsatz eines optischen Prüfsystems zu automatisieren und eine 100%-Kontrolle innerhalb der Produktionslinie zu erreichen /3/.

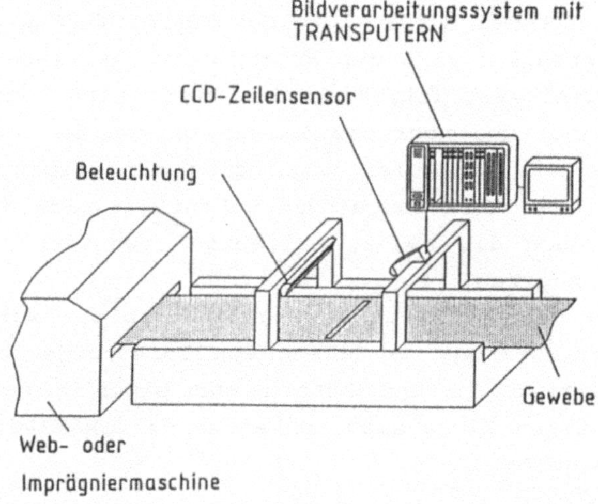

Bild 1: Prüfaufbau zur automatischen Gewebekontrolle

Dazu wird die aus der Web- oder Imprägniermaschine laufende Gewebebahn durch Leuchtstoffröhren, die mit Hochfrequenz betrieben werden, aus einem festgelegten Anstellwinkel beleuchtet (Bild 1). Die dadurch an den Schußfasern des Gewebes entstehenden Reflexionen liefern ein für die Gewebestruktur typisches Muster. Das Reflexionsmuster wird kontinuierlich von einem quer zur Gewebelaufrichtung ausgerichteten, hochauflösenden CCD-Zeilensensor (2048 Sensorelemente) abgetastet und in den

Bildspeicher des Bildverarbeitungssystems eingelesen. Dabei erfolgen bereits einfache Bildvorverarbeitungsoperationen, bei denen Kontrastschwankungen infolge von Beleuchtungsinhomogenitäten durch Histogramm-Modifikationen eliminiert werden.
Ist eine vorzugebende Anzahl von Bildzeilen (typischerweise 512) auf diese Weise im Bildspeicher abgelegt worden, wird das dabei entstandene 2-dimensionale Bild in kleinere Segmente unterteilt und den einzelnen Prozessoren des TRANSPUTER-Systems zur Auswertung übergeben. Während dort die Auswertung erfolgt, wird im Bildspeicher bereits ein neues Bild aufgebaut (Bild 2).

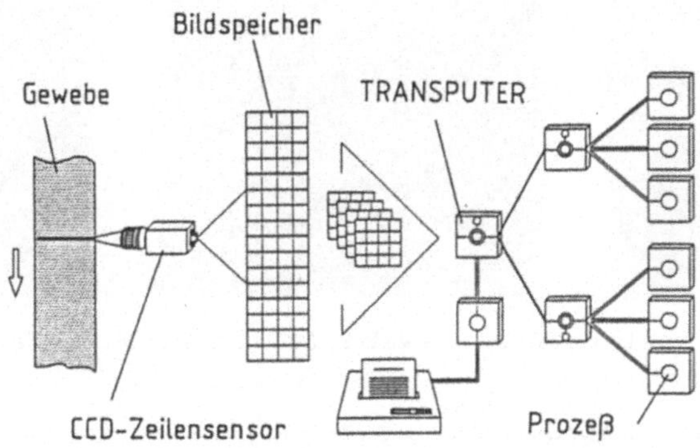

Bild 2: Prüfablauf mit TRANSPUTER-Netzwerk und Teilprozessen

Die Analyse der Bildsegmente innerhalb des Parallelprozessorsystems erfolgt über ein hierarchisches Konzept :

1) Mögliche Abweichungen vom typischen Gewebemuster werden ermittelt. Ist das Segment fehlerfrei, so wird mit der Auswertung eines neuen Segmentes fortgefahren. Treten grobe Fehler auf, wird das Segment als fehlerhaft bewertet und nachfolgend eine Fehlerklassifizierung durchgeführt (Schritt 3). Bei geringen Abweichungen von der optimalen Gewebestruktur wird in einem verfeinerten Auswertungsschritt (Schritt 2) eine eindeutige Bewertung "fehlerhaft" bzw. "fehlerfrei" durchgeführt.

2) Werden innerhalb dieses Auswertungsschrittes Segmente als leicht fehlerhaft beurteilt, so erfolgt ebenfalls eine Fehlerklassifizierung gemäß Schritt 3, bei fehlerfreien Segmenten wird mit der Auswertung eines neuen Bildausschnittes fortgefahren.

3) Haben sich Segmente als fehlerhaft erwiesen erfolgt eine Zuordnung dieser Fehlstelle über Merkmalsvektoren zu einer von 8 Fehlerklassen (Risse, Schmutzstellen, Falten, fehlende Fäden etc.). Durch Ausgabe entsprechender Fehlermeldungen oder Ansteuerung von Peripheriegeräten (Markierungssysteme) kann so während der Produktion sofort auf diese Fehler reagiert werden.

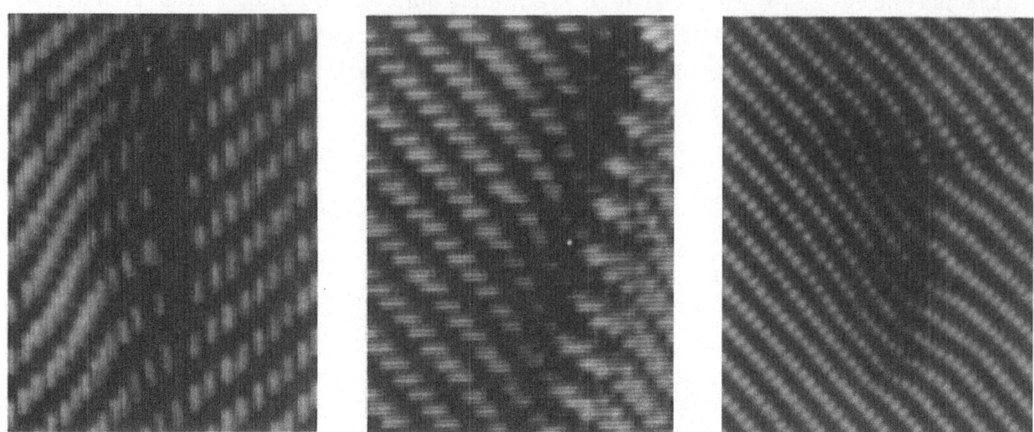

Bilder 3 - 5 : fehlerhaftes Gewebe (v.l.n.r. Riß, Falte, Webfehler)

Damit kann bei den untersuchten Geweben (Breite < 1500 mm) on-line eine 100%-Kontrolle bei Abzugsgeschwindigkeiten bis zu 15 m/min erreicht werden. Unabhängig von äußeren Beleuchtungsschwankungen sind verschiedene Gewebematerialien und Webmuster kontrollierbar.

Bildfolgenauswertung zur Überwachung von Roboterbewegungen

In vielen Bereichen der Produktionsautomatisierung kommen hochmoderne und komplexe Fertigungszentren zum Einsatz. Dabei kann der Betrieb von Industrierobotern verschiedenartige Risiken für das Zusammenspiel mit anderen Maschinen und dem Bedienpersonal im Arbeitsraum bergen. So sind die Gefahren, die von einem Roboter ausgehen, nicht nur durch dessen kinetische Energie bestimmt. Vielmehr spielen auch die Größe des Arbeitsraumes und die große Anzahl von Freiheitsgraden eine entscheidende Rolle. Man ist daher in der Regel bemüht, den Zutritt von Personen in den Arbeitsraumes eines Industrieroboters während des Betriebes zu verhindern. Für den Fall aber, daß Personen aus betrieblichen

Gründen in den Arbeitsraum eintreten müssen, z.B. bei Einrichte-, Wartungs- oder Zuführungsaufgaben, sind für den Betrieb des Roboters einschneidende Vorschriften zu beachten (z.B. Schleichfahrt) und eine Reihe von indirekten Schutzeinrichtungen wie Lichtschranken, Reißleinen und Fußmatten gefordert, die den Roboter bereits vor Auftreten einer akuten Gefahrensituation abschalten sollen.

Diese Schutzeinrichtungen sind jedoch nicht nur der Gefahr mechanischer Störungen (Verschmutzung) oder manipulierter Umgehung ausgesetzt, sondern können häufig die Bewegung des Industrieroboters nicht rechtzeitig zum Halten bringen, da Informationen über seine aktuelle Lage und den Bewegungszustand nicht gewonnen und verarbeitet werden.

So klafft hier z.Zt. noch eine deutliche technologische Lücke zwischen Roboter und Sicherheitsvorkehrungen.

Durch Entwicklung eines berührungslos arbeitenden optischen Kontrollsystems, das eine Bewegungsanalyse mit Hilfe der Bildfolgenauswertung vornimmt, soll eine solche wirksame und robuste Schutzeinrichtung gefunden werden /4/ (Bild 6).

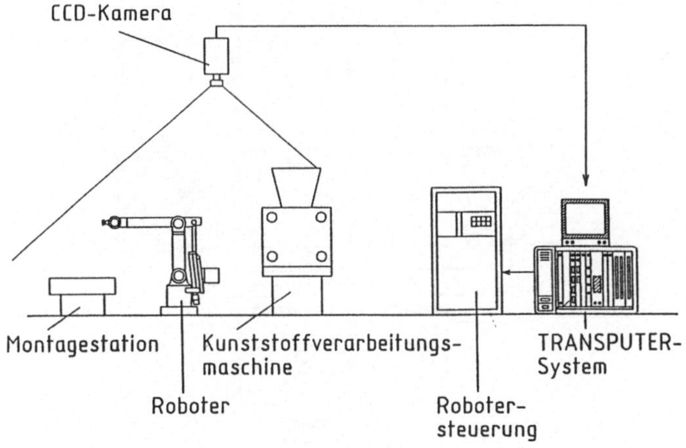

Bild 6 : Schematische Darstellung der Arbeitsraumüberwachung

Dabei ist jedoch die Wunschvorstellung, daß ein derartiges Überwachungssystem, das aus Video-Kamera und angeschlossenem Bildverarbeitungsrechner besteht, alle Gegenstände im Arbeitsraum "kennt", und in der Lage ist, eindringende Personen von diesen oder anderen "unbekannten" Gegenständen zu unterscheiden, heute technisch noch nicht realisierbar.

Dagegen bietet sich die Alternative, auf das "Erkennen" von Bildinhalten zu verzichten und nur Veränderungen im Bild auszuwerten. Auf diese

Weise wird eine beträchtliche Datenreduktion und eine Konzentration auf diejenigen Bildteile erreicht, von denen die Gefahren ausgehen.

Bei der Bildfolgenauswertung fallen große Datenmengen an, die in vertretbarem Zeitaufwand verarbeitet werden müssen, eine Anforderung, die bislang nur von gekoppelten Großrechnern mit entsprechenden Vor- und Hilfsrechnern erfüllt werden konnte. Diese für die industrielle Anwendung viel zu teuren und viel zu großen Systeme haben zudem den Nachteil, auf geänderte Anfordrungen nicht flexibel genug angepaßt werden zu können. Hier bietet sich der Einsatz eines TRANSPUTER-Parallelprozessorsystems an, das im konkreten Anwendungsfall (Fertigungszelle mit 2 Kunststoff-Spritzgießmaschinen, 6-Achsen-Industrieroboter und 2 Werkzeugwechseleinheiten) mit 14 Prozessoren und einem Videointerface mit angeschlossener CCD-Matrixkamera (464·636 Pixel) ausgerüstet ist.

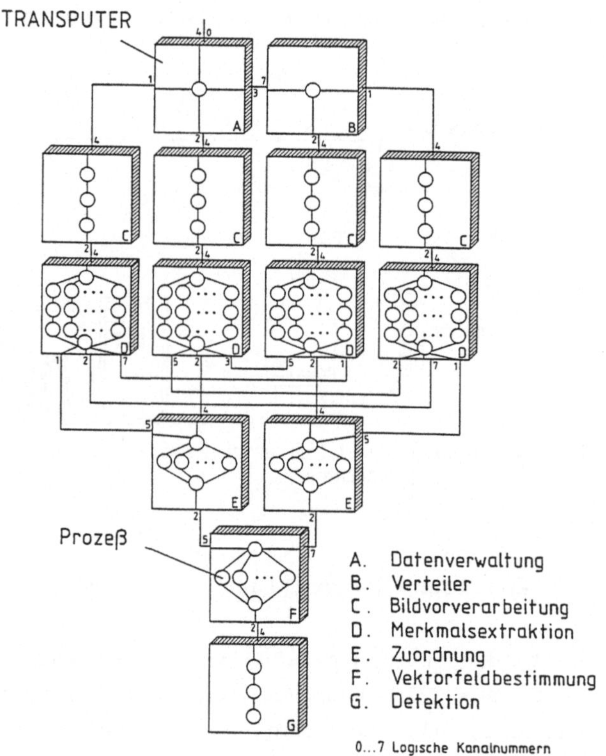

Bild 7 : Netzwerk-Topologie der Bewegungsdetektion

Die Bildfolgenauswertung erfolgt dabei in den Schritten

- Bildaufnahme / Vorverarbeitung
- Merkmalsextraktion
- Zuordnung
- Bewegungsdetektion
- frühzeitige Kollisionserkennung / Notaus

Aufgrund der freien Konfigurierbarkeit des TRANSPUTER-Sytems ist es möglich, die Auswertung auf verschiedenen Prozessor-Pipelines gleichzeitig durchzuführen und so mehrere Bilder der Folge parallel zu verarbeiten (Bild 7).
Die Zeit, die zur Berechnung eines Verschiebungsvektorfeldes benötigt wird, hängt stark von den verwendeten Algorithmen ab. Während sie selbst bei effizienten Verfahren auf einer VAX 780 noch im Minutenbereich liegt und für Echtzeitanfordrungen unakzeptabel ist, gelingt es mit den eingesetzten 14 Prozessoren, Bildsequenzen von je 4 Bildern in weniger als 5 Sekunden auszuwerten. Zudem läßt sich zeigen, daß die Verarbeitungsleistung bei einer derart strukturierten Aufgabenverteilung direkt proportional zur Anzahl der eingesetzten Prozessoren ist. Damit ist bei erhöhtem Hardware-Einsatz der Datendurchsatz noch erheblich zu steigern, so daß damit erste Schritte in Richtung einer Bildfolgenauswertung in Video-Echtzeit gemacht werden konnten.

Prozeßsimulation beim Faserwickeln

Die Wickeltechnik ist ein Verfahren der Kunststoffverarbeitung, um faserverstärkte Werkstücke mit Kunststoffmatrices herzustellen. Damit wird die Produktion von Verbundbauteilen mit hoher Festigkeit bei niedrigem Bauteilgewicht möglich, die z.B. in der Luft- und Raumfahrttechnik oder im Automobilbau Verwendung finden.
Beim Faserwickeln wird ein Kernelement, das nach Fertigstellung des Bauteils zerstört oder unzerstört entfernt wird, mit Glas-, Kohle- oder Aramidfasern bewickelt. Vor der Ablage der Fasern auf dem Kern werden sie durch ein Tränkbad geführt und mit Kunststoffharz (z.B. Epoxid)

Bilder 8 - 15 : Ergebnisse einer Bewegungs-Analyse im Fertigungszentrum

benetzt. Schließlich entsteht durch das Aushärten des Faser-Harz-Verbundes auf dem Kern das fertige Bauteil.

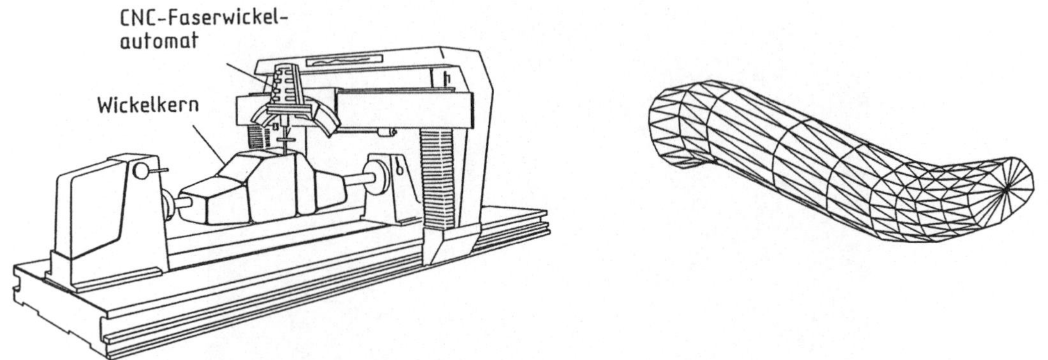

Bild 16 : Faserwickelautomat

Bild 17 : Kerngeometrie

Faserverbundwerkstoffe bieten gegenüber Metallen den Vorteil, daß bestimmte Materialeigenschaften wie Festigkeit, Wärmeausdehnung oder E-Modul über die Art der Fasereinbringung gezielt beeinflußt werden können. Der Vorteil dieser Technologie, eine an den Lastfall angepaßte Konstruktion, kann jedoch nur dann genutzt werden, wenn dem Konstrukteur die Möglichkeit gegeben wird, auf einfache Weise sowohl die fertigungstechnische Realisierbarkeit zu überprüfen, als auch konstruktive Alternativen zu erproben, ohne auf Untersuchungen an gefertigten Bauteilen angewiesen zu sein.
Aus diesen Gründen wurde ein Software-Paket zur Simulation des Faserwickel-Prozesses erstellt /5/. Dabei werden für vorzugebende Kerngeometrien gleichzeitig auch die zugehörigen Maschinensteuerdaten sowie die Materialkennwerte für eine optimale Bewicklung des Kerns berechnet. Die umfangreichen erforderlichen Berechnungen führten dazu, daß das ursprüngliche Programm (TURBO PASCAL auf IBM-AT) mit ca. 121 ms je Wickeldurchgang für eine interaktive Nutzung als ungeeignet bewertet werden mußte. Durch die Ergänzung des Systems um ein TRANSPUTER-Einsteckmodul und eine nahezu identische Umsetzung des PASCAL-Programms in OCCAM (ohne Parallelisierung) konnten mit einem TRANSPUTER T414 Laufzeiten von 6.8 ms, mit einem T800 sogar Laufzeiten von 2.4 ms je Wickeldurchgang erzielt werden. Bei Übergang auf 2 Prozessoren T800 und voller Nutzung der Parallelisierungsmöglichkeiten sowohl innerhalb der verwendeten Algorithmen, als auch beim Zusammenwirken mit dem

verwendeten Host-Rechner, konnten diese Laufzeiten noch einmal auf 1.8 ms abgesenkt werden.

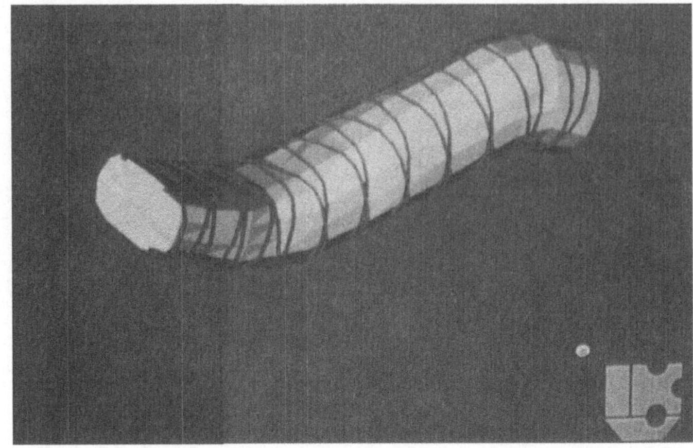

Bild 18 : Ergebnis einer Simulationsrechnung

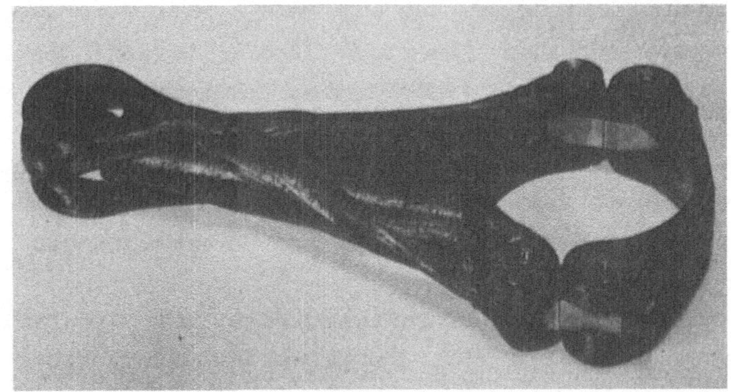

Bild 19 : Im Wickelverfahren hergestelltes Kfz-Pleul aus kohlefaserverstärktem Kunststoff

Optimierung von Fließkanälen mit der Methode der Finiten Elemente

Bei der Extrusionstechnik wird kontinuierlich Kunststoffschmelze durch ein - in der Regel profiliertes - Werkzeug ausgetragen und ausgeformt. Auf dem Weg durch das Werkzeug und die nachgeschalteten Kühlzonen wird die Schmelze soweit abgekühlt, daß sie erstarrt und so das erwünschte

Kunststoffhalbzeug bildet (Folien, Profile etc.)(Bild 20). Dabei beeinflußt die Gestaltung des Werkzeugs sehr stark die Qualität des entstehenden Produktes: Tritt z.B. die Kunststoffschmelze aufgrund ungleichmäßiger Fließwiderstände nicht an allen Stellen des Profilquerschnittes mit der gleichen Fließgeschwindigkeit aus, so führt dies zum Verzug oder sogar zur unvollständigen Ausformung des Profilstranges.

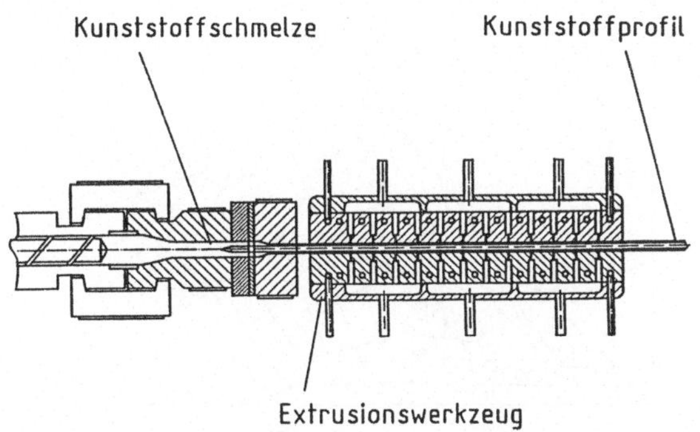

Bild 20 : Kunststoffextrusion

Aufgrund einer ungünstigen Strömungsführung im Werkzeug können auch Gebiete entstehen, an denen Teile der Schmelze gestaut werden (Totwassergebiete). Hier setzt dann der thermischer Abbau des Kunststoffpolymers ein, der sich beim Austragen der Schmelze als unerwünschte Verfärbung auf der Produktoberfläche bemerkbar macht.
Es existieren heute Softwarepakete für die Auslegung von Extrusionswerkzeugen, die in der Lage sind, zu einer vorgegebenen Geometrie das zugehörige Strömungsbild für unterschiedliche Polymerschmelzen zu ermitteln. Das eigentliche Ziel, eine geeignete Werkzeuggeometrie für die gewünschte Profilkontur zu bestimmen, wird so nicht erreicht. Vielmehr muß der Konstrukteur nach "trial and error" am Rechner die Geometrie des Werkzeugs verbessern.
Durch Integration eines Optimierungsverfahrens in ein Finite-Elemente (FEM)-Programm zur Werkzeugauslegung können diese Optimierungen nun iterativ vom Programm selbst vorgenommen werden /6/. Als Optimierungsverfahren findet hier die "Evolutionsstrategie" Verwendung, bei der eine Ausgangsgeometrie kleinen Veränderungen (Mutationen) unterworfen wird. Die neu entstandenen Werkzeuggeometrien werden nun innerhalb des Programmes hinsichtlich eines vorzugebenden Qualitätskriteriums verglichen (z.B. Geschwindigkeitsdifferenz über dem Profilquerschnitt). Die Variante mit den günstigsten Eigenschaften (Selektion) wird zum Aus-

gangspunkt der nächsten Variation usw (Bild 21).
Da bei einem Evolutionsschritt des gewählten Optimierungsverfahrens 5 neue Werkzeuggeometrien entstehen, die alle zudem noch hinsichtlich des Qualitätskriteriums geprüft werden müssen, ist der Bedarf an Rechenleistung für eine derartige Optimierung enorm.

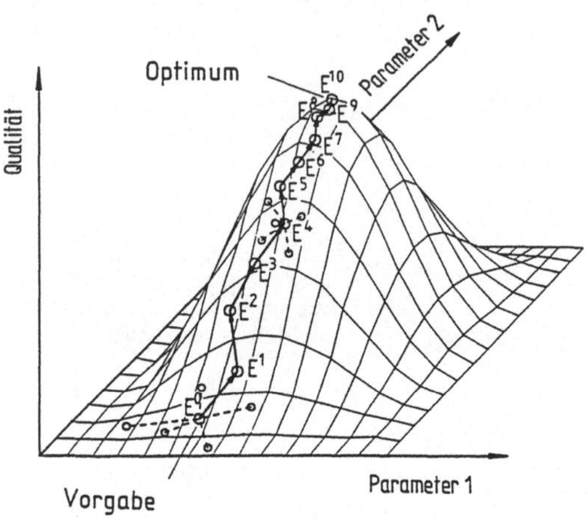

Bild 21 : Verlauf einer Optimierung

Jedoch bietet sich auch hier der Einsatz von TRANSPUTERN an: Da abgesehen von den unterschiedliche Randbedingungen für alle 5 Varianten der Ausgangsgeometrie ein identischer Programmlauf erforderlich ist, läßt sich das Problem durch die Verteilung der Variantenberechnungen auf je einen Prozessor auf einfachste Weise parallelisieren. Damit wird fast ohne jeden Programmieraufwand bereits eine Reduktion der Programmlaufzeit auf ca. 20-25% ermöglicht (nahezu linearer Speed-Up). Weitere Versuche, durch zusätzliche Parallelisierung innerhalb der einzelnen Berechnungsabläufe noch weitere Laufzeitverbesserungen zu erzielen, dauern z.Zt. noch an.

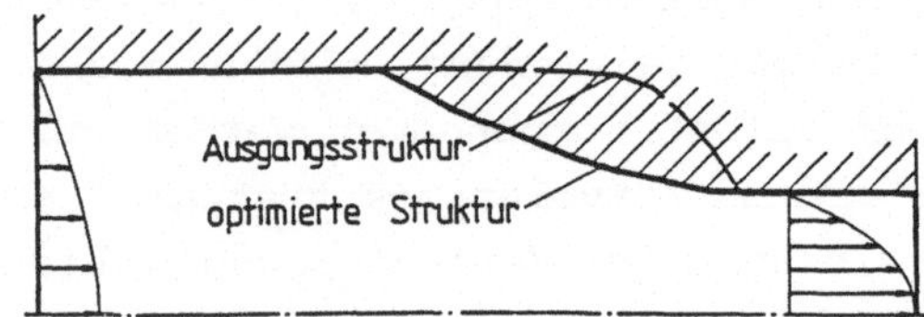

Bild 22 : Optimierte Fließkanalgeometrie

Literatur

/1/ N.N. — Inmos Limited
Transputer Architecture : Reference Manual
INMOS, Bristol, July 1987

/2/ Krämer, O. — Konfigurierbare Transputerarchitekturen
- die Supercluster-Serie
Sonderdruck CHIP PLUS
August 1988

/3/ Menges, G.; Borgschulte, K. — Automatische optische Qualitätskontrolle von
Gewebe aus Hochleistungsfasern
Internationaler Kongreß SENSOR '88
Nürnberg, Mai 1988

/4/ Michaeli, W.; Menges, G.; Borgschulte, K.; Philipp, M.; Kalf, H. — Bildfolgenauswertung zur Analyse von Maschinenbewegungen auf einem TRANSPUTER-Parallelprozessorsystem
OPTO ELEKTRONIK MAGAZIN, Vol. 5, No. 1, 1989
S. 28 - 32

/5/ Paulsen, M. — Transputereinsatz zur Prozeßsimulation
unveröffentlichte Diplomarbeit am IKV, 1988

/6/ Lanvers, A. — Profilwerkzeugauslegung mit der Evolutionsstrategie
unveröffentlichte Diplomarbeit am IKV, 1988

Werkzeuge zur Echtzeitanalyse der Signale eines Multisensorsystems

T. Pfeifer P. Plapper
Lehrstuhl für Fertigungsmeßtechnik und Qualitätssicherung
WZL, RWTH Aachen
Steinbachstr. 53 B, D-5100 Aachen

Zur On-line Erfassung und Verarbeitung der Signale mehrerer Basis-Sensoren wird am Lehrstuhl für Fertigungsmeßtechnik und Qualitätssicherung am WZL der RWTH Aachen ein Multisensorsystem auf Transputerbasis [1] aufgebaut. In diesem Transientenmodulsystem ist nicht nur die gleichzeitige Erfassung, sondern auch die Echtzeit-Analyse der beim Fertigungsprozeß entstehenden Kräfte, Beschleunigungen, Dehnungen und freien Momente vorgesehen. Diese Größen, oder besser die Signalparameter dieser Größen, die zusammen Aufschluß geben über den Zustand des Prozeßablaufs, sollen als Eingangswerte für z.B. ein Anlagenüberwachungssystem genutzt werden. Die flexible Auslegung der Hardware erlaubt, neben den genannten Größen auch andere Parameter bzw. Multisensorsysteme anzuschließen.

In diesem Beitrag werden Analysemöglichkeiten der beim Bohren gewonnenen Signale beschrieben. Bei dieser Anwendung ist eine Echzeitauswertung notwendig, um eine schnelle Reaktion auf eventuell auftretende Schäden, wie z. B. Werkzeugbruch, zu gewährleisten. Vorarbeiten [2] stellten die Notwendigkeit fest, zur schnellen Auswertung der Sensorsignale mehrere Prozessoren parallel einzusetzen. Die inzwischen zur Verfügung stehende Transputerfamilie gibt nun preiswert die Möglichkeit, ein Parallelrechnersystem aufzubauen, das die schnelle Verarbeitung der Meßdaten vornehmen kann. Die hierfür zu erstellende Software wurde in OCCAM 2 auf MULTITOOL erstellt.

1 Klassifikation der Signale

Beim Fertigungsprozeß entstehen Kräfte und Schwingungen, die mit Kraft~ und Beschleunigungssensoren gemessen werden. Bei den Sensorsignalen lassen sich determinierte und stochastische Anteile unterscheiden (**Bild 1**). Stochastische Signale sind nur über statistische Gesetze beschreibbar. Ihr Verlauf ist nicht im Detail vorhersagbar. Deterministische Signale sind zu jeder Zeit eindeutig bestimmt und mathematisch eindeutig vorausbestimmbar. Man unterteilt sie üblicherweise in periodische und nicht periodische Signale. Periodische Signale erfüllen die Beziehung $x(t+T) = x(t)$, wobei T für die feste Periodendauer steht. Als nicht periodisch werden hier Signale bezeichnet, die sich nach einer Periodendauer nicht wiederholen.

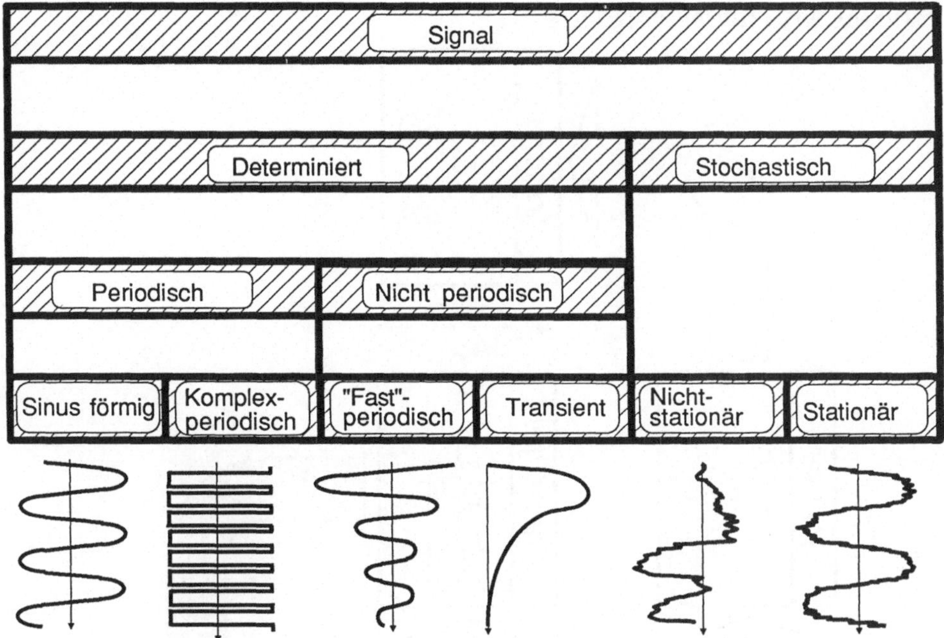

Bild 1: Klassifikation der Signale

Periodische Anteile lassen sich nach $x(t)= a_1 \cdot \sin(2\pi f_1)$ berechnen. Sie treten z.B. bei harmonischen Schwingungen auf. Komplexperiodische Signale sind aus mehreren periodischen Anteilen zusammengesetzt, wobei in den Argumenten eine Phasenverschiebung hinzukommt. Die nichtperiodischen Signale lassen sich in "fast"-periodische und transiente Signale unterteilen. "Fast"-periodische Signale sind u.a. mit Exponentialfunktionen gewichtete periodische Signale, wie sie bei gedämpften Schwingungen auftreten. Transient sind einmalig auftretende Signale, die mathematisch vorherbestimmt werden können, aber nicht periodisch sind. Hierzu zählen z.B. ein Dirac-Stoß oder eine Rampenfunktion. In der Fertigungstechnik ist als transientes Signal beispielsweise der Kraftverlauf einer Presse zu nennen. Ein stationäres Signal ändert seine statistischen Eigenschaften mit der Zeit nicht. Unter diesen Eigenschaften sei besonders der Mittelwert und die Streuung erwähnt. Bei Geräuschen ist dies im allgemeinen, zumindest kurzfristig, der Fall, so daß von einem stationären Signal ausgegangen werden kann. Nichtstationär sind stochastische Signale, die sich nicht mit den statistischen Methoden beschreiben lassen. Zu dieser Signalart gehört der Kraftverlauf beim Brechen eines Werkzeugs.

Die beim Fertigungsprozeß auftretenden Signale setzen sich aus Anteilen dieser verschiedenen Signalarten zusammen. Bei der Analyse der beim Bohren aufgezeichneten Sensorsignale ist das in besonderem Maße zu beachten.

2 Die Struktur des Transputersystems

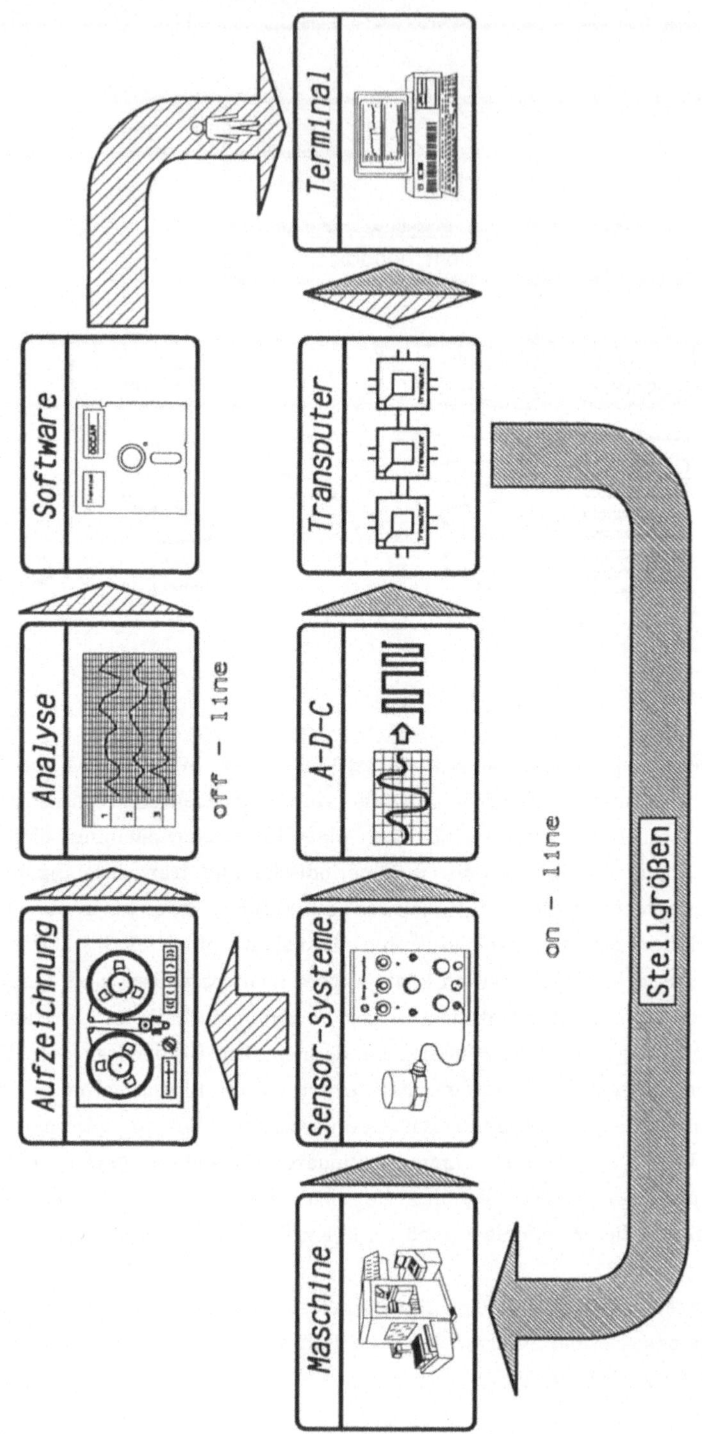

Bild 2: Struktur des Versuchsaufbaus

Um reale Signale zur Verfügung zu haben, an denen die Effizienz der unterschiedlichen Analysemethoden getestet werden kann, wurden mit dem folgenden Aufbau Bohrversuche ausgewertet (**Bild 2**).

Die an einem Bearbeitungszentrum installierte Sensorik besteht aus einer piezoelektrischen Kraftmeßplattform sowie mehreren Beschleunigungsaufnehmern. Die freien Momente können aus den Ausgangsspannungen der Basissensoren der Kraftmeßeinheit analog berechnet werden. Es wurde eine modulare intelligente Analog-Digital-Wandler (A-D-C) Einheit entwickelt, die die Signale des Multisensorsystems in ein Transputer-Netzwerk einlesen soll. Dieser Parallelrechner führt die Analyse der Daten in Echtzeit, d.h. zum Zeitpunkt des Entstehens, durch. Wird eine unzulässige Abweichung im Fertigungsprozeß (z. B. Werkzeugbruch, ~verschleiß, etc.) erkannt, so greift der Rechner auf die Steuerung der Werkzeugmaschine zu, um weitergehende Schäden zu vermeiden. Auf dem Terminal erfolgt die Darstellung der Meßdaten mit Hinweisen für den Bediener.

Auf einem Bearbeitungszentrum wurden Bohrversuche durchgeführt. Dabei trat mit zunehmender Standzeit der Werkzeuge vermehrter natürlicher Verschleiß auf. Die bei diesen Versuchsreihen gewonnenen Sensorsignale wurden vollständig auf einem Mehrkanaltonband analog aufgezeichnet. Auf diese Daten wurden, wie in Kapitel 4 beschrieben, verschiedene Analysemethoden angewendet. Die daraus resultierenden Erkenntnisse wurden in laufzeitoptimiertem Code in OCCAM zu einem Überwachungsprogramm für den Bohrprozeß zusammengefaßt. Dabei wurde auf eine modulare Struktur der Software geachtet, was durch Programmierung von SC's und Libraries erreicht wurde.

3 Schnittstelle zwischen der Sensorik und den Transputern

Zum Einlesen der Signale des Multisensorsystems in das Transputer-Netzwerk, das die Auswertung vornehmen soll, wurde eine mehrkanalige ADC-Einheit aufgebaut. Sie wurde in modularer Bauform gestaltet, um bei geänderten Anforderungen eine flexible Erweiterung auf die gewünschte Anzahl von Kanälen zu ermöglichen. Die Erfassung der Signale erfolgt zeitgleich auf allen Kanälen, was u. a. zur Berechnung von Wechselbeziehungen zwischen den Sensorsignalen zwingend notwendig ist. Jeder Kanal ist ein auf einer Europakarte realisiertes Wandlermodul, auf dem jeweils ein Transputer (INMOS-Board B401) als "piggy-pack" integriert wurde. Dieser Prozessor nimmt eine Datenreduktion vor. Die Analyse der Sensorsignale erfolgt in dem nachgeschalteten Netzwerk.

Die Analog-Digital-Wandler Module, aus denen die A-D-C-Einheit aufgebaut ist, sind in Richtung des Informationsflusses -vom Sensor zum "piggy-pack" Transputer- folgendermaßen strukturiert (**Bild 3**):

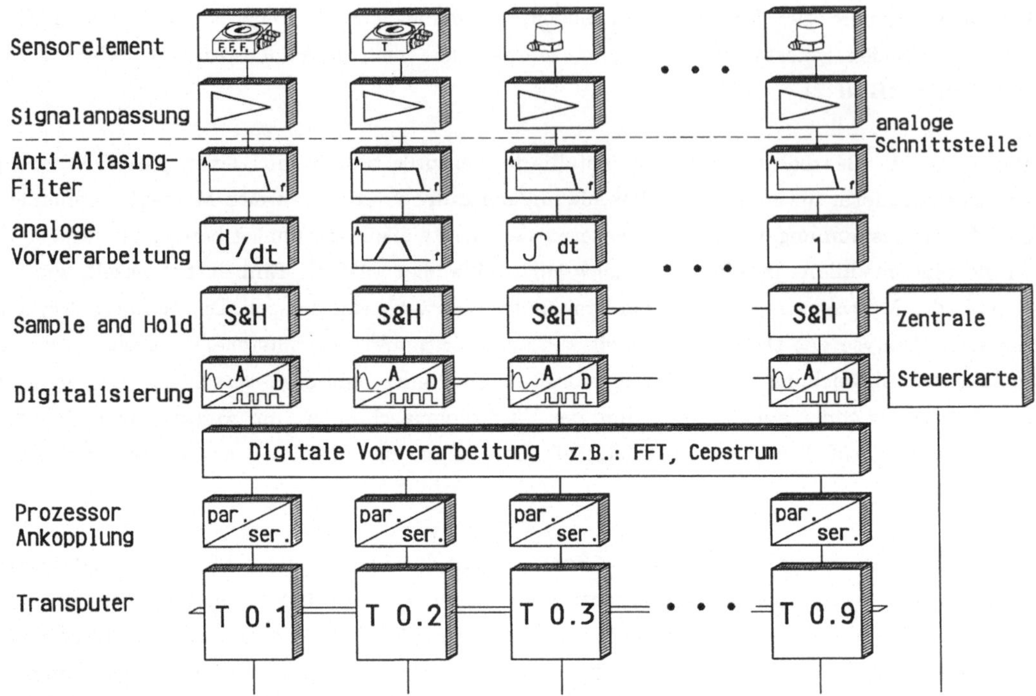

Bild 3: Aufbau der intelligenten Analog-Digital-Wandler-Module

Die analogen Ausgangssignale des Multisensorsystems werden in jeweils einem Vorverstärker auf ein einheitliches bidirektionales Niveau angehoben. Dieser rauscharme Verstärker kann softwaremäßig von dem entsprechenden Transputer mit einem vier bit Wort eingestellt werden.

Als Anti-Aliasing-Filter wird ein Tschebyscheff-Tiefpass achter Ordnung mit 65 dB/oct Dämpfung verwendet. Diese steile Tiefpaßfilterung ermöglicht aufgrund einer Überabtastung von 3,44 eine Begrenzung des zu verarbeitenden Datenstroms, was bei der angestrebten Analyse in Echtzeit dringend geboten ist. Die Phasenlaufzeitverfälschung wirkt sich nur in einem schmalen Frequenzband aus und beträgt maximal zwei Abtastwerte.

Vor der Sample-and-Hold Stufe (S&H) besteht die Möglichkeit, eine analoge Vorverarbeitung der Signale durchzuführen. Hierbei ist z.B. an die Division zweier Beschleunigungssignale oder eine variable Bandpaßfilterung gedacht. Der Vorteil der analogen Datenvorverarbeitung besteht in der hohen Geschwindigkeit der auszuführenden Berechnungen. Dies ist notwendig, da es sich bei der Echtzeit-Überwachung um zeitkritische Analysen handelt, die auftretende Signalabweichungen sofort erkennen muß.

Die S&H-Stufe erfaßt die Daten zu gleichen Zeitpunkten. Dies ist für die Berechnung von Kreuzkorrelationsfunktionen (KKF) eine notwendige Voraussetzung.

Die Genauigkeit der Kraft- und Beschleunigungssensoren von 2% macht eine mindestens 6 bit tiefe Wandlung der Meßsignale notwendig. Deshalb fiel die Wahl auf 8 bit-AD-Wandler. Wird eine größere Auflösung gefordert, so kann dies ebenfalls eingestellt werden. Aus der erwarteten maximalen Signalfrequenz und der Auslegung des Tiefpaßfilters ergibt sich die Entscheidung, die Signale mit 50 kHz abzutasten.

Nach den AD-Wandlern besteht die Option, die Daten digital vorzuverarbeiten. Anschließend werden die Daten über einen Adapter (INMOS C011) direkt über einen Link in einen Transputer geladen. Auf jedem Wandler-Modul ist jeweils ein Transputer T414 mit 32 kByte Speicher zur dezentralen Datenvorverdichtung integriert ("T 0.1" bis "T 0.9" in Bild 3). Die Art der Datenreduktion richtet sich dabei jeweils nach der zu untersuchenden Prozeßgröße. Auf sie wird in Kapitel 4 näher eingegangen. Die dadurch entstehenden verteilten Systeme stellen in der Hardware ein direktes paralleles Abbild der Sensorik dar. Das eigentliche Netzwerk beginnt somit erst unterhalb der oben erwähnten INMOS Transputer T414, die zu einem Ring verschaltet sind.

Die zentrale Triggerung aller Wandlermodule übernimmt ein EPROM. Diese Steuerung garantiert, daß alle Sensorsignale zeitgleich digitalisiert werden. Zur Reduzierung von Störeinflüssen wird die analoge und die digitale Seite der ADC-Einheit mit zwei getrennten Spannungsversorgungen betrieben. Zusätzlich sind sie durch Optokoppler galvanisch vollständig getrennt.

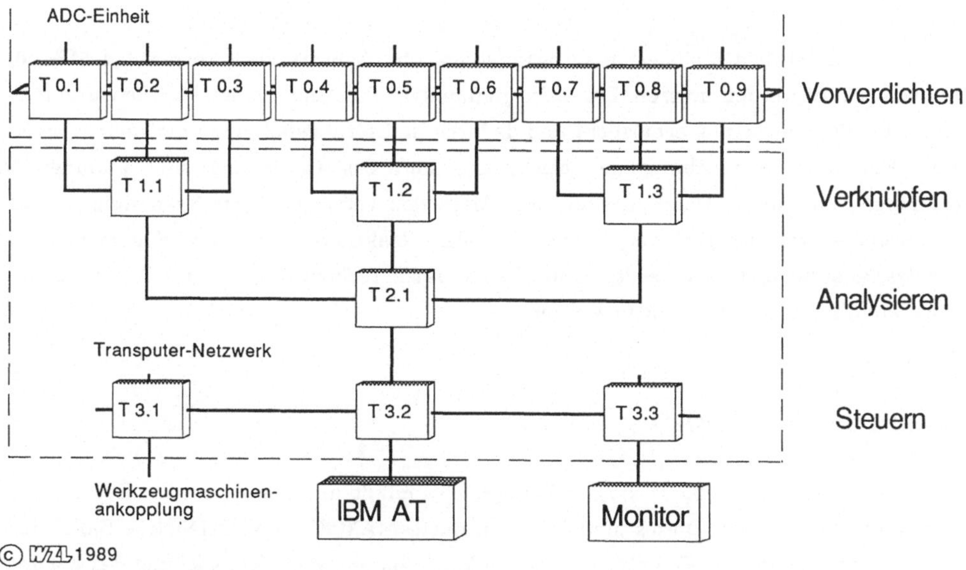

Bild 4: Struktur des Transputer-Netzwerks

Die so digitalisierten Daten stehen nun einem Transputer-Netzwerk zur Analyse zur Verfügung. Es besteht aus T800 mit jeweils 1 MB bis 4 MB Speicher. Die Prozessoren sind dabei in einer Mischung aus Ring~ und Baumstruktur angeordnet (**Bild 4**). Bei der Erstellung der Software wurde auf eine strenge Aufgabenteilung geachtet. Die "obersten" Transputer (in Bild 4: "T 0.x") nehmen eine Datenreduktion vor. Die Verknüpfung dieser verdichteten Daten erfolgt in den Prozessoren "T 1.x" in Bild 4. Hier werden auch bereits Vorentscheidungen für die eigentliche Analyse getroffen, die im "T 2.1" erfolgt. Die "unterste" Ebene dient als Host für das Netzwerk ("T 3.2"), als Schnittstelle zur NC-Steuerung ("T 3.1"), sowie zur on-line Darstellung der aktuellen Messung ("T 3.3").

Die in der beschriebenen Schnittstelle transputerkompatibel aufbereiteten Meßsignale werden in dem Netzwerk auf Abweichungen von den "Gut"-Signalen überwacht. Die hierbei angewendete Methodik wird im folgenden Kapitel diskutiert.

4 Analyse der Daten

Bei der Analyse der eingangs beschriebenen Kraft~ und Beschleunigungssignale können grundsätzlich 4 Bereiche unterschieden werden:

-> Analyse im Zeitbereich
-> Analyse im Variablenraum
-> Analyse im Spektralbereich
-> Analyse in Cepstralbereich

Der Datenstrom bei dem realisierten sechskanaligen Multisensorsystem beträgt 2,4 MBaud, die on-line verarbeitet werden müssen. Der Zeitsignalanalyse fällt dabei besondere Bedeutung zu, da sie eine schnelle Auswertung ermöglicht und dadurch im Störungsfall eine unmittelbare Reaktion erlaubt. Für die Untersuchung des Spektrums und des Cepstrums sind umfangreichere Berechnungen notwendig. Dadurch sind diese Methoden vorwiegend zur Erkennung langsamer Änderungen des Prozesses geeignet, da hierfür größere Reaktionszeiten zur Verfügung stehen. Für die Echtzeitanalyse in diesen beiden Bereichen müssen rechenzeitoptimierte Algorithmen oder schnelle Analyseverfahren gefunden werden.

4.1 Analyse im Zeitbereich

Die Analyse eines Sensorsignals x(t) im Zeitbereich umfaßt unter anderem die Berechnung der Scheitelwerte des Signals. Dieses sind die Kennwerte MAX(x(t)) und MIN(x(t)). Sie bieten die Möglichkeit, das Signal auf Übersteuerungen zu kontrollieren. Zur Überwachung des Fertigungsprozeßes sind diese Kennwerte allerdings nicht geeignet, da sie sehr stark von einzelnen Peaks des Meßsignals bestimmt werden. Damit würde dieser Kennwert keine charakterisierende Information über den Fertigungsvorgang beinhalten.

Der Bohrprozeß weist bei der Betrachtung einer ganzen Bohrung stationäre Beschleunigungssignale auf. Deshalb können auch zeitliche Mittelwerte zur Kennwertbildung herangezogen werden. Der Mittelwert eines Signals entspricht seinem Gleichanteil. Die Signale von Beschleunigungssensoren haben, über eine ganze Bohrung gesehen, den Mittelwert Null. Einen von Null abweichenden Wert ergibt sich nur bei der Beobachtung der Prozeßkräfte oder bei den ihnen proportionalen Dehnungen. Die Kraft steigt während der Fertigung auf ein höheres Niveau an. Diese Zunahme wird in dem beschriebenen Transputersystem zur Erkennung des Prozeßbeginns und ~endes benutzt. Eine Alternative zur Erkennung der Fertigungszeit durch diese Schwellwertüberwachung ist in Kapitel 4.3 beschrieben.

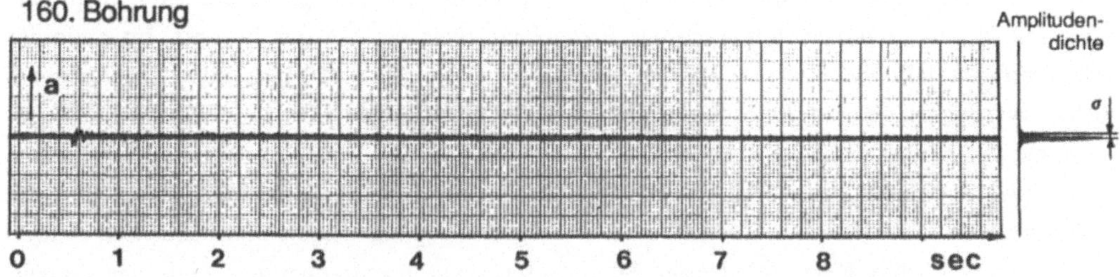

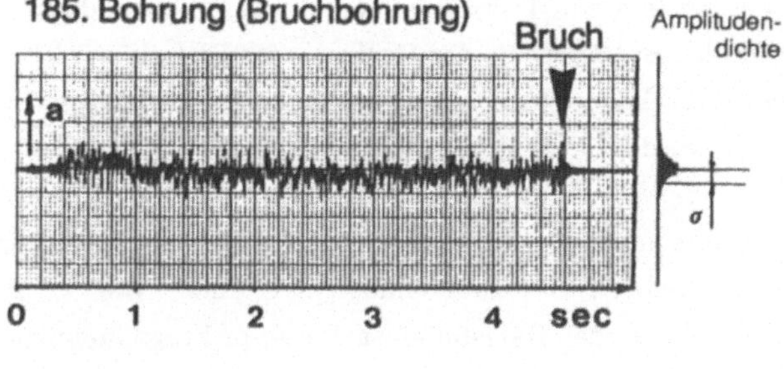

Versuch 85-02
Bohrerdurchmesser: 8,5 mm
Material: Ck 45
Härte: 800 N/mm²
Vorschub: 1,62 mm/sec
Bohrgeschw.: 22 m/min
Kühlung: 6% Blascout 2000

Bild 5: Beschleunigungssignale beim Bohren

Der Effektivwert entspricht bei Mittelwert Null der Standardabweichung. Bei der Untersuchung der beim Bohren entstehenden Körperschallsignale konnte ein signifikanter Anstieg dieses Kennwertes mit zunehmendem Verschleiß nachgewiesen werden (**Bild 5**). Hierbei sind jedoch äußere Einflußfaktoren, wie z. B. die Abhängigkeit von den Schnittbedingungen nicht zu vernachlässigen.

Des weiteren können die Leistungen dieser Kennwerte berechnet werden, auf die hier nicht weiter eingegangen werden soll, da sie keine zusätzliche Information beinhalten.

Eine Alternative zur Verschleißüberwachung durch Auswertung des Körperschalls stellt die Analyse der Prozeßkräfte dar. Mit zunehmender Abnutzung des Werkzeugs ist ein Anstieg des Mittelwerts der Kräfte zu verzeichnen [3]. Legt man Schwellen in dem Kraftgsignal fest, so kann hierauf eine Überwachungsstrategie aufgebaut werden. Auf Analogrechnerbasis realisiert verspricht diese Methode schnelle Reaktionszeiten. Die wesentlich flexibleren Transputer erlauben mit ihrer hohen Rechenleistung allerdings eine umfassendere und damit auch sicherere Echtzeitüberwachung der Fertigung.

Zur Detektion des Werkzeugbruches hat sich die Kontrolle des Gradienten des Kraftsignales als sinnvoll erwiesen. Beim normalen Fertigungsende sinkt die Vorschubgeschwindigkeit linear ab. Dadurch wird eine langsame Abnahme der Prozeßkräfte von ca. 0,25 ms bewirkt. Im Falle des Werkzeugbruchs fällt die Kraft wesentlich schneller ab (typisch 0,012 ms). Zum Erkennen des Bruches werden in einem Zeitfenster die oben beschriebenen Werte {MAX(x(t))-MIN(x(t))} berechnet. Übersteigt dieser Kennwert die Hälfte des bei der ersten Bohrreihe eingelernten Mittelwertes der Kraft, so schaltet der Transputer die Werkzeugmaschine sofort ab. Die Verwendung von Transputern ermöglicht auch den Einsatz von sogenannten Nichtlinearen Filtern, wie z.B. einem Median-Filter [4]. Dieser Filter unterdrückt hochfrequente Anteile des Signals, ohne jedoch Sprünge zu verfälschen. Aus den Abtastwerten wird nicht der Mittelwert berechnet, sondern die Daten ihrer Größe nach sortiert. Danach wird der Meßwert als Ergebnis weitergegeben, der in der Reihenfolge in der Mitte steht. Das Filter bewirkt eine Verminderung des stochastischen Rauschens. Ausreißer werden unterdrückt, der Gradient des Signals wird bei großen Änderungen jedoch nicht verfälscht. Das könnte z.B. zur Datenvorverarbeitung bei der Überwachung auf Werkzeugbruch verwendet werden.

Bei den durchgeführten Bohrversuchen wurden auch Signale aufgezeichnet, die Modulationen aufweisen (**Bild 6**). Als Ursache hierfür könnten drehzahlabhängige Gründe, wie z. B. ungleichmäßige Abstumpfung der beiden Schneiden oder Hartstoffeinschlüsse, in Frage kommen. Bei der Aufzeichnung des Signals aus Bild 6 betrug die Spindeldrehzahl 730 U/min. Das entspricht den Abständen der Intensitätsschwankungen von 82,1 ms. Die Stärke der Modulationen nahm mit zunehmendem Werkzeugverschleiß zu, so daß die Detektion der Modulation auch zur Verschleißerkennung herangezogen werden kann. Die modulierten Signale lassen sich als eine drehzahlabhängige, periodische Funktion auffassen, die mit dem stochastischen Geräuschsignal multipikativ verknüpft ist. Mit der Modulationsfunktion $x_M(t)$ und dem Grundgeräusch $x_G(t)$ gilt:

$$x(t) = m \cdot [1+ x_M(t)] \cdot x_G(t)$$

$$x(t) = m \cdot [1+ X_M \cdot \sin(f_M)] \cdot X_G \cdot \sin(f_G)$$

Der Modulationsfaktor m ist der Scheitelwert des Modulationsignals bezogen auf den Scheitelwert des Grundsignals. Mit den Additionstheoremen ergibt sich:

$$x(t) = m \cdot [1+ \frac{X_M \cdot X_G}{2} \cdot [\cos(f_M + f_G) + \cos(f_M - f_G)] + m\, X_G \cdot \sin(f_G)]$$

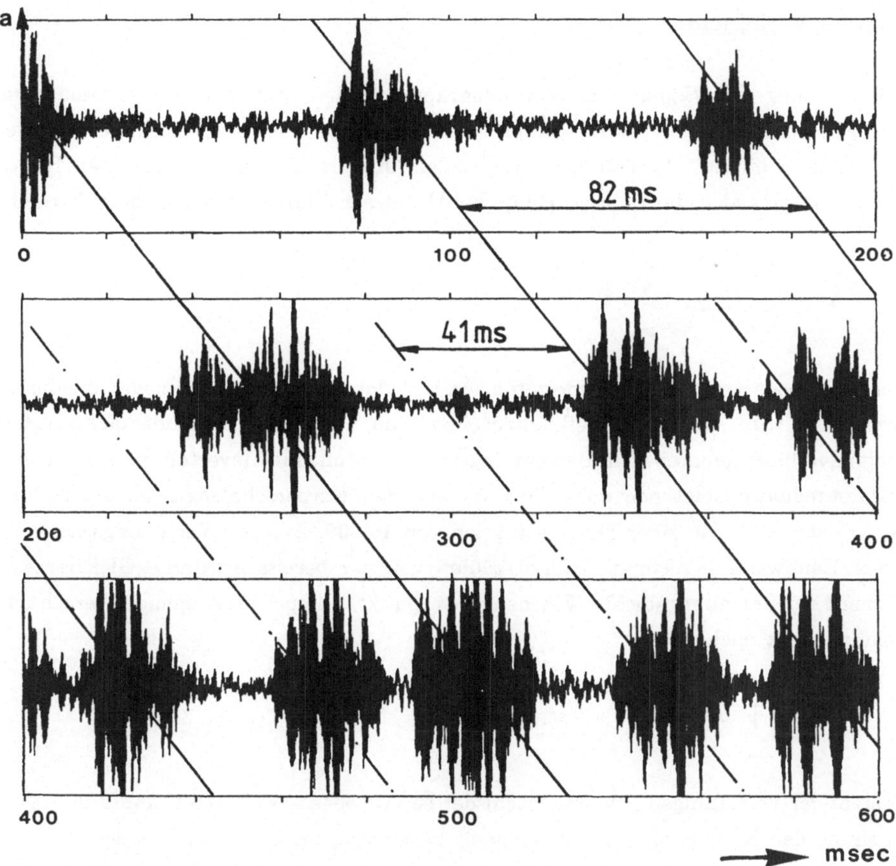

Bild 6: Körperschallsignale mit Modulationen

Da der FFT-Algorithmus von einer additiven Verknüpfung der Teilfrequenzen ausgeht, hier jedoch eine Multiplikation der Teilsignale vorliegt, erhält man bei der Transformation in den Spektralbereich Frequenzen bei f_M+f_G und bei f_M-f_G sowie bei der Grundfrequenz f_G. Es werden also nicht existente Frequenzen vorgetäuscht und die real existierende Frequenz f_M wird nicht angezeigt. Die Amplituden der Frequenzen werden entsprechend dem Modulationbsfaktor gewichtet. Aus diesen Gründen ist die FFT zur Untersuchung modulierter Signale wenig geeignet. Hinzu kommt, daß bei der geforderten Echtzeitauswertung ein Meßwert innerhalb von 20 µsec verarbeitet sein muß.

Zur analogen Berechnung des Modulationssignals $x_M(t)$ kann die Amplitudendemodulation verwendet werden. Es wird von x(t) der Betrag in einem Gleichrichter gebildet um anschließend die höherfrequenten Anteile in einem Tiefpaß zu eliminieren [5, 6]. Dadurch steht ein wirksames und echtzeitfähiges Instrumentarium zur Detektion von Materialeinschlüssen oder von Schneidenverschleiß zur Verfügung.

4.2 Analyse im Variablenraum

Bei der Betrachtung der Signale im Variablenraum werden statistische Gesetzmäßigkeiten untersucht. Ein wichtiges Charakteristikum eines stochastischen Signalverlaufes ist dessen Amplitudendichteverteilung. Werden die Amplituden in verschiedene Klassen der Breite δx eingeteilt, so bestimmt sich die relative Häufigkeit h_x dieser Klasse nach folgender Formel:

$$h_x = \frac{1}{\delta x \cdot T} \sum_{i=1}^{n} \delta t_i$$

Diese Analysemethode stellt einen Informationsverlust dar, da auf den Zeitzusammenhang des Signals verzichtet wird. Es ist schnell einzusehen, daß zu einer Amplitudendichteverteilung mehrere Signalverläufe gehören. Die Berechnung der Amplitudendichteverteilung stellt eine sehr effektive Datenreduktionsmethode dar. Wird sie aus den Körperschallsignalen einer Bohrung berechnet, so entspricht das einer Datenreduktion von 1:1000. Aus der Verteilungskurve lassen sich mehrere Kennwerte berechnen. Hierzu zählen u.a. der bereits erwähnte Gleichanteil, der dem 1. Moment der Verteilungsdichte (Flächenschwerpunkt) entspricht. Allgemein berechnet sich das z-te Nullmoment nach:

$$\mu_z = \int_{-\infty}^{+\infty} x^z \cdot f(x)\, dx$$

Das 2. Moment der Verteilungsdichte entspricht der bereits oben erwähnten Standardabweichung. Zur Berechnung der Schiefe wird das 3. Moment herangezogen. Die Flachheit des Verteilungshistogramms drückt das 4. Moment aus. Diese Kennwerte geben Auskunft über die Form der Amplitudendichteverteilung. Diese wies in guter Näherung die Form einer Gaußverteilung auf (**Bild 7**). In dieser Darstellung entsprechen 0 Volt 127 Digits. Es wurde der Zusammenhang zwischen dem Verschleiß des Bohrers und der Amplitudendichteverteilung des Körperschallsignals von jeweils einer ganzen Bohrung untersucht. Hierbei wurde besonderes Augenmerk auf eine Änderung der z-ten Nullmomente in Abhängigkeit des Führungsfasenverschleißes untersucht. Dabei ist das 1. Moment, wie bereits oben erläutert, immer Null. Das 2. Moment jedoch nimmt mit zunehmendem Verschleiß derart sprunghaft zu, daß auf der Auswertung der ersten Ableitung von μ_1 eine Verschleißerkennung, die zum Werkzeugbruch führen würde, möglich ist. Kurz vor dem entgültigen Versagen des Werkzeugs konnte eine Zunahme des 2. Moments um über 20% von einer Bohrung zur nächsten festgestellt werden. Dieser Gradient trat zeitgleich mit verschleißbedingten Prozeßstörungen auf, die jedoch noch nicht den Werkzeugbruch bewirkten.

Die Korrelationsanalyse beschreibt die Ähnlichkeit von Signalen. Die Autokorrelationsfunktion gibt die Erhaltungstendenz eines Signales wieder. Bei der Kreuzkorrelation wird die Ähnlichkeit zweier Signale zueinander bewertet. So kann z. B. die Übereinstimmung des aktuell gemessenen Signals mit einem zuvor gelernten "Gut"-Signal verglichen werden. Diese Berechnung ist allerdings selbst auf Transputern nicht in Echtzeit durchzuführen. Sie kann erst nach einer vollständigen Bohrung durchgeführt werden.

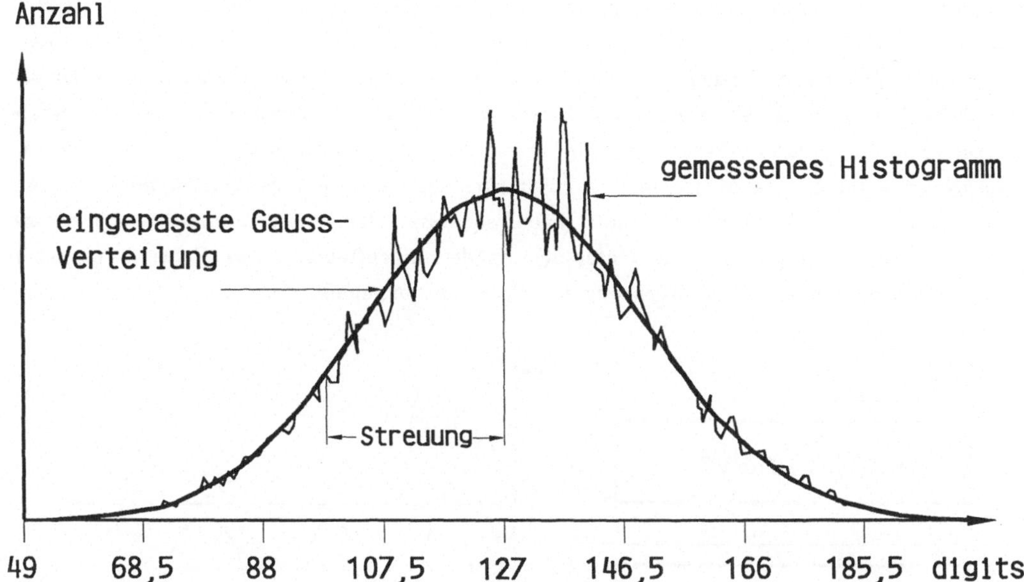

Bild 7: Amplitudendichteverteilung des Körperschallsignals

4.3 Analyse im Spektralbereich

Um die Signale im Spektralbereich zu untersuchen, gibt es mehrere mögliche Ansätze (**Bild 8**).

Die einfachste Form ist die sog. Suchtonanalyse, bei der ein Bandpaß variabler Bandbreite benötigt wird, dessen Mittenfrequenz durchgestimmt werden kann. Die Veränderung der Bandbreite ermöglicht es, die Frequenzauflösung einzustellen. Dieses Verfahren ist die kostengünstigste Alternative. Sie scheidet jedoch wegen der langsamen Durchstimmzeiten für die Echtzeitüberwachung aus.

Eine andere Möglichkeit der Frequenzanalyse besteht in der Verwendung mehrerer fest eingestellter Bandpässe, die in Form einer Filterbank angeordnet sind. Diese Lösung erfordert den größten Hardwareaufwand der vorgestellten Alternativen. Dafür erfolgt die Aufteilung des Zeitsignals in die interresierenden Frequenzbänder echt parallel. Dadurch wird eine schnelle Transformation erreicht. Die Filter können sowohl in der Mittenfrequenz, als auch in der Bandbreite den Erfordernissen des zu überwachenden Prozesses angepaßt werden. Bei der Auswertung der Beschleunigungssignale des Bohrprozesses erwies sich u. a. die Filterung der Eigenfrequenz des Werkzeugs (typisch 1,8 kHz) als sinnvoll. Diese Frequenzen können mit analogen oder digitalen Filtern on-line berechnet werden. Analoge Filter werden als "Analoge Vorverarbeitung" in Bild 3 in die Analog-Digital-Wandler Module integriert. Sie können von Transputer "T 0.x" aus Bild 3 digital eingestellt werden. Digitale Filter können entweder auf dem

Transputer "T 0.x" oder auf einem Signalprozessor programmiert werden. Dadurch sind sie schnell an veränderte Werkzeuge - und damit unterschiedliche Frequenzen - anpaßbar. Ein Signalprozessor hat gegenüber einem Transputer den Vorteil höherer Rechengeschwindigkeit, was bei der vorliegenden Anwendung sehr wichtig ist. Dieses wird durch eine komplexere Hardware sowie eine geringere Flexibilität erkauft. Um die Übertragbarkeit des transputergestützten Überwachungssystems auf andere Maschinen zu gewährleisten, ist es zwingend notwendig, daß die untersuchten Spektralbänder nicht mit Eigenfrequenzen der Werkzeugmaschine oder des Werkstücks zusammentreffen. Eine Untersuchung der Eigenfrequenz des Bohrers, wie oben angedeutet, wird dem aktuellen Werkzeug softwaremäßig angepaßt.

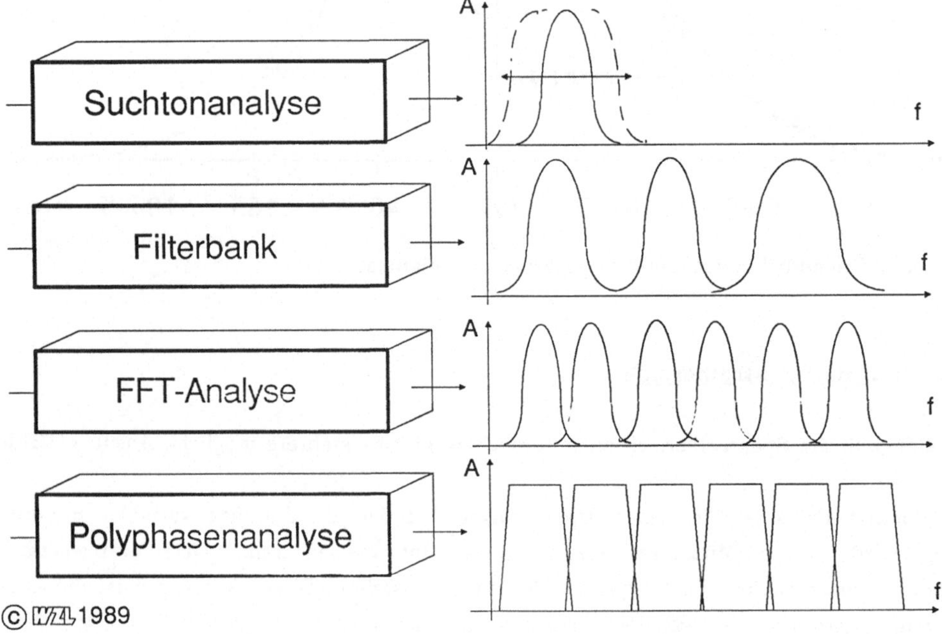

Bild 8: Alternativen für die Spektralanalyse

Ein weiteres Verfahren im Spektralbereich ist die FFT-Analyse. Sie ist ein rein rechnerisches Verfahren, bei dem eine Transformation der Meßwerte, die als Zahlenfolge vorliegen, vom Zeit- in den Frequenzbereich erfolgt [7]. Für das digitalisierte Zeitsignal wird der Anteil der einzelnen Frequenzen nach der folgenden Formel berechnet:

$$x(t) = a_0 + \sum_{i=1}^{n} a_i \cdot \sin(2\pi f)$$

Dabei werden alle Spektralanteile mit einer konstanten Bandbreite bestimmt. Die Ermittlung eines vollständigen Spektrums mit 1024 Punkten auf einem Transputer T800 dauert jedoch für die Echtzeitüberwachung mit ca. 60 ms zu lange. Zur Überwachung des Bohrprozesses hat es sich als ausreichend erwiesen, diskrete Frequenzbänder bzw. Frequenzbereiche zu beobachten. Diese können mit der oben beschriebenen Filterbank gut untersucht werden. Die FFT-Analyse kann mit extrem reduzierter Auflösung, und damit erhöhter Berechnungsgeschwindigkeit, zur Erkennung des Fertigungsbeginns und -ende eingesetzt werden.

Als letztes Verfahren im Spektralbereich sei ein Sonderfall der FFT-Analyse dargestellt: Die Frequenztransformation mittels Polyphasenfilteranalyse. Hierbei wird vor dem eigentlichen FFT-Algorithmus eine Gewichtung des Zeitsignals mit einer sin(x)/x-Funktion vorgenommen. Dadurch werden die Bänder im Frequenzbereich steilflankiger. Dieser positive Effekt wird durch den zusätzlichen Zeitbedarf für die Multiplikation des Zeitsignals mit der Gewichtungsfunktion erkauft. Deshalb wird die Polyphasenanalyse nur zur Überwachung sich langsam ändernden Kenngrößen empfohlen.

4.4 Analyse im Cepstralbereich

Der vierte Schwerpunkt zur Analyse liegt im cepstralen Bereich. Dieses Verfahren untersucht Periodizitäten im Spektrum. Hierbei werden alle harmonischen Oberschwingungen eines Signals zu einem einzigen Kennwert zusammengefaßt. Zur Berechnung des Cepstrums wird von einem Spektrum der Betrag der Amplituden gebildet und logarithmiert [5]. Anschließend wird hiervon die inverse Fouriertransformation und eine erneute Quadrierung des Betrags durchgeführt. Diese Berechnungen benötigen allerdings einen so großen Rechenaufwand, daß die Cepstralanalyse ebenfalls für die on-line Prozeßüberwachung ausscheidet.

Eine sinnvolle Alternative stellt ein digitales Kammfilter dar, das nur eine Quefrenz durchläßt. Das entspricht im Spektrum einem Bandfilter, läßt jedoch im Gegensatz dazu noch die Oberwellen durch. Ein solches Filter wurde auf dem eingangs beschriebenen Transputer-Netzwerk in OCCAM als FIR-Filter implementiert (**Bild 9**). Das laufzeitoptimierte Programm erlaubt die Echtzeit Filterung der Sensorsignale. Das bedeutet, daß alle 20 µsec ein gefiltertes Datum die Pipeline verläßt. Von einer Erstellung der Software in Transputer-Assembler wurde abgesehen, da der erhöhten Entwicklungsaufwand keine signifikanten Geschwindigkeitsvorteile zur Folge hat. Eine Alternative zu dieser Softwarelösung stellt ein Signalprozessor dar. Der erhöhte Aufwand wird mit der Möglichkeit der Verwendung umfangreicherer Filterkennwerte ausgeglichen.

Die Analyse der Körperschallsignale im cepstralen Bereich erlaubt u.a. die Überwachung der Wälzlager des Bearbeitungszentrums. Die möglichen Störfrequenzen der Lager können bei bekannter Spindeldrehzahl aus der Geometrie berechnet werden [8]. Tritt z. B. auf den Laufbahnen Pitting auf, so werden die Wälzkörper beim Überrollen dieser Grübchen stark beschleunigt. Das erzeugte Körperschallsignal ist steilflankiger als die theoretisch berechnete sinuidale Beschleunigung. Es treten zu den vorhergesagten Frequenzen auch immer die entsprechenden

Oberwellen auf. Sie werden z.B. von einem entsprechend ausgelegten Kammfilter aus dem verrauschten Signal als eine Kennzahl extrahiert.

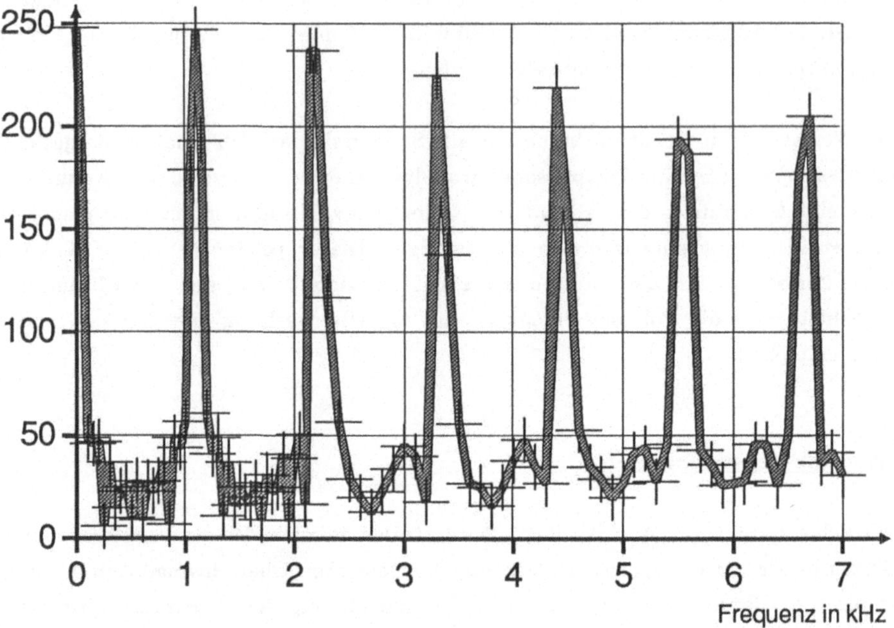

Bild 9: Frequenzgang eines realisierten Kammfilters

5 Zusammenfassung

Zur Überwachung des Fertigungsprozesses ist eine Echtzeitanalyse der Sensorsignale notwendig, um im Schadensfall ein schnelles Abschalten der Werkzeugmaschine zu ermöglichen. Es wird ein modulares Multisensorsystem vorgestellt, das eine on-line Verarbeitung der zeitgleich erfaßten Signale ermöglicht. Dafür werden die Meßdaten parallel auf einem Transputer-Netzwerk ausgewertet. Bei der Vorstellung der angewendeten Signalverarbeitungsmethoden wird eine Unterteilung in vier Teilbereiche vorgenommen. Es werden verschiedene Analyseverfahren untersucht und ihre Effizienz in Hinblick auf die Anwendbarkeit bei der Überwachung des Bohrprozesses diskutiert. Dabei wird auf eine schnelle Berechnung der Kennwerte geachtet. Die Algorithmen werden kritisch erörtert und gegebenenfalls echtzeitfähige Alternativen entwickelt.

Die Transputer stellen dabei ein effizientes Hilfsmittel für den Maschinenbau dar, um zeitkritische Berechnungenunter Verwendung parallel arbeitender Prozessoren in Echtzeit durchzuführen. Dabei ist auch an Algorithmen gedacht, die mit konventioneller Rechnertechnologie nicht schnell genug bearbeitet werden können.

6 Literatur

[1] Pfeifer, T. ; Plapper, P.:"Transputerbased Multisensor System to Analyse Transient Signals". VDI-Berichte 761; VDI Verlag, Düsseldorf.

[2] Kühne, L.: "Entwicklung eines universellen Überwachungs- und Diagnosesystems für Fertigungseinrichtungen" Diss. RWTH Aachen 1985.

[3] Kluft, W.: "Werkzeugüberwachungssysteme für die Drehbearbeitung" Diss. RWTH Aachen 1983.

[4] Jähne, B.: "Digitale Bildverarbeitung" Springer Verlag, 1989.

[5] Mehles "Analyseverfahren zur Maschinen und Prozeßüberwachung." Diss. RWTH Aachen, 1987.

[6] Christoffel, K.: "Werkzeugüberwachung beim Bohren und Fräsen." Diss. RWTH Aachen, 1984.

[7] Brigham, O.: "FFT, Schnelle Fourier Transformation." R. Oldenbourg Verlag 1985.

[8] Eschmann "Die Wälzlagerpraxis" R. Oldenbourg Verlag, München 1978.

Robotersteuerung auf Transputerbasis

Martin Prüfer, Friedrich Wahl
Institut für Robotik und Prozeßinformatik
Technische Universität Braunschweig

Zusammenfassung

In diesem Artikel wird der Entwurf einer Transputer-basierten Robotersteuerung beschrieben. Zur Steuerung der Roboterantriebe wird ein Motorinterface entwickelt, mit dem ein Roboter vom Transputer aus gesteuert werden kann. Um verschiedene Sensorsignale verarbeiten zu können, wird ein modulares und erweiterbares Sensorbus-System aufgebaut und beschrieben. Die Hardware wird ergänzt durch ein task-orientiertes Roboterprogramm, das in seiner Konzeption die Möglichkeiten der Programmierung von parallel ablaufenden Prozessen ausnutzt.

1. Einleitung

Im Zuge der Mechanisierung und Automatisierung von Produktionsprozessen werden in zunehmendem Maße Industrieroboter eingesetzt. Dabei gelingt es immer weitergehender, dem Handhabungsautomaten anspruchsvolle Tätigkeiten zuzuweisen, die vormals ausschließlich dem menschlichen Geschick vorbehalten waren. Die Maschinen müssen dazu komplizierte Bewegungen mit hoher Genauigkeit ausführen. Zur exakten Erkennung der Position des zu manipulierenden Objekts müssen Sensoren eingesetzt werden, damit der Bewegungsablauf des Roboters korrigiert werden kann. Die Entwicklung von 'sehenden' Robotern ist in vollem Gange. An Roboter-Mechanik und Steuereinheit werden hohe Anforderungen gestellt, um die geforderte Präzision bei der Positionierung von Objekten zu gewährleisten. Erst durch das effektive Zusammenwirken von Hard- und Software gelingt es, diesen hohen Leistungsanforderungen gerecht zu werden. Derzeit erhältliche Robotersysteme zeigen konzeptionelle Schwächen und Mängel, eine Verbesserung des Bewegungsverhaltens ist wünschenswert. Die Integration von Sensoren ist nur in eingeschränktem Maße möglich.

Ziel der vorliegenden Arbeit war es, dem Anwender eine leistungsfähige Software-Schnittstelle zur Verfügung zu stellen, über die der Roboter durch die Angabe von Positionen und weiteren Parametern (z.B. Geschwindigkeit) programmiert werden kann. Hierzu wird im Abschnitt 2 zunächst die Konzeption eines Motorinterfaces zur Steuerung der Antriebe beschrieben. Desweiteren wird ein modulares Sensorinterface vorgestellt, das sich durch Hinzufügen weiterer Interfacemodule einfach erweitern läßt. In Abschnitt 3 wird anschließend ein universelles Software-Konzept zur Steuerung des Roboterarms entwickelt und am Beispiel des Mitsubishi-Roboters RM-501 vorgestellt. Mit der vorliegenden Arbeit wird die Grundlage zur Implementierung der neuen Robotersprache ZERO geschaffen.

2. Die Hardware zur Robotersteuerung

Der RM-501 ist ein kleiner Industrieroboter mit Knickarmstruktur und einer maximalen Reichweite von 455 mm mit 5 Freiheitsgraden sowie einer Hand mit einer maximalen Öffnungsweite von 60 mm. Dieser Roboter ist in der Lage, mit seiner Hand eine Nennlast von 0.5 kg zu tragen. Sowohl die Positioniergenauigkeit als auch die Wiederholgenauigkeit in der Positionierung beträgt +/− 0.5 mm. Durch seine Konstruktion eignet sich dieser Roboter zur Manipulation kleiner Objekte in der Industrie, sowie zur Verwendung im Ausbildungsbereich. Das Robotersystem RM-501 besteht aus der Robotermechanik und einer elektronischen Ansteuerschaltung, der DRIVE-UNIT. Da ein großer Teil der Probleme beim Arbeiten mit dem Roboter in den konzeptionellen Einschränkungen der DRIVE-UNIT begründet sind, wird zunächst der Aufbau und die Funktionsweise dieser Ansteuer-Baugruppe erläutert.

2.1 Die DRIVE-UNIT des RM-501

Die DRIVE-UNIT enthält alle Funktionsteile, die benötigt werden, um die von einer Steuereinheit empfangenen Befehle zur Ansteuerung der 6 Motoren umzusetzen. Der Controller ist in der Lage, den Roboter zwischen zwei Positionen achsinterpoliert zu verfahren, was bedeutet, daß die in einer Gesamtbewegung auszuführenden Schritte in gleichmäßigen Intervallen auf die zur Verfügung stehende Zeit verteilt werden. Bei einer achsinterpolierten Bewegung ergeben sich für die Roboterhand kreisförmige Bewegungsbahnen – eine Gesamtbewegung setzt sich aus der Überlagerung der Kreisbewegungen aller Gelenke zusammen. Der Controller steuert die Gelenkmotoren in der Weise, daß ruckartige Beschleunigungen in den Gelenken weitgehend vermieden werden. Dazu wird die Gesamtbewegung in drei Phasen unterteilt (Bild 2.1).

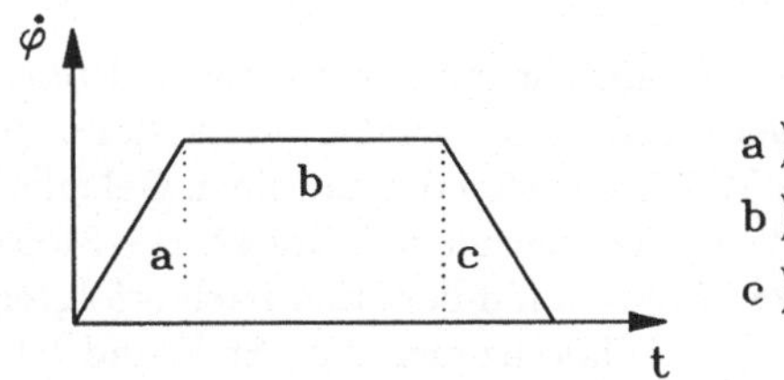

a) Anfahrrampe
b) Maximalgeschwindigkeit
c) Auslauframpe

Bild 2.1: Bewegungsgeschwindigkeit eines Robotergelenks über der Zeit

Dieser dreiteilige Bewegungsablauf bildet die Basis für jede Bewegung des Roboters. Besonders bei aus mehreren kurzen Segmenten zusammengesetzten Gesamtbewegungen macht sich die Eigenschaft, daß immer in einer starren Rampenform gefahren wird, negativ bemerkbar.

Durch die Beschleunigungs- und Abbremsphasen kann der Roboter unter Umständen zum Schwingen angeregt werden. Statt einer kontinuierlichen Gesamtbewegung erhält man eine ruckartige Bewegung.

Bei der Programmierung in kartesischen Koordinaten muß vor der Ausführung der Bewegung die Soll-Position in Gelenkvariablen umgerechnet werden. Eine solche Koordinatentransformation stellt für den Z80-basierten Mitsubishi-Controller bereits eine erhebliche Rechenbelastung dar. Durch die benötigte Rechenzeit verstärkt sich der Effekt einer ruckartige Bewegung, so daß zwischen einzelnen Bahnsegmenten der Roboterarm tatsächlich zum Stillstand kommt.

2.2 Steuerung der Gelenk-Motoren

Die Ansteuerung der Motoren 1 bis 5 ist in Bild 2.2 für einen Motor schematisch dargestellt.

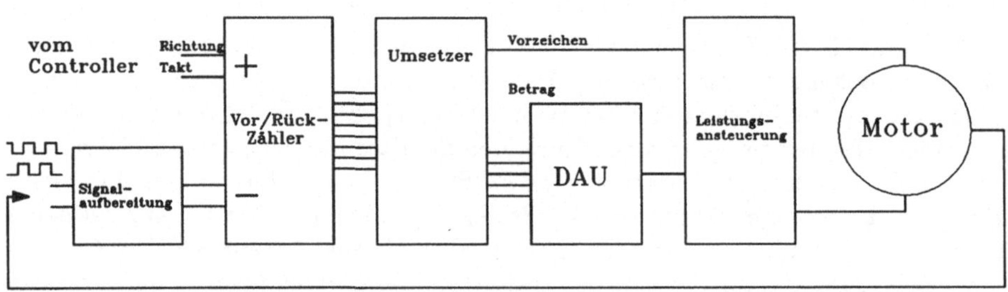

Bild 2.2: Blockschaltbild der Gelenkmotoransteuerung in der **RM-501 DRIVE-UNIT**

Die Winkelgeber an den Robotergelenken erzeugen den Drehrichtungen entsprechend phasenverschobene 5V-Rechtecksignale, mit denen die Gelenk-Positionen erfaßt werden können. Die Rechtecksignale entsprechen in ihrer Auflösung den Motorschritten der einzelnen Gelenke. Diese Signale werden im V/R-Zähler mit entgegengesetztem Vorzeichen aufaddiert. Die Steuersignale vom Controller für die Soll-Schritte werden im Zähler aufaddiert und nach erfolgter Bewegung wieder subtrahiert, so daß im Zähler immer die Differenz zwischen Soll- und Ist-Position steht. Dieser Zusammenhang läßt sich auch als regelungstechnisches Ersatzschaltbild darstellen (Bild 2.3).

Der V/R-Zähler wird im Ersatzschaltbild zum besseren Verständnis durch zwei unabhängige Integratoren dargestellt. Diese Darstellung ist funktionsidentisch mit einem Integrator, dessen Eingangsgröße die Differenz der beiden Eingangssignale ist. Die Reihenfolge von Differenzbildung und Integration ist beliebig. Die beiden Integratoren liefern an den Ausgängen Soll- und Ist-Wert der Gelenkposition. Die Differenz zwischen Soll- und Ist-Wert gelangt in den D/A-Umsetzer, der zusammen mit der Leistungsansteuerung als Proportionalglied mit

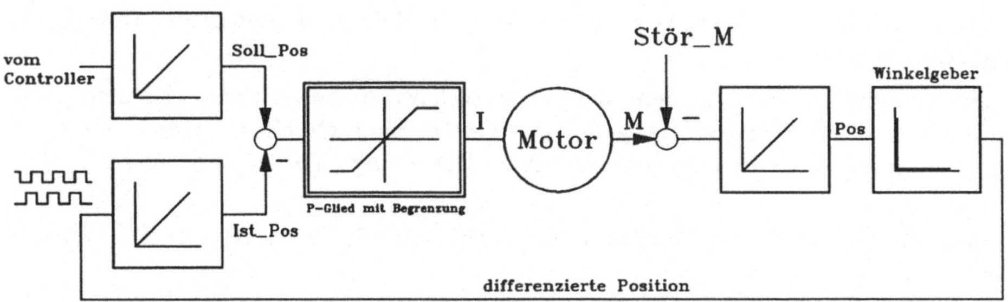

Bild 2.3: Regel-Ersatzschaltbild für die Leistungsansteuerung der Motoren

Begrenzung wirkt. Der bereitgestellte Ausgangsstrom I wird im Motor in ein Drehmoment M umgewandelt. Die Differenz zwischen Motormoment M und Störmoment *Stör_M* wird zur Gelenkposition aufintegriert. Das Störmoment ist bedingt durch das dynamische Verhalten der

1. Massen der Roboterglieder
2. Massen der zu manipulierenden Objekte in der Roboterhand

sowie

3. Reibung in den Gelenken
4. von außen wirkeende Kräfte

Die Winkelencoder des RM-501 können nur differentielle Bewegungen erfassen und lassen sich deshalb als D-Glieder auffassen [LEO85]. So sind sowohl die Steuersignale des Controllers (*Richtung* und *Takt*), als auch die rückgeführten Winkelsignale differenzierte Positionssignale. Diese differenzierte Position wird in einer Rückkopplung auf den Integrator für die Ist-Position geführt. Damit ergibt sich ein geschlossener Regelkreis für die Winkelstellung eines jeden Robotergelenks.

2.3 Anforderungen an die Robotersteuerung

Die oben genannten Einschränkungen der kommerziell verfügbaren Steuereinheit und die für den vorgesehenen Einsatz als Studienobjekt zusätzlich gewünschten Eigenschaften einer Robotersteuerung lassen Ansatzmöglichkeiten für Verbesserungen erkennen:

1. Die Steuerung des Roboters soll ausreichend schnell sein, um beispielsweise mehrere Bewegungssegmente zu einer kontinuierlichen Gesamtbewegung zusammenzusetzen, ohne daß Geschwindigkeitssprünge (spürbar als Rucken) auftreten.
2. Die Steuerung des Roboters durch Handframes [2.1] soll mit einer schnellen inversen Kinematik ermöglicht werden.

[2.1] Ein Handframe besteht aus den Vektoren $\vec{n}$, $\vec{o}$, $\vec{a}$ und $\vec{p}$. Dabei ist $\vec{n}$ der Normalenvektor auf den Orientierungsvektor $\vec{o}$ und den Approachvektor $\vec{a}$ der Hand. Der Vektor $\vec{p}$ repräsentiert die xyz-Koordinate im Raum.

3. Die absolute Position eines jeden Gelenks soll zu jeder Zeit, also auch in der Bewegung, abgefragt werden können.
4. Weitere Sensorsignale (z.B. von einem Meßtaster) sollen verarbeitet werden können, ohne den Umweg über einen Host-Rechner gehen zu müssen. Eine schnelle Sensorsignal-Verarbeitung ist beispielsweise für eine sensorgeführte Bewegung ('guided motion') erforderlich.
5. Sowohl in der zu realisierenden Hardware, als auch in der Software ist eine Modularität wünschenswert.

2.4 Realisierung einer Transputer-basierten Robotersteuerung

Nachdem nun die Anforderungen an die Robotersteuerung erläutert worden sind, wird nun in den folgenden Abschnitten die Hardware der am Institiut für Robotik und Prozeßinformatik realisierten Robotersteuerung beschrieben. Um den oben aufgeführten Anforderungen gerecht werden zu können, wurde ein Motor- und ein Sensorinterface konzipiert. Beide Baugruppen arbeiten völlig eigenständig, was zu einer Modularisierung in der Hardware führt.

2.5 Übersicht über die Hardwarekonfiguration

Ein Host-PC ist um zwei Transputer-Einsteckkarten *TEK 4/8* erweitert worden. Das Gesamtsystem ist in Bild 2.4 dargestellt.

Eine Transputerkarte ist mit einem T414 bestückt [IMS T4], die andere mit einem T800 [IMS T8]. In der Software werden die Aufgaben so verteilt, daß der mit einer Floating-Point Arithmetik ausgestattete T800 die rechenintensiven Prozesse ausführt und der T414 die zeitkritischen Steueraufgaben übernimmt. Zusätzlich bedient der T414 sowohl das Motor-Interface, als auch das Sensor-Interface. Die Link-Schnittstelle 0 ist mit dem Hostrechner verbunden, Link 1 ist mit Link 0 des T800 verbunden. So geschaltet kann man den T800 als Coprozessor für den T414 ansehen. Link 2 und 3 des Root-Transputers (T414) sind je über einen Konverter mit dem Motor- bzw. Sensorinterface verbunden. Beide Interfaces haben eine Verbindung zur DRIVE-UNIT. Die Aufgaben des Host-PCs beschränken sich auf Server-Funktionen.

2.6 Das Motorinterface

Das Motorinterface ist ein Bindeglied zwischen dem Transputer als steuernden Rechner auf der einen Seite, und der DRIVE-UNIT zur Leistungsansteuerung der Robotermotoren auf der anderen Seite. Dazu wandelt das Motorinterface die Transputer-Link-Signale in Impulse zur Ansteuerung der Robotermotoren um. Das Motorinterface läßt sich, reduziert auf die

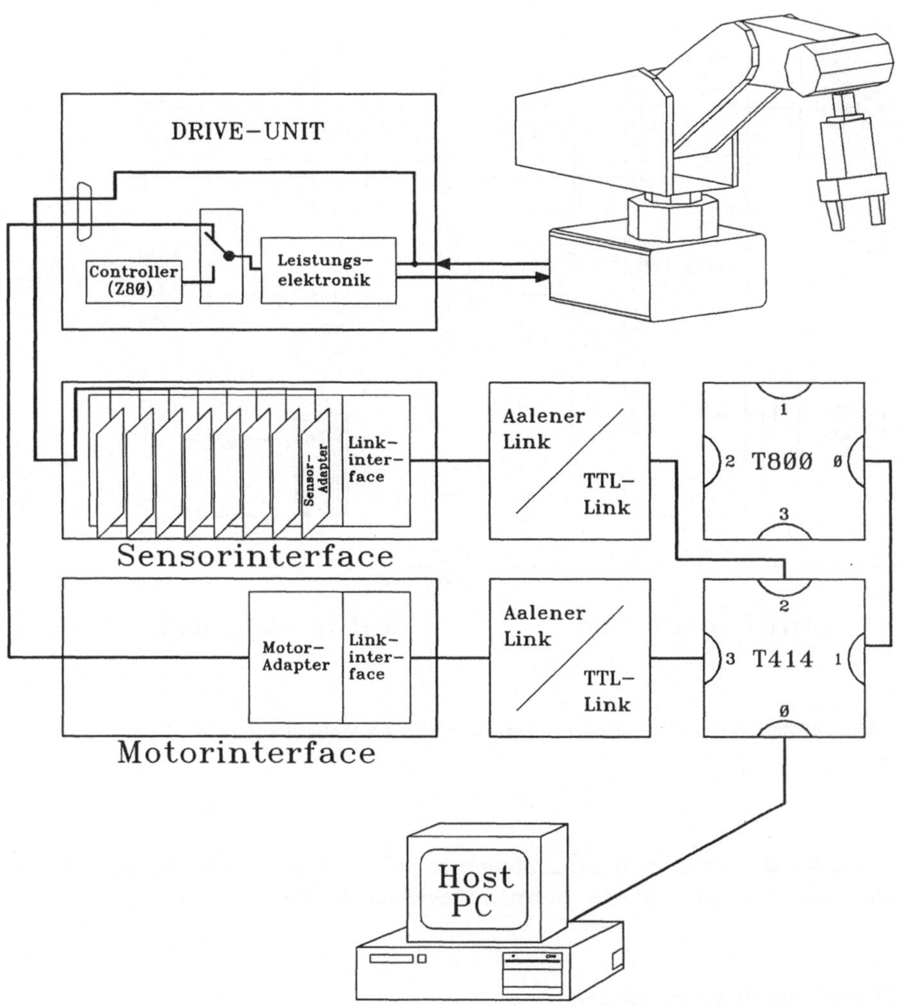

Bild 2.4: Gesamtkonfiguration der Transputer mit den Interfaces

Systemfunktionen *Aufnehmen und Wandeln der Eingangssignale* bzw. *Bereitstellen der Motorsignale*, hardwaremäßig in das Link-Interface und den Motor-Adapter aufteilen.

Der Eingang des Link-Interfaces ist eine serielle Schnittstelle nach *Aalener-Link*-Definition [A_Link]. Im Link-Interface (Bild 2.5) wird das serielle Übertragungssignal mit nach *RS 422*-Norm spezifizierter Spannung auf *TTL*-Pegel umgesetzt (26LS31 u. 32). Im darauf folgenden Linkadapter *C011* werden die seriell übertragenen Daten 8-bit-parallel gewandelt. Mit dem

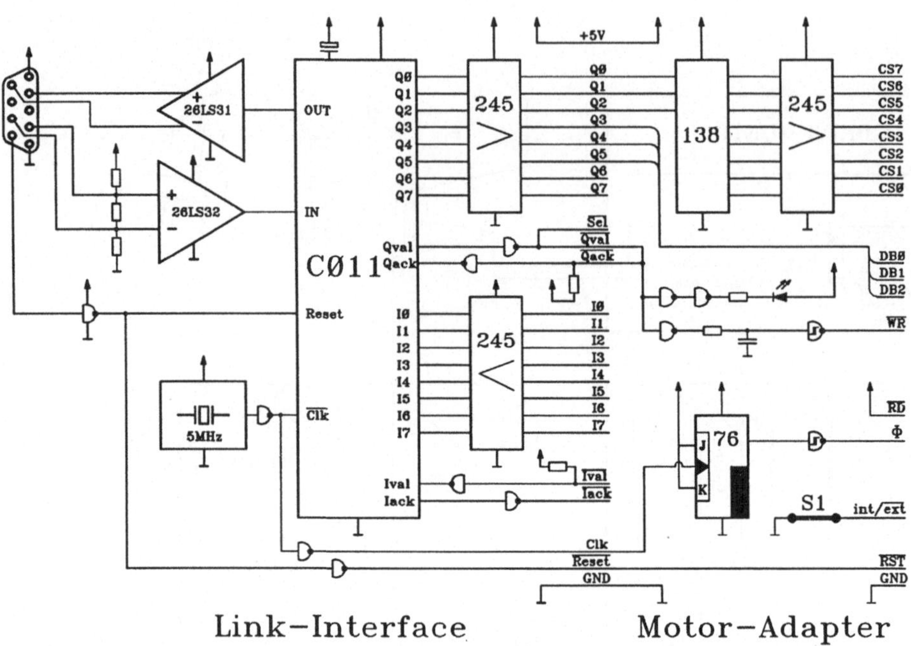

Bild 2.5: Schaltbild: Motorinterface bestehend aus Linkinterface und Motoradapter

Motorinterface werden die für den Roboter-Steuerbus erforderlichen Steuersignale erzeugt. Der Ausgang des Interfaces geht auf den internen Steuerbus der DRIVE-UNIT.

2.7 Verarbeitung von Sensorsignalen

Mit dem Sensorinterface sollen die Signale nachfolgend aufgeführter Geber gelesen werden können:

- Winkelencoder für jedes Robotergelenk
- Endschalter der Robotergelenke
- weitere Sensoren bzw. Signalgeber, z.B. Meßtaster, A/D-Umsetzer, Lichtschranken u.s.w.

Um eine universell einsetzbare Sensorsignal-Verarbeitung zu erhalten, wurde ein Sensorinterface mit Bus-Struktur aufgebaut. Die unterschiedlichen Sensorinformationen werden in dem Sensor-Bus-System durch entsprechende Steckkarten verarbeitet. Durch diese Modul-Bauweise ist eine einfache Erweiterbarkeit und flexible Anpassung an zukünftige Anforderungen gewährleistet. Das Sensorinterface besteht aus folgenden Funktionseinheiten:

- Link-Interface
- Bus-Platine
- mehrere Sensor-Adapter, die sich je nach Art des Sensorsignals voneinander unterscheiden können

2.8 Das Sensor-Bussystem

Das Sensor-Bussystem besteht aus einem Link-Interface und einer Sensor-Bus-Platine. Da das Link-Interface bereits im Kapitel 2.6 als Teil des Motor-Interfaces beschrieben wurde, wird hier mit Bild 2.6 ergänzend der Schaltplan des vollständigen Sensor-Interfaces aufgezeigt.

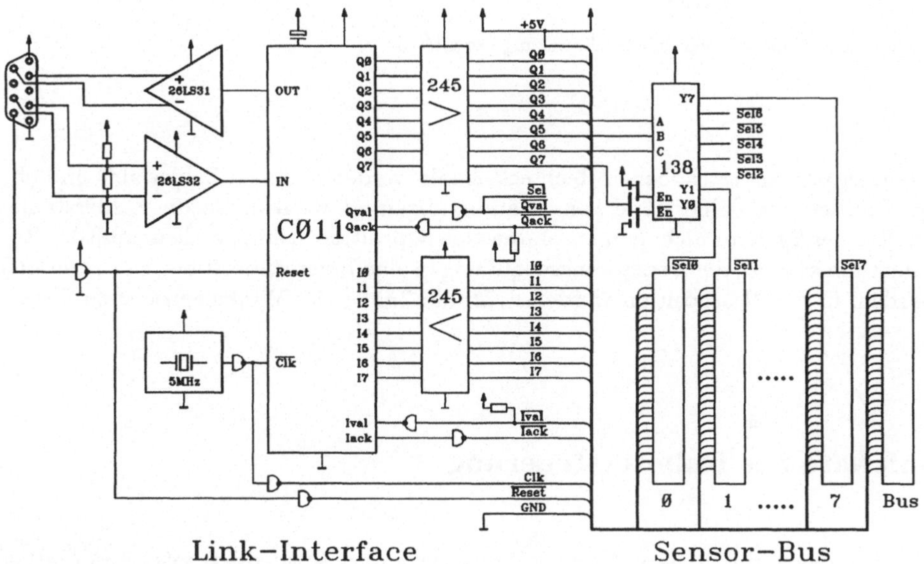

Bild 2.6: Schaltbild: Sensorinterface bestehend aus Linkinterface und Sensor-Bus

2.9 Der I/O-Adapter

Der I/O-Adapter besteht aus einem Tri-State Treiber, der zu lesende Sensorinformationen auf den Sensorbus legen kann sowie einer Decodierung der Bus-Signale zum Erkennen eines Lesebefehls.

2.10 Der Winkelencoder-Adapter

Mit dem Winkelencoder-Adapter können die Signale der Winkelencoder an den Robotergelenken ausgewertet werden. Die Winkelencoder haben zwei Ausgänge, die Signale mit TTL-Pegel erzeugen. Die Signale entstehen in zwei Gabellichtschranken, deren Lichtweg durch eine Lochscheibe führt. Aus der Phasenlage der Signale läßt sich die Drehrichtung der Lochscheibe ermitteln (Bild 2.7). Jeder Flankenwechsel entspricht dabei einer Drehung um ein Winkelinkrement.

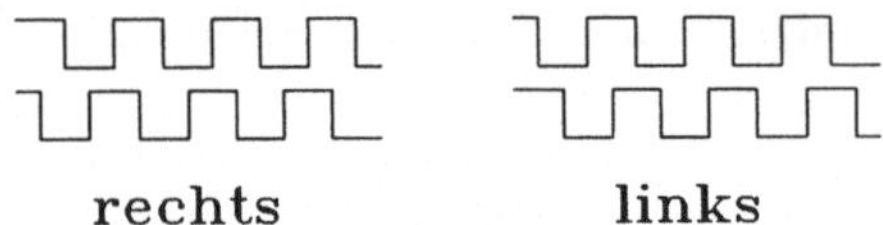

Bild 2.7: Signale der Winkelencoder bei der Bewegung der Gelenke

Die gegeneinander phasenverschobenen Rechtecksignale werden in einem Zähler auf- und abgezählt, der resultierende Zählerstand kann ständig abgefragt werden. Da die Zählerstände beim Einschalten des Systems nicht den absoluten Gelenkpositionen entsprechen, muß der Roboter nach dem Einschalten der Versorgungsspannung in eine Referenzposition (Nestposition) gefahren werden. In der Nestposition werden dann die Zähler der Winkelencoder zurückgesetzt.

3. Die Software zur Robotersteuerung

Nachdem die Hardware zur Steuerung des Roboters erläutert worden ist, folgt nun die Beschreibung der zugehörigen Transputersoftware. Als Programmiersprache wurde, mit Blick auf eine spätere Anbindung an die Robotersprache ZERO [3.1], die Sprache Par.C v1.0, v1.1 der Firma Parsec gewählt. Neben den Standard C-Befehlen nach Kernighan & Ritchie [K&R] unterstützt dieser Dialekt auch die von der Transputersprache OCCAM her bekannten Sprachkonstrukte *PAR, ALT, PRI* und den Datentyp *CHANNEL* [ParC]. In zukünftigen Versionen soll, nach Angaben der Herstellerfirma, auch der C-ANSI-Standard [ANSI] unterstützt werden.

[3.1] ZERO ist eine Roboterprogrammiersprache, die im Institut für Robotik und Prozeßinformatik zur Zeit entwickelt wird. Konzeptionell ist ZERO an die Programmiersprache C gebunden [ZERO].

3.1 Das Task-Konzept

Der große Vorteil der Transputer – eine beliebig konfigurierbare Rechnerstruktur bei hoher Rechenleistung – läßt sich nur nutzen, wenn auch die Software so modular gehalten ist, daß sie sich den jeweiligen Anforderungen entsprechend auf ein Transputernetzwerk verteilen läßt. Daraus ergeben sich für das Roboterprogramm folgende strukturelle Anforderungen:

- keine globalen Variablen
- frei konfigurierbare Rechenprozesse, die nur über Kanäle miteinander kommunizieren
- Befehls-Protokoll für Message-Passing

Um diesen Erfordernissen gerecht zu werden, wurde das Roboterprogramm als eine Anzahl von parallel ablaufenden Prozessen realisiert. Diese Programmierung in Tasks, wie sie von OCCAM her bekannt ist, ermöglicht eine flexible Zuordnung der Aufgaben zu den Transputern [OCCAM].

Einen ersten Überblick über die Softwarestruktur soll Bild 3.1 verschaffen. Das Roboterprogramm hat einen Befehlseingang, einen Ausgang für Meldungen, und je eine Schnittstelle zum Motor- und Sensorinterface.

Von den aus dem Befehlsgenerator kommenden Befehlen werden zunächst die Bewegungsbefehle abgespalten, da diese extra vorverarbeitet werden. Die Bewegungsbefehle gelangen im Rechen_Task zunächst in einen Interpolator und danach in einen Prozeß zur Berechnung der inversen Kinematik.

Der Task_Manager besteht aus einem Multiplexer, der die beiden Befehlsströme aus dem Abtrenn_Task und dem Rechen_Task auf einen gemeinsamen Datenkanal legt, und einem Demultiplexer, der die Messages dem Befehl entsprechend auf die angeschlossenen Tasks verteilt. Der Motor_ und der Sensor_Task verfügen jeweils über einen Kanal, der über einen Link zum entsprechenden Interface führt. Da der Motor_Task auch Zugriff auf Sensorinformationen haben muß, sind diese beiden Tasks noch über einen weiteren Kanal miteinander verbunden. Die Ausgangsmeldungen der Tasks und des Task_Managers werden über einen Multiplexer auf einen Datenkanal geführt und gelangen durch ein parametrisierbares Filter zum Ausgang. Bevor die einzelnen Prozesse im Detail erklärt werden, soll das verwendete Befehlsprotokoll für die Kommunikation der Prozesse untereinander vorgestellt und erläutert werden.

3.2 Das Befehls-Protokoll

Ein Befehl hat folgende Struktur:

Befehl (Byte)
Länge in Bytes (Int)
Daten (String, Doubles, Long Ints)

Da es für das Transputer-C bisher keinen Debugger gibt, ist es sinnvoll, bei Erkennen eines

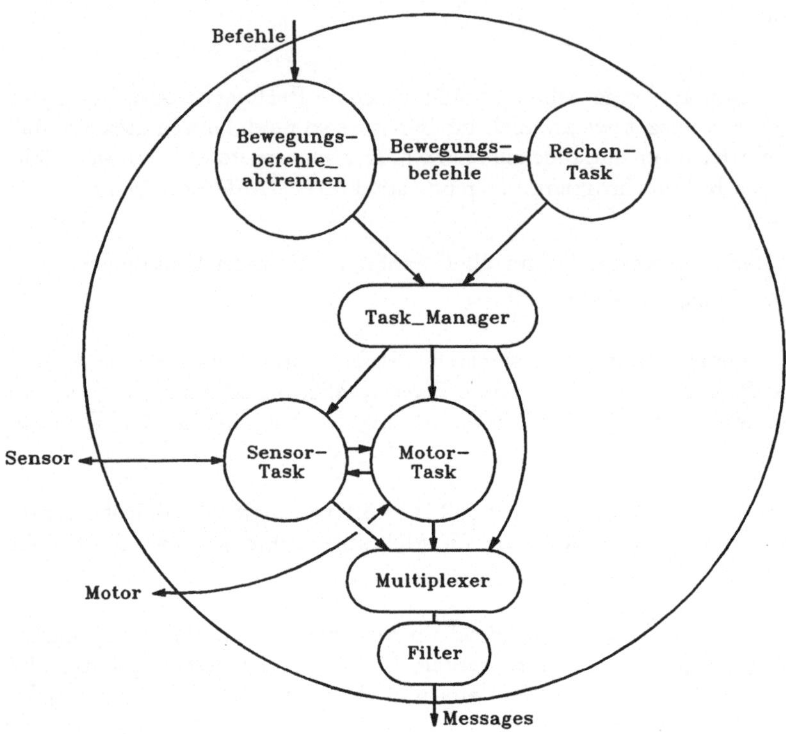

Bild 3.1: Datenflußmodell des Roboterprogramms

falschen Befehlsprotokolls eine Fehlermeldung zu erzeugen, die dem Programmierer einen Hinweis über den Fehlerort und die Fehlerursache gibt.

3.3 Der Motor_Task

Der Motor_Task organisiert die Ansteuerung des Motorinterfaces. Dazu hat er zwei Aufgaben zu erfüllen:

1. Achsinterpolierte Bahn zwischen Start- und Zielpunkt in vorgegebener Zeit abfahren
2. Selbständiges Nesten

Der Motor_Task besitzt, neben seiner Verbindung zum Motorinterface, vier Kanäle, über die Informationen ausgetauscht werden können (Bild 3.2).

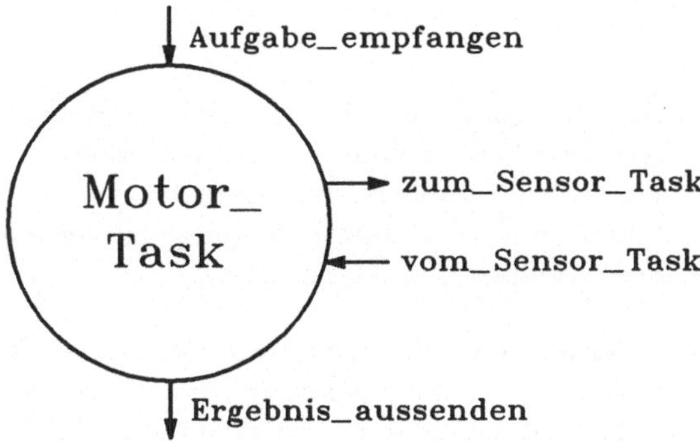

Bild 3.2: Die Kanäle des Motortasks

Die Kanäle zum Sensor_Task sind nötig, um direkt auf Sensorinformationen zugreifen zu können. Beispielsweise muß zum Nesten der Status der Endschalter des Roboters abgefragt werden. Das Nesten läßt sich als eine einfache Form einer sensorgeführten Bewegung interpretieren.
Der Motortask kann über den Eingang *Aufgabe_empfangen* folgende Befehle empfangen und nachfolgend verarbeiten:

- NEST_ROB
- MOTORPOS_SOLL_IN_ZEIT
- SET_GRIP_WIDTH
- SET_GRIP_FORCE
- SENSOR_SYNC_ABFRAGEN
- MOTORPOS_SYNC_ABFRAGEN
- WINKELPOS_SYNC_ABFRAGEN
- FRAME_SYNC_ABFRAGEN
- SET_MOTORRAMPEN_LÄNGE
- DO_TERMINATE

Beim Empfang eines anderen Befehls, als hier aufgeführt, wird eine Fehlermeldung erzeugt und über den Kanal *Ergebnis_aussenden* verschickt. Für diesen Zweck werden die Befehle ERROR_TO_HOST und ERROR_INTEGERS_TO_HOST eingesetzt. Der eine überträgt eine Fehlermeldung als String, der andere gibt die Möglichkeit auch eine Zahl als Parameter des aufgetretenen Fehlers zu versenden. Die Funktion der einzelnen Befehle wird im folgenden näher erläutert.

3.4 Die Achsinterpolation

Aus der Art der Ansteuerung resultiert eine der Hauptaufgaben des Motortasks: Die einzelnen Bewegungsschritte müssen in einem gleichmäßigen zeitlichen Abstand verschickt werden, um eine kontinuierliche Bewegung zu erhalten. Um eine achsinterpolierte Roboterbahn fahren zu können, müssen die Schritte aller Gelenke gleichmäßig auf die Gesamtbewegungszeit verteilt werden. Dies leistet die Funktion *Position_anfahren (Sollposition, Gesamtzeit)*.

Der Transputer hat einen internen 32-Bit-Timer, der mit einer Frequenz von 15625 Hz getaktet wird. Dieser Timer kann im Programm abgefragt und zur Zeitsteuerung benutzt werden. Im Motortask wird dieser Timer verwendet, um die Motorschritte in den gewünschten Zeitabständen auszusenden.

Um die Rechenleistung des Transputers nicht mit dem Warten auf einen bestimmten Zeitpunkt zu belasten, wird das Warten "passiv" realisiert. Der Prozeß wird mit dem Befehl *wait(Wartezeit)* für eine bestimmte Zeit passiviert, und nach Ablauf der Zeit wieder in die Reihe der aktiven Prozesse eingereiht. Da der Transputer mit einem Hardware-Scheduler ausgerüstet ist, benötigt ein passivierter Prozeß keine Prozessor-Rechenzeit. Somit beansprucht das Ansteuern der Motoren den Transputer zwar häufig, d.h. in einem engen Zeitraster (einige kHz), aber dann jeweils nur für kurze Zeit. Damit kann der Transputer, auf dem der Motortask läuft, noch weitere Aufgaben übernehmen.

3.5 Anfahren der Nestposition

Die zweite Hauptaufgabe für den Motortask ist das selbstständige Anfahren der Nestposition. Das Nesten wird mit dem Befehl NEST_ROB angewiesen. Zum Nesten wird jedes Robotergelenk in Richtung des zugehörigen Endschalters gefahren, bis dieser in der Endposition betätigt wird. Um Positionierungs-Ungenauigkeiten durch das recht zügige Heranfahren an die Endschalter zu vermeiden, geschieht das Nesten eines Gelenks in 3 Phasen:

1. Schnelles Fahren in Richtung des Endtasters, bis dieser geschlossen ist
2. Schnelles Fahren in entgegengesetzter Richtung, bis der Endschalter wieder offen ist
3. Langsames Fahren zum Taster, bis er erneut geschlossen ist

Mit diesem Verfahren wird eine definierte und reproduzierbare Nestposition erreicht. Durch das langsame Hineinfahren in die Endposition wird der Fehler, der durch die Vor-Rück-Zähler der DRIVE-UNIT 2 entstehen kann, vermieden. Um die modulare Softwarestruktur zu erhalten, sollte der Motortask nicht selbst auf das Sensorinterface zugreifen, um Daten über den Zustand der Endschalter zu erhalten. Zu diesem Zweck ist der Motortask über die Kanäle *zum_Sensor_Task* und *vom_Sensor_Task* mit dem Sensortask verbunden. Der Motortask kann mit INTERN_SENSOR_ABFRAGEN Sensoranfragen an den Sensortask aussenden, und erhält von dort die angeforderten Daten. Damit ist sichergestellt, daß der Kanal zum Sensorinterface nur von einer Stelle aus angesprochen wird.

Konstruktionsbedingt – durch die Anordnung der Endschalter – müssen die beiden letzten

Bewegungsstücke, das Senken und Drehen der Hand nacheinander erfolgen. Dennoch läßt sich die Zeit zum Anfahren der Nestposition erheblich reduzieren, indem die Gelenke – soweit dies möglich ist – nicht sequentiell sondern parallel, also zugleich bewegt werden. Ein solcher Zeitablauf ist in Bild 3.3 zu sehen.

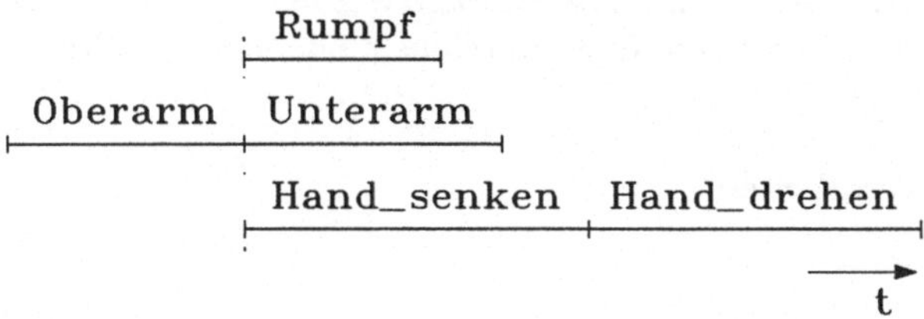

Bild 3.3: Zeitdiagramm für das parallele Nesten

3.6 Synchronisation mit dem Sensor_Task

Über die bisher erläuterten Befehle hinaus kennt der Motortask noch Befehle zur Synchronisation von Motor_ und Sensor_Task. Durch die zeitliche Asynchronität parallel ablaufender Prozesse ergibt sich das Problem einer zeitlichen Ordnung der abzuarbeitenden Befehle. Beispielsweise kann das Ergebnis einer Sensorabfrage vor Beendigung einer vorher angeforderten Roboterbewegung über den MUX zum Ausgang gelangen. In einigen Fällen, z.B. bei einer sensorgeführten Bewegung, ist jedoch das Einhalten der Reihenfolge der einzelnen Bewegungs- und Sensorbefehle erforderlich. Zu diesem Zweck sind die Befehle X_SYNC_ABFRAGEN [3.2] definiert worden. Mit diesen Befehlen wird die Sensorabfrage durch den Motor_task hindurch über den internen Kanal zum Sensor_Task angefordert. Somit ist sichergestellt, daß die Befehle X_SYNC_ABFRAGEN erst nach der vollständigen Ausführung des vorherigen Roboterbewegungsbefehls zum Sensor_Task übertragen wird.

3.7 Der Sensor_Task

Analog zum Motortask hat der Sensor_Task die Aufgabe, das Sensorinterface zu steuern. Die äußere Struktur gleicht der des Motor_Tasks.

Die Befehle, die der Sensor_Task verarbeiten soll, können ihn über zwei verschiedene Wege erreichen:

[3.2] X steht als Platzhalter für die Art des Befehls, also für SENSOR, MOTORPOS, WINKELPOS oder FRAME.

1. Vom Task_Manager über *Aufgabe_empfangen*
2. Vom Motor_Task über *vom_Motor_Task*

Über den Kanal *Aufgabe_empfangen* kommen die 'normalen' Sensorabfragen, die vom Task_-Manager zum Sensortask verschickt werden. Interne und synchrone Sensorabfragen kommen über den Kanal *vom_Motortask* und unterscheiden sich durch den Ausgabekanal, durch den die Sensordaten verschickt werden. Bei einer internen Sensorabfrage werden die Daten zum Motor_Task geschickt, während synchrone Sensordaten über *Ergebnis_aussenden* zum Multiplexer gelangen.

Der Sensor_Task kann folgende Befehle verarbeiten:

SENSOR_ABFRAGEN
SENSOR_SYNC_ABFRAGEN
INTERN_SENSOR_ABFRAGEN
MOTORPOS_ABFRAGEN
MOTORPOS_SYNC_ABFRAGEN
WINKELPOS_ABFRAGEN
WINKELPOS_SYNC_ABFRAGEN
FRAME_ABFRAGEN
FRAME_SYNC_ABFRAGEN
WINKELENCODER_RESET

Wird ein anderer Befehl oder ein falsches Befehlsprotokoll empfangen, so erzeugt der Sensortask eine Fehlermeldung, die über *Ergebnis_aussenden* ausgesandt wird.

3.8 Der externe Rechentask

Prinzipiell ist es möglich, das gesamte in Bild 3.1 dargestellte Roboterprogramm auf einem Transputer ablaufen zu lassen. Speziell der Rechentask hat jedoch eine Vielzahl von trigonometrischen Funktionen und Fließkommaoperationen zu berechnen, so daß es sinvoller ist, den Rechen-Task auf einem T800 ablaufen zu lassen. Der Rechentask kann folgende Befehle verarbeiten:

SET_INTERPOLATOR_TYP
SET_INTERPOLATOR_WEITE
FRAME_SOLL
WINKELPOS_SOLL
MOTORPOS_SOLL
SET_SPEED

Der Rechentask besteht aus zwei Prozessen: dem Interpolator und dem Prozeß zur Berechnung der inversen Kinematik (Bild 3.4).

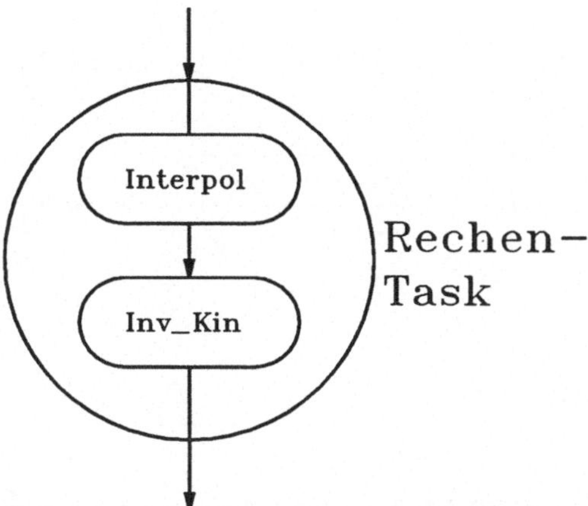

Bild 3.4: Rechentask bestehend aus Interpolator und einem Prozeß zur Berechnung der inversen Kinematik

Der Interpolator erzeugt für eine Roboterbewegung zwischen zwei durch Roboter-Frames vorgegebenen Punkten eine Anzahl von Stützstellen, um den Weg zu beschreiben, auf dem verfahren werden soll. Der Task mit der inversen Kinematik bekommt die Roboterpositionen, die anzufahren sind, in verschiedenen Formen und berechnet daraus die Gelenkvariablen in Motorschritten. Eine anzufahrende Sollposition kann in 3 Formen vorgegeben werden:

1. Gelenkvariable in Motorschritten
2. Gelenkvariable als Winkel
3. Frame bestehend aus $\vec{n}$, $\vec{o}$, $\vec{a}$ und $\vec{p}$ [3.3]

In den meisten Anwendungsfällen wird die Steuerung des Roboters in Frames erfolgen. Für die inverse Kinematik des RM-501 sind folgende Gleichungen zu lösen:

$$w_1 = \text{atan2}(p_y - d5 \cdot a_y, p_x - d5 \cdot a_x) + \frac{\pi}{2}$$

$$w_{234} = \text{atan2}(-(a_x \cdot \cos(w_1) + a_y \cdot \sin(w_1)), -a_z)$$

$$w_5 = \text{atan2}(n_x \cdot \sin(w_1) - n_y \cdot \cos(w_1), o_x \cdot \sin(w_1) - o_y \cdot \cos(w_1))$$

$$Merk\_1 = (p_x - d5 \cdot a_x) \cdot \cos(w_1) + (p_y - d5 \cdot a_y) \cdot \sin(w_1)$$

$$Merk\_2 = Merk\_1^2 + (p_z - d5 \cdot a_z - d1)^2$$

$$Merk\_3 = \text{atan2}(Merk\_1, d1 + d5 \cdot a_z - p_z)$$

[3.3] $\vec{n}$, $\vec{o}$, $\vec{a}$ und $\vec{p}$ sind die in der Robotik üblichen Vektoren. $\vec{n}$ ist der Normalenvektor auf den Orientierungsvektor $\vec{o}$ und den Approachvektor $\vec{a}$ der Hand. $\vec{p}$ ist die xyz-Koordinate im Raum.

$$w_{23} = -\mathrm{atan2}\left(\frac{a3^2 + Merk\_2 - a2^2}{2 \cdot a3}, -\sqrt{Merk\_2 - \left(\frac{a3^2 + Merk\_2 - a2^2}{2 \cdot a3}\right)^2 - Merk\_3}\right)$$

$$w_2 = \mathrm{atan2}\left(\frac{a2^2 + Merk\_2 - a3^2}{2 \cdot a2}, \sqrt{Merk\_2 - \left(\frac{a2^2 + Merk\_2 - a3^2}{2 \cdot a2}\right)^2 - Merk\_3}\right)$$

$$w_{34} = w_{234} - w_2$$

$$w_4 = w_{234} - w_{23}$$

$$w_3 = w_{34} - w_4$$

Zur Berechnung der inversen Kinematik wurde mit SKIP [3.4] ein entsprechender Gleichungssatz erzeugt, der nach geeigneter Umformung implementiert wurde. Damit konnten auf dem T800 65 Koordinatentransformationen pro Sekunde erreicht werden. Gemessen an der Leistungsfähigkeit des T800 liegt dieser Wert gegenwärtig noch viel zu niedrig. Die Ursache für die vergleichsweise langsamen Berechnungen liegt in der ineffektiven Mathematik-Bibliothek des C-Compilers, speziell für trigonometrische Funktionen. Ein vergleichbares OCCAM-Programm lieferte erheblich schnellere Ergebnisse. Die Rechenzeit für eine Koordinatentransformation ist in Tabelle 3.5 für verschiedene Prozessortypen und Compiler zusammengefaßt.

80286-12 mit 80287 (TC)	T800-20 (Par.C)	T414-20 (Occam)	T800-20 (Occam)
4.0	6.3	4.2	0.36

Bild 3.5: Tabelle: Zeit für die Berechnung der inversen Kinematik in ms

Da der Parallel-C Compiler (v1.1) noch sehr neu auf dem Markt ist, ist damit zu rechnen, daß in Zukunft mit einem weiterentwickelten Compiler eine Geschwindigkeitssteigerung durch bessere Ausnutzung der vorhandenen Rechenleistung erreicht werden kann. Für die meisten Roboteranwendungen reichen jedoch die heute schon realisierten Geschwindigkeiten bereits aus.

[3.4] SKIP ist ein Prolog-Programm zur symbolischen Lösung der inversen Kinematik von Industrierobotern, welches im Institut für Robotik und Prozeßinformatik entwickelt wurde.

3.9 Geführte Bewegungen

Um die implementierten Funktionen demonstrieren zu können, wurde eine 'guided motion' programmiert. Für eine sensorgeführte Roboterbewegung müssen die zu generierenden Bewegungsbefehle in Abhängigkeit von vorher durchgeführten Sensorabfragen bestimmt werden. Dazu wird die in Bild 3.1 dargestellte Softwarestruktur zu folgender Konfiguration erweitert:

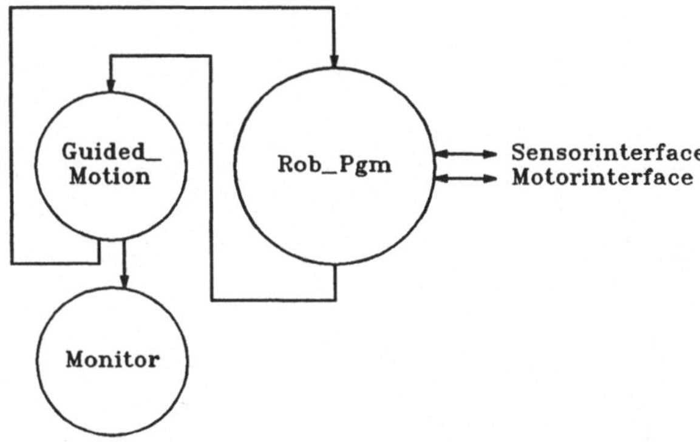

Bild 3.6: Softwarekonfiguration für eine geführte Bewegung

Der Prozeß *Guided_Motion* besitzt einen Eingang und zwei Ausgänge. An den Eingang werden die Meldungen des Roboterprogramms mit den Sensorinformationen geführt. *Guided_Motion* übernimmt die Aufgabe des Befehlsgenerators aus Bild 3.1 und sendet Befehle zur Sensorabfrage und zur Steuerung der Roboterbewegung aus. Die auszusendenden Bewegungsbefehle hängen vom Ergebnis der vorherigen Sensorabfragen ab. So ist beispielsweise das Abfahren einer Oberfläche durch Nachführen der Bewegung möglich. Der zweite Ausgang führt zum Monitorprozeß, der die Meldungen und Sensorinformationen auf dem Terminal des Server-Rechners anzeigt. Als Beispiel einer sensorgeführten Bewegung wurde eine Frame-gesteuerte Bewegung mit Korrektur in der z-Komponente programmiert.

Die Vielfalt der möglichen Sensorinformationen, die in der Robotik zur Steuerung einer Roboterbahn genutzt werden können, reicht von primitiven Sensoren (z.B. Lichtschranken), bis hin zu komplizierten Sichtsystemen zur Kollisionsvermeidung und Objekterkennung. Exemplarisch haben wir eine geführte Bewegung mit einem optischen Abstandssensor realisiert. Der verwendete Abstandssensor des Typs *OTS4* der Fa. Wolf & Beck ist ein optischer Taster mit sehr genauem Schaltpunkt. Er ermöglicht ein berührungsloses, exaktes Erfassen des Abstandes zwischen der Sensorunterkante und einem punktförmigen Lichtmeßfleck auf dem Meßobjekt. Dieser Sensor liefert eine 1-Bit-Information, aus der hervorgeht, ob der Schaltabstand (bei diesem Taster 43 mm) unter- oder überschritten wird. Der Meßtaster arbeitet auch bei großen Oberflächenneigungen sehr präzise (bei 60° $\pm\, 20\mu m$) und reagiert in seiner Funktion weitgehend unahängig von Farbe und Reflexionsgrad des Werkstücks. Soll die Oberfläche des Formstücks abgefahren werden, so muß bei einer Ausrichtung des Objekts in y-Richtung eine lineare Bewegung in diese Richtung erfolgen. Während der Bewegung erfährt die z-Komponente eine ständige Korrektur.

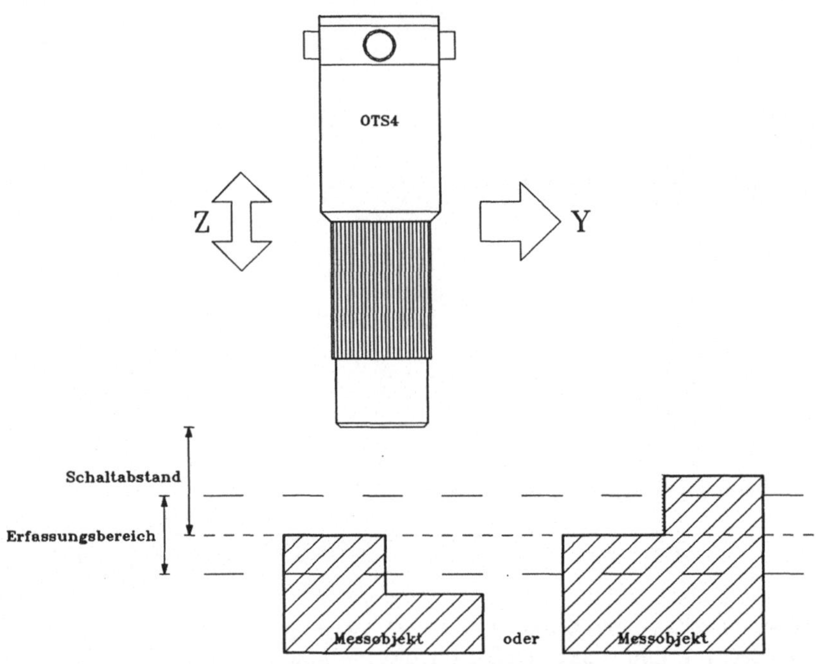

Bild 3.7: Der Meßtaster OTS4 an einer Objektkante

3.10 Anbindung an eine Roboterprogrammiersprache

Nachdem die einzelnen Tasks des Roboterprogramms erläutert worden sind, wird im folgenden auf zukünftige Erweiterungen des Programmsystems eingegangen. Besonders interessant ist in diesem Zusammenhang die Anbindung des Systems an eine übergeordnete Programmiersprache, z.B. an die in Entwicklung befindliche Roboterprogrammiersprache [ZERO].

Das Roboterprogramm hat, wie in Bild 3.1 dargestellt, zwei Kanäle, über die es mit seiner

Umwelt kommuniziert. Über den Eingangskanal werden Befehle an das Roboterprogramm übertragen, am Ausgang erhält der Anwender die Messages, Fehlermeldungen und Sensoinformationen. Ein ZERO-Task kann beispielsweise ähnlich dem Guided-Motion-Task beide Kanäle bedienen. Da der Root-Transputer durch Sensor- und Motortask nur gering belastet ist, bietet sich die Installation eines solchen Tasks auf diesem Transputer an.

Ein ZERO-Programm wird je nach Anwendung auch eine Reihe von Programmteilen in Standard-C enthalten. Je nach Umfang und Rechenaufwand kann die Verlagerung auf einen weiteren Transputer sinnvoll sein. Dies muß im Einzelfall jedoch erst geprüft werden. Eine andere Erweiterungsmöglichkeit wäre die Installation von Prozessen, die parallel zum Motor- und Sensortask laufen. Das können Monitortasks sein, die selbstständig in einem festen Zeitraster Sensoranfragen aussenden und damit die Sensorkanäle überwachen. Der Kontrollmonitor-Task hat damit einen ständigen Zugriff auf Sensorinformationen und kann bei Eintreten eines vorher spezifizierten Sensorereignisses eine entsprechende Meldung an das System weitergeben.

4. Zusammenfassung

Das hier vorgestellte System setzt sich aus folgenden Hauptkomponenten zusammen: Motorinterface, Sensorinterface und Transputerprogramm. Die logische und schaltungtechnische Trennung der beiden Hardware-Komponenten *Motorinterface* und *Sensorinterface* begünstigt eine flexible Konfigurierung des Robotersystems. Ein task-orientiertes Programm steuert den Roboter und bedient das Sensorinterface.

Aufbauend auf dem erstellten Roboterprogramm wird die im letzten Kapitel diskutierte Implementierung der Robotersprache ZERO möglich. Dadurch erhält der Anwender eine Roboterprogrammiersprache, die in C eingebunden ist, und kann so die Vorteile der weitverbreiteten Programmiersprache C mit den Leistungen von ZERO verbinden.

Ausgehend von den bisherigen Erfahrungen ergeben sich mehrere Ansätze zur Erweiterung der Robotersteuerung. Zum einen wäre eine Erweiterung des serienmäßigen Motorinterfaces wünschenswert, um einen direkten Zugriff des ansteuernden Transputers auf den Strom der Glenkmotoren zu ermöglichen. Die dann mögliche Lageregelung der einzelnen Gelenke führt zu einer größeren Positioniergenauigkeit des Roboters. Desweiteren ist die Integration weiterer Sensorsysteme geplant, um beispielsweise Kollisionen zu vermeiden oder Objekte in der Roboterszene zu erkennen.

Literatur

ANSI	Draft American National Standard for Information Systems Programming Language C Accredited Standards Committee X3 1986
H84	Samual P.Harbison & Guy L. Steele Jr.: *C. a reference manual* Prentice Hall 1984
IMS TRM	*Transputer Reference Manual* Inmos 1988 Prentice Hall ISBN 0-13-929001-X
LEO85	Werner Leonhard: *Einführung in die Regelungstechnik, lineare und nichtlineare Regelvorgänge* ISBN 3-528-23584-5 Wiesbaden, Vieweg 1985
ParC	*Par.C System Manual V1.0, V1.1* Parsec Developments Sept 1988, Jan 1989
RM 501	*Instruction Manual Move master 2* und *Schaltpläne für RM-501* Mitsubishi Electric Corporation Aug 1984
SKIP	Harald Rieseler, Stefan Haake: *SKIP* *A symbolics kinematics inversion program* Report Nr. 1-89-1 Institut für Robotik und Prozeßinformatik TU Braunschweig, Januar 1989
ZERO	Gerald Klein: *Entwicklung einer Roboterprogrammiersprache: ZERO* Studienarbeit im Institut für Robotik und Prozeßinformatik TU Braunschweig

Freikonfigurierbares Transputernetzwerk als "Compute-Server" und Bildverarbeitungssystem

Heinz Junkes
Fritz-Haber-Institut, Faradayweg 4-6, 1000 Berlin 33, FRG

Für meine Tochter Paula

Es wird ein freikonfigurierbares Transputernetzwerk vorgestellt, welches in der Wissenschaft als allgemeiner "Compute-Server" eingesetzt werden kann. Durch den flexiblen Aufbau und spezielle Erweiterungsboards ist das System auch zur On-Line Registrierung von Videosignalen, wie sie in der Feldionen- und Elektronenmikroskopie anfallen, geeignet. Im folgenden Beitrag werden, nach einigen grundsätzlichen Bemerkungen zu Transputern und Rechnernetzen mit Transputern, der Hardwareaufbau des Transputerarrays und der Bildverarbeitungsboards, sowie die Integration in einen bestehenden Rechnerverbund beschrieben. Anschließend werden spezielle Algorithmen der Bildverarbeitung erläutert.

Grundlagen von Transputern

Ein Transputer ist ein VLSI Baustein, der aus einem Prozessor, Speicher und Kommunikationsschnittstellen (Links) für Direktverbindungen zu anderen Transputern besteht [1]. Es können parallele Systeme aufgebaut werden, die gleichzeitig Daten bearbeiten und über Links Informationen austauschen. Eine chipinterne Prozeßumschaltung (Hardware - Scheduler) erlaubt die Softwareentwicklung paralleler Prozesse auf einem Transputer. Dazu notwendige Sprachkonstrukte liefert die neu entwickelte Programmiersprache "Occam" [2]. Die so erzeugten Programme lassen sich mit nur geringem Aufwand (neue Konfiguration) auf ein Multi-Transputer-System übertragen [3]. Es stehen auch andere parallelisierbare Hochsprachen (Fortran, C, Pascal) zur Verfügung, so daß bestehende Programme in vertretbarer Zeit an die Transputerstruktur anpaßbar sind. Aufgrund der leichten Vernetzbarkeit lassen sich leistungsfähige Multiprozessorsysteme mit geringem Hardwareaufwand realisieren. Im Gegensatz zu herkömmlichen Rechnern steigt die theoretisch erreichbare Rechenleistung eines Transputersystems nahezu linear mit der Anzahl der eingesetzten Prozessoren an (logarithmisch bei Busstrukturen).

Grundlagen von Rechnernetzen mit Transputern

In herkömmlichen Mehrprozessorsystemen wird die Bus-Struktur bevorzugt, bei der alle kommunizierenden Einheiten parallel verbunden sind. Da der Bus jeweils nur von einem Kommunikationspaar belegt werden kann, müssen alle anderen Bus-beanspruchenden Geräte warten, bis der Bus wieder frei ist. Für eine konfliktfreie Bus-Vergabe müssen hard- wie softwaremäßig Kontrollmechanismen geschaffen werden, die sicherstellen, daß nur zwei zu verbindende Einheiten gleichzeitig auf den Bus zugreifen (einer lesend, der andere schreibend). Durch die abzuarbeitende Steuerungssoftware wird der maximal erreichbare Datendurchsatz für die eigentliche Aufgabe deutlich herabgesetzt. Die Links der Transputer stellen serielle Direktverbindungen zwischen zwei Kommunikationspartnern zur Verfügung, die im Transputer mit einem DMA-Port verbunden sind. Sie vereinfachen aufgrund ihrer Ausführung in starkem Maße den Hard- und Softwareaufwand. Eine Bus-Struktur existiert nur zwischen dem Prozessor und seinem Arbeitsspeicher. Die auszutauschenden Daten werden in dafür vorgesehene Bereiche dieses Speichers abgelegt oder aus diesem geholt. Um den Prozessor nicht zu behindern, wickelt die DMA-Baugruppe die Kommunikation mit anderen Rechnern ab. Ihnen wird von der CPU nur die Lage und die Anzahl der zu transferierenden Daten mitgeteilt. Der äußerst schnelle DMA (20 Mbit/s) vollzieht sich dann in den Pausen, in denen die CPU den Bus nicht benutzt. Diese Pausen treten dann auf, wenn der Prozessor interne Rechenoperationen (ALU, FPU) ausführt. So können Programmodule Werte austauschen, ohne sich gegenseitig beim Ablauf zu behindern, solange sie auf verschiedene Prozessoren verteilt sind. Durch den vom Arbeitsspeicher getrennten Variablenspeicher können ebenso mehrere auf einem Rechner nebeneinander (quasi-parallel) laufende Programmteile mit Parametern versorgt werden. Die gleichzeitige Aktivität mehrerer Prozessoren, die zeitlich uneingeschränkt Daten austauschen können, führt somit zu parallel arbeitenden Systemen. Hierbei dienen die Links als Transportwege für die Aus- und Eingaben der Programmodule. In diesem Zusammenhang spricht man nicht mehr von Programmodulen, sondern von Prozessen. Durch den asynchronen Ablauf der Kommunikation auf den Links wird sichergestellt, daß nur eingabebereite mit ausgabebereiten Prozessen verbunden und so zwangssynchronisiert werden. Notwendig wird diese Zwangssynchronisation, da die Ausführungszeiten der einzelnen Prozesse voneinander differieren können.

Die Art, wie die einzelnen Prozesse miteinander verbunden sind, stellt das Abbild des jeweils erzeugten Algorithmus dar und läßt sich anhand der Verschaltung der Rechner untereinander nachvollziehen. Aufgrund weniger allgemein verwendbarer Netzformen läßt sich die scheinbar unendliche Zahl von Verknüpfungsmöglichkeiten auf ein überschaubares Maß reduzieren. Hierbei lassen sich komplexere Netzformen durch aneinandergefügte "Standardformen" ersetzen. Je nach Art und zeitlicher Abfolge der auszuführenden Bearbeitung bzw. Weiterverarbeitung der anfallenden Daten läßt sich die Wichtigkeit der Tätigkeit der einzelnen Transputer unterscheiden. Je nachdem, bei welchen Prozessoren der Programmablauf startet und bei welchen er endet, lassen sich die im Netz angeschlossenen Rechner in verschiedene Hierarchieebenen einordnen. Die Einordnung erfolgt dabei aufgrund ihrer Verknüpfung mit den Nachbarn. So versorgen übergeordnete Systeme ein odere mehrere untergeordnetere Systeme mit Daten oder reichen errechnete Daten an gleichberechtigte Nachbarn weiter. An den gleichberechtigten oder untergeordneten Einheiten können wiederum noch tiefer liegende Netzzweige angeschlossen sein. An der Spitze dieser Netze findet sich immer ein Prozessor mit der höchsten Priorität.

Die so entstandenene Struktur erlaubt Schlüsse auf die Auswirkungen, die in verschiedenen Netzstufen auftretende Fehler zur Folge haben, und bietet die Möglichkeit, den Datenfluß stufenweise zu kontrollieren. Eine Kontrolle (z.B. Fehlerüberwachung bzw. -beseitigung) erfolgt dann immer vom nächstgelegenen übergeordneten System bis zum Ende des daran angeschlossenen Zweiges. Dadurch wird erreicht, daß bei gleichgestellten Einheiten keine Konkurrenz bezüglich der Kontrollfunktion auftritt.

Es gibt zwei Alternativen, um auf einem Rechnerverbund mehrere verschiedene Netze zu implementieren. Entweder muß die Zahl der Einzelprozessoren so groß sein, daß nebeneinander alle gewünschten Formen verfügbar sind, oder das System ist so variabel, daß alle Netzformen durch Umkonfiguration der Verbindungen erzeugt werden können. Der erstgenannte Weg erlaubt es nicht, neuentwickelte Netzstrukturen zu realisieren. Um eine variable Netzstruktur zu ermöglichen, werden Einstellelemente notwendig, die in der Lage sind Verbindungen zwischen den gewünschten Punkten herzustellen. Da die Anzahl der denkbaren Linkverbindungen schneller steigt als die Anzahl der Prozessoren, ist es günstig mehrere Rechner zu einer Gruppe zusammenzufassen und diese mit einer Verbindungseinheit zu versehen. In größeren Netzen werden dann mehrere dieser Netzbausteine eingesetzt. Dabei werden die Links, die jede CPU eines Blocks bereitstellt, zu dieser Verbindungseinheit geführt, welche dann die gewünschte Verbindung softwaregesteuert herstellt. Die maximal vom Verteiler zu verwaltende Link-Anzahl richtet sich nach der Anzahl der Kommunikationswege aller direkt angeschlossenen Einzelprozessoren. Falls erforderlich, können die zu einer Gruppe gehörenden Rechner direkt miteinander verschaltet werden. Hierdurch entfällt der sonst

notwendige Verdrahtungsaufwand für die Verbindung zwischen den Prozessoren einer Gruppe. Gleichzeitig erscheinen nach außen nur die benötigten Verbindungen zu anderen Gruppen.
Die Unterteilung in Verschaltung der Einzel-Links an einem zentralen Punkt einerseits und die Verdrahtung eines Blocks mit anderen Blöcken andererseits, reduziert die Zahl der denkbaren Wege jedes Links auf ein Minimum. Durch die Einführung verschiedener Verwaltungsebenen entsteht ein Schema, welches aus der Vermittlungstechnik bekannt ist. So können zwischen den beiden Extremfällen (entweder alle Linkverbindungen sind nach außen geführt oder alle Prozessoren sind untereinander verbunden) alle denkbaren Konfigurationen ausgewählt werden. Die Konfigurationen, die nicht alle Links benutzen, lassen eine Nutzung der übrigen Links zur Verkettung auseinanderliegender Einheiten zu.

Fehler-Behandlung in Transputernetzwerken

Um die folgende Darstellung zu erleichtern, wird eine Baumstruktur als Netz vorgegeben. Hierbei erfolgt die Gliederung der Rechner in einzelne Ebenen, wobei die tiefer liegenden Einheiten Slave-Systeme für die höher liegenden Rechner darstellen. Die übergeordneten Prozessoren sind dann als Sub-Master anzusehen. Um den Ablauf der Fehlerbearbeitung zu erläutern, trete ein Fehler in einem der Slave-Systeme auf. Dieser Fehler wird nun dem übergeordneten Master über die Error-Sub-Leitung angezeigt. Dieser informiert nun seinen Master über das eingetretene Ereignis, damit dieser die Kommunikation nach unten stoppt. Danach kann er seine untergeordneten Systeme durch das Erzeugen einer System-Service-Sequenz in den Boot-Zustand versetzten, um dann die Systeme zu debuggen, oder erneut zu booten. Daraufhin kann der Sub-Master dem Master rückmelden, daß das System wieder arbeitsbereit ist und die Kommunikation mit dem abgetrennten Zweig wieder aufgenommen werden kann. Das Transputernetz ist dann wieder mit der maximalen Rechenleistung verfügbar. Der variable Einsatz mehrerer Konfigurationen zur Erkennung und Behandlung von Fehlern trägt wesentlich zur Steigerung der Leistungsfähigkeit eines Gesamtsystems bei. Der Ort innerhalb des Netzes, von dem aus die Behandlung eines Fehlers starten muß, ist abhängig von der Auswirkung des Fehlers auf das gesamte Netz. Hierzu können zwei Unterscheidungen getroffen werden:

1. Sind die Fehler nur innerhalb eines Zweiges bedeutend, sollte der übergeordnete Sub-Master die Kontrolle übernehmen. So kann ein fehlerhafter Zweig getrennt vom Rest des Netzes debuggt, oder neu gebootet werden. Hierdurch findet eine Dezentralisierung der Fehlerbehandlung statt. Der höchste Master wird also entlastet und nur bei Fehlermeldungen der ihm direkt untergeordneten Subeinheiten angesprochen. Dies wird als Sub Verfahren bezeichnet.

2. Der Fehler ist so schwerwiegend, daß keine weitere Aktivität des gesamten Netzes sinnvoll ist und eine Fehlerbehandlung alle angeschlossenen Einheiten einschließen muß. In diesem Falle wird dem höchsten Master die Möglichkeit gegeben, die System-Services zu beeinflussen. Hierbei sind die zu steuernden Rechner alle als gleichwertig zu betrachten, da alle Error-Signale auf einen einzigen Master führen. Die Ein- und Ausgänge für die Fehlersignale aller Rechner sind hierzu in Form einer Kette bis zum Master-Eingang durchverbunden. Dieser trifft aufgrund des von ihm analysierten Fehlers die Entscheidung, welcher Rechner neue Daten erhalten muß. Dazu werden alle angeschlossenen Rechner gestoppt und erst nach der Fehlerbeseitigung in den arbeitenden Zustand versetzt. Dieses Verfahren wird als Up/Down Technik bezeichnet.

Nachteile vieler bestehender Transputersysteme

Die beiden Konfigurationen (Up/Down, Sub) sind in den meisten bisherigen Systemen nur mit Einschränkungen verwirklicht. Teilweise ist nur eine der beiden Formen realisiert, so daß diese Systeme nur für starre, unflexible Netze eingesetzt werden können. Ansatzweise wurden Möglichkeiten geschaffen, die Rechner durch Umstecken von Drahtbrücken in eine der beiden Betriebsarten zu bringen. Als Ausweg bestehen Lösungen, bei denen die beiden möglichen Konfigurationsformen an zwei getrennte Anschlüsse nach außen geführt sind, wodurch sich der Aufwand für die Umkonfiguration zwar in Grenzen hält, aber noch immer ein verhältnismäßig starres Netzwerk entsteht. Die genannten Realisierungen schränken den zeitlichen und räumlichen Aufbau eines Netzes mit gemischter Konfiguration stark ein, da die Schaltungskonzepte von einem starren Aufbau der System-Service-Hierarchie auf allen anzuschließenden Rechnern ausgehen. Will man diesen starren Aufbau vermeiden, sind speziell angepaßte "Knotenrechner" notwendig, bei denen dann beide Konfigurationsformen für die jeweilige Netzhälfte erzeugt werden. Hierbei wird der Knotenrechner automatisch in den Down-Bereich eingeordnet. Durch diese zwangsweise auferlegten Einschränkungen wird der Einsatz verschieden aufgebauter Rechner notwendig, sobald eine Mischform eines Netzes gewünscht wird. So sind Einheiten erforderlich, die die Verbindung zweier Teilnetze ermöglichen (Up/Down und Sub), Rechner die nur als Slave einsetzbar sind (Sub-Systeme) und solche, die nur als Master verwendbar sind. Hierdurch können die Module nicht universell eingesetzt werden. Diese Nachteile schränken in starkem Maße die Realisierung variabler Netze und damit auch die freie Konfigurierbarkeit durch die Software ein. Die Kommunikationsfähigkeit eines Netzwerkes wird durch gezielten Einsatz der jeweils für den betreffenden Zweig optimalen Konfigurationsform gesichert. Die freie Vernetzbarkeit der Kommunikationswege wird durch die leicht handhabbare Struktur der Links ermöglicht, jedoch nützt sie wenig, wenn die freie Einstellbarkeit der System-Services nicht in gleicher Weise möglich ist.

Projekt TAIFUN (Transputer Array Implemented For User Networks)

An den Instituten der Max-Planck-Gesellschaft in Berlin fallen im Rahmen der dort betriebenen Forschung in der Feldionen- und Elektronenmikroskopie eine große Anzahl zu verarbeitender Bilddaten an. Im Bereich der molekularen Genetik (Strukturuntersuchung biologischer Makromoleküle, Modellierung, sowie Bindungs- und Bewegungssimulation am Ribosom) und der Abteilung Theorie (Simulation von Oberflächenbedeckungen auf Metallen) sind rechenintensive Programmabläufe notwendig.
Es wurden am Institut in der Abteilung Grenzflächenreaktionen im Rahmen mehrerer Diplomarbeiten [4,5,6] die Hardwarebasis für ein universell einsetzbares Transputersystem entwickelt.

Beschreibung der TAIFUN - Basiseinheit

Eine Basiseinheit besteht aus vier Transputer-Modulen und einem Motherboard als Basisträger mit einem Linkswitch C004 und einer variablen System-Service-Logik.
Das Transputer-Modul enthält einen T800 Prozessor mit einem MByte Memory.
Das System bietet :
- Anschluß von beliebig vielen Systemen gleichen Typs (Modularität).
- einfache Erweiterbarkeit durch Punkt-zu-Punkt-Verbindungen (Busfreiheit).
- Dynamische (Software-) Konfiguration der internen und externen Links des Basisboards.

- für jeden Prozessor separte System-Service-Schnittstelle für ein Sub-System. Dabei flexible, bedienungsfreundliche Einstellung der Hierarchie-Ebene (Down-/Sub/ System) möglich.
- flexible Verknüpfbarkeit der Fehler- (Error) Signale aller Transputer eines Systems.
- geringer Platzbedarf.

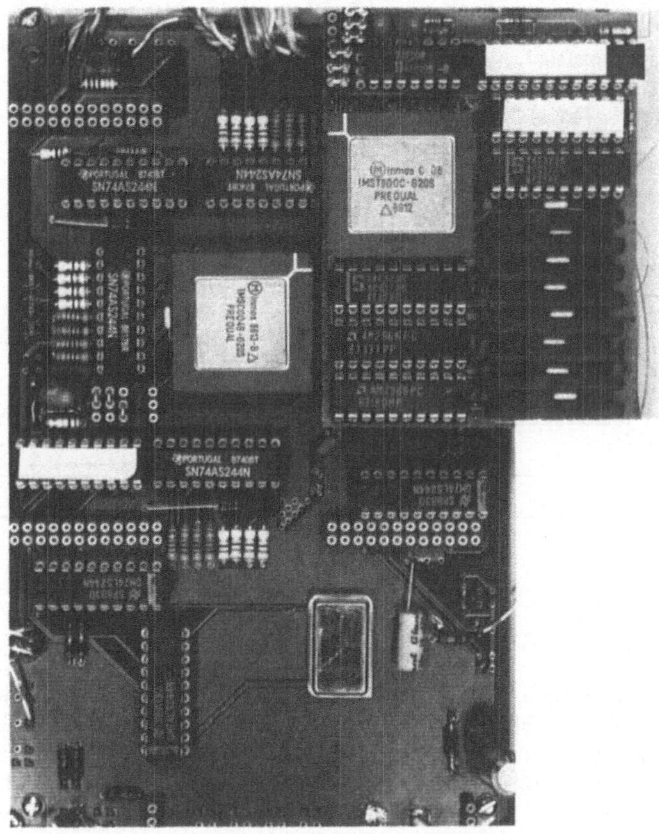

(Basiseinheit mit einem TRAM Module)

Beschreibung Frame-Grabber-Board und Display Einheit

Um Videobilder, wie sie bei der Feldionen- und Elektronenmikroskopie anfallen, in Echtzeit verarbeiten zu können wurde ein Transputerboard mit einem T800 und einem MByte statischem Memory entwickelt, welches über einen speziellen DMA-Bus (DT-Connect, Data Translation (DT)) an einen Frame-Grabber (ebenfalls DT) angeschlossen werden kann. Der DMA-Bus erlaubt die Bildübertragung in Videogeschwindigkeit in das Transputermemory, wo dann die Bilder verarbeitet werden können. Der DMA-Bus ist beliebig mit Transputerboards erweiterbar, damit er an die Erfordernisse der Echtzeitverarbeitung anpassbar ist. Der Frame-Grabber wird bei unserem System in einem VME-Bus Rechner(Unix) eingesetzt. Von der Firma DT ist der gleiche Frame-Grabber auch noch für den IBM-PC, den Apple Macintosh und für den Q-Bus erhältlich, so daß mit der Wahl dieses Boards keine Festlegung auf ein bestimmtes Bussystem nötig ist. Das Frame-Grabber Board hat zwei Bildspeicher mit je 512*512*8bit. Es sind zusätzlich eine Look-Up-Tabelle für das Eingangssignal und eine für die On-Board 8-bit ALU vorhanden. Der Inhalt des ausgewählten Bildspeichers steht über drei Look-Up-Tabellen als RGB-Monitor-Signal zur Verfügung. Die DMA-Transputerboards sind über vier Links mit dem TAIFUN-System verbunden, damit zur Bildverarbeitung die volle Rechenleistung des Netzwerkes zur Verfügung steht. Durch diese Konfiguration ist es möglich, bei geeignetem Ausbau, die aufgenommenen Bilder in etwa einer Sekunde mit einer zweidimensionalen Fastfouriertransformation (2D-FFT) zu bearbeiten.

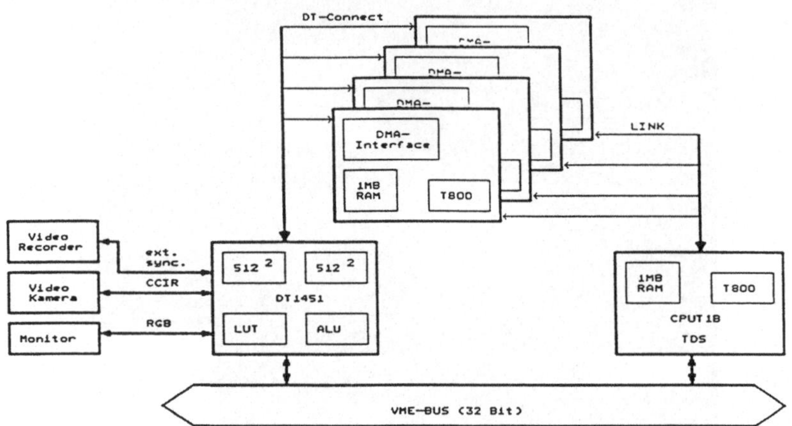

(Aufbau des Frame-Grabber-Systems)

Um über eine höhere Auflösung bei der Bildauswertung zu verfügen, wurde eine Display-Einheit auf Transputerbasis [7] ebenfalls in den oben erwähnten Unix-VME-Bus-Rechner eingebaut. Die Display-Einheit besteht aus einem T800 mit 4 Mbyte lokalem Speicher und 1,25 Mbyte Bildspeicher. Die Auflösung beträgt 1280 * 1024 Bildpunkte mit 8bit Farbauflösung und einer Refresh-Rate von 70 Hz. Es ist so möglich, Bildverarbeitungsschritte auch On-line zu beobachten und mehrere aufgenommene Bilder gleichzeitig darzustellen. Der Anschluß an das Netzwerk erfolgt ebenfalls über die Transputerslinks.

Beschreibung X.25 Board

Um mit dem Transputernetzwerk Zugang zu nationalen und internationalen Paketvermittlungsnetzen zu erhalten, wurde ein X.25-Interface entwickelt. Das Interface bedient die Schichten zwei und drei der Empfehlung X.25 der CCITT [8]. Das Interface bildet zusammen mit dem angeschlossenen Transputernetzwerk eine Datenendeinrichtung (DEE), die mit einer Datenübertragungseinrichtung (DÜE) kommunizieren kann. Das Interface übernimmt die Fehlersicherung durch das HDLC-Verfahren und die Bildung von Datenpaketen für die Übertragung auf der paketvermittelnden X.25-Strecke. Die Verbindung zum Transputer ist mit einem Linkadapter C012 realisiert. Auf der Verbindung zum Transputer wurde ein spezielles Protokoll entworfen, welches eine Unterscheidung zwischen Befehlen und reiner Information ermöglicht. Das Board ist zur Zeit noch nicht in das Transputersystem integriert, da eine Postzulassung noch aussteht.

Integration in den bestehenden Rechnerverbund

Das Transputersystem ist durch den angeschlossenen Unix-Server in das hausinterne Ethernet integriert. Es besteht auch eine Verbindung zum Datex-P-Netz. Das System wird zur Zeit hauptsächlich als "Batch-Server" genutzt. Die Daten und die speziellen Bildverarbeitungs- und Simulationsprogramme werden über das Ethernet zum Unix-Server übertragen und dann dort in eine Batchqueue eingereiht. Die Ergebnisse werden dann ebenfalls wieder über das Ethernet zurückgesendet. Zur Ankopplung von VAX/VMS an den Unix-Filetransfer(FTP) dient ein Ultrix-Gateway(μVaxII). Es sind zur Zeit vier unabhängige Batchqueues installiert. Es können so bis zu vier Nutzer gleichzeitig auf dem Transputerarray arbeiten. Die Transputer werden den Nutzern zur Zeit noch vor dem Start ihrer Programme durch eine Konfigurationsroutine statisch vergeben. Ein Transputer steht den Nutzern zur Programmentwicklung (TDS) zur Verfügung.

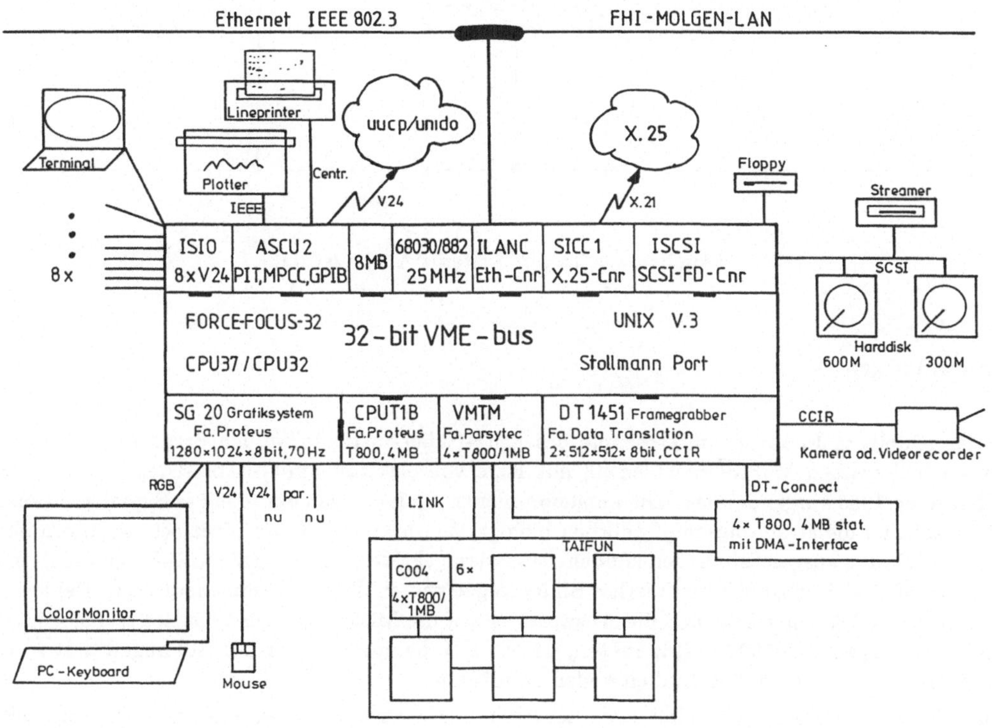

(Aufbau des Taifun Systems Aufbaustufe)

Es ist vorgesehen, unser System im nächsten Jahr mit eigenem Massenspeicher (SCSI) und einem Ethernetcontroller zu erweitern. Die Ankopplung an andere Rechner im Institut erfolgt über Lichtleiterstrecken (Links). Alle angeschlossenen Rechner werden mit einem eigenen Transputermodul ausgerüstet. Es wird somit ermöglicht, Programme lokal am jeweiligen Rechner zu entwickeln. Nach erfolgter Testphase können dann die Programme im Transputernetz ausgeführt werden. Es soll dann auch zur Verwaltung der vorhanden Resourcen das "Transputer-Unix" Helios eingesetzt werden.

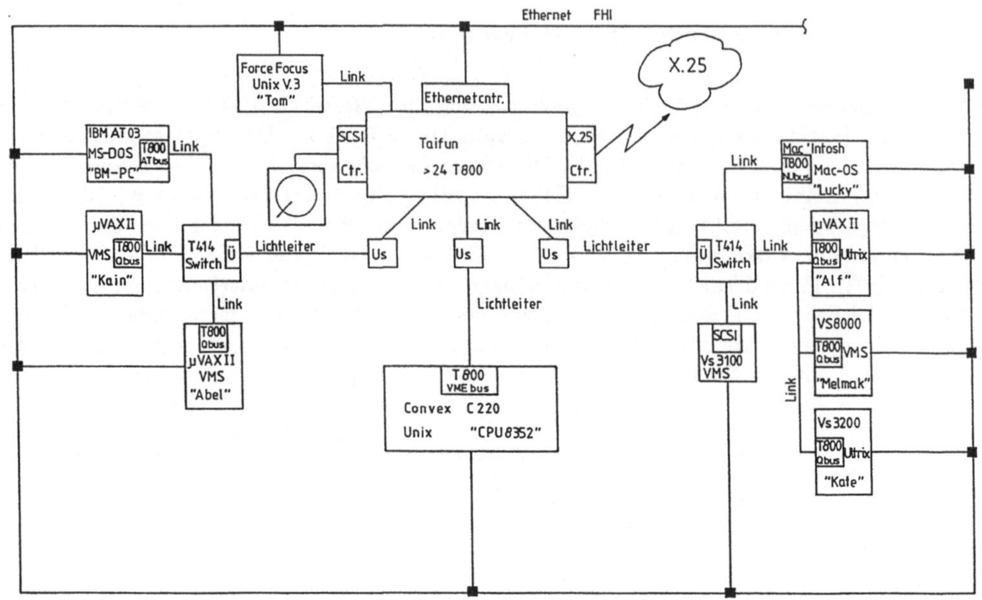

(Aufbau des Taifun Systems Ausbaustufe)

Anwendungen

In der Abteilung Elektronenmikroskopie des Fritz-Haber-Instituts werden Strukturuntersuchungen an biologischen Makromolekülen [9] mit Hilfe von elektronenmikroskopischen Bildern schon seit Anfang 1980 vorgenommen. Die aufgenommenen Bilder zeigen ein mäßiges Signal-zu-Rausch-Verhältnis, da die strahlungsempfindlichen biologischen Materialien nur einer sehr geringen Elektronenstrahlung ausgesetzt werden können. Um aussagekräftige Bilder der Moleküle zu erhalten ist es notwendig, viele einzelne, verrauschte Bilder in geeigneter Weise zusammenzufassen. Bei kristallisierbaren Molekülen stützt sich die Auswertung auf die Mittelung vieler Fourier-transformierter Bilder mit bis zu 8000*8000 Bildpunkten, wie sie z.B. beim Porin Kristall [10] angewandt wurde. Es ist oft nötig bis zu 20.000 Einheitszellen zu mitteln.

Nicht kristalline Materialien sind noch schwerer auszuwerten, da die einzelnen Makromoleküle mehrere Orientierungen aufweisen können und die Bilder von verschiedenen Projektionen und Richtungen aufgenommen werden, um eine dreidimensionale Struktur zu erkennen. Um Ergebnisse zu erhalten, müssen die einzelnen Bilder angepasst, erkannt und dann separat gemittelt werden. Zur Mustererkennung wurde am Institut eine Technik entwickelt, die mit einer Eigenvektor-Eigenwert Datenkompressionsphase und einem automatisch klassifizierenden Post-Prozessor arbeitet [11]. Diese Technik wird auf einen Datensatz von bis zu 13.500 Molekülbildern angewendet, wobei die zwanzig wichtigsten Eigen-Vektoren einer 13500*13500 Varianz-Covarianz-Matrix berechnet werden.

2D-FFT

Zweidimensionale Fast-Fouriertransformationen (2D-FFT) von Bildern mit 512*512 Bildpunkten (und größer) werden normalerweise realisiert, indem man zuerst alle Zeilen transformiert, dann die Matrix umtransponiert und dann wieder alle Zeilen (vorher Spalten) transformiert. Da alle eindimensionalen FFT's einer Zeile unabhängig voneinander sind, können sie auf parallel arbeitende Transputer verteilt werden, wobei auf jedem "Worker" der selbe Prozess läuft. Diese Version wurde in der Programmiersprache "Occam" realisiert [12].

FFT-Implementierung auf Transputern

Sei $a(z) = \sum_{k=0}^{N-1} a_k z^k$ ein Polynom.

Problem: Berechnung der Fouriertransformierten $\hat{a}(z)$ bei sehr großen N.

Mit: $\underline{a} = (a_0, a_1, ..., a_N)$ sei der Koeffizientenvektor von $a(z)$,
$\hat{\underline{a}} = (\hat{a}_0, \hat{a}_1, ..., \hat{a}_N)$ sei der Koeffizientenvektor von $\hat{a}(z)$.

folgt $\hat{a}_k = \sum_{j=0}^{N-1} a_j \omega^{k*j}$

wobei ω eine $N-te$ primitive Einheitswurzel ist. (in C ist $\omega = e^{-2\pi i/N}$)

Komplexität (seriell) der FFT: $O(N \log N)$bei großen $N \to$ lange warten !!

Lösung: Nebenklassenzerlegung der FFT

Sei $N = P * Q, \omega$ geeignet

Dann ist:

bildet Untergruppe $H = Q * Z_p$

$$Z_N = 0, 1, ..., Q, Q+1, ..., 2Q, ..., (p-1)Q, ..., N-1$$

=H+1

.
.
.

Also: $$\hat{a}_k = \sum_{l=0}^{Q-1} \sum_{j=0}^{P-1} a_{jQ+l} \omega^{k(jQ+l)}$$

mit: $k = \lambda P + \mu$

$$\hat{a}_k = \sum_{l=0}^{Q-1} \sum_{j=0}^{P-1} a_{jQ+l} \omega^{(\lambda P+\mu)(jQ+l)}$$

$$\underbrace{\hat{a}_k = \sum_{l=0}^{Q-1} (\omega^\mu)^l \overbrace{\left[\sum_{j=0}^{P-1} a_{jQ+l} (\omega^Q)^{j\mu}\right] (\omega^P)^{l\mu}}^{Q-mal DFT_p}}_{P-mal DFT_Q}$$

Implementierung:

$$\underline{a} = \begin{pmatrix} a_0 & a_1 & . & . & . & a_{Q-1} \\ a_Q & a_{Q+1} & . & . & . & a_{2Q-1} \\ . & & & & & \\ . & & & & & \\ . & & & & & \\ a_{(P-1)Q} & . & . & . & . & a_{N-1} \end{pmatrix}.$$

1.) Q mal FFT von jeder Spalte (parallel).

2.) Ergebnismatrix transponieren und jede Zeile mit Twiddlefaktor multiplizieren (Koeffizienten).

3.) P-mal FFT von jeder Spalte (parallel).

Für Bilder, die zu groß für das On-Board Memory der Transputermodule sind, wird am Institut der Disk-basierende TRANSPO Algorithmus benutzt, welcher, wie wir glauben, der schnellste existierende Algorithmus ist [13].

Bildanpassung (Alignment)

Die Anpassung einzelner Bilder relativ zu einem Referenzbild wird durch Kreuzkorellationsfunktionen (CCF) realisiert. Die Berechnung der CCF's geschieht im Fourierraum. Da die Bilder typischerweise sehr klein sind (bis zu 128*128 Bildpunkte), passen sie z.B. sogar in den limitierten Adressraum eines IBM-PC's. Eine "large-grain"-Parallelität erhält man, indem man die Berechnung (typisch sind 5000 Bilder die an 10 Referenzbilder angeglichen werden sollen) auf alle zur Verfügung stehende Transputer verteilt.

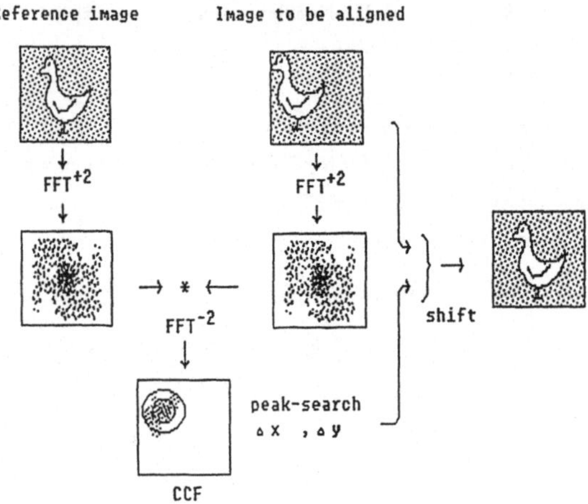

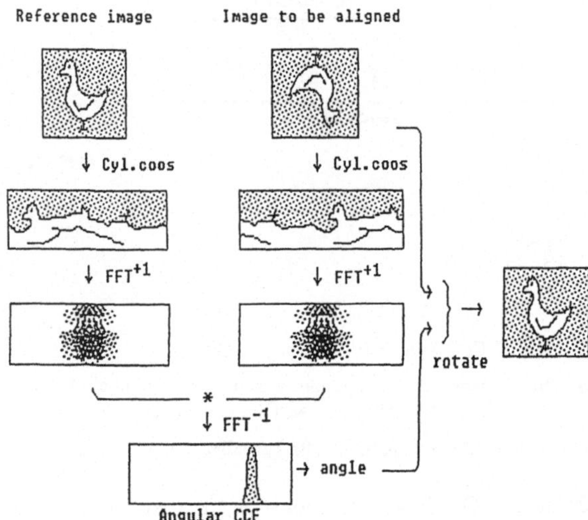

Iterative Eigenvektor Eigenwert Berechnungen (MSA)
Sehr wichtig für die Bildmustererkennung ist die Eigenvektor Eigenwert Datenkompression (MSA, Multi-Variate-Statistical analysis). Der Algorithmus funktioniert folgendermaßen: Ein Satz von zufallsgenerierten Bildern wird orthonormalisiert und dann als erste Annäherung des gewünschten "Eigen-Bildes" benutzt. Die typische Anzahl der "Eigen-Bilder" ist 20 und wird im folgenden Bild als die obersten zwei Bilder dargestellt. Dann wird das innere Produkt dieser Bilder und der N-Bilder des Datensatzes (typisch 2000-5000) gebildet. Durch diese Berechnungen erhält man die Koeffizentenvektoren der Länge N (Im Bild auf der linken Seite). Der nächste Schritt nutzt die unterschiedlichen Koeffizientenvektoren zur Gewichtung der Einzelbilder bei der Summenberechnung des Datensatzes. Dadurch wird ein neuer Satz von "Eigen-Bild"-Näherungen erzielt. Eine neue Annäherung an die "Eigen-Bilder" erreicht man durch Orthonormalisierung und "Over-Relaxation" mit Rücksicht auf den vorhergehenden Satz der Annäherungen. Diese Algorithmus konvergiert sehr schnell gegen die wichtigsten "Eigen-Bilder" des Datensatzes [11].

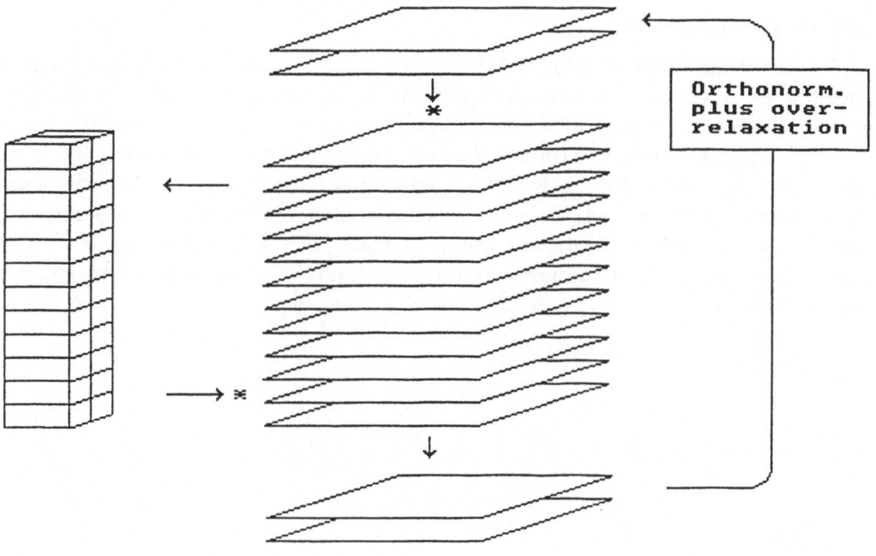

Das innere Produkt der Bilder und die gewichtete Summenbildung der Bilder sind die rechenintensiven Kerne dieser Prozedur und eignet sich sehr gut zur Parallelisierung. Auch eine "large-grain"-Parallelisierung ist einfach zu realisieren, wie es auch im folgenden Bild dargestellt ist. Die "Eigen-Bilder"-Näherungen werden auf alle zur Verfügung stehende Transputer verteilt, die dann alle notwendigen Operationen über einen Teil der Bilder durchführen können.

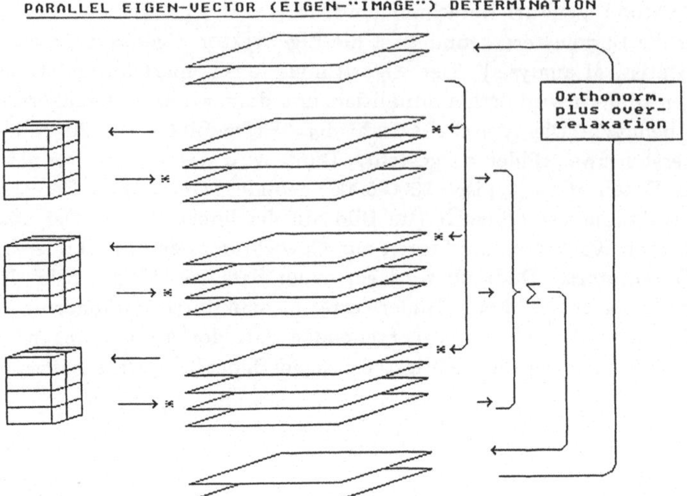

Abschließende Bemerkungen

Bei der Bildverarbeitungssoftware IMAGIC [14] wurde schon bei der Entwicklung auf Parallelisierbarkeit geachtet, da es vorgesehen war, rechenintensive Programmteile auf einen Signalprozessor auszulagern. Viele Programme in unserem Institut wurden in Fortran entwickelt. Eine Portierung auf die Transputer war mit geringem Aufwand möglich. Die Ausnutzung der Parallelität wurde jedoch oft nicht optimal genutzt. Wir werden neue Programme in C entwickeln, wobei wir die Entwicklungswerkzeuge, wie sie von der GMD entwickelt wurden [15] einsetzen werden. Wir erhoffen uns davon eine Erleichterung unserer Arbeit. Der grooße Vorteil, den wir in einem Transputersystem sehen, ist die Erweiterbarkeit der Hardware mit geringem Kostenaufwand, ohne die Software zu ändern.

Literaturverzeichnis

[1] Transputer Reference Manual, Prentice Hall.

[2] Occam 2 Reference Manual, Prentice Hall.

[3] Transputer Development System, Prentice Hall.

[4] "Freikonfigurierbares Transputernetzwerkboard", S. Bongs und H. Schüler, Diplomarbeit FH der DBP Berlin.

[5] "Universelles X.25-Link-Interface für Transputersysteme", H.D. Kofahl und T. Krüger, Diplomarbeit FH der DBP Berlin.

[6] "Transputersystem mit DMA-Interface (DT-Connect)", G. Teuber, Diplomarbeit an der FH der DBP Berlin.

[7] SG-20 Supergrafik von Proteus, Karlsruhe.

[8] CCITT, RED BOOK, Volume VIII-Facsile VIII-3, Data Communication Networks Interfaces, Seite 108-155, VIII Plenary Assembly.

[9] Marin van Heel, "Single molecule electron crystallography", in: "Crystallography in Molecular Biology", D. Moras, J. Drenth, B. Strandberg, D. Stuck, eds. Plenum Press (1987) 89-99.

[10] H.J. Sass, E. Beckmann, G. Buelt, D. Dorset, J.P. Rosenbusch, M. van Heel, E. Zeitler, F. Zemlin and A. Massalski, "Densely packed beta-structure at the protein-lipid interface of porin is revealed by high-resolution cryo-electron microskopy", (1989).

[11] M. van Heel, "Classification of very large electron microscopical image data sets", (1989) Submitted.

[12] W. Meisel, Universität Karlsruhe, Inst. für Algorithmen und kognitive Systeme.

[13] M. van Heel and R. Herzog, "A fast mixed radix matrix transposing algorithm", submitted

[14] M. van Heel and W. Keegstra ,"IMAGIC: A fast, flexible and friendly image analysis software", Ultramicroscopy 7 (1981)113-130

[15] M. Wöhlert, "Spectral", GMD, St. Augustin.

UTOPIA, ein Bildverarbeitungssystem auch unter HELIOS

L. Thieling, R. Föhr, M. Beccard, A. Meisel, W. Ameling
Rogowski-Institut für Elektrotechnik, RWTH-Aachen
Schinkelstraße 2, D-5100 Aachen

1. Einleitung

Viele Bildverarbeitungssysteme bieten nur einen rudimentären Zugriff auf die Bildverarbeitungs-Hardware (z.B. Kamera, Monitor, Bildspeicher). Demgegenüber ermöglicht das hier vorgestellte Bildverarbeitungssystem UTOPIA (Unix oriented TOols for PIcture-processing Applications) eine komfortable, standardisierte und hardware-unabhängige Bilddaten- und Gerätehandhabung. Die Implementierung von UTOPIA unter dem Betriebssystem HELIOS stellt die Fähigkeiten eines verteilten multiuser- und multitasking-fähigen Betriebssystems auch der Bildverarbeitung zur Verfügung. Die Konzeption, die Implementierung unter HELIOS und die sich daraus ergebenden Fähigkeiten von UTOPIA sind die Schwerpunkte dieses Beitrags.

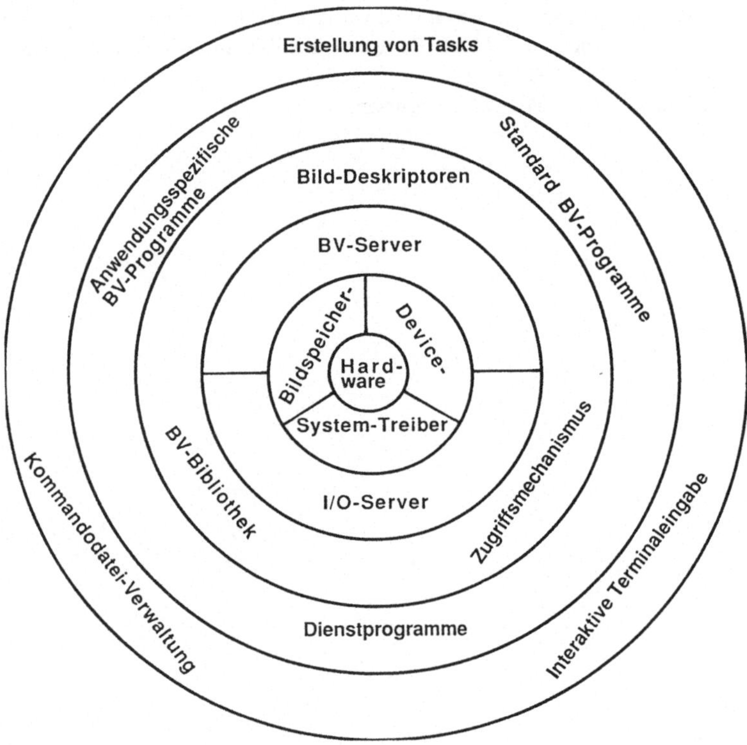

Bild 1: Software-Schalen

2. Das Konzept

Die wesentlichen Eigenschaften dieses Bildverarbeitungssystems (Hardware-Unabhängigkeit, Netzwerk-, Multitasking-, Multiuser-Fähigkeit, Modularität, komfortable Handhabung) ergeben sich aus dem in Bild 1 dargestellten schalenförmigen Software-Konzept [FÖHR85].

Jede Schale ist gleichbedeutend mit einer nur bestimmten Benutzergruppen (Anwender, Anwendungsprogrammierer, Systemprogrammierer) zugänglichen Software-Ebene. Jede Benutzergruppe hat hierbei nur Kenntnis von den Modulen der ihr zugeordneten Schale und den Schnittstellen zu den Modulen der nächstniedrigeren Software-Ebene.

Die *erste* (äußerste) Schale ist dem Anwender zuzuordnen. Mit Hilfe einer menügesteuerten fensterorientierten Benutzeroberfläche können hier die Programme der nächstniedrigeren Schale interaktiv sowie als parallel arbeitende Prozesse mit geeigneter Kommunikationsstruktur (Task) aufgerufen werden. Zur Erstellung solcher Tasks bedient sich der Anwender einer sogenannten "Component Distribution Language" (CDL), die vom Betriebssystem HELIOS bereitgestellt wird. Darüber hinaus erlaubt das Erstellen von Kommandodateien unter Verwendung von Schleifen- und Verzweigungskonstrukten die Generierung von Verarbeitungssequenzen.

Die *zweite* Schale ist dem Anwendungsprogrammierer vorbehalten. Zur Programmentwicklung stehen hier die in der nächstniedrigeren Schale definierten Module für den Bildzugriff zur Verfügung. Je nach Art ihrer Anwendung können die Programme in drei Gruppen aufgeteilt werden:

- Dienstprogramme
  zur Bildverwaltung erlauben z.B. das Kopieren, Löschen und Erstellen von Bildern.

- Standardprogramme
  sind Bildverarbeitungsprogramme, die vielen Bereichen der Bildverarbeitung gemein sind (z.B. Ortsfilter, Kantenfilter, Konturverfolger).

- Anwendungsspezifische Bildverarbeitungsprogramme

Die innersten drei Schalen des Software-Konzepts sind dem Systemprogrammierer zuzuordnen. Der modulare Aufbau von UTOPIA, bei dem mehrere Prozesse auf gemeinsame globale Daten (Bilder) zugreifen, verlangt definierte Schnittstellen (Zugriffsmechanismus, Bilddeskriptor) zum Bild. Die in der *dritten* Schale befindliche Bildverarbeitungsbibliothek ist allen Programmen zugänglich. Sie enthält neben den Bildzugriffsfunktionen grundlegende Funktionen zur Bildmanipulation und -auswertung.

Die in der *vierten* Schale befindlichen Server garantieren den netzweiten Zugriff auf die Bildverarbeitungs- und System-Hardware und somit auch die Netzwerkfähigkeit von UTOPIA. Um die Hardware-Unabhängigkeit der Server sicherzustellen, bedienen sie sich der in der *fünften* Schale definierten hardware-abhängigen Bildspeicher-, Geräte- und Systemtreiber.

Charakteristische Fragmente eines Bildverarbeitungsprogramms z.B. zum Negieren eines Bildes sind in Bild 2 dargestellt. Die Zugriffsstrategie auf Bilder ist analog zu der auf Dateien im UNIX-Filing-System [BACH87], wobei zusätzlich ein wahlfreier Datenzugriff unterstützt wird. Wesentliche Funktionen sind "bopen" zum Öffnen und "bclose" zum Schließen eines Bildes.

```
main ( argc,argv )
    .
{ char  bildpfad [20];
  BILD  *bilddeskriptor, *bopen ( );
  void  bclose ( );
  int   zeile, spalte;
    .
  bilddeskriptor = bopen ( bildpfad, "r+" );
  for ( zeile=0; zeile<bilddeskriptor->maxrow; zeile++ )
     for ( spalte=0; spalte<bilddeskriptor->maxcol; spalte++ )
        pixel ( bilddeskriptor, spalte, zeile) =
           ~pixel( bilddeskriptor, spalte, zeile);
  bclose ( bilddeskriptor ); }
```

Bild 2: Beispielprogramm

"bopen" verlangt als Eingabeparameter den Namen des Bildes (Bildpfad) und eine Information über die Art des Bildzugriffs (z.B. "r+" für den lesenden und schreibenden Zugriff auf ein existierendes Bild). Zurückgegeben wird ein Bilddeskriptor, der unter anderem Informationen über die Anzahl der Zeilen und Spalten (maxrow, maxcol) des Bildes sowie über den Ort des Bilddatenmaterials enthält. Der wahlfreie Zugriff auf Bildpunkte erfolgt mit Hilfe der Funktion "pixel", der als Eingabeparameter der Bilddeskriptor und die Position des Bildpunktes (Zeile, Spalte) mitgegeben werden.

Die Trennung zwischen dem Objekt "Bild" (Bilddeskriptor) und dem eigentlichen Bilddatenmaterial erlaubt analog zu den UNIX-eigenen symbolischen Links einen einheitlichen Zugriff sowohl auf das vollständige Bildmaterial als auch auf dessen Teilmengen (Teilbilder) über verschiedene Bilddeskriptoren (siehe Bild 3). Ermöglicht wird dies durch eine Zeilenanfangstabelle, die die Adressen der ersten Bildpunkte einer jeden Zeile enthält. Die Funktion "pixel" liefert einen Zeiger auf den durch Zeile (y) und Spalte (x) definierten Bildpunkt, indem der durch y bestimmte Wert der Zeilenanfangstabelle und der Wert für x addiert werden.

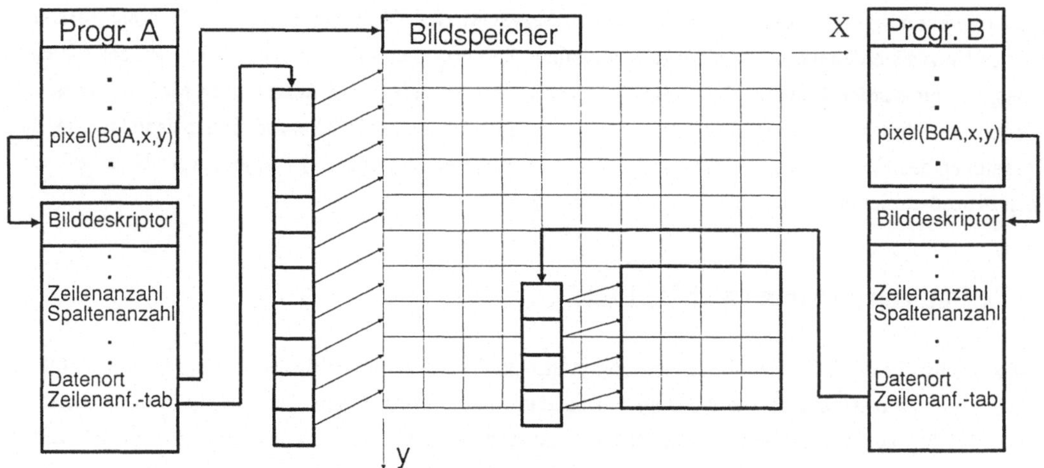

Bild 3: Zugriff auf Bildpunkte über Bilddeskriptoren

3. Parallelverarbeitung unter HELIOS

Parallele Datenverarbeitung wird von HELIOS sowohl auf der Programmierer- als auch auf der Anwenderebene unterstützt.

Dem Programmierer stehen in Form einer C-Bibliothek Funktionen zum Datenaustausch zwischen parallel arbeitenden Prozessen sowie zum Installieren von Prozessen im Netz zur Verfügung. Mit Hilfe dieser Funktionen bestimmt der Programmierer explizit die Positionen der Prozesse im Netz und deren Kommunikationsstruktur. Der Datenaustausch zwischen Prozessen geschieht hierbei durch Message Passing, d.h. Nachrichten (Messages) mit fest definierten Strukturen werden über Software-Kanäle (Message Ports) vom Sender zum Empfänger geschickt. Hierbei ist es gleichgültig, ob sich die kommunizierenden Prozesse auf demselben oder verschiedenen Prozessoren befinden. Die Synchronisation paralleler Prozesse geschieht nach dem Rendezvous-Prinzip, wobei der empfangende Prozeß wartet, bis er eine Nachricht empfangen und der sendende Prozeß, bis ihm der Empfangsprozeß den Erhalt seiner Nachricht quittiert hat.

Angelehnt an das Pipelining von UNIX mit Hilfe einfacher Konstrukte auf der Kommandozeilenebene stellt HELIOS dem Anwender die Component Distribution Language (CDL) zur Verfügung, mit der auch komplexe Prozeßkommunikationsstrukturen wie z.B. Farming einfach realisiert werden können. Jeder Prozeß besitzt je nach Art seiner Aufgaben einen oder mehrere Kanäle (Streams), über die er Nachrichten senden oder empfangen kann. In einer durch CDL definierten Syntax beschreibt der Anwender, welche Prozesse parallel arbeiten und über welche Streams sie miteinander kommunizieren. Die für den Anwender unnötigen Informationen über die Art des Datenaustausches und der Positionen der Prozesse im Netz bleiben ihm verdeckt.

Die Architektur von HELIOS ist nach dem Client-Server-Modell [PERI89] konzipiert. Zentrale Ressourcen des Netzes werden hierbei von Servern verwaltet, die von jedem im Netz befindlichen Prozeß (Client) angesprochen werden können. Die Aufträge eines Client erreichen den Server über Message Passing, werden von ihm ausgewertet und falls möglich erfüllt. Über den I/O-Server sind beispielsweise die Ressourcen des Host-Rechners (Massenspeicher, Konsole, Peripheriegeräte) von jedem im Netz befindlichen Prozeß erreichbar.

4. Die Implementierung unter HELIOS

Das zunächst für das UNIX-ähnliche Betriebssystem OS-9 entwickelte Bildverarbeitungssystem UTOPIA konnte auf dem Client-Server-Konzept aufbauend durch Hinzufügen der Server-Schale (Bild 1) netzwerkfähig auf das Betriebssystem HELIOS portiert werden. Die wesentlichen Arbeiten bestanden hierbei in der Anpassung der Treiber und der Neuerstellung geeigneter Server (BV-Server) zur Verwaltung der bildverarbeitungsspezifischen Hardware. Der schematische Aufbau eines solchen BV-Servers ist in Bild 4 dargestellt.

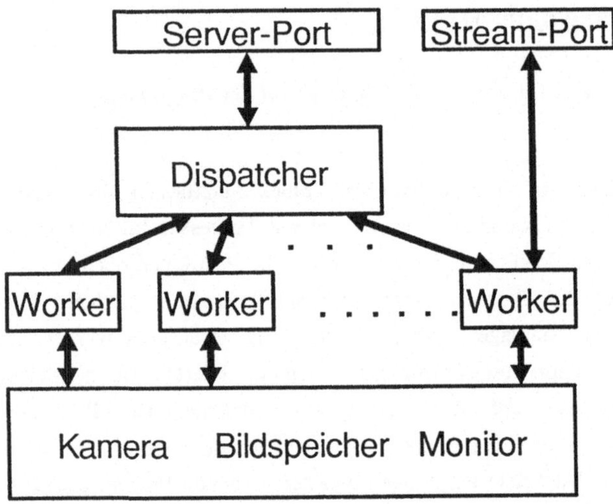

Bild 4: schematischer Aufbau eines BV-Servers

Der Server erhält mit Hilfe des Dispatchers (Auftragsverteiler) den Auftrag eines Client durch Message Passing über den Server-Port. Nach der Generierung eines parallel arbeitenden Worker-Prozesses, der die vom Client geforderten Operationen (z.B. Aufnahme, Kopieren, Löschen eines Bildes) durchführt, ist der Dispatcher zur Entgegennahme neuer Aufträge bereit. Die Generierung von Worker-Prozessen gewährleistet somit, daß der Server nicht von zeitintensiven Aufträgen (z.B. Kopieren eines Bildes) blockiert wird.

Die vom BV-Server durchzuführenden Operationen lassen sich in zwei Gruppen aufteilen:

- Directory-Operationen
  zeichnen sich durch ein geringes Kommunikationsaufkommen aus. Beispielhaft hierfür sind die Operationen zum Öffnen eines Bildes (bopen), zum Löschen eines Bildes (bdel) und zum Erstellen eines Verzeichnisses aller existierender Bilder (bdir). Ergebnisdaten dieser Operationen gelangen über den Server-Port zurück an den Client.

- Stream-Operationen
  zeichen sich durch ein hohes Kommunikationsaufkommen aus. Um den Server-Port für weitere Anforderung der Client-Prozesse nicht zu blockieren, werden die Ergebnisdaten der Stream-Operationen über sogenannte Stream-Ports an den Client zurückgeschickt. Typische Stream-Operationen sind das Lesen und Schreiben von Bilddaten.

Neben der Erstellung neuer BV-Server konnten durch Erweiterung der I/O-Server bereits bestehende Rechnersysteme und die mit ihnen verbundenen Bildverarbeitungskomponenten als Host-Systeme in das HELIOS-Netz integriert werden.

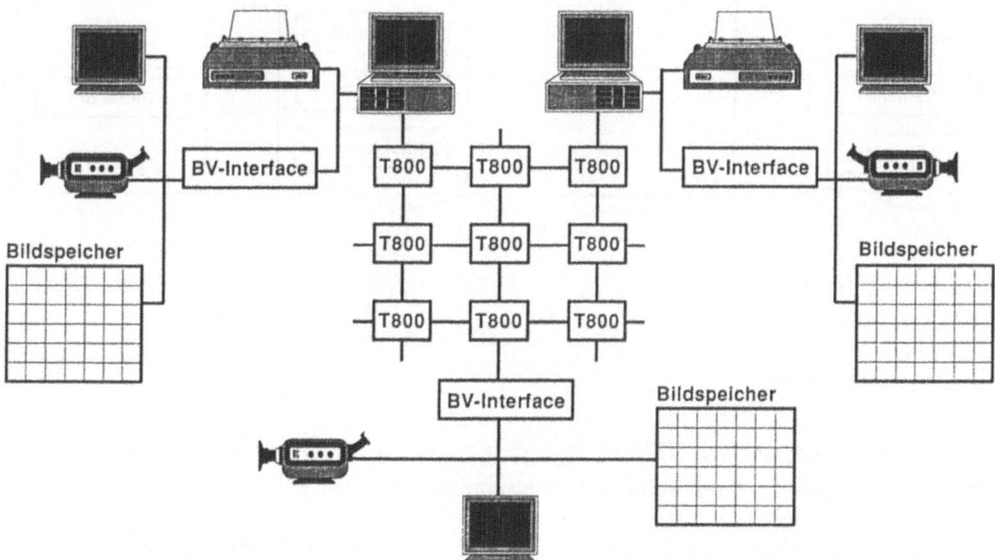

Bild 5: Hardware-Konfiguration

Eine typische Hardware-Konfiguration bestehend aus einem Transputer-Cluster und mehreren Host-Systemen mit den üblichen Peripheriegeräten ist in Bild 5 dargestellt. Einheiten zur Bildverarbeitung (Kamera, Monitor, Bildspeicher und deren Schnittstellen) können dabei sowohl an den Host-Systemen als auch direkt an den Transputern des Clusters angeschlossen sein.

Ein Programm (Client-Prozeß), das wie in Bild 6 dargestellt auf die Bildverarbeitungshardware zugreift, bedient sich beispielsweise der in der BV-Bibliothek definierten Funktionen zur Bildaufnahme-, wiedergabe und zum Bildzugriff. Diese Funktionen des Client-Prozesses übermitteln dem Server ihre jeweiligen Anforderungen. Der Server erfüllt diese Anforderungen und sendet die gewünschten Ergebnisdaten zurück. Eine solche Kommunikation für jeden angesprochenen Bildpunkt durchzuführen, würde einen erheblichen Kommunikations-Overhead zur Folge haben. Aus diesem Grund verwaltet UTOPIA das Anlegen von Bildkopien im lokalen Speicherbereich des Client-Prozesses und einen cache-gesteuerten Bilddatenzugriff, wobei sowohl block- als auch zeilenbasierte Cache-Strategien unterstützt werden.

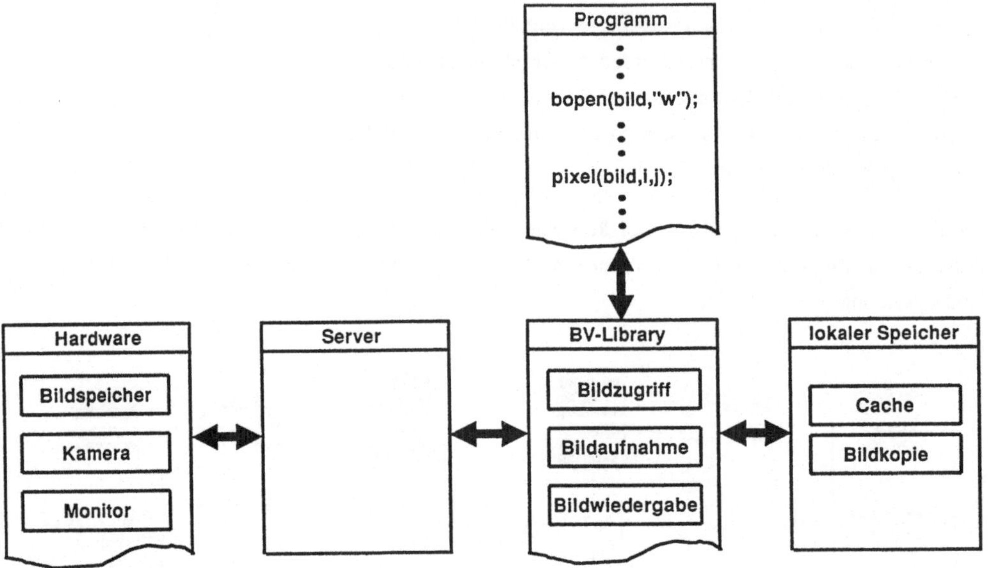

Bild 6: Bildzugriff über Server

5. Zusammenfassung

Durch die Implementierung von UTOPIA unter dem Betriebssystem HELIOS steht dem Anwender ein multiuser-, multitasking- und netzwerkfähiges Bildverarbeitungssystem zur Verfügung.

Die offene Systemarchitektur von HELIOS, bei der ohne Software-Änderungen Komponenten hinzugefügt, entfernt oder ersetzt werden können, erlaubt eine schnelle problemlose Anpassung der Hardware an die verschiedensten Aufgabenstellungen (Entwicklungssystem, Bildverarbeitungslabor, minimales Zielsystem). Das Client-Server-Konzept ermöglicht sowohl eine gleichmäßige Auslastung im Netz existierender Ressourcen (Bildspeicher, Massenspeicher, Aufnahme- und Wiedergabegeräte) als auch den gemeinsamen Zugriff mehrerer Benutzer auf globale Bilddaten.

Die Benutzeroberfläche unterstützt eine komfortable Bildverwaltung ebenso wie die Bildmanipulation und -auswertung. Hierzu stehen derzeit ca. 100 Standardprogramme zur Verfügung. Bei der Erarbeitung von Problemlösungen wird hierdurch ein schnelles Testen von Einzelprogrammen oder Programmsequenzen und somit die Beurteilung ihrer problemspezifischen Tauglichkeit ermöglicht.

Aufbauend auf der HELIOS-eigenen CDL wird bereits auf der Anwenderebene die Parallelverarbeitung von Bildern ermöglicht. Hierbei unterstützt UTOPIA durch seinen modularen Aufbau und die Teilbildverwaltung die geometrische Parallelisierung (mehrere gleiche Prozesse arbeiten auf verschiedenen Bildbereichen) ebenso wie die algorithmische Parallelisierung (z.B. Pipelining und Farming mit BV-Programmen).

Die in UTOPIA auf der Programmebene definierte einheitliche Bildverwaltung und Bildzugriffsstrategie sowie die BV-Bibliothek ermöglichen eine schnelle, komfortable Programmierung neuer Algorithmen. Die von HELIOS zur Verfügung gestellte residente Bibliothek mit Funktionen zum Datenaustausch zwischen parallel arbeitenden Prozessen sowie zur Installation von Prozessen im Netz erlaubt die Parallelprogrammierung auch auf dieser Ebene.

UTOPIA wird seit 1985 in einer UNIX-Umgebung eingesetzt. Die hier vorgestellte netzwerkfähige Implementierung unter HELIOS existiert seit Juli 1989 und steht ab Januar 1990 in einer endgültigen Version zur Verfügung.

6. Literatur

[FÖHR85] Föhr, R.; Schneider, K.; Kempken, E.; Ameling, W.
Implementierung eines modularen Bildverarbeitungssystems in UNIX-Umgebung; 7. DAGM-Symposium, Erlangen, 1985
Informatik-Fachberichte 107, Springer-Verlag

[BACH87] Bach Maurice J.
The Design of the UNIX operating system
Prentice-Hall, 1987

[PERI89] Perihelion Software
HELIOS operating system
Prentice-Hall, 1989

Bildfolgenverarbeitung in Echtzeit mittels einer Transputerpipeline

M. Reuschenbach, W. Siems

Rheinmetall EDV System GmbH, 4000 Düsseldorf 30
Rheinmetall Meß-und Prüftechnik, 4000 Düsseldorf 30

1. Einleitung

Für ein autonomes Geländeerkundungssystem, bestehend aus einem Fahrzeug, einer räumlich getrennten Kontrollstation und einer speziellen Kommunikationsstrecke zwischen beiden Systemen wird ein Bildverarbeitungssystem benötigt. Das Fahrzeug ist mit einer TV-Kamera ausgestattet, die 25 Bilder pro Sekunde mit ca. 600 x 800 Pixel an die Kontrollstation übermittelt. Von der Kontrollstation können Steueranweisungen an das Fahrzeug und die Kameraaufhängung gesandt werden.

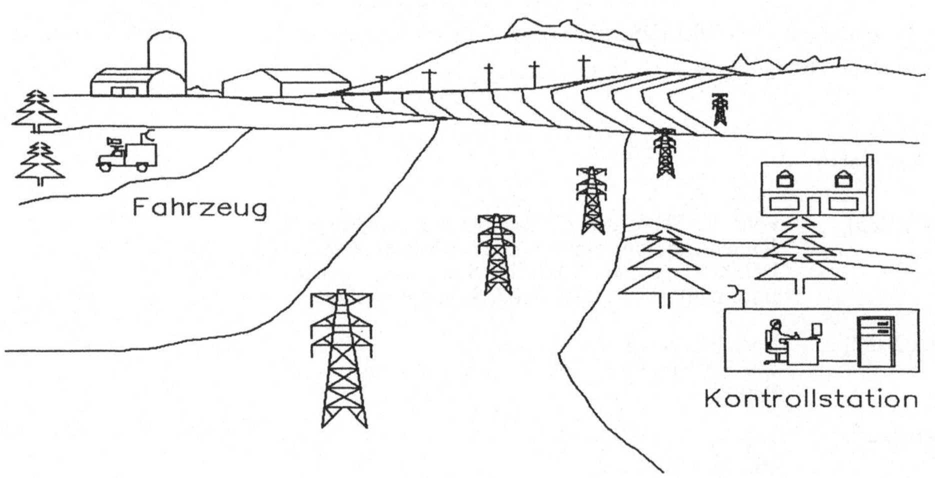

Abb. 1.1 Autonomes Geländeerkundungssystem

In der Kontrollstation ist die eintreffende Bildfolge einem Bildverarbeitungssystem zuzuführen. Dieses hat die Bilder so aufzubereiten, daß die Voraussetzung für eine autonome und manuelle Steuerung des Fahrzeugs gegeben ist. Hierzu zählt insbesondere eine Bildstabilisierung, welche die durch die Fahrzeugerschütterung bedingten Bildbewegungen ermittelt und kompensiert. Zur autonomen Steuerung müssen Bildauswertefunktionen Hindernisse in der durch Koordinaten vorgegebenen Sollbewegungsbahn ermitteln und die erforderlichen Korrekturen in der Steueranweisungsfolge für das Fahrzeug erzeugen.

Die aufbereitete Bildfolge ist auf einem Monitor darzustellen um einem Operateur die Kontrolle des Bewegungsablaufes zu ermöglichen. Der Operateur kann jederzeit die Steuerung des Fahrzeugs durch Umschaltung in den manuellen Betrieb übernehmen. Zu diesem Zweck befindet sich in der Kontrollstation ein geeignetes Steuerpult, das dem Operateur die Erzeugung der notwendigen Steueranweisungen für das Fahrzeug ermöglicht.

Zur optimalen Darstellung der Bildfolge auf dem Monitor ist die Bildaufbereitung gegebenenfalls durch Operationen wie Kontrastverschärfung, Glättung und Bildrestauration zu ergänzen.

2. Das Rechnerkonzept

Der Bildverarbeitungsrechner besteht aus einer Pipeline mit mehreren, durch einen Video-Bus verbundenen Moduln. Die eintreffenden Bilder werden in der Pipeline von Modul zu Modul geschoben, wobei die maximale Verweildauer durch die Anzahl der pro Zeiteinheit eintreffenden Bilder vorgegeben ist. Jedes Modul realisiert eine Bildverarbeitungsfunktion bzw. eine Teilfunktion.

Entsprechend der Anzahl der Moduln ergibt sich eine Verzögerung zwischen Eintreffen eines Bildes und der Darstellung auf dem Monitor. Sie ist gleich dem Produkt aus der um eins verminderten Anzahl von Moduln und der Verweildauer pro Modul.

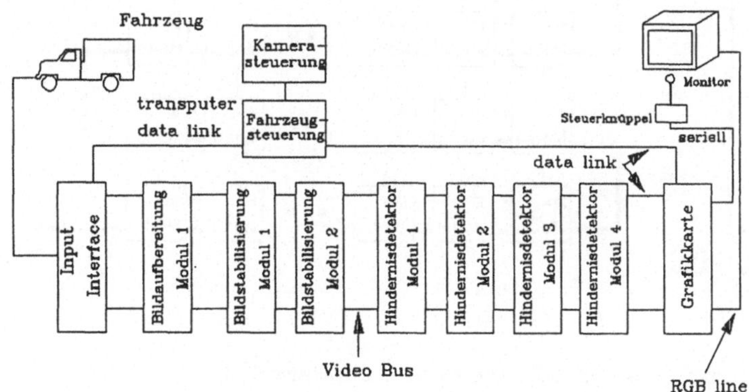

Abb. 2.1 Rechnerstruktur Autonomes Geländeerkundungssystem

Die Anzahl der Moduln ergibt sich aus der für das Bildverarbeitungssystem benötigten Funktionalität. Das autonome Geländeerkundungssystem erfordert Bildaufbereitungsfunktionen wie Kontrastverschärfung und Bildglättung, eine Bildstabilisierung und einen Hindernisdetektor. Infolge der stark unterschiedlichen Komplexität wurden die Bildaufbereitungsfunktionen einem Modul zugewiesen, die Bildstabilisierung in zwei und die Hindernisdetektion in vier Teilfunktionen untergliedert, für die je ein Modul vorgesehen wurde.

Ein Funktionsmodul besteht aus einem Cluster von "Image Processing Boards". Ein "IP-Board" verfügt in der Regel über einen T800, 1 MByte Arbeitsspeicher und 2 MByte Videospeicher sowie einen Koprozessor, der dieser Karte die Umsetzung einer speziellen Bildverarbeitungsfunktion in Echtzeit ermöglicht. Die Anzahl der in einem Cluster eingesetzten "boards" ist abhängig von der Komplexität der ihm zugewiesenen Bildverarbeitungsfunktion bzw. Teilfunktion und der Funktionalität des Koprozessors.

Falls der Koprozessor die Daten direkt vom Videobus übernimmt und die Funktion komplett umsetzt, reicht ein einzelnes System. Ist eine Vor- oder Nachbereitung der Daten erforderlich, so bedarf es in der Regel bereits einer Vielzahl von "boards".

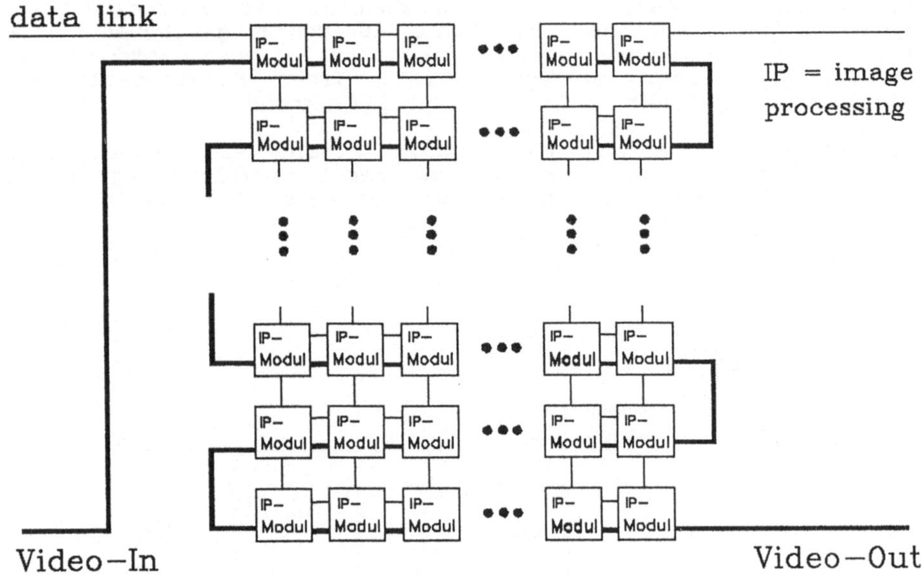

Abb. 2.2 Mehrprozessor-Bildverarbeitungsmodul

Die erforderliche Reduzierung der Ausführungszeit wird erreicht durch Aufteilung des Bildes in Teilbilder, die - auf die "IP-Boards" eines Moduls verteilt - parallel bearbeitet werden. Zur Vermeidung eines Informationsverlustes z.B. durch Zerschneiden eines Bildobjektes wird für jedes Teilbild ein Überlappungsbereich definiert, dessen Größe von der jeweiligen Bildverarbeitungsfunktion abhängt. Für Operationen im Bereich der ikonischen Bildverarbeitung ist i.A. eine Überlappung von einigen Reihen und Spalten ausreichend; z.B. reichen bei Faltung mit einer 3x3 Matrix zwei Reihen und zwei Spalten aus. Zur Bildsegmentierung sollte die Überlappung mindestens die Strukturelemente des Bildes überdecken.

Die Datenübertragungsrate des Videobusses beträgt 20 MHz. Für die Übertragung eines 600 x 800 Pixel Bildes werden somit 24 ms benötigt. Würde die Ausführung einer Funktion erst nach Übertragung des Gesamtbildes beginnen können, so verblieben bei 25 Bildern/s nur ca. 16 ms. Bei Aufteilung in Teilbilder kann jedoch ein Prozessor bereits dann mit der Ausführung starten, wenn das ihm zugewiesene Teilbild gesendet wurde. Da die Bilder auf dem Videobus zeilenweise übertragen werden, würde eine Aufteilung des Bildes in Regionen mit n Zeilen eine minimale Übertragungszeit für ein Teilbild bewirken, z.B. bei Aufteilung in sechzehn solcher Regionen genau 1/16 der gesamten Übertragungszeit. Bei Berücksichtigung von Überlappung kann dieser Vorteil infolge der relativ langen Teilbildbegrenzungen jedoch wieder verloren gehen.

Die Daten des Überlappungsbereiches werden nicht über den Videobus sondern über die "data links" der Transputer ausgetauscht. Die Übertragungsrate beträgt somit nur ca. 2 MByte/s. Bei Aufteilung eines 600 x 800 Bildes in 20 Regionen mit je 30 x 800 Pixel beträgt die Übertragungszeit des Teilbildes auf dem Video-Bus 1.2 ms. Bei einer Überlappungsbreite von 10 Pixel ergibt sich eine Datenmenge von 8000 Pixel und eine zusätzliche Übertragungszeit von 4 ms. Bei Definition von 20 Regionen mit je 60 x 400 Pixel beträgt die Übertragungszeit auf dem Video-Bus 2.4 ms. Die Datenmenge der Überlappung beträgt hier 4600 Pixel mit einer Übertragungszeit von 2.3 ms. Die Gesamtübertragungszeit ist 4.7 ms. Dies entspricht 11,75 % der pro Bild zur Verfügung stehenden Ausführungszeit.

Die Aufteilung in Teilbilder erfolgt innerhalb eines Moduls. So kann entsprechend der umzusetzenden Funktion für jeden Modul eine andere Teilbildaufteilung erfolgen. Sie wird erreicht durch eine spezielle Schaltelektronik, über die jedes "board" eines Moduls an den Videobus angeschlossen ist. Über die "Memory"-Schnittstelle des Transputers setzt das System in der Schaltelektronik die Teilbildgrenzen, d.h. Start- und Endzeile bzw. Start- und Endspalte. Die auf dem Video-Bus mitübertragenen HSYNC und VSYNC Impulse werden von der Schaltelektronik während der Bildübertragung überwacht. Sobald die Pixel des definierten Teilbildes auf dem Videobus übertragen werden, schaltet die Elektronik von "bypass" auf Videospeicher, d.h. wandern die Daten in den Speicher.

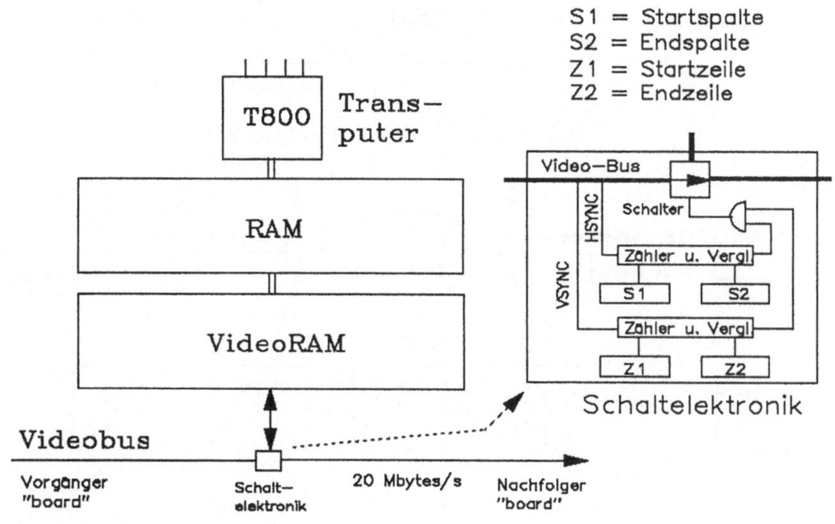

Abb. 2.3 Erzeugung von Teilbildern innerhalb eines Moduls

3. Die Moduln der Bildverarbeitungspipeline

3.1. Das Bildaufbereitungsmodul

Für die Bildverarbeitung des autonomen Geländeerkundungssystem sind sechs Moduln vorgesehen. Der erste Modul ist verantwortlich für die Bildaufbereitungsfunktionen Kontrastverschärfung und Bildglättung. Durch Einsatz des Spezialprozessors IMS A110, der wahlweise Faltungen ausführt oder Korrelationskoeffizienten berechnet und zusätzlich auch Datentransformationen mittels einer "lookup table" ausführt, können diese beide Funktionen von einem "board" ausgeführt werden. Der IMS A110 verarbeitet die Daten mit der Videobusrate von 20 MHz.

Die Integration des Koprozessors erfolgt unmittelbar auf dem T800-"board". Alle Parameter des Koprozessors können über die "Memory"-Schnittstelle des T800 gesetzt werden. Die Bilddaten müssen dem IMS A110 über eine Videobus Schnittstelle zugeführt werden. Daher wurde die Schaltelektronik auf dem Bildverarbeitungsboard so erweitert, daß die Daten des Videobusses wahlweise

- direkt in einen Videospeicher 1 oder 2
- über den Koprozessor in einen Videospeicher 2

fließen können. Die Auswahl erfolgt programmatisch über die "Memory"-Schnittstelle des T800.

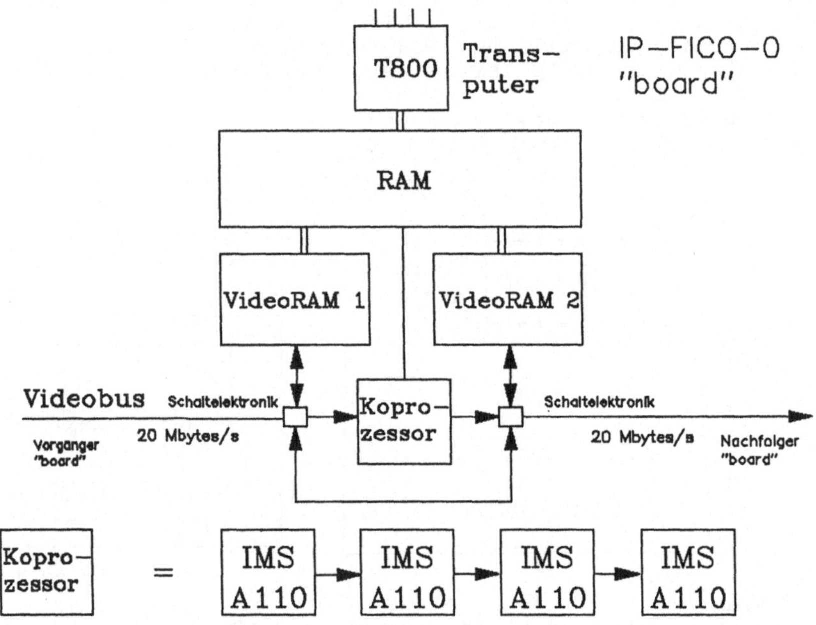

Abb. 3.1 Bildverarbeitungsboard IP-FICO-0 für Faltung und Korrelationskoeffizientenberechnung

Entsprechend können die bearbeiteten Daten

- direkt aus Videospeicher 1 oder 2
- aus Videospeicher 1 durch den Koprozessor

das "board" verlassen. Ist der externe Videobus auf "bypass" geschaltet, so können über den internen Videobus Daten vom Videospeicher 1 über den Koprozessor in den Videospeicher 2 fließen.

Mittels eines einzelnen IMS A110 kann eine Faltung mit einer 3 x 7 Matrix erfolgen. Durch Kaskadierung des Bausteins ist eine Vergrößerung der Faltungs- bzw. Korrelationsmatrix möglich. So wurden auf dem IP-FICO-0 "board" als Koprozessor eine Kaskade von vier dieser Bausteine eingesetzt. Dies erlaubt die Faltung des Bildes mit einer 12 x 7 Matrix.

3.2. Bildstabilisierung

Die Bildstabilisierung wurde in zwei Teilfunktionen unterteilt. Die erste Teilfunktion ermittelt die Bildverschiebung eines Bildes in Bezug auf das vorangegangene Bild. Sie wird durch die drei Winkel "Neigung, Nicken und Gieren" der Kameraaufhängung beschrieben und kann für entsprechende Kompensationsbewegungen benutzt werden, falls die Winkelgeschwindigkeit einen vorgegebenen Grenzwert nicht überschreitet. Die lineare Eigenbewegung des Fahrzeugs wird bei der Bestimmung der Kamerabewegung berücksichtigt. Die zweite Teilfunktion erlaubt eine elektronische Bildverschiebung. Sie simuliert eine Kamerakompensationsbewegung in den Fällen, in denen die Ansteuerung der Kameraaufhängung zu träge ist.

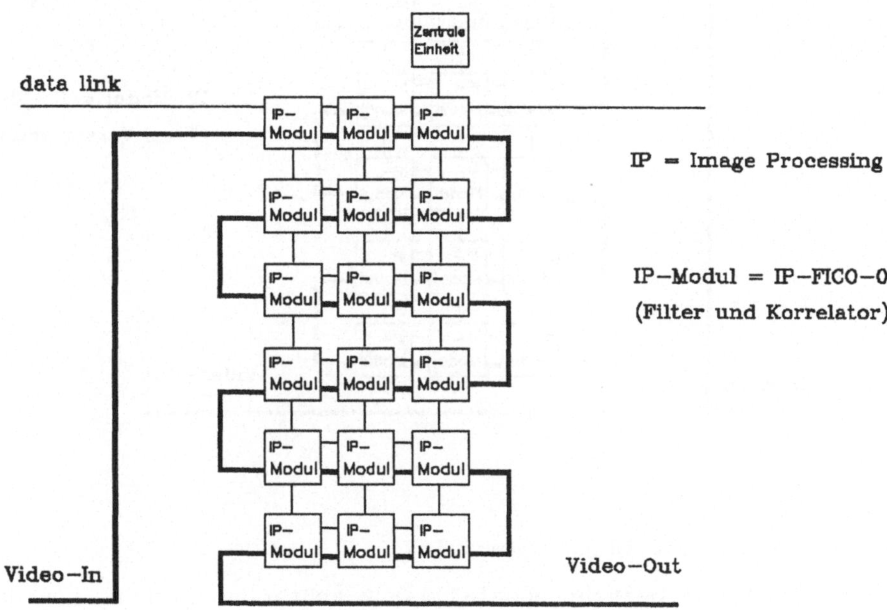

Abb. 3.2 Bildstabilisierungsmodul 1

Zur Realisierung der ersten Teilfunktion ist ein Modul bestehend aus achtzehn IP-FICO-0 "boards" und einem weiteren T800-"board" vorgesehen. Jedes IP-FICO-0 "board" bearbeitet ein Teilbild mit 100 x 256 Pixel. Als Überlappung werden 10 Pixel übertragen. Die Notwendigkeit dieser Überlappung ergibt sich aus der Abschätzung der maximalen Verschiebung eines Bildpunktes in Bezug auf das vorangegangene Bild.

Innerhalb jedes Teilbereiches wird für maximal einen ausgewählten Teilpunkt mittels Korrelationstechniken die Verschiebung in Bezug auf das vorangegangene Bild ermittelt. Die Verschiebungen werden nach Korrektur um die lineare Fahrzeugbewegung dem zentralen Prozessor des Moduls mitgeteilt. Dieser berechnet daraus mittels eines speziellen Algorithmus die Winkel der Kamerabewegung, welche die Verschiebung des Bildes beschreiben.

Diese Winkel werden zur Einleitung von Kompensationsbewegungen dem Kamerasteuerungsprozeß zugänglich gemacht. Zur Durchführung der elektronischen Bildstabilisierung werden sie zusätzlich an das zweite Modul der Bildstabilisierung gesandt.

Das IP-SHFT-0 "board" realisiert die Simulation der Kamerakompensationsbewegung. Es besitzt einen zu IP-FICO-0 analogen Aufbau. Als Koprozessor ist hier jedoch ein spezieller ASIC Baustein vorgesehen, der eine Umsetzung des Verschiebealgorithmus darstellt.

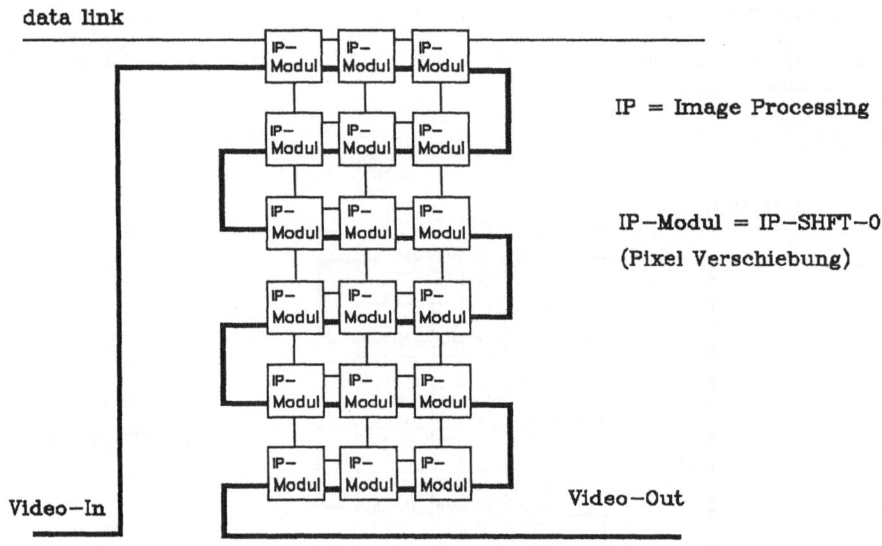

Abb. 3.3 Bildstabilisierungsmodul 2

Der gesamte Modul besteht ebenfalls aus achtzehn solcher "boards".

3.3. Hindernisdetektor

Für die Hindernisdetektion sind vier weitere Moduln vorgesehen. Die Entwicklung der zum Einsatz kommenden Verfahren ist noch nicht abgeschlossen. Daher liegen noch keine detaillierten Konzepte für den Aufbau der Module dieser Funktion vor.

In der ersten Teilfunktion erfolgt eine Datenreduktion, die mittels eines speziellen Kantendetektors durchgeführt wird. Nach Ausführung dieser Operation erfolgt der Datenaustausch innerhalb des Hindernisdetektors ausschließlich über "data links".

Trotzdem ist für jeden Modul die Anbindung an den Videobus erforderlich. Das auf der Pipeline sich zur Grafikkarte bewegende Bild muß nämlich innerhalb einen jeden Moduls um eine Stufe d.h. 40 ms verzögert werden. Für diese Aufgabe wird ein "board" mit dem in Abb. 2.3 beschriebenen Aufbau eingesetzt, wobei die Aufteilung in Teilbilder hier nicht erforderlich ist.

Ergebnisse der Hindernisdetektion können als symbolische Daten dem zur Anzeige zu bringenden Monitorbild hinzugefügt werden.

3.4. Input Interface und Grafikkarte

Beide Karten besitzen einen vergleichbaren Aufbau. Sie verfügen über zwei Videospeicher von denen jeweils einer aktiv ist und der andere beschrieben bzw. ausgelesen wird.

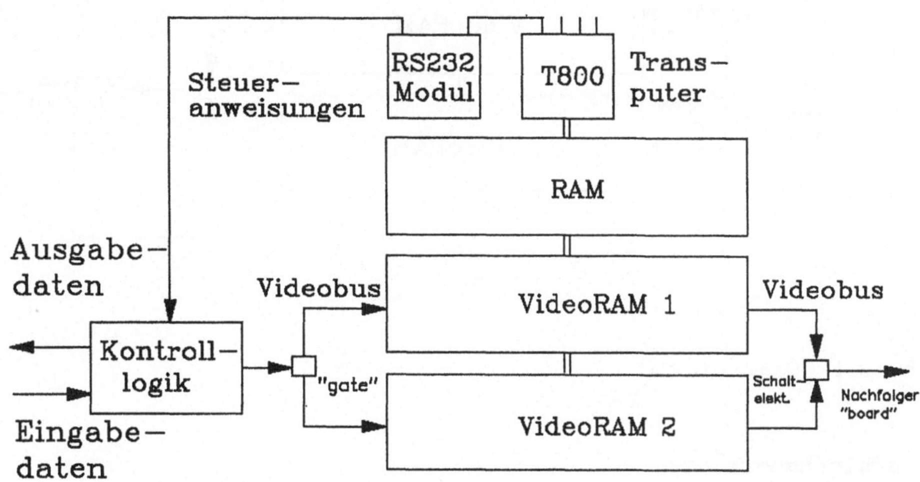

Abb. 3.4 Input Interface

Beim Input Interface fließen die vom Fahrzeug eintreffenden Daten in den jeweils aktiven Videospeicher. Die Daten bestehen aus den Bilddaten der Kamera und zusätzlichen Statusinformationen. Falls ein "Frame" vollständig übertragen wurde, wird der entsprechende Videospeicher deaktiviert und der zweite Speicher aktiv. Der Prozessor des System erhält eine Nachricht über den Zustandswechsel. Dieser leitet für den deaktivierten Speicher die Ausgabe der Daten ein. Alle Daten des Kamerabildes werden auf den Videobus übertragen, die Statusinformationen über "data links" den entsprechenden Prozessen übermittelt.

Die Steuerinformationen fließen in umgekehrter Richtung. Die sie erzeugenden Prozesse senden diese via "data links" an den Prozessor des Input Interfaces. Dieser leitet sie über eine serielle Schnittstelle der I/O-Kontrollogik zu.

Auf der Grafikkarte fließen die Daten des Videobusses in den nichtaktiven Videospeicher. Falls ein komplettes Bild übertragen wurde, aktiviert der Prozessor diesen Videospeicher. Die Daten des aktiven Speichers werden auf dem Monitor zur Anzeige gebracht.

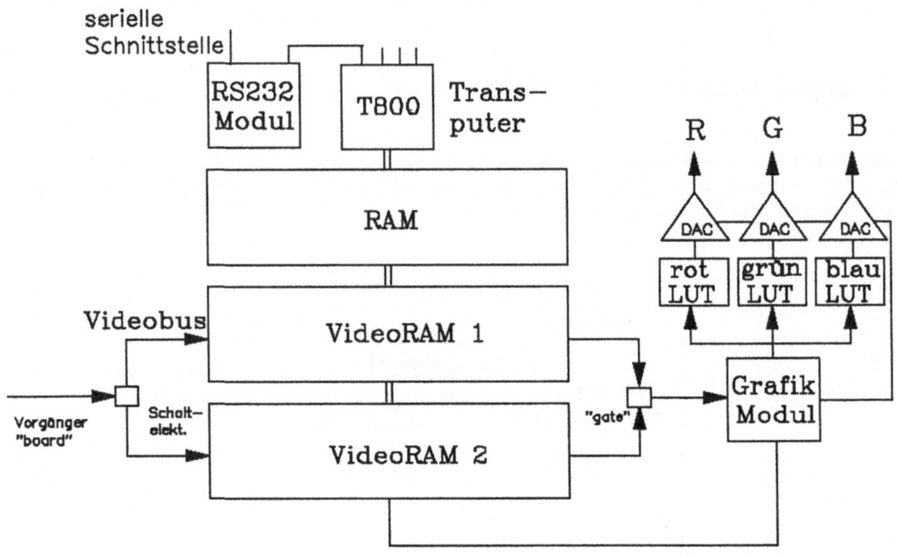

Abb. 3.5 Grafikkarte

4. Schlußbemerkungen

Das Bildverarbeitungssystem auf Basis einer Transputerpipeline wurde für ein autonomes Geländeerkundungssystem entwickelt. Es ist jedoch für alle vergleichbaren Aufgabenstellungen geeignet, insbesondere zur Steuerung von mobilen Systemen, bei denen ein Mensch im Fahrzeug nicht anwesend sein soll.

Dies ist der Fall bei Robotersystemen z.B. zur automatisierten Lagerhaltung oder bei Einsatz von mobilen Systemen in Gefahrenzonen. Die Anpassung an eine spezielle Applikation ist durch den modularen Aufbau des Systems leicht möglich. Da das System bezüglich der Pixelzahl erweiterbar ist d.h. Bilder mit höherer Auflösung verarbeitet werden können, ist es auch in der Produktionsautomatisierung und Qualitätssicherung einsetzbar.

Die im Bereich der ikonischen Bildverarbeitung zum Einsatz kommenden "boards" sind durch die Spezialprozessoren auf bestimmte Funktionen festgelegt. Die hier vorgestellten Module sind für eine Vielzahl von Applikationen von Interesse. Weitere "boards" mit anderen Spezialprozessoren können jedoch entwickelt und in das System integriert werden.

Zur Anpassung an Applikationen im Bereich der symbolischen Bildverarbeitung ist auf Hardwareebene nur eine Veränderung der Anzahl von Moduln bzw. Prozessoren erforderlich. Die applikationsspezische Funktionalität wird durch die implementierte Software erzielt.

Entscheidend für eine weitere Verbreitung dieses Echtzeit-Bildverarbeitungssystems ist die Verfügbarkeit von Spezialprozessoren zur Datenreduktion.

Literatur:

[1] INMOS Ltd.; Transputer Reference Manual; Prentice Hall; 1988

[2] INMOS Ltd.; IMS A110; Image and Signal Processing Subsystem; Advanced Information; 1988

[3] Toshiba Corp.; MOS Memory Products; Data Book; 1988

[4] Tagungsband; Rheinmetall Seminar Echtzeitbildanalyse; 1988

Schnelle 3D-Verarbeitung tomographischer Bilddaten auf einem aus Transputern bestehenden Parallelrechnersystem

R. Lehrig, W. Düchting
Institut für Regelungs- und Steuerungstechnik, Fachbereich Elektrotechnik
Universität Siegen, Hölderlinstr. 3, D-5900 Siegen

Zusammenfassung

In dieser Arbeit wird der Einsatz eines Parallelrechnersystems zur dreidimensionalen Darstellung tomographischer Bilddaten mit interaktiver Benutzersteuerung behandelt. Aus einer Serie von Tomogrammen wird eine Projektion des dreidimensionalen Objektes mit Oberflächen- und Volumendarstellung erzeugt. Um eine interaktive Arbeit zu ermöglichen, muß das System eine kurze Antwortzeit haben. Deshalb werden die Bilddaten als Oktalbaum kodiert, auf mehrere Prozessoren (Transputer) verteilt und parallel bearbeitet. Das führt zu kürzeren Darstellungszeiten, als sie mit konventionellen Computern ohne spezielle Grafikhardware erreichbar sind und erschliesst die 3D-Darstellung der interaktiven Bearbeitung. Das neuartige Parallelrechnersystem ist an einen IBM-kompatiblen PC angeschlossen, und der Benutzer kann das Programmsystem über eine grafische Oberfläche mit der Maus steuern. Sämtliche Komponenten des Systems sind frei am Markt erhältlich und benötigen keine problemspezifisch entwickelte Hardware.

Schlüsselworte

Bildanalyse, Computergrafik, dreidimensionale Rekonstruktion, Simulation, Oktalbaum, Parallelverarbeitung, Tomographie, Transputer

1. Einleitung

Durch die raschen Fortschritte auf den Gebieten der Biologie (Tumorzellkinetik, Molekularbiologie) als auch in der Technik (Systemanalyse, Regelungstheorie, Datenverarbeitung) kommt dem Bereich der Modellbildung und Simulation von komplexen biologischen Systemen eine immer stärkere Bedeutung zu. Einige Ansätze haben sich seit mehreren Jahren speziell mit der regelungstechnischen Modellbildung und Simulation von gut- und bösartigen Zellvermehrungsprozessen beschäftigt [1-5]. Hierbei wurden unter stark vereinfachenden Annahmen sowohl das zeitliche als auch das räumliche in vitro und in vivo Wachstum von Tumoren modelliert und darüber hinaus unterschiedliche Behandlungsarten (Chirurgie, Radio- und Chemotherapie) mit dem Ziel einer Optimierung simuliert. Die bislang erzielten Teilergebnisse, insbesondere bei der Modellbildung und Simulation des räumlichen Tumorwachstums in vivo, verlangen jedoch eine noch größere Realitätsnähe. Aus diesem Grund liegt es nahe, die Fortschritte auf dem Gebiet der neuen bildgebenden Verfahren [6-8] zu nutzen und tomografische Bilddaten als reale Eingangsdaten für die Simulation der entwickelten Vorhersagemodelle für das Tumorwachstum zu verwenden. Der dreidimensionalen Darstellung der Bilddaten fällt dabei eine Schlüsselrolle zu [9]. Sie ermöglicht sowohl die Darstellung des Anfangszustandes des Modellansatzes als auch die der Simulationsergebnisse. Darüberhinaus lassen sich Parameterbilder zu den im Modell vorkommenden Grössen, wie zum Beispiel der Dosisverteilung bei der Simulation einer Strahlentherapie erzeugen, welche für die Auswertung der Simulationsergebnisse von Bedeutung sind. Leider sind die meisten Workstations zur Zeit nicht in der Lage, die vorliegenden Datenmengen im Bereich um etwa 10 MB schnell genug zu bearbeiten, damit eine interaktive Benutzersteuerung befriedigend realisiert werden kann.

Die Anbieter von Verarbeitungssystemen für tomographische Bilder statten ihre Workstations daher entweder mit zusätzlichen speziellen Bildrechnern aus oder verwenden eine gänzlich eigenständige Hardware. Solche Lösungen sind wegen der relativ geringen Stückzahlen dieser Systeme und dem hohen Entwicklungsaufwand gegenüber einer konventionellen Workstation sehr teuer. Ausserdem sind Eingriffe in das Programmsystem von Seiten des Anwenders nur in sehr beschränktem Maße möglich.

Diese Schwierigkeiten haben zu Überlegungen geführt, das Problem durch den Einsatz von Parallelrechnersystemen zu lösen [10-16], welche die notwendige Rechenleistung erbringen und vom Anwender frei programmiert werden können. Besondere Verbreitung haben in der letzten Zeit Parallelrechner auf der Basis des Transputers erlangt [17-18]. Dieser Prozessor kann wegen der auf dem Chip integrierten Schnittstellen, den "Links", zu Rechnernetzen verbunden werden und eine Aufgabenstellung parallel bearbeiten. Wir haben ein Transputersystem der Firma Parsytec in unseren Arbeiten eingesetzt und beschreiben in diesem Beitrag die für die 3D-Verarbeitung tomographischer Bilddaten erforderlichen Entwicklungen.

2. Aufgabenstellung

In unseren Arbeiten streben wir langfristig eine Nutzung tomographischer Bilddaten für die Simulation von malignen Zellvermehrungsprozessen an. Dazu müssen die Bilddaten und der Modellansatz für die Simulation aufeinander abgestimmt werden. Es soll eine einheitliche Darstellung sowohl für die Bilddaten als auch für die Modellparameter (Zelltyp, Zyklusphase, Versorgungslage etc.) entwickelt werden, die deren Visualisierung und Auswertung ermöglicht. Das System muß zunächst in der Lage sein die Bilddaten zu visualisieren, wobei besonderer Wert auf die sekundäre dreidimensionale Rekonstruktion gelegt wird. Die Geschwindigkeit der Rekonstruktion soll dabei eine interaktive Arbeit erlauben. Der Benutzer muß das System auf möglichst einfache Weise steuern können und dabei den Blickwinkel auf das Bildobjekt frei wählen können. Die Darstellung der inneren Struktur des Objektes durch Anschneiden der Oberfläche soll ebenfalls unterstützt werden.

3. Bildgebende Verfahren in der Medizin

Moderne bildgebende Verfahren (Computer Tomograhy CT, Magnetic Resonance MR, Positron Emission Tomography PET) ermöglichen neuartige Abbildungen aus dem Inneren des menschlichen Körpers. Es werden mit Unterstützung des Computers Schnittbilder durch das Innere des Körpers berechnet. Die Diagnostik und Kontrolle von Erkrankungen wird durch diese Verfahren wesentlich verbessert. Einer der Hauptvorteile besteht darin, daß invasive Eingriffe vermieden werden können und der Patient dadurch geringer belastet wird. Die Einsatzgebiete dieser bildgebenden Verfahren liegen beispielsweise in der Orthopädie oder der Diagnose und Lokalisierung von Tumoren.
Ausgehend von den durch den Tomographen rekonstruierten 2D-Schnittbildern können weitere Verarbeitungsschritte mit dem Computer durchgeführt werden. Sekundäre Bildrekonstruktionen ermöglichen zum Beispiel die Erstellung von Schnittbildern deren Richtung unabhängig von der Schichtung der Aufnahmen frei im Raum gewählt werden kann. Dadurch können Objekte dargestellt werden, die bedingt durch die Geometrie des Tomographen nicht direkt als Schnitt aufgenommen werden können. Über die eigentliche Bilddarstellung hinausreichende Verfahren könnten eine gezielte Unterstützung von Diagnose, Behandlungsplanung und Behandlung sowie der Schulung medizinischen Personals

ermöglichen. Die technische Informatik mit Bildanalyse, Computergrafik und Simulationstechnik liefert die notwendigen Werkzeuge für die Umsetzung dieser der Bildaufnahme nachgeschalteten Bearbeitungsschritte.

4. Bildverarbeitung

4.1 Kodierung von Bilddaten als Baumstruktur

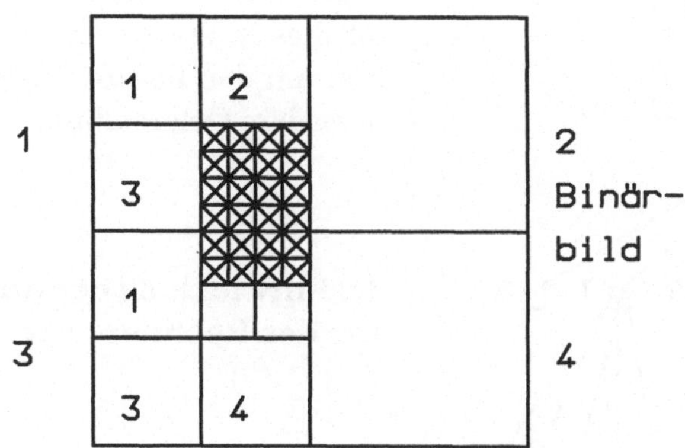

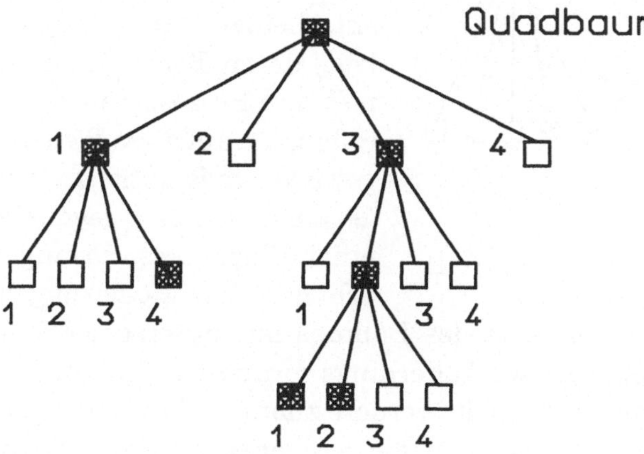

Bild 1: Quadbaum

In Bild 1 ist ein Quadbaum dargestellt. Mit diesem läßt sich ein zweidimensionales Bild als Baum mit vier Verzweigungen kodieren. Das Bild wird rekursiv in je 4 gleichgrosse Quadrate unterteilt. Wenn ein Quadrat Bildpunkte unterschiedlicher Farbe enthält, verzweigt sich der Baum eine Ebene tiefer. Wenn ein Quadrat dagegen gleichmäßig gefärbt ist, verzweigt sich der Baum nicht weiter, sondern die Farbe des Quadrates wird im Baum gespeichert. Der Oktalbaum (Bild 2) stellt das dreidimensionale Analogon zum Quadbaum dar [19]. Den 4 Quadraten des Quadbaumes von Bild 1 entsprechen hier die 8 Würfel, die beim Unterteilen eines Quaders entstehen. Ein Vorteil der Kodierung von Bildern in Form eines Baumes liegt, bedingt durch die geringere Verästelung des Baumes in einer möglichen

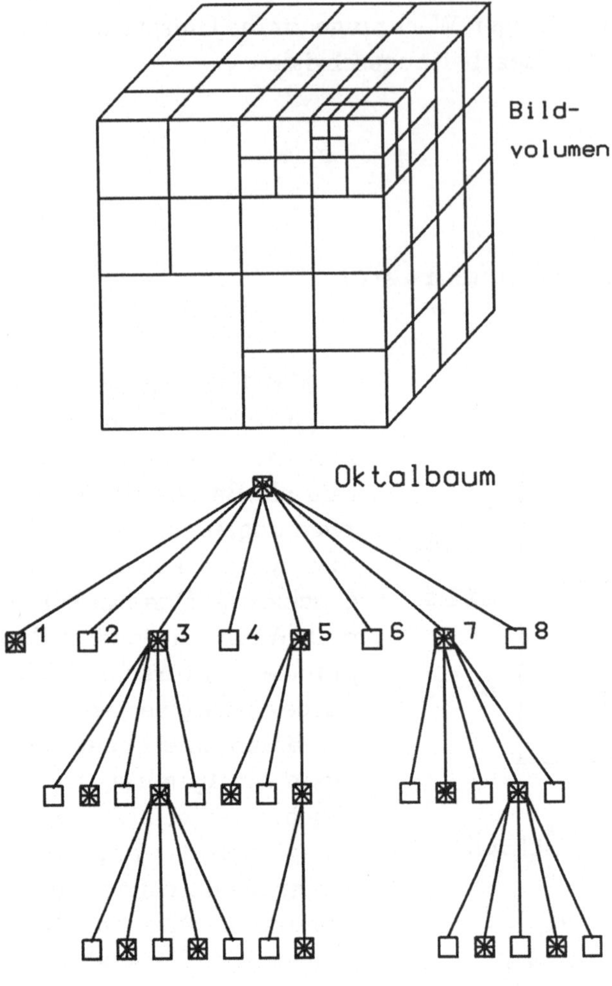

Bild 2: Oktalbaum

Datenreduktion. Grosse Gebiete, die eine homogene Färbung aufweisen, können sehr kompakt als ein Zweig des Baumes repräsentiert werden. Bei Tomographiebildern des menschlichen Kopfes lassen sich zum Beispiel irrelevante Teile wie die Luft inner- und ausserhalb des Schädelbereiches einer Farbe zuordnen. Bei CT-Sequenzen bedeutet dies in etwa eine Reduktion um den Faktor 5 gegenüber dem Originalbild.

4.2 Entwicklung der Struktur des Rechnersystems

Die Art der Kodierung der Bilddaten im Computer ist entscheidend für die Möglichkeit, deren Bearbeitung auf mehrere Prozessoren zu verteilen, um auf diese Weise die gewünschte Reaktionszeit des Gesamtsystems gegenüber einer Einprozessorlösung zu erhöhen. Die Kodierung als Oktalbaum erlaubt es, die einzelnen Äste des Baumes mit unterschiedlichen Prozessoren parallel zu bearbeiten. Dies setzt allerdings voraus, daß die einzelnen Prozessoren einfach und effizient gekoppelt werden können, damit sich eine Leistungssteigerung ergibt. Transputer besitzen diese Eigenschaft wegen der auf dem Prozessor integrierten Schnittstellen den "Links". Optimal wäre es, wenn jedem Knoten innerhalb des Baumes ein Prozessor zugeordnet wäre, was jedoch wegen der grossen Anzahl von Knoten nicht realisierbar ist. Es müssen also jeweils mehrere Knoten von einem Prozessor bearbeitet werden. Mit den auf dem

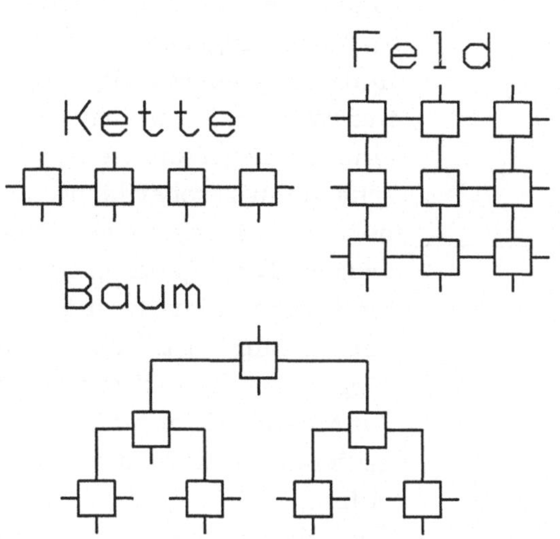

Bild 3: Verdrahtungsmöglichkeiten von Transputern

Transputer integrierten "Links", lassen sich diese Prozessoren zu nahezu beliebigen Strukturen wie Ketten-, Feld- oder Baumstruktur verbinden (Bild 3). Die Verdrahtung der Prozessoren sollte möglichst gut an die Problemstellung angepasst werden, in diesem Fall also baumartig sein. Um allerdings ein direktes Abbild des Oktalbaumes (Bild 2) verdrahten zu können, wären 8 Verzeigungen und eine zusätzliche Verbindung zur übergeordneten Ebene notwendig. Da allerdings nur 4 "Links" für jeden Transputer zur Verfügung stehen, läßt sich nur ein Binärbaum mit 2 Verzeigungen (Bild 3) verdrahten. Beide Seiten des Prozessorbaumes sollten gleich stark belastet werden, d.h. in etwa gleich viele Knoten des Baumes beinhalten. Indem die 8 Verzeigungen (Bild 2) numeriert werden und alle ungeraden Verzweigungen nach "links" und alle geraden Verzweigungen nach "rechts" gelegt werden, wird eine gleiche Belastung automatisch erreicht, denn die Unterräume werden schachbrettartig auf beide Seiten des Baumes verteilt, d.h. eine Seite erhält die weissen und die andere Seite erhält die schwarzen Felder. Somit läßt sich die Datenstruktur auf den Parallelrechner abbilden. Die Bearbeitungsgeschwindigkeit der Datenstruktur kann durch Ausbau des Parallelrechners um weitere Prozessoren beliebig erhöht werden. Die prinzipielle Verschaltung des in dieser Arbeit verwendeten Parallelrechners zeigt Bild 4.

4.3 Realisierung des Parallelrechnersystems auf Transputerbasis

Die Bedienung des Systems nach Bild 4 erfolgt über einen PC. Der mit Host bezeichnete Transputer übernimmt Koordinationsaufgaben und stellt die Schnittstelle zum PC her. Er ermöglicht Dateizugriff, Tastatur- und Maus-eingabe, Bildschirmausgabe auf dem PC und Zugriff auf Hintergrundsysteme über ein Netzwerk. Der Benutzer hat die Möglichkeit, im Commandlinemodus zu arbeiten,

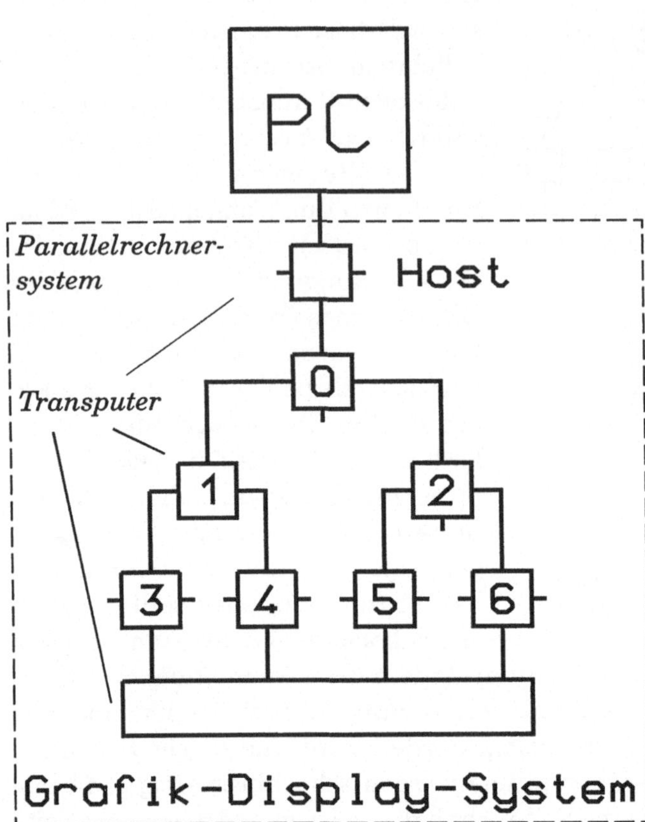

Bild 4: Problemspezifische Verdrahtung des Parallelrechners für die Oktalbaumbearbeitung

indem Befehle über die PC-Tastatur eingegeben werden und durch den Host interpretiert werden. Alternativ kann eine mausgesteuerte grafische Benutzeroberfläche auf dem PC zwischengeschaltet werden. Diese generiert dann die Kommandozeile und sendet sie zum Host. Eine dritte Möglichkeit besteht darin, die Kommandos in einer Datei zu speichern und von dort abzurufen.

Die eigentliche Programmausführung wird durch die baumartig verdrahteten Transputer bearbeitet. Auf diesen Prozessoren läuft ein Prozess, der den Oktalbaum durchläuft und dabei Operationen ausführt, die zur Umsetzung der Benutzerbefehle dienen (Bild 5). Die konkreten Operationen, die die Objektbeschreibung in dem Baum betreffen, sind austauschbar. So werden zum Beispiel beim "Laden" einer Objektbeschreibung Operationen zum Aufbau des Baumes eingesetzt, beim "Darstellen" Operationen, die ein Bild generieren. Zu diesen Zweck ist ein ebenfalls auf einem Transputer basierendes Grafik-Display-System angeschlossen (Bild 4). Die Befehle zum Setzen einzelner Bildpunkte werden von der untersten Ebene des Prozessorbaumes (Bild 4) über die Links an dieses Display-System übermittelt. Das folgende Programmfragment (Bild 5) zeigt die zentrale Routine zur Bearbeitung des Oktalbaumes. Die konkret auszuführende Operation wird durch auswechselbare Funktionsaufrufe über Zeiger auf diese Funktionen bestimmt. Die mit drei Punkten beginnenden Zeilen verbergen noch weitere Programmzeilen. Das Programm wurde mit dem im Transputer-Development-System integrierten Folding-Editor erstellt, "..." markiert eine geschlossene Falte (Fold). Das Foldingsystem ermöglicht die Blockstruktur bei-

```
/*****************************/
/* walk trough an octree and */
/* work on the data          */
/*****************************/
octree(i)
LONGW i;
{
    LONGW  ind,item,inext,step;
    LONGW  func,rel_adr;
    CHAN   *leave;
    LONGW  ibuf[5];

    inext=  i+1;
    step =  path->DELTA[inext];

    if(do_dispatch[i])
    {   /* use leave-processors   */
        ... /* init leave-processors */
        for (ind=0; ind<8; ind++)
        {
            item = (*path->FOLGE)(ind);
            (*path->OPOI_CALC)(i,item);
            if( path->OPOI[inext] != -1 )
            { /* more objects... */
                ... /* give a minimum    */
                /* of info to leave      */
            }
        }
        ... /* exit leave-processors     */
    }
    else
    {   /* use this processor          */
        for (ind=0; ind<8; ind++)
        {
            item = folge[ind];
            (*path->OPOI_CALC)(i,item);
            if( path->OPOI[inext] != -1 )
            { /* more objects... */
                calc_pos(i,inext,item,step);
                if((*path->DO_1OP)(i,item))
                {
                    octree(inext);
                }
                (*path->DO_2OP)(i,item);
            }
        }
    }
}
```

Bild 5: Routine zur Bearbeitung des Oktalbaumes

spielsweise von C-Programmen hervorzuheben sowie die Programme und auch den Text übersichtlicher zu gestalten.

4.4 Gesamte Systemkonfiguration

In Bild 6 ist die Systemkonfiguration der realisierten Lösung dargestellt. Ein

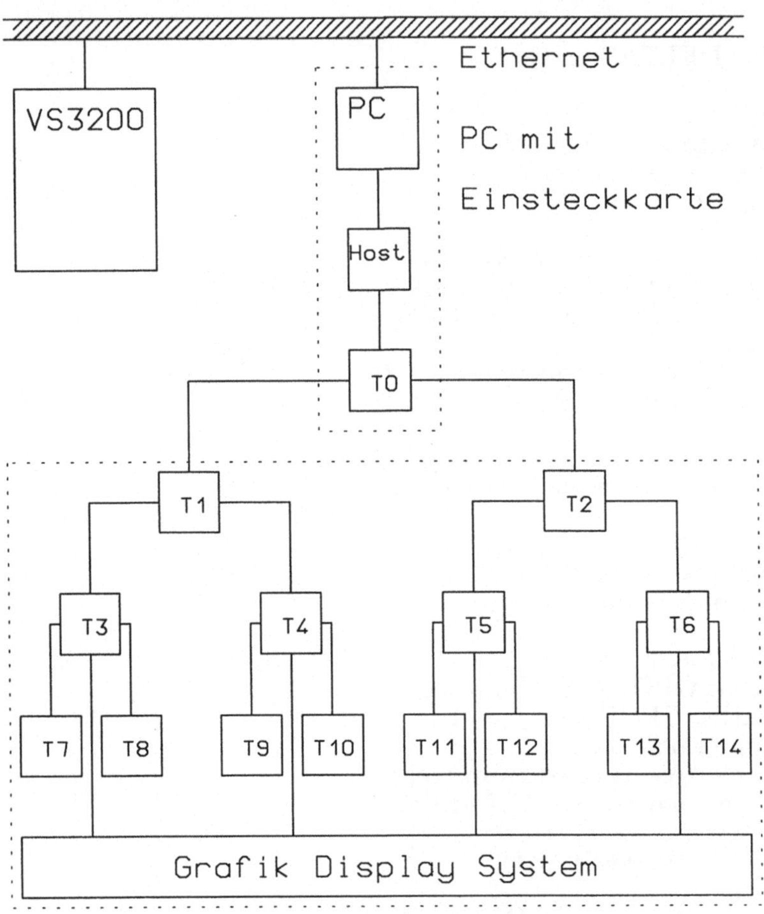

Bild 6: Verwendete Systemkonfiguration [**]

IBM-PC ist dabei über ein Thinwire-Ethernet mit VAX-Rechnern der Firma Digital Equipment verbunden. Auf der VAX-station 3200 werden tomographische Bilddaten gespeichert. Da in der klinischen Praxis zahlreiche Computertomographen mit Rechnern dieser Familie als Basissystem ausgerüstet sind, entspricht die hier beschriebene Konfiguration der Rechnerausstattung in einer Klinik. Das zusätzlich erforderliche Parallelrechnersystem mit dem PC kann über die Netzwerksverbindung die Bilddaten direkt von dem VAX-Rechner abrufen. Der PC in Verbindung mit dem Parallelrechnersystem kann als leistungsfähige und kostengünstige Workstation angesehen werden. Da diese Workstation nur aus serienmäßig verfügbaren Komponenten besteht, können problemlos weitere Stationen dieser Art in Kliniken und Insituten installiert werden.

5. Vorläufige Ergebnisse

Ein CT-Schnittbild des menschlichen Kopfes, bei dem der "Luft" inner- und außerhalb des Kopfes eine Farbe zugeordnet ist, ist in Bild 7 dargestellt [*]. In Bild 8 wird die zugehörige sekundäre dreidimensionale Rekonstruktion der gesamten Sequenz dargestellt, wie sie von uns mit dem Parallelrechnersystem generiert worden ist. Die Oberfläche wird schattiert dargestellt und der Benutzer ist in der Lage den Blickwinkel frei zu wählen sowie das Objekt anzuschneiden. Durch die Bildverarbeitung nach dem Oktalbaumprinzip wird die für Speicherung des Bildes 8 benötigte Datenmenge um den Faktor 5 reduziert, da die mit "Luft" gefüllten Bereiche inner- und ausserhalb des Schädelbereiches weggelassen werden. Das vorgestellte System ist in der Lage, Tomographieschnitte einzulesen und kann darüberhinaus bei diesem Vorgang gleichzeitig die Oberflächendarstellung ohne weitere Benutzerinteraktion automatisch extrahieren. Nach erfolgtem Einlesen kann das gesamte Objekt in Oktalbaumstruktur mit der bereits erwähnten Datenkompression gespeichert werden. Bei späteren Aufrufen kann auf diese komprimierte Darstellung zurückgegriffen werden. Die Rechenzeit zur Darstellung dieser Ansicht (Bild 8) aus einem beliebigen Blickwinkel beträgt zur Zeit ca. 3 Sekunden. Diese Darstellungszeit bezieht sich auf eine Programmversion, die drei Ebenen des Prozessorbaumes in Bild 6 ausnutzt.

[*] Die Computertomogramme wurden uns freundlicherweise vom Deutschem Krebsforschungszentrum in Heidelberg, Institut für Radiologie und Pathophysiologie (Prof. Lorenz, Prof. van Kaick, Prof. Schlegel) zu Verfügung gestellt.

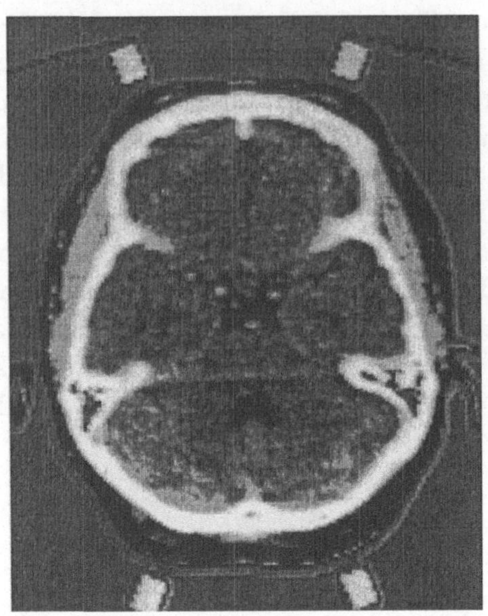

Bild 7: CT-Schnittbild des menschlichen Kopfes ohne Luft inner- und außerhalb des Schädelbereiches

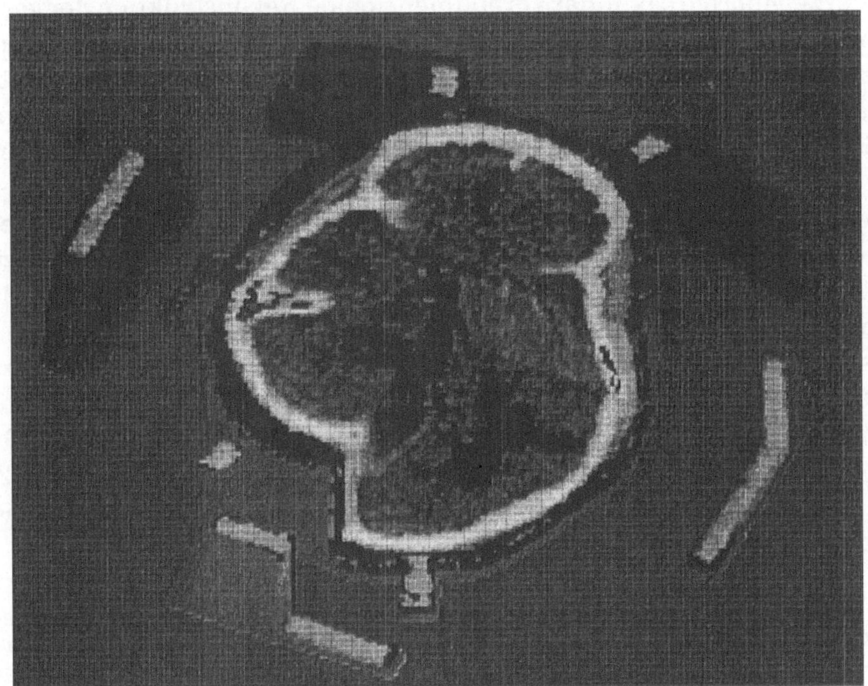

Bild 8: Sekundäre, dreidimensionale Rekonstruktion einer CT-Sequenz mit Hilfe des Parallelrechnersystems nach Bild 6

6. Ausblick

In dieser Arbeit ist die Entwicklung eines Parallelrechnersystems auf Transputerbasis beschrieben worden, welches sich als Workstation zur schnellen Bildverarbeitung tomographischer Daten einsetzen läßt [**]. Die sekundäre 3D-Rekonstruktion und Darstellung von Tomographiebildern stellt jedoch lediglich einen ersten Baustein in dem Gesamtsystem zur Simulation von Vorhersagemodellen für das Tumorwachstum unter Verwendung realer Eingangsdaten dar. In weiteren Schritten wird angestrebt, die vierte Ebene des Prozessorbaumes in Bild 5 mit 8 weiteren Prozessoren auszunutzen. Dadurch wird eine weitere Verkürzung der Rechenzeit erwartet. Ausserdem soll dann das Bild nicht mehr auf einem, dem mit Grafik-Display-System bezeichneten Prozessor berechnet werden, sondern in 8 Segmenten unabhängig voneinander auf 8 verschiedenen Prozessoren. Nach Ende der Berechnung werden dann die einzelnen Segmente zum Grafik-Display-System kopiert, um dort dargestellt zu werden. In einem folgenden Schritt sollen Simulationsmodelle für die Berechnung des Zellwachstums implementiert werden. Hier werden Nachbarschaftsbeziehungen zwischen den einzelnen Volumenelementen bestimmt. Die zur Simulation notwendigen Parameter werden ebenfalls in dem über die Prozessoren des Parallelrechners verteilten Oktalbaum gespeichert. Die Berechnung erfolgt über neue Funktionen, die ähnlich den Funktionen zum "Laden" oder "Darstellen" in das Programm (Bild 5) eingebettet werden.

[**] Die Beschaffung der Geräte wurde teilweise durch freundliche Unterstützung der Deutschen Krebshilfe, Dr. Mildred Scheel Stiftung, Bonn, und des Ministeriums für Wissenschaft und Forschung NRW ermöglicht.

7. Schrifttum

[1] Düchting W., Dehl G., "Spatial structure of tumor growth: A simulation study", IEEE Transactions on Systems, Man and Cybernetics, SMC-10, No.6, 1980, pp.292-296.

[2] Düchting W., Vogelsaenger T., "Acpects of modelling and simulating tumor growth and treatment", J. Cancer Research and Clinical Oncology, 105, 1983, pp.1-12.

[3] Düchting W., Vogelsaenger T., "Recent progress in modelling and simulation of three-dimensional tumor growth and treatment", Biosystems, 18, 1985, pp.79-91.

[4] Düchting W., "Computer models applied to cancer research" in "Modelling and control of Systems" edited by A.Blaquiere, Springer-Verlag, Berlin 1988, pp.397-441.

[5] Düchting W., Lehrig R., Radermacher G., Ulmer W., "Computer simulation of clinical irradiation schemes applied to in vitro spheroids", Strahlentherapie und Onkologie, inpress, 1989.

[6] Pfannenstil P., Higger H.P., "Neue bildgebende Verfahren in der Medizin", Schattauer, Stuttgart 1986.

[7] Greinacher C.F.G., Lüetke B., Seufert G., "Digital Image Information Systems in Radiology", Siemens Forsch.- u. Entwickl.-Ber., Bd16, Nr.1, 1987, pp.22-29.

[8] Kak A.C., Slanaey M., "Principles of computerized tomographic imaging", IEEE Press, NewYork, 1988.

[9] Farrell E.J., Zappulla R.A., "Three-dimensional data visualization and biomedical applications", CRC Critical Revievs in Biomedical Engineering, Vol.16, Issue 4, 1989, pp.323-363.

[10] Dierstein R., Müller-Wichards D., Wacker H.M. (Eds.), "Parallel Computing in Science and Engineering", Springer-Verlag, Berlin 1987.

[11] Höhne K.H., Riemer M., Thiede U., "Viewing operations for 3D-Tomographic gray level data", in Computer Assisted Radiology CAR'87", edited by H.V.Lemke, M.L.Rhodes, C.C.Jaffee, R.Felix, Springer-Verlag, Berlin, 1987, pp.599-609.

[12] Werner T., Herrmann G., Schlegel W., Lorenz W.J., "Parallel processing in computer assisted 3D-Radiation therapy", in Computer Assisted Radiology CAR'87", edited by H.V.Lemke, M.L.Rhodes, C.C.Jaffee, R.Felix, Springer-Verlag, Berlin, 1987, pp.320-327.

[13] Dahlin H., Ekström P., Schneider W., "Computer based workstation in radiation oncology", in Computer Assisted Radiology CAR'89", edited by H.V.Lemke, M.L.Rhodes, C.C.Jaffee, R.Felix, Springer-Verlag, Berlin, 1989, pp.267-272.

[14] Lemke H.V., Bösing K., Engelhorn M., Jackel D., Knobloch B., Schamweber H., Stiehl H.S., Tönnies K.D., "3-D Computer graphic workstation for biomedical information modeling and display", in "Proceedings of the SPIE Medical Imaging, Vol. 767, February 1-6, 1987, pp.586-592.

[15] Torresin A., Tosi G., Buratti A., Colombo P., Zaum D., Badi C., Castellani G., Della Ventura A., "Low cost workstation for medical image processing", in Computer Assisted Radiology CAR'89", edited by H.V.Lemke, M.L.Rhodes, C.C.Jaffee, R.Felix, Springer-Verlag, Berlin, 1989, pp. 571-576.

[16] Kliegis U., Neumann R., Kortmann Th., Schwesig W., Mittelstädt R., Weigel H., Zenker W., "Fast three dimensional visualisation using a parallel computing system", in Computer Assisted Radiology CAR'89", edited by H.V.Lemke, M.L.Rhodes, C.C.Jaffee, R.Felix, Springer-Verlag, Berlin, 1989, pp.747-751.

[17] Hull M.E.C., Frazer J.H., Millar R.J., "The transputer - an effective tool for geometric modelling systems", Int. J. of Computer Applications in Technology, Vol. 1, Nos. 1/2, 1988, pp.67-73.

[18] Hemel, Hempstead, "Transputer Reference Manual", INMOS, Prentice Hall International, 1988.

[19] Meagher D., "A new mathematics for solids processing. Octrees make widespread application a reality", in Computer Graphics World, pp.75-88, Oct., 1984.

Transputer in der flächenorientierten Bildverarbeitung

M. Beccard, R. Föhr, W. Ameling
Rogowski-Institut für Elektrotechnik
RWTH Aachen, Schinkelstraße 2, 5100 Aachen

1 Einführung

Im Bereich der Handhabungstechnik und Automation werden Bildverarbeitungssysteme zur Überwachung von Montagevorgängen und Steuerung von Arbeitsabläufen sowie zur Kollisionsvermeidung eingesetzt (Visionsensorik). Die bei Produktionsabläufen geforderten Reaktionszeiten des Systems liegen zumindest im Sekundenbereich, was die Einsatzfähigkeit konventioneller Systeme erheblich einschränkt. Hier bedarf es problemangepaßter Lösungswege und spezieller Rechnerarchitekturen, die eine extrem schnelle Auswertung des Bildmaterials ermöglichen. Aufgrund der inhärent massiven Parallelität elementarer Bild(vor)verarbeitungsverfahren wird der Transputer oft als das Universalhilfsmittel in der Bildverarbeitung dargestellt. Diese Annahme trifft jedoch nicht in jedem Fall zu:

- Für eine Reihe von Aufgabenstellungen mit zentraler Bedeutung sind spezielle, festprogrammierte Bildsignalprozessoren entwickelt worden, die sich durch extrem hohe Verarbeitungsleistung auszeichnen. Dies betrifft vor allem Verfahren der Bildvorverarbeitung (Bildfilterung, Faltung, Template–Matching u.a.), also *bildpunktorientierte* Verfahren, für die die Auswertung lokal in Abhängigkeit von einer begrenzten Nachbarschaft erfolgt.
- Die Auswertung der meisten der Bildvorverarbeitung nachfolgenden Verarbeitungsstufen erfolgt nicht mehr bildpunktorientiert, sondern bildbereichsübergreifend. Bei einer solchen *flächenorientierten* Auswertung werden Beziehungen auch zwischen beliebig weit entfernt liegenden Bildpunkten und -bereichen betrachtet. Dieses spiegelt sich in stark bilddatenabhängigen dynamischen Datenstrukturen und Programmabläufen wieder.

Aufgrund seiner Fähigkeiten (hohe Arbeitsgeschwindigkeit, freie Verschaltungsmöglichkeit mehrerer Prozessoren) erreicht der Transputer bei Verfahren mit lokal begrenzter Bildauswertung oder geringen globalen Datenabhängigkeiten außerordentlich hohe Leistungssteigerungen gegenüber sequentiellen Ansätzen auf anderen Prozessoren. Die Beschreibung von Problemen aus der flächenorientierten Bildverarbeitung in Form paralleler Algorithmen erfordert jedoch ungleich komplexere Überlegungen und einen höheren Programmieraufwand. Zu dieser Klasse zählt ein Großteil der Segmentierungsverfahren, für die im folgenden am Beispiel des Split-and-Merge-Prinzips verschiedene Ansätze zur Parallelisierung vorgestellt und diskutiert werden sollen.

2 Segmentierungsverfahren der Split-and-Merge-Klasse

Ziel der Bildsegmentierung ist die Unterteilung eines Videobildes in maximal große gleichförmige Regionen. Hierfür gibt es die unterschiedlichsten Ansätze, die sich nicht nur durch die Qualität ihrer Gleichförmigkeitskriterien, sondern auch im Hinblick auf die Effizienz und die Bilddurchlaufstrategien unterscheiden.

Segmentierungsverfahren gehören zu den Verfahren, für die keine feste Aufteilung des Bildes in der Form vorgenommen werden kann, daß Bildbereiche zu einer lokalen Auswertung an Prozessoren übergeben werden können. Dies läßt sich anhand von Abbildung 1 demonstrieren. Das Bild kann zwar in z.B. 16 Quadranten aufgeteilt und an 16 Prozessoren verteilt werden, jedoch liegt die Gesamtrechenzeit noch immer in derselben Größenordnung wie bei einer sequentiellen Lösung. Eine feste Aufteilung in dieser Form bringt also keinerlei Gewinn.

Eine Klasse von Segmentierungsverfahren, die sich in einer im Rogowski-Institut durchge-

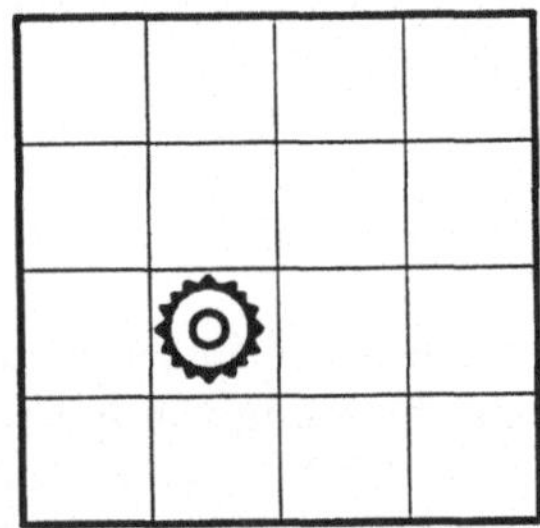

Abbildung 1: Feste Aufteilung des Bildes und Vergabe der Bildbereiche

führten vergleichenden Analyse als die leistungs- und anpassungsfähigste herausgestellt hat, wird durch die Segmentierung nach dem Split-and-Merge-Prinzip gebildet [HORO76]. Dabei wird ein Bild mit Hilfe eines rekursiven Ansatzes nach bestimmten Gleichförmigkeitskriterien unterteilt. Als solche Kriterien eignen sich z.B. Mittelwert, Varianz, Grauwertextrema und Texturmerkmale. Das Verfahren läuft in mehreren aufeinanderfolgenden Phasen ab, von denen die für die Parallelisierung wichtigsten hier erläutert werden.

a) Split-Phase:

Ein o.B.d.A. quadratisches Bild der Seitenlänge $s = 2^n$ wird auf gleichförmige Bildbereiche hin untersucht. Für die jeweils vier Quadranten eines Teilbildes, das im ersten Schritt dem Gesamtbild entspricht, werden den Bildinhalt beschreibende Merkmale berechnet und miteinander verglichen. Bei Merkmalsübereinstimmung aller Quadranten ist das Teilbild gleichförmig, andernfalls wird jeder der vier Quadranten wie oben untersucht. Die Split-Phase terminiert spätestens auf Pixelebene.

Aus Effizienzgründen werden im sequentiellen Ansatz vorab zwei Schritte durchgeführt:

- Unterteilung des Bildes in 2^l Quadranten mit $l \approx n/3$ (Init-Split)
- Zusammenfassung ähnlicher Quadranten zum nächstgrößeren, falls möglich (Init-Merge)

b) Merge-Phase:

In der Merge-Phase werden anhand der Ergebnisse der Split-Phase benachbarte ähnliche Quadranten zu Regionen zusammengefaßt (Ähnlichkeitsbedingung wie Gleichförmigkeitskriterium). Der Gesamtablauf ist in Abbildung 2 dargestellt, wobei jede Phase das Gesamtergebnis der vorherigen benötigt (sequentielle Struktur). Es hat sich in Versuchsreihen herausgestellt, daß eine abschließende Vereinigung sehr kleiner Regionen mit ähnlichen Nachbarregionen – falls mit den Kriterien vereinbar – das Gesamtergebnis verbessert.

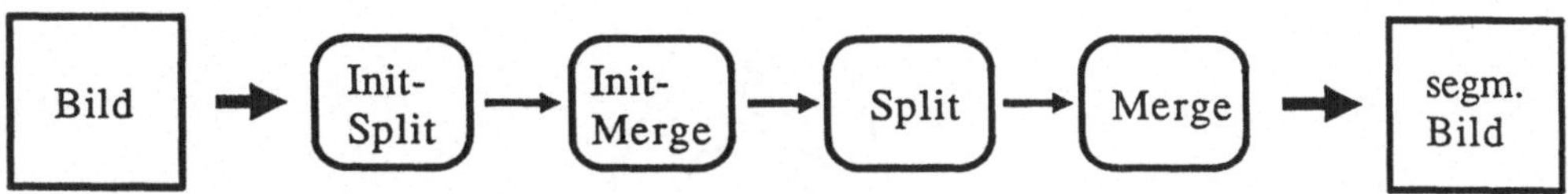

Abbildung 2: Ablaufschema des Split–and–Merge

Die Datenstruktur, die der Unterteilungsart entspricht, ist der Quadtree, ein Baum der Ordnung 4, in dem die Wurzel dem Gesamtbild, die Wurzeln von Teilbäumen nicht gleichförmigen Quadranten und die Blätter gleichförmigen Quadranten entsprechen.

Das Verfahren setzt direkt auf einem gegebenenfalls geglätteten Grauwertbild auf und hat als Ergebnis ein segmentiertes Bild, in dem die Regionennummern als Grauwerte erkennbar sind, einen Quadtree mit einem die Regionenzusammengehörigkeit beschreibenden Nachbarschaftsgraph (RAG) und Merkmalvektoren aller Regionen. Die quadrantenübergreifende Ermittlung dieser letztgenannten Ergebnisse in der Merge–Phase erschwert die effiziente Parallelisierung extrem.

3 Parallelisierung des Split–and–Merge–Verfahrens

Die Betrachtung der verschiedenen Parallelisierungsansätze soll ohne Berücksichtigung der Rechnerkonfiguration erfolgen; die Verteilung der Prozesse und der Aufbau von Kommunikationspfaden werde geeigneten Verteilungsmechanismen überlassen, wie sie zum Beispiel das Betriebssystem Helios bietet. Aus diesem Grund wird im folgenden Parallelisierung auf Prozeßebene betrachtet. In [FÖHR87] wird eine Betrachtung des Verfahrens für eine feste Konfiguration mit dem Transputer-Entwicklungssystem (TDS) beschrieben.

Auch bei verteilten Architekturen wie in diesem Fall bei Transputer–Netzen existiert der Bildspeicher mit Ein– und Ausgabe immer noch an einer Stelle des Systems. Falls eine Vorabaufteilung des Bildes wie z.B. bei den Vorverarbeitungsverfahren möglich ist, stellt eine Parallelisierung kein Problem dar. Die von jeweils einem Prozessor ausschließlich bearbeiteten Bildbereiche werden an die entsprechenden Prozessoren weitergegeben. Bei den aufbauenden Verfahren jedoch muß schlimmstenfalls das gesamte Bild an alle Prozessoren übertragen werden, da vorab nicht bekannt ist, welcher Prozessor welches Bildmaterial benötigt. Trotz hoher Linkgeschwindigkeiten beinhaltet dies einen nicht zu vernachlässigenden Zeitverlust.

Eine Hintereinanderausführung der Module zur Ausführung der einzelnen Phasen läßt sich nicht umgehen, da sich wichtige Informationen für die jeweils nachfolgende Phase bis zum Abschluß einer Phase ändern können. Beispielsweise ändern sich Nachbarschaftsverhältnisse ständig, so daß der Ausgangspunkt für das Merging nicht festlegbar ist. Die Parallelisierung kann jedoch sinnvoll innerhalb der Module erfolgen.

Aufgrund der Lokalität der Split–Phase liegt es nahe, die in der Init–Split–Phase erzeugten Teilbilder auf mehrere Split–Prozesse zu verteilen. Es bieten sich dabei die im folgenden beschriebenen Verteilungsstrategien der zentralen Verwaltung der Auftragsvergabe sowie die Verteilung vollständiger Splitprozesse an.

3.1 Zentral verwaltete Auftragsverteilung

Von dem Init–Split–Prozeß und einem steuernden Kontrollprozeß werden die Quadranten auf

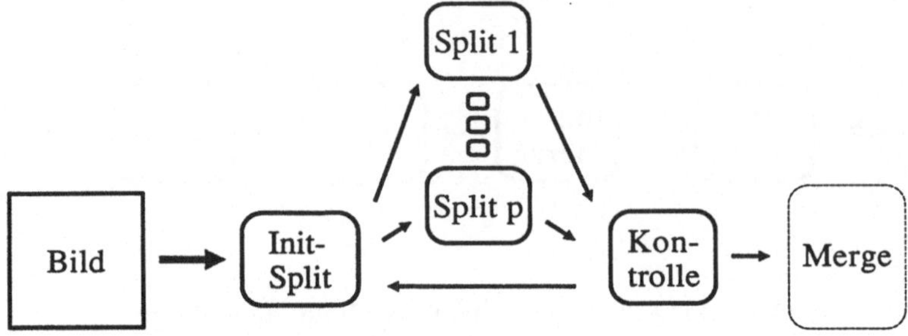

Abbildung 3: Zentrale Verwaltung der Aufträge

p Split–Prozesse verteilt, die diese auf Homogenität untersuchen und das Ergebnis an den Kontrollprozeß zurücksenden; die im inhomogenen Fall entstehenden neuen Aufträge werden somit zentral verwaltet. Der zu Abbildung 3 gehörige Algorithmus ist in Abbildung 4 dargestellt.

```
Teile das Bild in m × n Quadranten auf
Lege sie in einer Liste L für inhomogene Quadranten ab
Verteile an alle Prozesse jeweils einen Quadranten und als Auftrag den
   Test auf dessen Homogenität
Solange die Liste L nicht leer oder mindestens ein Prozeß aktiv ist:
   Falls ein Prozeß terminiert
      Empfange die Abschlußmeldung; falls das Ergebnis
         homogen: Ablage des Quadranten in homogener Liste K
         inhomogen: Ablage der vier Unterquadranten in inhomogener Liste L
      Erteile neuen Auftrag, falls Liste L nicht leer
Empfange die restlichen Ergebnisse
```

Abbildung 4: Algorithmus zur zentralen Verwaltung der Aufträge

Vorteile:

- optimale Auslastung der Prozessoren durch Berücksichtigung kurzer Prozesse; bis auf die Schlußphase sind alle Prozessoren beschäftigt bei abnehmender Quadrantengröße aufgrund der Organisation der Liste als FIFO
- Vorsortierung der Ergebnisse kann durch nötigen Kontrollprozeß erfolgen (Aufbau des Quadtrees)

Nachteile:

- gesonderte Programmierung des Verteilungsmechanismus (Kontrollprozeß)
- hohes Datentransportaufkommen durch Mehrfachversendung von gleichen Datenpaketen (Bildteile), im Worstcase der Unterteilung bis auf Bildpunktebene n-fach
- hoher Kommunikationsaufwand aufgrund vieler kleiner Aufträge

3.2 Verteilung vollständiger Split-Prozesse

Vom Init-Split-Prozeß werden Split-Prozesse generiert, die jeweils eine vollständige Bearbeitung (Split-Phase) der Teilbilder gleichzeitig durchführen (Abbildung 5). Die Ergebnisse dieser Prozesse sind in ausschließlich homogene Quadranten aufgeteilte Teilbilder. Die Vorgehensweise in Form des Algorithmus ist in Abbildung 6 dargestellt.

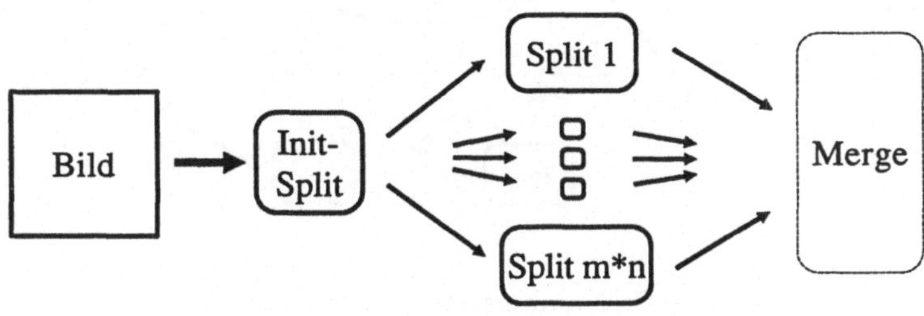

Abbildung 5: Vollständige Verteilung

```
Teile das Bild in m × n Quadranten auf
Solange noch unbearbeitete Quadranten vorhanden:
    Suche freien Prozessor oder warte
    Versende einen Quadranten zur Durchführung einer vollständigen
        Split–Phase durch diesen Prozessor
Empfange die endgültigen Ergebnisse
```

Abbildung 6: Algorithmus zur Verteilung vollständiger Split–Prozesse

Vorteile:

- kaum Prozeß- und Datenverteilung nötig
- Austausch von ausschließlich endgültigen Ergebnissen

Nachteil:

- ungleiche Lastverteilung beim Einsatz vieler Prozessoren, d.h. $p \approx m \times n$, bei $p \ll m \times n$ ergibt sich eine bessere Auslastung, wie das Beispiel in Abbildung 1 zeigt.

Die Auswahl der optimalen Strategie ist leider sehr stark korreliert mit der Anzahl p der zur Verfügung stehenden Prozessoren und der Bildgröße s^2; für sehr kleines p (Erfahrungswert $p < s/16$) ist der erste Ansatz günstiger. Bei genügend Prozessoren ($p > 16$) ergibt sich eine bessere Auslastung, wenn beide Ansätze kombiniert werden.

3.3 Kombination der Ansätze

Vollständige Split-Prozesse mit selbständiger Auftragsverteilung

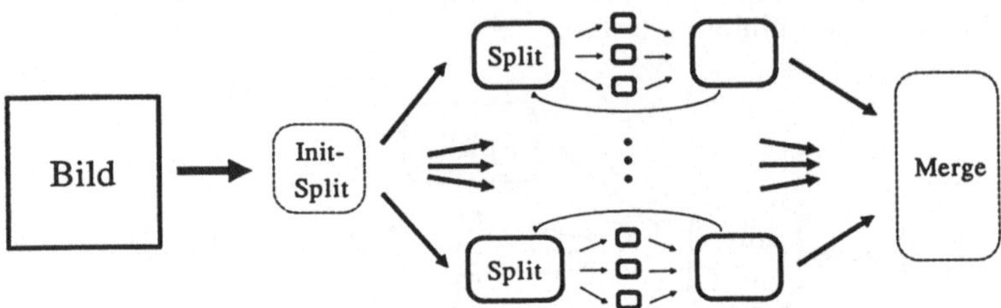

Abbildung 7: Kombination beider Ansätze

Für eine Auswertung der Teilbilder werden wie im zweiten Ansatz vollständige Split-Prozesse generiert, die analog zum ersten Ansatz eine selbständige Auftragsvergabe durchführen (Abbildung 7). Zur Vermeidung der jeweils angeführten Nachteile beider Ansätze lassen sich zusätzliche Verteilungsparameter zur Begrenzung der Auftragsvergabe verwenden:

- eine dynamische Festlegung der Bildgröße, für die die Prozesse alle Quadranten bis zur untersten Ebene selbst untersuchen
- eine lastabhängige Anzahl der Quadranten, die im inhomogenen Fall wieder zurückgegeben werden (kein bis alle Quadranten werden von dem jeweiligen Prozeß selbst bearbeitet)

Nachteil dieses Ansatzes ist allerdings der erhöhte Programmieraufwand.

3.4 Parallelisierung der Merge–Phase

Im Gegensatz zur Split–Phase weist die Merge–Phase stark verkettete dynamische Datenstrukturen auf; trotzdem ist eine Parallelisierung in jedem Fall günstiger, wie auch die Laufzeiten in Tabelle 1 belegen. Bei einer Ausführung der Merge–Phase nach Abschluß der Split–Phase (Abbildung 8) entsteht ein Engpaß, den der Sammelprozeß ähnlich dem im ersten Ansatz zur Split–Phase bildet. Dieser Nachteil läßt sich durch eine sich jeder Split–Phase anschließende lokale Pre–Merge–Phase umgehen, so daß in einem abschließenden Final–Merge nur noch die an den Quadrantengrenzen liegenden Regionen zusammengefügt werden müssen, falls möglich (Abbildung 9).

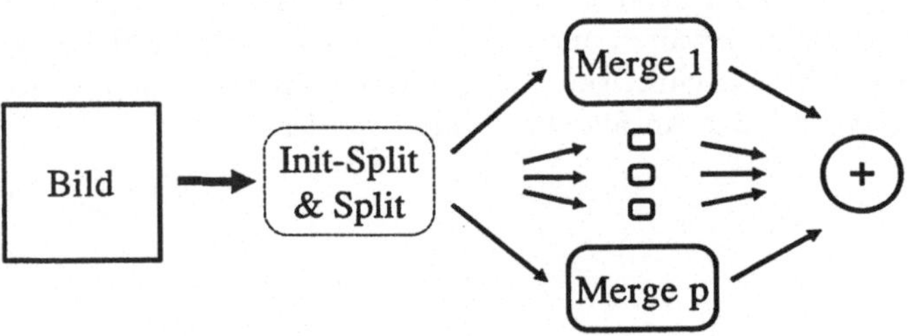

Abbildung 8: Zentral verwaltete Merge–Phase

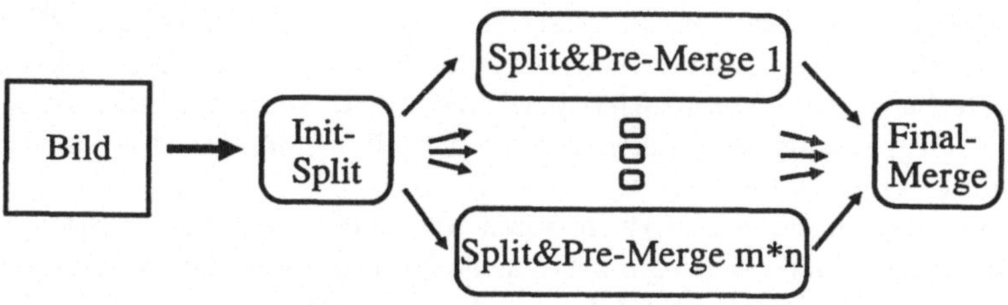

Abbildung 9: Lokales Split–and–Merge mit Final–Merge

3.5 Ergebnisse

Die Verteilung vollständiger Split–and–Premerge–Prozesse, die das Datenaufkommen für Kommunikation minimiert, hat sich bisher als die günstigste herausgestellt. Die erzielten Verbesserungen durch Verwendung eines T800 im sequentiellen Ansatz sowie durch eine Parallelisierung sind anhand von Laufzeiten in Tabelle 1 dargestellt, die sich bei der Segmentierung jeweils zwei verschiedener Bilder mittlerer Auflösung (d.h. bei einer Bildgröße von 256×256 Bildpunkten) ergaben.

	sequentiell				parallel	
	(MC 68010)		(T 800)		(T 800)	
Vorlaufzeit	0.7	0.7	0.6	0.5	in Restzeit	
Init-Split	12.1	12.1	1.9	1.9	enthalten	
Init-Merge	1.3	0.1	0.2	0.1	—	—
Split	14.5	34.2	3.4	5.4	0.7	1.3
Merge	9.2	18.7	3.5	4.4	1.9	3.2
Restzeit	19.6	19.8	3.2	3.5	0.5	0.8
Gesamtzeit	57.4	85.6	12.8	15.8	3.1	5.3
#Quadranten	3120	5624	3120	5624	3120	5624
#Regionen	287	345	287	345	246	357
#Segmente	53	62	53	62	49	64

Tabelle 1: Kenndaten für serielle und parallele Implementierung (Zeit in s)

Die Gegenüberstellung beinhaltet auch Kenndaten wie die Quadranten–, Regionen– und Segmentanzahl als Ergebnisse der einzelnen Phasen, d.h. die Anzahl der Quadranten nach Split, Regionen nach Merge und Segmente als Endergebnis nach Entfernung zu kleiner Regionen. Selbst bei dem zum Vergleich verwendeten Ansatz ähnlich dem der zentralen Verwaltung (Abbildung 3 und 8) läßt sich bei fünf Prozessoren eine Beschleunigung um den Faktor 3 bis 4 erzielen im Vergleich zur sequentiellen Version (auf dem Transputer). Die dabei verwendete Konfiguration bestand aus einem Transputer–Frame–Grabber–Board, dem vier Transputer T800 als Rechenprozessoren zur Verfügung standen. Eine weitere Vergrößerung der Prozessoranzahl bewirkt hier nur so lange eine Verbesserung, bis eine Art Sättigung eintritt. Dieses ist qualitativ anhand der Laufzeiten und des Speed-Up in Abhängigkeit von der Prozessoranzahl in Abbildung 10 dargestellt. Bei niedriger Prozessoranzahl verlaufen die gemessenen Laufzeiten und der erreichte Speed–Up nah bei den theoretischen, maximal möglichen Kurven (durchgezogen eingezeichnet), d.h. die Laufzeit verhält sich reziprok zur Prozessoranzahl p, und der

Speed–Up steigt linear mit Faktor p. Im weiteren lösen sich die gemessenen Werte von der Kurve und nehmen einen ungünstigeren Verlauf, wenn das steigende Kommunikationsaufkommen die größere Rechenleistung kompensiert bzw. übersteigt, wobei erschwerend hinzukommt, daß aufgrund der Begrenzung der Linkanzahl die Verteilung der Information durch andere Prozessoren hindurch erfolgen muß.

Bei Ausnutzung aller vorhandenen Prozessoren bzw. bei Erreichen der Sättigung (z.B. in Abbildung 10 angedeutet) läßt sich eine zusätzliche Verbesserung der Auslastung erreichen, indem mehrere Prozesse pro Prozessor aktiv sind. Ausgewählte Datenbereiche (z.B. Teilbilder, in denen Bereiche von mehreren Prozessen gelesen, jedoch von nur einem geändert werden) können gemeinsam genutzt werden, wodurch sich die Übertragung von Bilddaten und somit die Kommunikation reduziert. Dies bedeutet keine Behinderung des bisher einzigen Prozesses, da z.B. während der Kommunikationsphase eines Prozesses den restlichen Prozessen die volle Rechenleistung zur Verfügung steht. Bei zu vielen Prozessen ist jedoch trotz des Vorteils der gemeinsamen Datenbereiche aufgrund des Overheads durch Anlegen der Prozesse und deren Rechenzeitbedarf die Belastung des Prozessors zu hoch.

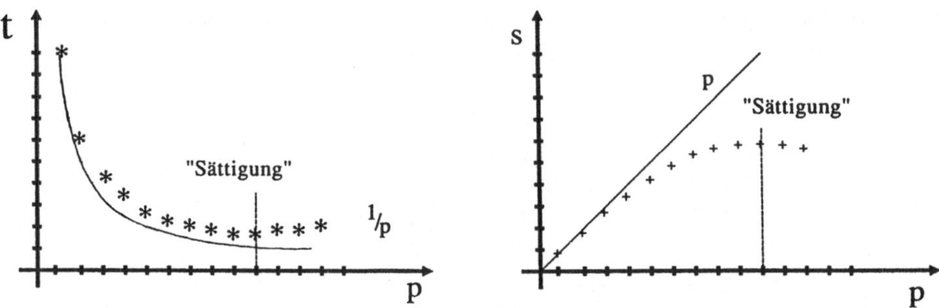

Abbildung 10: Grenzen des Prozessoreinsatzes: Laufzeit und Speed-Up

4 Zusammenfassung

Der Entwurf und die Realisierung von parallelen kommunizierenden Prozessen auf Transputern zeigt, daß es sich hierbei in vielen Anwendungen um ein sinnvolles Hilfsmittel zur Leistungssteigerung handelt. Im Bereich der industriellen Bildverarbeitung treten jedoch Problemstellungen auf, deren Zeitanforderungen auch mit Hilfe speziell angepaßter Parallelisierungsansätze nicht erfüllt werden können, wie das Beispiel eines flächenorientierten Segmentierungsverfahrens zeigt. Die bei dem hier favorisierten Ansatz zu erwartenden Laufzeiten im Sekundenbereich liegen immer noch weit über den Forderungen der Industrie. Es gibt jedoch bislang keine andere Architektur, die bei diesen zur Szenenanalyse gehörenden Problemstellungen kürzere Laufzeiten erreicht als der Transputer.

Literaturverzeichnis

[FÖHR87] R. Föhr, W. Ameling
Anwendungen und Grenzen paralleler kommunizierender Prozesse in der industriellen Bildverarbeitung
Informatik–Fachberichte 153: ASST'87, S. 278–281, Springer–Verlag

[HORO76] S. L. Horowitz, T. Pavlidis
Picture Segmentation by a Tree Traversal Algorithm
Journal of the ACM (1976) S. 368–388

Band 188: R. Valk (Hrsg.), GI – 18. Jahrestagung II. Vernetzte und komplexe Informatik-Systeme. Hamburg, Oktober 1988. Proceedings. XVI, 704 Seiten.

Band 189: B. Wolfinger (Hrsg.), Vernetzte und komplexe Informatik-Systeme. Industrieprogramm zur 18. Jahrestagung der GI, Hamburg, Oktober 1988. Proceedings. X, 229 Seiten. 1988.

Band 190: D. Maurer, Relevanzanalyse. VIII, 239 Seiten. 1988.

Band 191: P. Levi, Planen für autonome Montageroboter. XIII, 259 Seiten. 1988.

Band 192: K. Kansy, P. Wißkirchen (Hrsg.), Graphik im Bürobereich. Proceedings, 1988. VIII, 187 Seiten. 1988.

Band 193: W. Gotthard, Datenbanksysteme für Software-Produktionsumgebungen. X, 193 Seiten. 1988.

Band 194: C. Lewerentz, Interaktives Entwerfen großer Programmsysteme. VII, 179 Seiten. 1988.

Band 195: I. S. Bátori, U. Hahn, M. Pinkal, W. Wahlster (Hrsg.), Computerlinguistik und ihre theoretischen Grundlagen. Proceedings. IX, 218 Seiten. 1988.

Band 197: M. Leszak, H. Eggert, Petri-Netz-Methoden und -Werkzeuge. XII, 254 Seiten. 1989.

Band 198: U. Reimer, FRM: Ein Frame-Repräsentationsmodell und seine formale Semantik. VIII, 161 Seiten. 1988.

Band 199: C. Beckstein, Zur Logik der Logik-Programmierung. IX, 246 Seiten. 1988.

Band 200: A. Reinefeld, Spielbaum-Suchverfahren. IX, 191 Seiten. 1989.

Band 201: A. M. Kotz, Triggermechanismen in Datenbanksystemen. VIII, 187 Seiten. 1989.

Band 202: Th. Christaller (Hrsg.), Künstliche Intelligenz. 5. Frühjahrsschule, KIFS-87, Günne, März/April 1987. Proceedings. VII, 403 Seiten. 1989.

Band 203: K. v. Luck (Hrsg.), Künstliche Intelligenz. 7. Frühjahrsschule, KIFS-89, Günne, März 1989. Proceedings. VII, 302 Seiten. 1989.

Band 204: T. Härder (Hrsg.), Datenbanksysteme in Büro, Technik und Wissenschaft. GI/SI-Fachtagung, Zürich, März 1989. Proceedings. XII, 427 Seiten. 1989.

Band 205: P. J. Kühn (Hrsg.), Kommunikation in verteilten Systemen. ITG/GI-Fachtagung, Stuttgart, Februar 1989. Proceedings. XII, 907 Seiten. 1989.

Band 206: P. Horster, H. Isselhorst, Approximative Public-Key-Kryptosysteme. VII, 174 Seiten. 1989.

Band 207: J. Knop (Hrsg.), Organisation der Datenverarbeitung an der Schwelle der 90er Jahre. 8. GI-Fachgespräch, Düsseldorf, März 1989. Proceedings. IX, 276 Seiten. 1989.

Band 208: J. Retti, K. Leidlmair (Hrsg.), 5. Österreichische Artificial-Intelligence-Tagung, Igls/Tirol, März 1989. Proceedings. XI, 452 Seiten. 1989.

Band 209: U. W. Lipeck, Dynamische Integrität von Datenbanken. VIII, 140 Seiten. 1989.

Band 210: K. Drosten, Termersetzungssysteme. IX, 152 Seiten. 1989.

Band 211: H. W. Meuer (Hrsg.), SUPERCOMPUTER '89. Proceedings, 1989. VIII, 171 Seiten. 1989.

Band 212: W.-M. Lippe (Hrsg.), Software-Entwicklung. Fachtagung, Marburg, Juni 1989. Proceedings. IX, 290 Seiten. 1989.

Band 213: I. Walter, Datenbankgestützte Repräsentation und Extraktion von Episodenbeschreibungen aus Bildfolgen. VIII, 243 Seiten. 1989.

Band 214: W. Görke, H. Sörensen (Hrsg.), Fehlertolerierende Rechensysteme / Fault-Tolerant Computing Systems. 4. Internationale GI/ITG/GMA-Fachtagung, Baden-Baden, September 1989. Proceedings. XI, 390 Seiten. 1989.

Band 215: M. Bidjan-Irani, Qualität und Testbarkeit hochintegrierter Schaltungen. IX, 169 Seiten. 1989.

Band 216: D. Metzing (Hrsg.), GWAI-89. 13th German Workshop on Artificial Intelligence. Eringerfeld, September 1989. Proceedings. XII, 485 Seiten. 1989.

Band 217: M. Zieher, Kopplung von Rechnernetzen. XII, 218 Seiten. 1989.

Band 218: G. Stiege, J. S. Lie (Hrsg.), Messung, Modellierung und Bewertung von Rechensystemen und Netzen. 5. GI/ITG-Fachtagung, Braunschweig, September 1989. Proceedings. IX, 342 Seiten. 1989.

Band 219: H. Burkhardt, K. H. Höhne, B. Neumann (Hrsg.), Mustererkennung 1989. 11. DAGM-Symposium, Hamburg, Oktober 1989. Proceedings. XIX, 575 Seiten. 1989

Band 220: F. Stetter, W. Brauer (Hrsg.), Informatik und Schule 1989: Zukunftsperspektiven der Informatik für Schule und Ausbildung. GI-Fachtagung, München, November 1989. Proceedings. XI, 359 Seiten. 1989.

Band 221: H. Schelhowe (Hrsg.), Frauenwelt – Computerräume. GI-Fachtagung, Bremen, September 1989. Proceedings. XV, 284 Seiten. 1989.

Band 222: M. Paul (Hrsg.), GI – 19. Jahrestagung I. München, Oktober 1989. Proceedings. XVI, 717 Seiten. 1989.

Band 223: M. Paul (Hrsg.), GI – 19. Jahrestagung II. München, Oktober 1989. Proceedings. XVI, 719 Seiten. 1989.

Band 224: U. Voges, Software-Diversität und ihre Modellierung. VIII, 211 Seiten. 1989

Band 225: W. Stoll, Test von OSI-Protokollen. IX, 205 Seiten. 1989.

Band 226: F. Mattern, Verteilte Basisalgorithmen. IX, 285 Seiten. 1989.

Band 227: W. Brauer, C. Freksa (Hrsg.), Wissensbasierte Systeme. 3. Internationaler GI-Kongreß, München, Oktober 1989. Proceedings. X, 544 Seiten. 1989.

Band 228: A. Jaeschke, W. Geiger, B. Page (Hrsg.), Informatik im Umweltschutz. 4. Symposium, Karlsruhe, November 1989. Proceedings. XII, 452 Seiten. 1989.

Band 229: W. Coy, L. Bonsiepen, Erfahrung und Berechnung. Kritik der Expertensystemtechnik. VII, 209 Seiten. 1989.

Band 231: R. Henn, K. Stieger (Hrsg.), PEARL 89 – Workshop über Realzeitsysteme. 10. Fachtagung, Boppard, Dezember 1989. Proceedings. X, 243 Seiten. 1989.

Band 232: R. Loogen, Parallele Implementierung funktionaler Programmiersprachen. IX, 385 Seiten. 1990.

Band 233: S. Jablonski, Datenverwaltung in verteilten Systemen. XIII, 336 Seiten. 1990.

Band 234: A. Pfitzmann, Diensteintegrierende Kommunikationsnetze mit teilnehmerüberprüfbarem Datenschutz. XII, 343 Seiten. 1990.

Band 236: J. Stoll, Fehlertoleranz in verteilten Realzeitsystemen. IX, 200 Seiten. 1990.

Band 237: R. Grebe (Hrsg.), Parallele Datenverarbeitung mit dem Transputer. Proceedings, 1989. VIII, 241 Seiten. 1990.